Миний Ванн доторх Хонь

Монголын чуулган тарилтын
хөдөлгөөний үүсэл

Браин Хоган

Уншигчдын сэтгэгдэл

Браин, Луйс Хоган нар цэл залуу насандаа Монгол оронд 1990 оны эхээр, Хаанчлалын Сайнмэдээг дэлэгэрүүлж, чуулган тарихаар Эзэний дуудлагыг аваад амьдралынхаа тав тухтай бүсээсээ гарч, 3 бяцхан охидоо дагуулан улс төр, эдийн засаг, нийгмийн ороо бусгаа цаг үед илгээлт өвөрлөн золиос гарган нүүж ирж байсан илгээлтийн эзэд ба итгэлийн баатруудын нэг билээ. Гэтэл бид ганц хүүтэй хирнээ гадаад илгээлтэд явж чадахгүй байна. Түүнийг хүүгээ алдахад ямар хүнд байсныг үгээр илэрхийлэшгүй юм. Идэх уух зүйлс хомс, картын бараагаар амьдардаг монголчууд өөрсдөө ч оршин тогтноход бэрх цаг байсан билээ. Тухайн үеийн залуус биднийг Христийг дагахад амьдралынхаа бүхий л талаар гайхалтай үлгэр жишээ үзүүлж, Библи зааж, сургаж, дагалдуулж, залуус бидэнтэй найзалж нөхөрлөж, амьдралаа хуваалцсан билээ. Бидний дунд амьдарч байхдаа монгол хүн мэт бидний иддэгийг идэж, эдэлдэгийг эдэлж, ёс заншил, хэл соёлыг минь хүндэлж, суралцаж амьдран бидний бий болгосон гэж ойлгодог. Хүн амьдралдаа болсон гайхалтай зүйлсийг мартдаг харин та энэхүү номоороо бидэнд Бурханы Монгол оронд хийсэн гайхалтай ажлыг нэхэн сануулсанд талархаж байна.

Х. Охио, Р. Эрдэнэбаяр "Тэнгэрийн Хаанчлал" чуулганы пастор

Браин Хоган ах маань өөрийн бичсэн номоо монголчууд бидэнд эх хэл дээрээ унших боломж гаргаж байгаад баяртай байна. Мөн Эрдэнэт хотноо чуулган байгуулахад хувь нэмрээ оруулан үйлчилж, одоог хүртэл зүрх сэтгэлдээ бидний тээн залбирч, дэмжиж байдагт чин сэтгэлээсээ талархая. Гэр чуулган болон Библийн түүхийг энгийн байдлаар хуваалцах талаар үргэлж урамшуулан зоригжуулж, Бурханы Хаанчлалын төлөө өөрийн бүхий л амьдралаа зориулан яваа эгэл даруухан, ясны илгээлтийн Эзэн хүн билээ.

Ч. Одгэрэл "Есүсийн Чуулган" –ы анхны пастор, илгээлтийн эзэн

Хаврын жихүүцэм хүйтэн өдөр шорт подволка өмсөж, үүргэвч үүрсэн, маш том биетэй, сахал үс ихтэй гадаад хүн Эрдэнэт хотын гудамжаар том том алхан явах нь өөрийн эрхгүй хүмүүсийн анхаарлыг татаж байлаа. Тэрээр Монголчуудын дунд хэрхэн адал явдалтай учирч, үйлчилж байсан амьдралын түүхийг энэхүү номонд сэтгэл хөдөлгөм зураглан өгүүлсэнийг уншина биз ээ. Браин, Луйс нар хүүхдүүдийн хамт гаргасан зориулалт золиосыг бид мартахгүй. Эх орон ах дүү нараасаа хол хүний нутагт тэс өөр соёл иргэншилд нутгийн чуулганыг байгуулах зүтгэл дунд тэрээр шинэ төрсөн нялх хүүгээ алдсан нь бид бүхний хүнд цохилт болсон юм. Гэвч Браины гэр бүлийн хандлага Монголчууд бидний хүэлд хандах хандлагыг өөрчлөөд зогсохгүй маш том сайн мэдээ болж чадсан юм. Энэ гэр бүлийн зориулалт, урсгасан нулимс бүр үр болон ургаж Христийн Монгол чуулганд бялхам үр жимсээ өгч байгаа билээ.

Б. Баттогтох (Око) "Есүсийн чуулган"-ы пастор

Номын зарим хуудсууд зүрх зүсэм түүхүүдийг өгүүлэх ч зарим хэсэгт урам өгч зоригжуулах мэт. Зохиолч Хоган өөрийн цор ганц хүүгээ Монголын талд оршуулсан цөхрөм түүхээс эхлээд чуулган тарилтын хөдөлгөөний тухай Библи суурьтайгаар өөрийн амьдралын сүнслэг тэмдэглэлийг басхүү олон хөгжөөнд түүхүүдээр хөглөн бичжээ. Хувь хүн болон гэр бүлүүд дагалдагч байх төлөөсийг төлөх бэлэн зүрхтэй байхад Бурхан юу хийж чадахыг хараасай гэсэн найдвар дор энэхүү номыг би бүхий л итгэгчдэд санал болгож байна.

Хью Кемп "Түүхийн баларахай жимээр" номын зохиолч

Эхний хуудсаас л энэхүү ном таныг төсөөлөхийн аргагүй зүйлс, инээд хөөр, зовлон гунигаар дүүрэн түүхрүү татан оруулах болно. Бодит явдал уран зохиолоос илүү сонихон байдгийг батлаж чадах гайхалтай түүхүүдийг нэг энэ билээ. Мөн тус ном нь хүмүүний няцашгүй зорилго, дуудлагын тухай таныг ухаан ортол тань дэлсээд авч буй мэт урамшуулна гэж иттэж байна.

Др. Ралф Д. Винтер агсан
U.S Center for World Mission байгууллагын үүсгэн байгуулагч

Энэ ном намайг уйлуулж, инээлгэж, сэтгэлийн минь нарийн утсыг хөндлөө. Би сайн түүх унших дуртай хүн. Энэ бол харин гайхалтай түүх. Таныг гартаа барьсан энэ номоо тавилгүй уншиж дуусгана гэдэгт эргэлзэхгүй байна.

Флойд МкКланг агсан "YWAM" -ыг үүсгэн байгуулагчдын нэг, "Бурхан Аавын зүрх сэтгэл", "Чөтгөрийн босгон дээр амьдарсан нь" номын зохиолч.

Илгээлтийн эзэн хүний өдөр тутмын амьдрал ямар байдаг вэ? гэсэн олон хүмүүсийн асуултад Браин номоороо сайн хариултыг өгчээ. Тэрээр олон жижиг зүйлсийн алгасалгүй, хөгжилтэйгээр мишшионер хүний амьдралын өдрүүд хүмүүсийн боддог шиг байдаг л нэг зүйл биш гэдгийг илхэн харуулжээ. Мөр зэрэгцэн энэ түүхүүд дунд үйлчилж байсны хувьд 1990 оны эхээр Монголд амьдарсан тэдгээр баяр хөөртэй (уй гашуутай) өдрүүд, Бурханы хийж байсан ажлын нэг хэсэг байх ямар байсан тухай олон дурсамжаа энэхүү номоор сэдрээж, сэтгэлээ сэргээв. Таны хэзээч мартахааргүй ном байх болно гэж итгэж байна.

Рик Лэдэрвүүд,
Монголруу илгээгдсэн элч,
Кайрус олон улсын үйлчлэлийн удирдагч

Эзэний дуудлагыг өөрлөн Монгол оронд ирж, чуулганыг нутагшуулахад зүрх сэтгэл, амьдралаа зориулсан Браин, Луйс Хоганы гэр бүлд талархдаг. Браин ахын бичсэн номонд өгүүлж буй олон түүхийн гэрч болох хувь тохиосонд их баяртай байна.

Д. Болортуяа
"МЭЭ"-ийн судалгааны албаны тэргүүн

Браины бичсэн ном бол зөвхөн нэг чуулганы түүх бус харин бэрх цагт монголчуудыг Бурхан ямар ихээр хайрлаж, алдагдсан нэгнийг аварсан тухай агуу гэрчлэл юм. Монголын чуулганы түүхэн 30 жилийн ой тохиож байгаа эдгээр өдрүүдэд тус ном бидэнд Бурханы илгээх байгаа дараагийн давалгаа болон чуулганы өсөлт, үржилтийн тухай урамшуулал болно гэдэгт итгэж байна. Энэ номоор дамжуулан эдгээр итгэлийн баатруудшиг дуулгавартай эрчүүд, эмэгтэйчүүдийг Бурхан дахин дуудаж байна.

Лили Парк "YWAM-ын Үндэсний Удирдлагын Багтүйлчилдэг илгээлтийн эзэн.

Энэхүү ном нь өнөөгийн Монгол Хритэд итгэгчдэд тэртээ 1990-ээд оноос Бурхан бидний үндэстэнд юу хийж байсныг дурдаад зогсохгүй өнөөдрийн Монгол чуулганы итгэлийн суурийг тавихын тулд Бурханы хүмүүс хэрхэн дуулгавартайгаар хүнд бэрхийг сөрөн үйлчилж, амьдралаа илгээлтэнд зориулж байсан гайхалтай гэрчлэлүүдээр баялаг ном билээ. Бидний амьдралд дэндүү ойрхон бас дэндүү бодит түүхүүдээр дүүрэн бүтээл. Цаашлаад Монголчууд өөр соёлтой улс үндэстнүүд уруу илгээгдэн үйлчлэхэд сэдэлжүүлсэн сайн ном болжээ гэж би хувьдаа талархан хүлээн авч байна. Энэхүү номыг уншиж байхад таны дотор өөрийн эрхгүй Монголд маань чуулган таригдаж байсан өнгөрсөн түүхээ эргэн харах, мөн өнөөдрөө нэг дүгнэн эргэцүүлэх, цаашлаад ирээдүйгээ харах сэтгэл хөдөлсөн цаг хором байх болно хэмээн итгэж байна. Номыг эх хэлнээ хөрвүүлж олон хүн ивээгдэх боломжийг нээсэн YWAM UB-ын хэвлэлийн үйлчлэлийн багт маш их талархаж байна. Бурхан Монголд маань үнэхээр их хайртай, мөн Бурхан Монголоор дамжуулан бусад үндэстнүүдийг ч хайрлахыг хүсдэг билээ.

Боржигин овогт Сүхбаатарын Энхтайван | YWAM Darkhan Mongolia төвийн захирал, Алсын Хараа чуулганы пастор

Брайн Хоган болон түүний гэр бүлд сайнмэдээг зүрх сэтгэлдээ тээгээд Монголд ирж үйлчилсэнд баярлалаа. Олон хүмүүс Эзэнийг таньж мэдэхэд амьдралаа зориулж сүм чуулганыг барьж байгуулахад үнэтэй хувь нэмэр оруулсанд талархаж байна. Монголын Илгээлтийн Төв -Үүрэгтэй залуус байгуулга нь 2 дахь шатны сургууль болох Илгээлтийн сургуульдаа" Сүм байгуулах 26 түлхүүр" хичээлийг Брайн Хоган ах маань алс холоос ирж бидэнд зааж өөрийн амьдрал болон сүм байгуулсан туршлагаас хуваалцаж бидний амьдралд бодитоор үлгэр жишээ үзүүлж, эцэг хүний санаа тавилтаар үргэлж ханддаг маш их талархаж мөн түүний сүм чуулганы төлөөх халуун сэтгэлээрийг харахдаа бахархдаг билээ. Эзэн та бүгдийн гэр бүл, ажил үйлчлэл, амьдралыг тань ивээн ерөөх болтугай. Эзэний хаанчлал улам тэлэх болтугай.

Ч. Нэргүй "Монголын Илгээлтийн Төв"-ийн захирал

МИНИЙ

ВАНН ДОТОРХ ХОНЬ

Монголын чуулган тарилтын

хөдөлгөөний үүсэл

Браин Хоган

There's a Sheep in my Bathtub, by Brian Hogan
Birth of a Mongolian Church Planting Movement
©*2017 Asteroida Books*
www.AsteroideaBooks.com
ISBN 978-0-9986111-8-1

Mongolian translation copyright
©*2021 YWAM ULAANBAATAR MONGOLIA*

Зохиолч:	Браин Хоган
Орчуулсан:	Б. Өлзийбар
	Л. Номин-Эрдэнэ
Хянан тохиолдуулсан:	Р. Эрдэнэбаяр
Хянан уншсан :	Х. Охио
	Р. Мөнх-Од
	Б. Лхам
Номын дизайнер:	Дэйв Хадсон
	Э.Ганхуяг
Хэвэлсэн газар:	"Шинэ Пресс ХХК" хэвлэх үйлдвэрт хэвлэв.

Эрхлэн гаргасан: "YWAM ULAANBAATAR MONGOLIA"
Хаяг: Сүхбаатар дүүрэг, 12-р хороо, Хангайн гудамж 697
Утас: 99203681, 99049344
Веб сайт: **www.ywamubmongolia.org**

1 ДЭХ ХЭВЛЭЛТ
Библийн ишлэлүүдийг "Ариун Бичээс Нийгэмлэг"-ийн орчуулгаас иш татав.
Номонд ашиглагдсан бүхий л зургууд зохиолчийн өмч мөн.

Хэдий зохиолч болон хэвлэгч нь номон дээрх бүхий л мэдээллийг үнэн зөв байлгах хүчин чармайлтыг гаргасан ч, орхигдуулсан болон алдаа мадагтай зүйл дээр хариуцлага хүлээхгүй болно. Энэхүү орчуулгын бүтээл нь Америк зохиолчийн барууны орны уншигчдад зориулсан орчуулгын бүтээл юм. Тус бүтээл нь Монгол үндэстэн болоод тэдний соёлыг гадна талаас харах өнцгөөр бичигдсэн. монголын ард түмнийг гэсэн гүн гүнзгий хайр болон хүндлэл бидэнд бий. Тиймээс тодорхой газар, байгууллага, хувь хүмүүсийн талаар андуу ташаа бичигдсэн байх аваас өршөөж болгооно уу.

Талархал

Тэртээ 1980 онд намайг гүн намгаас татан гаргасан хамгийн агуу Удирдагч Есүс Тандаа бүхнээс түрүүнд талархлаа илэрхийлье. .

Амьдралын энэ урт аялалд өөр хэнтэй ч биш Луйс чамтайгаа гарсан минь аз завшаан юм. Надтай гэрлэхийг чамаас асуусандаа би үргэлж баяртай байдаг шүү!

Магнус болон Мариа, Светлана ба Руслан, Лайнс Райнхарт, Матс Бербрес нарыгаа дурдахгүй өнгөрч болохгүй. Та наргүйгээр энэ бүхэн маань мөрөөдөл хэвээр үлдэх байсан — мөн тийм ч хөгжилтэй биш байх байсан биз! Ecclesia plantada![1]

Р.Эрдэнэбаяр, С.Лхагва, Ч.Одгэрэл, Д.Батзориг, Д.Болортуяа болон "Есүсийн чуулган"-ны анхны 14 дагалдагчиддаа мөн энэхүү номыг зориулж байна. Та бүхний минь Есүсийн төлөөх баяр хөөртэй зүрх сэтгэл мөн дуулгавартай байдал бүх зүйлийг үнэ цэнэтэй болгосон юм.

Чуулган үржих ёстой (Латинаар)

АГУУЛГА

Өмнөх Үг

Итгэлт, мэргэн уншигч танаа оршил өргөмүй

Монголд Христитгэлийн шинэ давалгаа эхэлсний 30 жилийн ойн босгон дээр Браин Хоганы *"Миний Ванн доторх хонь"* гэсэн энэхүү дурсамж-дурдатгалын ном мэргэн уншигч танд бидний төрөлх хэл дээр хүрч байгаад би ихэд баярлан, догдолж байна.

Анхны зүйлс үргэлж анхныхаараа үлддэг. Бурхан өөрийн сүнсээр өнөөгийн Монголд, монгол чуулганы амьдралд Өөрийн охид, хөвгүүдээр Үйлс номыг үргэлжлүүлэн бичсээр байна. Маргаангүй адал явдлын ангилалд багтах энэхүү ном Бурханы нигүүлсэл ба хувь хүмүүний дуулгавартай байдлын хоршлоос хот, улс хэрхэн Христ дотор өөрийн өнгө төрх, хэлбэр дүрсийг олсон хийгээд, Сайнмэдээний үйл хэрэгт тулгарсан сорилт бэрхшээл, баяр хөөртэй түүхүүдийг нүдэнд харагдаж, сэтгэлд төсөөлөгдтөл хүүрнэн өгүүлжээ.

1990-1994 онуудад Бурханы дуудлагад дуулгавартай байдлын домог болсон олон анхдагч – Сайнмэдээ буухиалагч, гадаад илгээлтийн эзэд гэр бүлүүд Монголд ирсний нэг нь Браин ба Луйс Хоган юм. Ариун сүнсэнд өргөсөн "За" сэтгэлдээ замчлуулан, YWAM буюу "Илгээлттэй /Үүрэгтэй/ Залуус" хөдөлгөөний суурин илгээлтийн эзнээр тэд Монголд ирсэн. "Эзэнгүй" "хонин сүргийг" Эзэнтэй болгож, таавараараа тарж бутран, тэнэж төөрөх дуртай "хоньд" Аврагч бас Эзэнтэйгээ учран, ээнэгшихэд эдгээр анхдагч нар сүнслэг ба үйлчлэлийн суурийг тавилцсан билээ.

Эргүүлэг буржгар үстэй, эр хангал хоолойтой, элдэвтэй яриаг хүүрнэсэн, Эзэний хайраар дүүрэн, эрс шулуун зантай ийм нэгэн итгэлийн ахынхтай 1993 онд танилцах завшаан надад тохиосон юм. Тэр үед "Эзэн Та л бидэнтэй хамт явахгүй бол бид хэрхэвч явахгүй" гэж хэлэх итгэл сунгасан олон "боломжгүй" газруудын нэг Монгол улс байсан буйзаа. "Миний ванн доторх хонь" номны хуудас бүр Браин Луйс нарын амьдралаар Бурхан, Монголд зориулсан үйлс номын шинэ бүлгийг хэрхэн туурвисан тухай Ариун Сүнстэй адал явдлуудаар таныг хөтөлнө. Энэ мэт амтай бас гашуун, алдаатай бас оноотой анхдагч нарын амьдралын түүхэнд өнөөдрийн та бидэнд зориулсан Бурханы хүүрнэл бий. Христийн үйлчлэгч байх нь итгэгч нэгэнээс төгс байдлыг бус төлөөст байдлыг шаарддаг. "Тэр өсөж, харин би буурах ёстой" гэсэн итгэл үнэмшил, зүрхний хандлагаар эдгээр анхдагч нар монгол чуулганыг эх барилцаж авсан билээ. Ингэхдээ тэд зориулалт, золиос гарган байж хомхой ашиг, хувийн сонирхол, хүний хүслээр бус харин Мөнх Эзэний хүчин дор Агуу Захирамжинд дуулгавартай дагаж монголчуудад илгээгдсэн билээ. Сайнмэдээ тараагчийн хөл хичнээн үзэсгэлэнтэй вэ? гэж бичигдсэн лугаа адил эгэл жирийн та биднийг ч Эзэн мөн дуудсанд итгэх итгэлийг та энэ номноос илүү мэдрээрэй. Гагцхүү дуулгавартай, даруу, итгэлтэй хандлага дээр Эзэн Есүс та бидний дуудлагыг бодит биелэл болгодог сургамжыг мөн нэмж сураарай. /Филипой 2:5-11/ Шуурганд балбуулан өмнөх зам балран харанхуйлахад Бурханы оршихуй дотношил улам тод байдгийг санаж, урамшаарай.

Браин Луйс нарын Монгол дахь үйлчлэл Эрдэнэт хотын Есүсийн Чуулганы итгэлийн гэр бүлийн түүхэн намтартай салшгүй холбоотой. Эдгээр анхдагч нар нутгийн анхны удирдагч нарыг өсгөн төлөвшүүлж, улмаар тэдэнтэй хоршин үйлчилж, Эзэний биеийн эв нэгдэл, нутгийн чуулганы үйлчлэл, цаашилбал монголчууд дэлхийн илгээлтэнд оролцох эхлэлийг анх тавилцсан түүхтэй. Есүсийн Чуулганы түүх бол Тарих, Услах, Ургуулах, Ургац хураах Хаанчлалын бүх үе шатанд янз бүрийн үеийнхэн ба янз бүрийн үндэстнүүд хамтарч Эзэнд алдрыг өргөсөн гайхамшигтай түүх юм.

Авралын түүчээлэлд Харанхуйн хаанчлал чичрэн дагжихдаа Сайнмэдээнд садаа мандуулахаар эсэргүүцэл дайралтуудыг өдөөж, Христитгэгчид үзэгдэх үзэгдэхгүй орчинд сүнсний олон тулаанд орсон түүхийг Браин хуучилжээ. Тэдний гэр бүл ч мөн энэхүү тэмцлийн гадна талд байгаагүй. /Эфес 6:12/ Хоганы гэр бүлийн анхны хүү агсан Жед – "монголхүү" Бурханы Монголыг хайрласан төгсгөлгүй нигүүлслийг өнөөдөр ч бидэнд сануулсаар байдаг билээ.

Энэхүү ном нөгөө талаасаа 90-ээд оны монголчуудын ахуй соёл, сэтгэлгээ, нийгмийн нүүр царайг гадны хүний нүдээр дүрслэн бичсэн цөөн хэдэн номын нэг болсноороо зөвхөн Христитгэлийн эхлэл үеийн түүхийн тэмдэглэл болоод зогсолгүй, нийгмийн шилжилтийн үеийн Монголын түүхэнд том хувь нэмэр оруулах нь дамжиггүй.

Гурван цагын хэлхээнд эс өөрчлөгдөх Эзэн Бурханыхаа итгэмжит нигүүлслийг энэ мэт түүхээр хүүрнэн хойч үедээ өв болгон үлдээх нь та бидний сэтгэл зүрхний оч буюу.

Явсан газраа эргэж харахад

Яруу сайхан Хайр бий...

Тү. Батжаргал

Браин Хоганы гэр бүлийн найз

Зохиолчын үг

Арван дөрвөн жилийн өмнө "Миний ванн доторх хонь" номоо бичиж дуусаад монгол ахан дүүсдээ эх хэл дээр нь уншуулах оргилсон их хүсэлтэй байв. Энэ бол монголчуудад зориулсан Бурханы хайрын тухай болоод тэдний чуулганы үүсэл хөгжлийн тухай ном юм. Юутай ч шинэ номоо монгол дагалдагчдаасаа орчуулж өгөхийг гуйхын өмнө залбирлаа. Ариун Сүнс надад чимээгүй бай, орчуулгын араас бүү хөөцөлд гэж хэлэхийг мэдэрсэн юм. Энэ мэдрэмж миний дотор өссөөр, монголчууд өөрсдөө энэ түүхийг эх хэл дээрээ хэзээ нэг цагт эрэн хайх болно. Тэд өөрсдөө ном орчуулгын төслөө гардан хийх болно гэсэн сэтгэл төрөв. Би өөрийн хүслээ Бурханы гарт даатгаад хүлээхээр шийдлээ.

Бараг л 15 жилийн хугацаа өнгөрнө гэж хэн мэдлээ. Ном маань энэ хугацаанд испани, португал хэлрүү орчуулагдан гарч зөвхөн англи хэлтэй монголчууд л унших боломжтой байв.

Тэгтэл нэгэн өдөр би өмнө хэзээ ч сонсож, уулзаж байгаагүй монгол залуугаас е-мэйл хүлээн авлаа. Тэрээр миний ажилладаг ҮWAM буюу Үүрэгтэй Залуус байгууллагын өмнө нь хэзээ ч зочилж байгаагүй, ажилчдаас нь хэнийг нь ч үл таних Улаанбаатарын салбарт ажилладаг Б. Өлзийбаяр гэх залуу байв. Тэр миний номыг англи хэл дээр нь хүнээс түр авч уншсан бөгөөд өөрийнх нь хувьд амьдралыг нь өөрчилсөн ном байсан төдийгүй монгол итгэгч бүр энэ түүхийг унших ёстой гэж тунхагласан юм. Тэр надаас "Энэ бол монгол чуулган хэрхэн оршин бий болсон түүх. Монгол хэлрүү орчуулах зөвшөөрлийг та надад өгөөч. Бид энд номыг тань эрхлэн гаргах хүсэлтэй байна" гэж асуусан юм.

Эдгээр үгс 15 жилийн өмнө Бурханы надад өгсөн амлалтын хариулт гэдгийг тэр хэрхэн мэдхэв!

Бид тэр дор нь бөмбөрцгийн хоёр талаас хамтын ажиллагаагаа эхлүүлэн, орчуулгын ажилдаа ханцуй шамлан орж, Дэлхий даяар нүүрэлсэн цар тахал, хөл хорионы үеэр ажил маань хуваарийн дагуу урагшилж байв. Долоо хоногийн дотор Луис бид хоёр номын баяртаа очихоор Монголын хөрсөн дээр дахин буух гэж байна. Бурханы амлалтын үр жимс, Монголын ард түмэнд Тэр өөрийн хүүг таниульсан тухай хайрын түүхийг та гартаа бариад сууж байна. Та чангаар хөхрөн инээж, нулимс дуслуулан басхүү баяр хөөрөөр дүүрэх буйзаа!

Браин Хоган
2021 оны 10 сарын 3

I бүлэг

Төмөр хаалга

Бээжингийн гудамжинд жихүүн салхи үлээсэн тэр нэгэн өдөр бид тав умгар таксинаас буулаа. Донг Фанг зочид буудлын менежер биднийг ажлаа амжуулахад тус болохоор такси дуудсан тэр өглөө 1993 оны 2-р сарын 22 юмсанж. Бүгд Найрамдах Хятад Ард Улсад орших Монголын элчин сайдын яамны байгууламж, түүнийг тойрох хашаа болоод хар төмөр сараалжин хаалга бидний өмнө дүнхийн харагдана. Яг л энэ хаалганы цаана байх элчинд Бурхан биднийг дуудсаны дагуу биднийг зорьсон газарт минь хүргэх виз бий.

Хаалга болон бидний хооронд 50 орчим хүн шаван зогсох боловч бид юу ч хийж чадахгүй ажиглан зогслоо. Би эхнэр Луйс болон гурван бяцхан охиноо замын хашилганы тэнд хүлээж байхыг сануулаад цэргээр хамгаалуулсан хаалганы зүг багширсан олон хятад болон монголчуудын голоор зүтгэлээ. Эдгээр хүмүүс элчин дээр тийм ч чухал ажилтай ирээгүй байх, би түргэхэн шиг ажлаа амжуулчихна гэсэн бодлоор би өөрийгөө тайвшруулна. Гэтэл үл инээмсэглэсэн царай нүүрэндээ тодруулсан үүдний хамгаалагч хажуу тийш болсонгүй, англиар түүнийгээ тайлбарлаж хэлсэн ч үгүй. Би дохио зангаагаар дотор байгаа хүнтэй яримаар байна хэмээн хэлэхэд тэрбээр намайг дотогш оруулахаар гараараа дохилоо. Сайны дохио шүү. Гадаах хүйтнээс бага ч атугай дулаацан дотогш хоромхон ч гэсэн орлоо.

"Yes, how may I help you?" /таньд юугаар туслахсан бол?/ хэмээн нэгэн эмэгтэй аялгатай гэгч нь англиар надаас асуулаа. Би түүнд манай гэр бүл Монгол явах визээ баталгаажуулах хэрэгтэй байгаа учрыг тайлбарлалаа.

"Лхагва гараг хүртэл боломжгүй эрхэм ээ. Монголын үндэсний баяр болж байгаа учраас манай элчин хаалттай байна."

Би түүний хариултанд хөшиж орхилоо. Учир нь бид маргааш Монголын нийслэл Улаанбаатар руу нисэх нислэгийн тийзээ хэдийнээ захиалчихсан байдаг. Донг Фанг зочид буудалд дахиад хоёр хононо гэдэг бидний санхүүгээс хэтэрсэн зүйлийн дээр Монголд байгаа найз нартаа очих хугацаа хойшлогдсон гэдгийг хэлэх ямар ч арга байсангүй. Эдгээр олон бодол дундаасаа би "Үндэсний ямар баяр болж байгаа билээ" хэмээн асуухад тэрбээр долоо хоног үргэлжилдэг Цагаан сар буюу малчдын Шинэ жил гэж хариуллаа. Би ярих товчлуур дээр дахин дараад МИАТ-р захиалсан нислэгийн тийзээ солих, лхагва гараг хүртэл хүлээх боломжгүй гэдгээ хэллээ.

"Уучлаарай эрхэм ээ!. Манай элчин сайд баяраа тэмдэглэж яваа учраас лхагва гараг хүртэл хаалттай. Түүнээс нааш тэр ямар ч виз олгохгүй"

Би балмагдсан ч ямар ч арга байсангүй. Тиймээс хүсэлтийг минь хүлээн авахыг түүнээс ахин дахин гуйлаа. Би тэр эмэгтэйд өөрийн гурван охины тухай ч хэллээ. Долоотой, дөрөвтэй, бага нь бараг л хоёр ой хүрч байгаа энэ гурав маань энэ хүйтэнд хэрхэн гадаа зогсох билээ. (-6° С). Шүдээ тачигнуулан зогсох охидынхоо тухай хэлсэн минь том тус боллоо. Би хяналтын камерт нь нусаа гоожуулан бээрэн зогсох охидуудаа харуулах боломж байсан ч болоосой хэмээн хүснэ.

Ажил бүтлээ! Ази хүмүүс хүүхдэд өрөвч нинжин сэтгэлтэй ханддаг хүмүүс шүү. Ялангуяа олон хүүхэдтэй гэр бүлд бүр ч сайн хандана гээч.

"За та зочид буудалдаа эргэж очоод хүлээж бай. Бид өдрийн хоёр цагт тань руу утас цохино гэв. Манай элчин сайд тэр үеэр сэргээд, магадгүй таньд туслах боломжтой болсон байна гэж бодож байна."

Би түүнд байж болох бүх талархлын үгээ хэлээд бужигнасан хүмүүсийн дундуур зүтгэсээр Луис болон охид дээрээ очлоо. Шинэ найдварынхаа төлөө би Бурханыг талархан магтаж байсан ч Луис тавын таван хүн тодорхой бус нөхцөл байдалд орж байгаа энэ мэдээг сонсоод урам хугарсан нь илт. Бид буудлын жижигхэн өрөөндөө эргэж очоод хоёр цаг хүртэл хүлээчих юм бол бүх зүйл сайхан болно гэдгийг мэдэж байлаа. Болж бүтэхгүй байгаа зүйлээс оюун санаагаа холдуулах нь зүйтэй. Бид Эзэний гарт бүхнийг дахин нэг удаа даатган богинохон залбираад таксигаар Тянь Ань Мений талбай руу явцгаав. Хоёр цаг хүртэл бид цаг алах хэрэгтэй байв.

Хэдхэн жилийн өмнө болсон аймшигт үйл явдлаас тэр гээд хэлчихээр юу ч үлдээгүй харагдана. Мао Зедуны томоо зурагны урд байрлах түүний бунханд зочлохоор жагсах эцэс төгсгөлгүй дараалал дунд бид зогсоно. Тэнд хүндэтгэлтэй бөгөөд нам гүн байхыг хүмүүст байнга сануулж байлаа. Шашны ямар нэг зан үйл явагдаж мянга мянган хүмүүс түүнийг нь ажиглана. Охид маань дэггүйтээд янз бүрийн болох, болохгүй зүйлд нь хүрэх вий, цэцэгнээс нь бариад авах вий хэмээн эмээж байлаа. Юу болохыг хэн мэдэх билээ. Гадаа тийм ч хүйтэн биш цэвэр агаарт догдлон зогсох зуур Мелоди чангаар "Энэ чинь зүгээр л нэг үхчихсэн хүн биздээ" хэмээн хэлж орхилоо. Би яаран түүний үгийг няцаагаад энэ бол Хятадын коммунизмыг үндэслэгч хүний бунхан юмаа гэж хэллээ. Гэсэн ч долоохон настай түүний минь мэргэн ухаан үхлээс дахин амилсан Христийн хүч чадал бүх хүн төрөлхтөн, тэдний төр засгийн дээгүүр оршин байдгийг сануулах ажээ.

Буудлын өрөөндөө эргээд очлоо. Хоёр цаг болж, би Монголын элчин рүү залгахад мөнөөх эмэгтэй намайг цагийн дараа дахин утасдахыг санууллаа. Бид ярилцаад Луйс охидтойгоо үлдэж залбираад харин би өөрийн биеэр элчин дээр очиж хүлээхээр шийдлээ.

Намайг очиход тэнд 20 орчим хүн холхилдоно. Бид энд бүгд нэг ижил зорилгоор байгаа гэдгийг би тэр үед л ойлголоо. Тэнд хятадаар ярьдаг нэгэн Америк хүн байсан юм. Тэр ахмад настай илгээлтийн эзэн Монголоор дамжин Сибирьт сургаал заахаар явах гэж байгаа гэнэ. Тэр үнэндээ Хятадад хүүхэд насаа өнгөрөөсөн илгээлтийн эздийн хүүхэд байлаа. Харин коммунист засаглал тогтсоноор тэд хөөгджээ. Миний шинэ найз надад элчингийн архи нь гарахыг хүлээгээгүй бол энд байгаа хүн бүр виз хэдий нь дарагдчихаар байлаа гэж хэллээ. Тэр Цагаан сарын уламжлал ёсоор сархад хүртэн, дуусашгүй их буузаа идэн долоо хоногийн турш завгүй байгаа сурагтай. Өнгөрсөн шөнө баяраа хэтрүүлж тэмдэглэснээс болоод одоогоор ажилчид нь түүнийг сэрээж дөнгөхгүй байна хэмээн дотор байгаа хэн нэгэн мэдэгджээ.

Хөлийн хуруу даарснаас болж мэдээ алдаж эхэллээ. Тэгтэл хүлээн зогсох эргэн тойрны хүмүүс жигтэй зүйл ярьж байна шүү. Энэ төмөр хаалга биш арын хаалга нь нээлттэй, түүгээрээ хүмүүст виз олгосон гэнэ. Гэнэт л хоорондоо ярилцалгүй бөөндөө хашааг тойрон ард нь гарлаа. Гэтэл ялгаагүй хаалттай урд талын хаалгатай адил хамгаалагдсан байх ажээ. Бид буцаад элчингийн урд талын хаалганы дэргэд зогсож байтал дахиад нэг цуурхал тарлаа. Байсхийгээд л машин дотогш орж бас гарч, тэр тоолонд хаалгыг хамгаалж байсан хүмүүс биднийг холдууллаа. Хамгаалж байсан цэргүүд үйл хөдлөл болон гартаа барьсан буугаараа дотогш гүйж орохыг санаархсан хэнийг ч зогсооход бэлэн харагдана.

Үүнээс цаг орчмын дараа Монгол руу нэвтрэхэд төмөр хаалга хаалттай байгаа шиг сүнслэг орчинд бидний өмнө хаалттай хаалга буйг би гэнэтхэн мэдэрсэн юм. Би "хаалга"-ыг сөрөн чангаар залбиран, магтаж гарлаа. Гараа дэлгэн тэр төмөр сараалжин хаалганы зүг сарвайгаад "хаадын Хаан, эздийн Эзэний элчид хаалга онгойгтун" хэмээн тушаав. Би "Есүс Христ бол бүгдийн Эзэн мөн Монголын ч Эзэн" хэмээн чангаар дууллаа. Чанга дуулахад хүмүүсийн анхаарлыг татсан учраас нөгөө илгээлтийн эзэн найз маань надаас холдон зогслоо. Монголчууд, хятадууд ч зай тавьж намайг гайхан харна. Хаалганы урд хамгаалагч цэргийг өнгөрч төмөр хаалганаас барьж авахад ч тэр юу ч хийсэнгүй. Тэд бүгд л намайг галзуу солиотой хүн байна гэж бодсон байх. Үүнийг хийхэд Бурхан надтай хамт байгааг мэдэрч, үргэлжлүүлэн залбирч, энэ хаалгыг нээхгүй бол би исцэндээ үхэх нь байна шүү хэмээн Бурханд хэллээ.

Таван минут орчим сүнслэг тулаан хийн чангаар залбирч, магтсан минь 50 минут юм шиг санагдаж, гэнэт л чив чимээгүй болж хэрхэн залбирахаа мэдэхээ байлаа. Араас минь 30-аад хос нүд ширтэн байгааг би мэдэрч байв. Би хамгаалагчийн зүг харахаасаа ч айж байлаа.

"Бурхан минь . . .? Одоо би яах вэ? Би энд ингээд зогсоод байж болохгүй шүү дээ."

Үүдэн дээр зогсож байгаа хамгаалагчаас асуулгүйгээр би алхаж очоод яригч хонхыг нь дарлаа. Эрэгтэй хүний хоолой "Яасан бэ" гэх сонсогдов. "Би ноён Хоган байна. Намайг элчин сайдтай уулзахаар 14 цагт энд ирээрэй гэсэн юм. Одоо 15:30 минут болж байна. Та энэ хаалгыг нээгээд намайг оруулах хэрэгтэй байна," хэмээн би гэнэт л өөртөө маш итгэлтэй хэлж орхив.

"Мммм...5 минут хүлээхгүй юу?" хэмээн тэр түргэхэн хариуллаа. Би утсанд хариулсан түүний царайг үүдний талбайн цаад барилгын шилэн хаалганы цаанаас харж байлаа. Би бугуйн цаг руугаа заагаад "5 минут" гэж бататгаж дохиогоор хэллээ. Тэр харин надад хариу толгой дохилоо.

Яг таван минутын дараа, тэнд зогсож байсан бүх хүнийг алмайруулж төмөр хаалга нээгдэх нь тэр. Тэнд зогсож байсан хүмүүсийн хэн нь ч бүтэн өдрийн турш ийшээ орох гээд чадаагүй юм.

Би хашаан дотор алхсаар элчин дотор орж ирлээ. Харин араас минь үүдэнд хүлээж байсан хүмүүс харсаар хоцров. Би гадуур хүрмээ өлгөөд тансаг зэрэглэлийн өрөөнд францын дипломатч болоод америкийн нефт химийн дарга нартай зэрэгцэн суув. Тэд ч гадаа байгаа биднээс ялгаагүй элчин сайдыг энд тухлан хүлээж байжээ.

Ажилтнууд нь сайдыг сэргээж чадвал түүнтэй уулзана гэсэн адилхан горьдлого тээжээ. Залбиралд хүч нэмэхээр би зочид буудал руу утсаар ярьж, Луйсд болсон бүгдийг мэдэгдээд үргэлжлүүлэн хүлээлээ.

Хагас цаг орчмын дараа би Сибирь рүү явахаар гадаа хүйтэнд зогсож байгаа илгээлтийн эзэн ахад санаа зовж эхэллээ. Үүдний харилцуураар надад хариу өгсөн мөнөөх хүний ширээн дээр би очоод "Тэр гадаа зогсож байгаа ахмад настай эрийг харж байна уу? гэж асуулаа. Тэр толгой дохилоо. "Тэр бол олон жилийн өмнө Хятадад төрсөн Америк хүн юм л даа. Тэрбээр амьдралаа Ази хүмүүст туслахад зориулсан эрхэм. Тэр энэ хүйтэнд өдөржин хүлээж байгаад өвдсөнөөсөө болоод үхихвэл танай улсад ичгүүртэй л зүйл болох байх даа" хэмээн нөхөрсөгөөр сануулаа. "Түүнийг дотор оруулъя" хэмээн санаа зовнин тэр хэлээд хаалгыг нээлээ. Би гүйж гараад түүнийг даллан дуудлаа. Тэр ч талархалтайгаар VIP хүлээлгэд бидэнтэй нэгдлээ.

Хоёр цаг хагас хүлээсний дараа 18:00 цагийн орчимд Монголын элчин сайд үүдээр хоёр найзынхаа хамт шартчихсан, баргар царайтай орж ирлээ. Тэр үүдэнд байсан залуугийн орхиод гарсан ширээний ард суув. Дотор байсан бид хурдхан гэгч нь түүнтэй уулзахаар дараалан

"Ноёдоо, өнөөдөр миний бие нэг л базаахгүй байна шүү. Нөгөө хэт их юу яаснаас болоод" хэмээн сөөнгө хоолойгоор хэлээд архи уусан гэдгээ дохионы хэлээр ойлгомжтой гэгч нь дунд хуруугаараа хоолойгоо няслан бидэнд илэрхийллээ. Тэрбээр егөөдсөн бөгөөд зальтай гэгч нь инээвхийлэхээ мартсангүй. "За та шаардлагатай бичиг баримт болон, буцах нислэгийн тийзээ үзүүлээрэй. Бүх бичиг баримтууд чинь шаардлага хангасан бол би та бүхэнд визийг чинь олгоно. Мөн жаахан аядуухан яриарай." хэмээн хэлсний дараа түүний найз нар нь өрөөнөөс гарлаа. Элчин сайдын дэргэд зогсож байсан 1 №2 орчим настай хүүг би ажиж амжив. Бодвол түүний хүү бололтой. Тэр хүү бүхий л паспорт дээр аавынхаа өмнөөс тамга даран зогсоно.

Надаас бусад бүх хүн виз хүссэн өргөдөл хийгээд бусад бүх бичиг баримтаа бэлдчихсэн байгааг нүдээрээ гүйлгэж харлаа. Би зогсож байсан эгнээнээсээ түргэхэн гэгч нь гарч шаардлагатай байсан виз хүссэн өргөдлийн 5 хуудсыг бөглөж эхэллээ. Би хүн хөө бүрийн паспортыг эргэлдүүлэн, нислэгийн дугаарыг бичин, төрсөн огноонуудыг санах гээд завгүй байв. Гэхдээ надад нэгэн асуудал тулгарсан гэдгийг ойлгох сөхөө байлаа. Надад бүгдийх нь паспорт болоод виз мэдүүлэх хэмжээний хэдэн доллар байсан ч буцах нислэг болоод Монголд ажиллах урилга гэрээ гэх мэт зүйлс байсангүй. Ахмад настай мөнөөх илгээлтийн эзнээс эдгээр баримт бичгүүдийг нэг бүрчлэн асууж байгаа нь надад сонсогдов.

"Өө Бурхан минь," би гүнзгий амьсгаа аваад, "Та намайг буудал руу визгүй буцаах гэж энэ үүд хаалгуудыг нээгээгүй биз дээ? Намайг энэ дундуур аваад гараач!" хэмээн залбирлаа.

Миний урд ганц хүн үлдэхэд би бүртгэлийн хуудсаа дөнгөж бөглөж дуусч байлаа. Удалгүй миний ээлж ирэхэд би сүүлийн хүн нь байх болно. Би яарч сандран цээж зургуудаа бүртгэлийн хуудас дээр нааж дуусахад элчин сайд миний баримт бичгүүдийг залхуутайгаар надаас авлаа. Тэр бидний баримт бичгүүдийг нүдээрээ гүйлгэж харах үед би бусдаас нь асуусан шигээ надаас буцах нислэгийн тийз эсвэл Монголд хүлээн авах байгууллагыг бүү асуугаасай хэмээн байдаг чадлаараа залбирч байв.

Гайхамшиг гэлтэй тэр надаас буцах нислэгийн тийзийг огт асуусангүй. Тэр зөвхөн биднийг Монголд хэн урьж байгааг мэдэхийг хүслээ. Үнэнийг хэлэхэд би өөрөө ч энэ талаар тодорхой сайн мэдэхгүй байсан юм. Биднийг Америкаас хөдөлснөөс хойш хувиараа бизнес эрхлэгч хоёр залуухан Монгол найз маань ямар нэгэн арга чарга олсон байгаадаа хэмээн найдна. Илгээлтийн эздэд туслахаар бизнес эрхэлж буй Алдар болон Батжаргал нар бидэнд зориулан ямар нэг гэрээ бүхий телексийг элчин рүү илгээсэн гэхээс өөр ямар ч итгэх юм байсангүй. Тэднээс ямар ч тодорхой хариу ирээгүй бөгөөд бидний телексийг тэд авсан эсэхэд ч би хувьдаа эргэлзэж байсан юм. Хамгийн сүүлд тэдэнтэй холбогдоход тэд ямар ч амлалт өгөөгүй, тийм гэхээр тодорхой зүйл ч хэлээгүй.

Гэнэт л би зориг орж "Танай элчин дээр телексээр биднийг урьсан захидал ирсэн байх ёстой. Та телекс дундаасаа шүүгээд үзэж болохсон болов уу" хэмээн аядуу ярихыг хүссэн түүнээс, хэвийн хоолойноос арай өндөр дуугаар асуулаа. Баттай, итгэлтэй дуу хоолойгоор хэлсэн үгс минь сүүлийн боломж байлаа. Хэрвээ биднийг Монголд ажиллуулах ямар нэг гэрээ байгаа бол энд л байж таараа. Гэхдээ түүнийг битгий хайгаасай гэж би дотроо залбирав.

Элчин сайд над руу хялам хийж харснаа, сөөнгөдүү хоолойгоор "Тэгэх ямар ч шаардлагагүй" гэж хариулаад дэлгээтэй таван паспортыг дамжуулахад цэнхэр өнгийн Монголын визэн дээр хүү нь тамгануудыг 18:45 гэхэд дарлаа.

Бид маргааш өглөө нь эрт Монгол руу ниссэн юм. Бурхан бидэнд амлаж хэлсэн үгэндээ хүрсэн шүү. Тэр "ган хаалга" (элчингийн гадаах төмөр сараалжан хаалга) биднийг нэвтрэн ороход зүгээр л "тугалган цаас" мэт гэдэг нь батлагдав. Энэ хөгжилтэй ч гэмээр юм уу, гайхамшигтай ч гэмээр явдал бидний сүүлчийн нүүр тулсан төвөгтэй асуудал байгаасай хэмээн Луйс бид хоёр найдаж байсан юм.

Бээжин дэх Монгол улсын элчин сайдын яамны төмөр хаалга (2007 оны 9 сар)

II бүлэг

Эхлэл

Бээжин дэх тэр хүйтэн өдрөөс 10 жилийн өмнө Кал Поли (California Polytechnic University) их сургуулийн 2-р курст суралцаж байх үед минь Сан Луис Обиспод болсон явдал намайг энэ зам руу хөтөлсөн юм. Би Виклиф Библи Орчуулагчдын (Wycliffe Bible Translators) "In Other Words" сэтгүүлийг сургуулийнхаа дотуур байранд уншиж суутал Ариун Сүнс миний дээр буун ирж, би асгартлаа уйлж эхлэв. Миний өмнө хэзээ ч сонсож байгаагүй тэдгээр үндэстнүүдийн төлөөх зүрх сэтгэлийг Бурхан сүнсэнд минь тэгэхэд цутган өгсөн юм. Би тэр үед энэ нь хүмүүсийн хэлдэгээр "илгээлтийн дуудлага" гэдэг зүйл болохыг нь ухаарсан юм. Гэхдээ надад "илгээлт" гэж яг юу болох талаар тодорхой ойлголт байсангүй. Энэ цагаас хойш Бурхан намайг юу хийхийг хүсч байгааг олж мэдэхийг эрмэлзэн амьдралынхаа таван жилийг ардаа орхижээ.

Миний хамгийн түрүүнд хийсэн зүйл бол "байгалийн нөөцийн менежментээр" суралцаж байсан мэргэжлээ сольсон явдал байлаа. Ойд ажиллахыг үргэлж мөрөөдөж байсан минь миний хийх ёстой зүйл биш бололтой. "Илгээлт" гэдэг нь ямартай ч хүмүүстэй ажиллах гэдгээс өөр тодорхой мэдэгдэхүүн байсангүй. Би сонгосон ангиа өөрчилж англи хэлний мэргэжил болгон солиуллаа. Би юуны төлөө бэлтгэгдэж байгаагаа сайн мэдэхгүй ч ерөнхий эрдмийн чиглэлээр суралцах нь зөв зам хэмээн бодсон юм. Түүхээс гадна хэлний хичээлд би тун сонирхолтой байсан учраас зарим нэг дургүй зүйлсээ сурах гэж өөрийгөө зовоох шаардлагагүй болов.

Их сургуульд суралцаж байгаа минь Бурханы хүслээс намайг сатааруулж байна гэж бодож эхлэхээс нилээн өмнө коллежид суралцаж байгаа гол шалтгаан минь Сан Луис Обиспо дахь чуулганы нэг хэсэг гэж би шийдсэн байв. Гэхдээ их сургуулиа орхиод илгээлтийн талбараа хөөгөөд явах нь илүү хялбар юм гэж бодож эхэллээ. Энэ тухайд ээжийнхээ шийдвэрт захирагдаарай хэмээн Бурхан хэлэх шиг. Жаахан бодлогогүй мэт боловч энэ нь миний бодол биш гэдгийг би мэдэж байлаа. Энэ бүхэн ээжид минь "галзуурсан" мэт санагдах байх даа. Мэдээж хариулт нь үгүй биз. Ядаж байхад би тэр үед дөнгөж 20 настай байсансан. Гэхдээ энэ бүхэн миний бодол биш Бурханы санаа гэж итгэж байв. Хэрвээ Бурхан намайг сургуулиасаа гараасай хэмээн хүсч байвал ээжийн бодлыг өөрчилж, хүссэн зам мөрөө хөө дөө хэмээн хэлүүлж дөнгөнө гэдгийг би мэдэж байсан юм. Ээж над дээр зочлон ирэхийг би хүлээж байлаа. Түүнийг ирэхэд Лос Ососын ойролцоох гайхамшигт Сеа Оак ойгоор дагуулан алхлаа. Энд тэндгүй эргэлдэн ургасан өтгөн ой болоод модноос унжсан хөвд дундуур алхахад, сэрүүхэн эргийн ойролцоох манан хамаг биеийг жиндүүлнэ. Эргэн тойрон яг л миний унших дуртай "Бөгжний эзэн" номыг санагдуулам ид шидийн мэт харагдаж байсан юм. Тэнгэр өөд тэмүүлэн ургахын оронд газар луу унжин ургасан өргөн мөчир дээр бид жаал амрахаар суух үед ээж намайг ямар нэг зүйл хэлэх гээд байгааг хэдийнээ анзаарсан байлаа. "За алив ээ. Хэлэх гэснээ хэл л дээ" гэж тэрээр яриаг эхлүүллээ. "Та харин миний эсрэг бодолтой байсан ч залбирч Бурханаас асууна гэдгээ амлаж чадах уу?" гэж би асуув. Түүнийг зөвшөөрөхөд нь би түүнээс Бурхан намайг сургуулиа орхихыг хүсэж буй эсэхийг залбиран шалгаж өгөөч хэмээн хүсэв. Тэр энэ бүхний эсрэг саналтай байгаагаа шударгаар хэлээд Бурханы хүсэл мөн эсэхийг батлан залбирахаа бас амлалаа. Тэр үеэс хойш ээжийг буцтал бид бага зэрэг нам жим байв. Ээж амласандаа хүрч Бурханыг эрэлхийлсэн бөгөөд хэдэн өдрийн дараа над руу залган Кал Поли дахь өдрүүд хараахан дуусаагүй гэж Бурхан сануулсаныг хэллээ. Би Бурханд хандан ээж юу ч гэж хэлсэн би түүний чиглүүлгийг Танаас хэмээн итгэн дагана гэж хэлсэн учраас зангандаа орчихсон мэт санагдана.

Үнэндээ энэ бүхэн тийм ч их золиос шаардаагүй юм. Хичээл минь надад тийм ч их хүнд байсангүй. Миний дүн ч давгүй байлаа. Гэсэн ч Кал Полийн дөрвөн жилийг дуусгахад чамгүй чармайлт хэрэгтэй байсан шүү! Гуравдугаар курсэд суралцаж байхад миний хамрагдаж байсан Виняард (Усан үзмийн талбай) Христийн нөхөрлөлөөс (Vineyard Christian Fellowship) надад нэгэн онцгой сургуульд сурах санал тавьсан юм. Энэ бол нилээн зориулалт болон тэвчээр шаардсан, коллеж болон бусад хийж байсан зүйлийнхээ тэргүүнд тавих учиртай зүйл байв. "Дагалдагийн сургууль" бол есөн сарын эрчимтэй Библи судлал, харилцаа, үйлчлэлийн боломжоор дүүрэн сургууль байлаа. Би 35 оюутны хамт тэр сургуулийг дүүргэлээ. Хоорондоо ойртож дотносоод зогсохгүй Есүстэй улам ч илүү ойртсон байв. Манай ангийн Луис Хюго гэх залуу бүсгүй над руу хэд хэдэн удаа ирж машинаараа хүргэж өгөхийг хүссэн ч би түүнтэй илүү ойр амьдардаг хэн нэгнийг олж, түүнийг хүргэж өгөхийг асуудаг байлаа. Тэр надад талтай гэж ердөө ч бодсонгүй. Хэд хэдэн удаа хүргэж өгөх хүсэлт гаргасны дараа тэрээр Бурханд энэ бүхнийг даатгаад орхижээ. Луис "Христийн төлөө ганц бие" хэвээрээ байгаадаа сэтгэл хангалуун байв.

Сургууль дууссаны дараа бид бүгд зуны төлөвлөгөөгөө ярилцаж байх үед Луйс хүүхдийн зусланд яг надтай адилхан усан сангийн аврагчаар ажиллахаар болсоныг нь би сонсоод гайхаж орхив. Зуны дунд сарын үед Луйс над руу ил захидал илгээх хүртэл би тэр тухай бодсонгүй. Тэр пастор Жак Литтлид туслан Виняардын салбар чуулган тарихаар Санта Барбара руу нүүсэн байж. Тэр мөн YWCA-ын усан санд аврагчаар ажиллаж байв. Анхаарлыг минь хамгийн их татсан зүйл бол тэр захидлынхаа төгсгөлд "Хайртай шүү, Луйс" хэмээн бичсэн байх нь тэр. Миний хувьд усан санг ганцаараа цэвэрлэж байхдаа юм юм бодож эргэцүүлэх хангалттай их хугацаа байлаа. Би Луйсын тухай өдөржин бодож, түүнийг тэгтлээ их анзаарч байгаагүйдээ өөрийгөө цохиод авмаар санагдаж билээ. Тэр "хайртай шүү" гэж бичсэн. Хэр их хайртай юм бол доо хэмээн би гайхан бодно.

Хичээл эхэлсэний дараа би Санта Барбарад магтаалын концерт үзэхээр тийш жолоо мушгилаа. Энэ бол асар том танхим байлаа. Концертын дараа гарахаар алхахдаа Луйс өөдөөс минь ирж явааг харагдав. Би түүн рүү гүйн очоод энгийнээр яриагаа эхлэхдээ түүнийг гайхширтал мөрөн дээр нь гараа тавиад "Тэгээд чи надтай хэзээ гэрлэх гэж байна даа" гээд хэлчихэв. Би амнаас минь гарсан энэхүү үгэнд өөрөө ч итгэсэнгүй. Луйс мөрөн дээгүүрээ эргэж хараад " чи харин хэзээ надад гэрлэх санал тавих вэ?" гэж асуув.

Машины зогсоолын зүг хамтдаа алхахдаа бие биедээ хэлсэн зүйлсдээ бид бантаж орхив. Найзууд цугларсны дараа бид хоёр кофены газарт уулзахаар болов. Бид хоёр арваад хүмүүсийн дунд зэрэгцэн суув. Би түүн рүү налаад түүний чихэнд "Чи надаас хэзээ гэрлэх санал тавих вэ гэж асуусан даа... би одоо асууж байна аа" гэж шивнэв. Бидний эргэн тойронд байгаа хүмүүс юу ч мэдсэнгүй, харин бид хоёр энэ талаар залбирахаар шийдлээ. Бид хэн хэн нь илгээлтэд (юу гэдгийг нь сайн мэдэхгүй ч) дуудагдсанаа олж мэдлээ. Мөн тодорхой болтол хамт залбирч, залбирлынхаа хариултын дагуу төлөвлөхөөр тохиров. Сайхан амраарай хэмээн бие биедээ хэлээд үнсэлтгүйгээр хоёр тийш тусдаа машинд суугаад хойд зүгийг чиглэн явцгаалаа.

Би дараа өдрийн өглөө нь хүртэл Луйстай гэрлэх талаар залбирч, үүндээ итгэлтэй байлаа. Би Луйс руу залгаад анхны болзоонд Мексик ресторанд уриад замдаа түүнийг гэрээр нь дайрч аваад явав. Би цаг алдалгүйгээр түүнд Бурханаас түүнтэй гэрлэх тухай сонссон гэдгээ хэллээ. Харин тэр Бурханаас ямар ч үг авaaгүй бөгөөд залбирах илүү цаг хэрэгтэй гэж надад хэлэв. Мэдээж энэ нь надад зүгээр ээ. Эзэн түүнд надад хэлсэнтэй ижил зүйлийг хэлнэ гэдгийг би мэдэж байлаа.

Тэр долоо хоног миний амьдралын хамгийн урт долоо хоног байж билээ. Харин тэр долоо хоногийн сүүлээр Луйс Хюго надад хүсэн хүлээсэн хариуг минь өгсөн юм. Бид сүй тавих ёслолоо 1983 оны 10 сарын 8-нд албан ёсны болгосон ч Луйс Мохавэ цөлд амьдардаг Католик итгэлтэй аав, ээждээ баяртай мэдээгээ дуулгах хүртэл хэдэн долоо хоног нууцалсан юм.

Кал Поли их сургуулийг төгссөнөөс долоо хоногийн дараа бид хуримаа хийв. Луйсд гэрлэх санал тавьснаас найман сар гаруйн дараа 1984 оны 6 сарын 16 нд бид гэр бүл болсон юм. Бидний хэн хэнийх нь төсөөлсөнөөс хавьгүй том төлөвлөгөөг Бурхан бидэнд бэлдсэн байв.

Бидний гэрлэлтийн эхний жил аз жаргалаар дүүрэн байсан ч амаргүй зүйлс бас байв. Дөрвөн сарын хугацаанд тийм ч дуртай биш ажлаа хийсний эцэст үйлчлэлийн боломж гарч ирлээ. Алис эмээ минь зөнөх өвчинтэйгээ тэмцэж байлаа. Тиймээс эмээ, өвөө хоёр минь өөрсдийн гэртээ үргэлжлүүлэн амьдрах хүсэлтэй байсан тул бид тэдэнд туслах хэрэгтэй байв. Авга эгч минь өөрийнхөө байшинд тэдэнд зориулан өргөтгөл хийж байсан ч бэлэн болтол хэсэг хугацаа хэрэгтэй байлаа. Тиймээс тэр болтол Луйс бид хоёрыг тэдэнтэй хамт амьдрахыг хүссэн юм.

Хэнийг ч танихгүй шинэ хотод найз нөхөдтэй болох, тэдэнтэй харилцаа тогтоох, мөн айлын хажуу өрөөнд амьдрах нь залуу хосуудын хувьд таатай биш байлаа. Алис эмээгээ асрах нь бас л амаргүй сорилт байв. Тэрээр энгийн, өдөр тутмын зүйлсийг хийх чадваруудаа хүртэл алдаж байсан учраас Луйс олон юмс хийж амжуулах шаардлагатай болов. Эмээ маань машины түлхүүр, түрийвч зэрэг зүйлсээ хэний ч санаанд орохооргүй газар тавьснаас болж бид олон цагаар түүнийг нь хайх ажил гарч ирдэг байв. Тэр өдөр бүр гадуур алхаж, их хэмжээний өндөг худалдаж авна. Багахан хэмжээний цалингаараа бид бусад хүнсээ авахаар чармайж байсан ч түүний авсан өндгүүдийг нь бусдад тарааж өгөх хэрэгтэй болдог байв. Бид хоёулаа YMCA-ын усан санд ав_рагч багшаар ажиллаж байрны төлбөрийн оронд хоол хүнсийг хариуцахаар эмээ, өвөөтэйгээ тохирсон байсан юм. Бусдын тусламжгүйгээр амьдарч чадахааргүй болсон нь ичгэвтэр зүйл биш харин ч бидэнд тусалж байгаа нь нэр төрийн хэрэг гэж тэд үзнэ.

Ням гарагийн цуглаан дээр биднийг Мизпа Хаус гэх хөвгүүдийн үйлчлэлтэй танилцууллаа. Бид тэнд сайн дураараа ажиллаж байгаад удалгүй орон тооны багш боллоо. Тэдгээр хөвгүүд гэмт хэрэгт холбогдож, болчимгүй зүйлсэд орооцолдсон байсан ч тэдэнтэй ажиллах нь надад таалагдсан юм. Тэдний биеэ захирах чадваргүй нь гол асуудал байсан юм. Тэд зохион байгуулалттай, эмх цэгцтэй, хамтын амьдралаар жинхэнэ нөхөрлөл дунд байв. Тэдэнтэй хамт хөгжилтэй байсан ч зүрх урагдам хэцүү асуудлууд гарах нь олонтаа. Зарим хөвгүүд дүрэм журам зөрчин зугтснаас болж тэр газраас хүүхдийн хорих анги руу алдагдаж байлаа. Тэдний заримтай сайн харилцаа тогтоож, бидний хүссэн үр дүнд хүрнэ гэж найдаж байсан ч оргож, зугтаж биднийг гуниглуулдаг байв. Үнэхээр сэтгэл өвтгөм шүү. Зарим ажилчид "энэ явчихаасай гэж хүссэн хүүхэд хэзээ ч явдаггүй" хэмээн тоглоом наргиа болгон ярьдаг байж билээ. Үнэхээр л хамгийн хайр татам нэг нь зугтаж, болж бүтэхгүй нэг нь эндээ үлддэг байсан мэт. Сэтгэл зүйгээрээ ядарч, дундаж цалин минь биднийг шантруулах үе байсан ч хийж байгаа ажилдаа дуртай байлаа. Энэ үеэр бид удахгүй хүүхэдтэй болох гэж буйгаа мэдлээ. Би ч орлогч багшийн сертификат авахаар хэд хэдэн сургалтанд суулаа. Үүний дараа бараг л өдөр бүр хэн нэгнийг орлон хичээл зааж Мизпа руу зөвхөн зочилж очдог л болов. Асуудалтай хүүхдүүдтэй ажиллах нь надад таалагдаад зогсохгүй би бас энэ тал дээр чамгүй чадвартай гэдгээ олж мэдсэн юм. Магадгүй бидний дуудлага том хотод залуучуудын үйлчлэл хийх юм байна гэж тэр үед бодож эхэлж билээ.

Луйс бид хоёр хэрхэн эхнэр нөхөр байх учраа олж ядан байтал гурвуулаа болсоноо мэдлээ. 1985 оны 9-р сарын тэр нэгэн халуун өдөр бага сургуулийн ойролцоо Луйс төрөхөөр эмнэлэгт хэвтэж байсан юм. Өдрийн хоолны цагаар сургуулийн эрхлэгч намайг өрөөндөө дуудлаа. Луйс төрөхөөр өвдөж эхэлсэн бөгөөд төрөх газраас намайг хичээлээ дуусгаад ирэх боломжтой эсэхийг асуулгасан байв. Би тэр дор нь ажлаа дуусгаад эрхлэгчээс орлогч багш намайг орлох хүнийг олохыг хүслээ. Анхны хүүхдээ төрөхөд хажууд нь байхгүй байна гэдгийг төсөөлөхөд ч надад бэрх байв.

Намайг очсоноос хойш бид хэдэн цагийг төрөлтийн үеийн дүлэлт болоод амьсгалын дасгалыг хийж өнгөрүүлэв. Удалгүй эх барьгч эмч ирж Мелоди Грэйс минь 16:30 минутад энэ хорвоод мэндэлж билээ. Би өрөөнд байсан утсаар ойр дотны бүхий л хүмүүс рүүгээ залгаж баярт мэдээ дуулгав. Мелоди төрөхөөс долоо хоногийн өмнө Жим өвөө , Алис эмээ хоёр маань авга эгч Доттегийн өргөтгөн барьсан байр луу нүүхээр болов. Гэнэт л бид гэрлэсэн жил хагасын дотор энэ байшинд зөвхөн гэр бүлээрээ байх боломжтой боллоо. Гэсэн ч Лас Вегаст байх шалтгаан бидэнд байсангүй. Амилсаны баяраар бид Сан Луис Обиспод эргэж очоод эргэн тойрон ногоон байгааг хараад гайхширч билээ. Цөл газар амьдарсаар байгаад ургаж байгаа мод цэцэгс ямар үзэсгэлэнтэй болохыг бараг мартаж орхижээ. Бид хоёр Лас Вегаст тийм ч дуртай биш байсны дээр эндээ удвал гацчих юм шиг санагдав. Дээрээс нь тэр үеэр машины агааржуулагч эвдэрчихэв. Лас Вегас өдөртөө нохой гаслам халуун (+38) байсны дээр, машиндаа агааржуулагчгүй байх нь бидэнд сонголт үлдээсэнгүй. Вегаст 20 сар болсны эцэст өөрсдийн гэсэн цөөхөн зүйлсээ аваад бид Лос Осос руугаа нүүлээ. Бид гэрлээд 23 жил болоход 23 удаа нүүсэн бөгөөд энэ нь бидний гурав дахь удаагийнх байсныг тэр үед хэрхэн мэдэх билээ.

Бурхан биднийг дуудсан дуудлагын дагуу амьдрахыг хичээж, би Кал Полигийн төгсөгч оюутнуудын зөвлөгч багшаар болон худалдааны ажилтнаар тэр үед ажиллаж байв. Удалгүй би төрийн байгууллагатай гэрээтэй нэгэн компани хөвгүүдийн шинэ төв нээх төсөл дээр томилогдсон юм. Би менежерийн албан тушаал дээр ажиллаж хөвгүүдийн байрыг бэлтгэн, бичиг баримттай холбоотой зүйл дээр анхааран ажиллаж байв. Бид төвөө нээснээс хоёр сарын дараа төвийн эзэн охиндоо миний ажлыг өгөхийг хүслээ. Би зүгээр энгийн ажилтнаар түүний доор ажиллаж болох байсан ч энэ нь тийм ч сайхан санаа биш байв. Би яаралтай өөр ажил олж хийх хэрэгтэй болов. Хуучин сургуулийнхаа ажил олгох төв дээр очоод ямар ажлын байр нээлттэй байгааг асууж сураглалаа. Ажил хайн Кал Поли дээр эргэн очсон минь эцэст нь Бурханы дуудлага руу нэвтрэн орох үүд хаалгыг минь нээж өгч билээ.

III бүлэг

Алсын Харааны Эрэлд

Сургуулийн кампус дээр очоод нээлттэй ажлын байрны жагсаалт бүхий зарууддаас англи хэл болон зөвлөгч багш гэсэн үг нэг бүр хайж гарлаа. Нээлттэй бүх ажлын байруудаас ердөө ганц нь л анхаарал татсан юм. Би тэр хэсгийг нь дугуйлаад товхимлыг гэртээ авчиран Луйсд өгөн тэр газартай холбогдох ажлыг түүнд даатгалаа. Энэ бол баруун хойд Аризонад байрлах Навахо Индианчуудын нутаг дэвсгэр дэх бага сургуульд багшлах ажил юм. Навахо Авралын Зар (Navajo Gospel Mission) гэдэг энэ байгууллага хэрвээ биднийг 4 болоод 5-р ангид хичээл заахаар ирвэл хагас дэмжлэг өгнө хэмээв. "Хагас дэмжлэг" гэдгийг сайн ойлгоогүй хэдий ч юу ч үгүй байснаас л дээр гэж бодлоо.

Маргааш нь намайг ажлаас ирэхэд Луйс сэтгэл нь их л догдолсон байдалтай угтаж авлаа. Тэр минь тухайн байгууллага руу утсаар холбогдоод ТУЗ-ийн гишүүн нэгэн эрхэмтэй ярьжээ. Тэр эрхэм Луйсд хэдий багш нар хэрэгтэй байгаа ч хөвгүүдийн дотуур байранд тэднийг эцэг эх шиг нь халамжлах хүмүүс илүү хэрэгтэй гэжээ. Бид тэр ажлын байранд төгс тохирох хүмүүс гэж тэрээр бодсон бололтой. Тэр дор нь Аризонагийн Флагстафф дахь тус байгууллагын захирал Луйстай утсаар холбогджээ. Харилцуурын цаанаас л хайр татахаар, тэр хүн бол ирланд эрхэм Том Долаган юм. Бид тус ажлыг ихэд сонирхож байгааг Том сонсоод баяртай байгаагаа Луйсд илэрхийлжээ. Надаас асуулгүйгээр тэр хоёр аль хэдийн ярилцаад тохирчихсон байв. Би тэднийг яг харилцуураар ярилцаж байхад нь орж ирсэн бөгөөд Томтой хэдэн минут утсаар ярилаа. Луйсыг догдлуулсан зүйлсийг мэдрэхэд надад тийм ч их хугацаа шаардсангүй. Бид илгээлтийн эзэн болох нь ээ!

Навахо авралын зар нь цалин олгодоггүй, ажилчид нь өөрсдөө сайн дураараа ажиллан хувь дэмжлэг босгодог байгууллага юм.

Сургууль эхлэхэд бага хугацаа үлдэж, мөн тэдэнд ажилчид яаралтай хэрэгтэй болсон тул бид сар бүрийн босгосон хувь дэмжлэгийхээ хагасыг нь цалин болгож нэмэлтээр авахаар тохирлоо. Лос Осос Виняард чуулган минь биднийг ивээхээр боллоо. Мөн гурван жижиг бүлэг дээр очиж Навахо дахь алсын харааныхаа тухай бид хуваалцан таньж мэддэг бүхий л хүмүүстээ залбирлын захиа илгээлээ. Тэр ажлын байрыг дугуйлснаас сар хагасын дараа гэхэд бид Аризонагийн Хардрокд "Индиан илгээлтийн эздийн сургалт"-нд (Indian Missionary Candidate Training) суралцан Навахо дахь нутаг дэвсгэрт хөл тавьсан байв. Өөр хэд хэдэн шинэ илгээлтийн эзэдтэй хамт бид Навахо хэл, соёл, ёс заншил, түүх болоод Навахо авралын зар байгууллагын стратеги төлөвлөгөөг суралцан Навахо урцанд амарч, хонь хариулан, амралтын өдрийг өнгөрүүлэв. Бидэнд энэ бүхэн таалагдаж байлаа!

Рик, Лаура Лэдэрвүүд. Монголруу илгээгдсэн элч нар

Хамт сургалтанд сууж байсан залуу илгээлтийн эзэд ч бидэнд бас их таалагдав. Бидний зарим нь Навахочуудын дунд байхаар явсан бол хэд хэдэн гэр бүл Тарахумара болон Хупа омог руу илгээгдлээ. Бид эгэл бус нэгэн гэр бүлтэй тэнд таарсан юм. Рик, Лаура Лэдэрвүүд болон тэдний гурван хөвгүүн Навахочууд руу илгээгдэж байсан ч Рик ам нээх бүртээ Монголын тухай ярьж байв. Тэрээр Бурхан тэднийг Монгол руу дуудсан мөн Монгол ямар нэгэн илгээлтийн ажилд үнэхээр хаалттай бөгөөд богино хугацаанд зочлох ч боломжгүй гэж билээ. Рик болон Лаура нар Монгол удахгүй сайнмэдээнд нээлттэй улс болно гэж итгэж байсан бөгөөд үүндээ бэлэн байхыг хүсэж байлаа. Тиймээс Рик Дэлхийн улс үндэстнүүдийн соёл, ёс заншилыг судласнаар Навахо бол монголчуудтай соёлын хувьд хамгийн дөхөж очих үндэстэн гэдгийг олж мэджээ. Тэдний аль аль нь нүүдэлчид бөгөөд морь унадаг, хонь хариулдаг мөн хоол хүнсээ ч адилхан аргаар бэлтгэдэг аж. Хамгийн сонирхолтой нь тэд хоорондоо ижил төстэй дугуй гэрт амьдардаг юм. Навахочууд гэрээ мод, шавраар барьдаг бол монголчууд мод, эсгийгээр барьдаг билээ.

Монгол гэр   *Навахо гэр*

Навахочууд Ази, Америк тивийг холбосон хуурай газраар Монголоос хамгийн сүүлд нүүдэллэж ирсэн үндэстэн учраас соёл ёс заншлын хувьд тэд ойролцоо байдаг гэж таамаглан тайлбарладаг. Энэ бүхнийг сонсохдоо Луйс бид хоёр ангайж хоцров. Бурхан бидний зүрх сэтгэлд таван жилийн дараа соёолох үрийг тарьж байсан нь тэр байжээ.

Сарын дараа, 1987 оны 8-р сард бид гурав 5-аас 11 настай Навахо хөвгүүдийн эцэг, эх болохоор Хардрок руу нүүлээ. Бид тэднийг ням гарагийн оройноос баасан гарагийн үд хүртэл өдөр бүр 20 цаг харж хандах үүрэгтэй байлаа. Хөвгүүд хичээлдээ явах болон хоолонд орох үед л бид амрах эрхтэй. Үнэхээр их ядарч байсан ч хийж байгаа зүйлдээ урам зоригтой байв. Бид тэдэнтэй бөмбөгөөр тоглож, бэлтгэл хийнэ. Орой бүр тэдэнтэй Бурханы үгнээс хуваалцаж, хүүхэд нэг бүрийг оронд нь оруулна. Тэдний хамгийн бага нь англиар ярьдаггүй дээр оронд унтаж, усанд орж сураагүй байв. Байшин дотор байж хэвшээгүй бөгөөд бүхий л зүйл түүний хувьд шинэ байсан юм.

Сургуулийн дараа бид уул хад, өнгө өнгийн гүн хавцлуудаар явж охидын дотуур байрныхантай "Тугийг эзлэх" гэдэг тоглоом тоглож, тэдэнд Есүсийн тухай ярьж өгдөг байв. Хөвгүүдийг хичээлдээ явсан хойгуур нь Луйс, Мелоди бид гурав манай ойролцоо амьдрах хөвгүүдийн гэр бүлд зочилдог байлаа. Бид тэдгээр залуу ээж аавуудтай алгуурхнаар сайн харилцааг тогтоосон юм. Энэ байгууллага нь "Илгээлтийн байршсан стратеги" гэсэн бодлого барьдаг бөгөөд

Навахочуудын сүнслэг болон бусад хэрэгцээнд үйлчлэх зорилготой байв. Сургууль бол эдгээр хүмүүст нөлөөлөх нэг арга хэлбэр нь байсан юм. Бид шинээр энд ирж суурьшсан болохоор бидний харах өнцгөөс нэг л зүйл болж өгөхгүй мэт харагдаад байлаа. Тэдний хэрэгжүүлж байсан хөтөлбөр эргэн тойрны гэр бүлүүд болоод оюутнуудад хангалттай нөлөө үзүүлэхгүй байсан юм. Навахочуудыг бидэн дээр ирж нэгдэхийг хүлээхийн оронд харин тэдэн дээр очиж тэдний ертөнцтэй танилцах ёстой гэсэн хүчтэй мэдрэмж надад төрсөөр байв.

Бидний стратеги амжилттай байсан бөгөөд тэд биднийг өөрсдийнхөө гэрт урьж эхэлсэн юм. Энэ бүхэн бидэнд асуудал үүсгэсэн бөгөөд ийм байдал ахимаг насны илгээлтийн эздэд таалагдсангүй. Бидний үе тэнгийн ажилтан тэнд байгаагүй бөгөөд бүгд л биднээс насаар хамаагүй ахимаг байсан билээ. Бид уламжлалыг эвдэн, энэ тал дээр тэдний баримталж байсан зарчмыг эвдсэн мэт. Дотуур байрны багш нар хэзээ ч кампусаас гарч үйлчилж байсангүй. Дээр нь бид амралтын цагаараа ажиллаж, сул чөлөөтэй цаг бага байлаа. Амралтын үеэр үргэлж л засвар болон бусад үйлчлэлээс гадуур зүйл дээр тохоон томилогддог байв. Үнэндээ бидний хийж байсан бүхэн бусдын атаархлыг төрүүлж байснаас асуудал үүссэн гэдгийг бид олж мэдсэн юм. Тэнд ажиллаж байсан хүн бүр л анхандаа Навахочуудтай сэтгэл дүүрэн гүнзгий харилцааг тогтоохыг хүсдэг ч "Илгээлтийн байршсан стратеги" нь өөрөө саад байсан юм. "Хүүхэд" гэсэн энэ анхдагч үйлчлэлийн бай маань хэний ч харж байгаагүйгээр өөрчлөгдөн түүгээр ч зогсохгүй хүлээн зөвшөөрөгдөж эхэллээ..

Навахо гэр бүлүүдтэй харилцаа сайжрахын хирээр хамт олонтойгоо харилцах бидний харилцаа муудаж байв. Навахо найзуудаасаа болж асуудалд орж байсан минь надад зөв санагдсангүй. Ярилцаж болохоор хоёрхон илгээлтийн эзэн гэр бүлүүд маань Хардрокоос 32 км зайтай орших Том, Тереза Элкинс болон Мика, Кора Хэндрик нар байв. Том болон Тереза нар хэний ч тааж мэдэхээргүй газар Навахо гэр бүлүүдтэй амьдардаг байв. Тэд бидний баатруудбөгөөд найзууд минь байлаа. Харин Мика болон Кора нар Аризонагийн Пинонд ТББ (уриа: засмал зам дууссан газраас зэрлэг өрнөд эхэлдэг) бөгөөд тэд тостондоо Навахо бус цор ганц хүмүүс байлаа. Эдгээр гэр бүл биднийг сэтгэлээ уудлан ярилцахад ойлгон сонсож байсан юм.

Эхний хичээлийн жилийн төгсгөлд бид Том Долагантай уулзлаа. Хардрок дахь бидний заав_арлагч Линдагийн хамтаар бид уулзалдан бусад илгээлтийн эздийн дунд хэцүү байдалтай байгаа талаар Томд мэдэгдэн, тэд ч ойлгосон, дэмжсэн байдалтай байв. Тэр биднийг зуны хугацаанд гэр рүүгээ буцан дэмжлэг босгох дээр анхаарахыг зөвлөсөн юм. (Үнэндээ байгууллагаас тавьсан дэмжлэгийн түвшинг манай гэр бүл сар бүр 90-100 хувьтай биелүүлж байв. Бид дэмжлэг босгох дээр тийм сайн ажиллаагүй байхад энэ бүхэн болж байсан нь Бурханы гайхамшиг юм. Харин ихэнхи ажилчид маань байх ёстой түвшний хагасаас доогуур дэмжлэгтэй амьдарч байв) Мөн бид нар хоёр жил ажиллах шийлвэртээ хэвээр үлдэх үү эсэхээ шийдэх хэрэгтэй байв. Том биднийг 9-р сард эргэж ирээсэй хэмээн залбирч байгаа бөгөөд хэрвээ ирэхгүй бол ойлгоно хэмээн хэлсэн юм. Бид Лос Осост эргэж очоод зуны хугацаанд үйлчлэлийн талаараа чуулгынхаа жижиг бүлгүүдэд хуваалцан, пастораасаа зөвлөгөө авсан юм. Пастор биднийг тэр газар руу буцах ёстой нэг ч шалтгаан бодоод олохгүй байна гэж хэлсэн ч энэ нь бидэнд хялбар байсангүй. Бид хөвгүүдээ, Навахо найзуудаа санаж, ажилдаа үнэхээр хайртай байсан ч хамт ажиллаж байсан илгээлтийн эзэдтэй харилцаа маань дээрдэнэ гэхэд итгэж өгөхгүй л байв. Бид юу хийх ёстойг харуулаач хэмээн Бурханд хандан залбирлаа.

Браин, Луйс, Мелоди нар Навахо хөвгүүдийн хамтаар.
Навахо академийн хөвгүүдийн дотуур байр , 1988 он

Эцэст нь Тэр бидэнтэй маш тодорхой ярьсан юм. Тэнгэрлэг Эцэг маань бидэнд хэрэв чи зөвхөн нутгийн чуулгандаа өөрийн сонгосон, харилцахад таатай хүмүүстэйгээ л хамт байвал хэзээ ч жинхэнэ амлалт, зориулалтын талаар суралцахгүй гэж хэллээ. Хичнээн хэцүү байсан ч гэлээ бид эргэж очоод харилцаагаа засах хэрэгтэй болсон юм.

IV бүлэг

Зөн хараагаа олсон минь

Навахо Авралын Зарын байр, Аризона муж- Хардрок (гулсуур дээрээс дарав)

Хардрокд өнгөрүүлсэн хоёр дахь жил (1988-1989) үлдсэн амьдралын маань үе шатуудыг тодорхойлсон гэж хэлж болно. Бид хамтран ажиллаж байсан хүмүүстэйгээ харилцаагаа сайжруулахаар хичээсэн бөгөөд хүмүүс илүү нээлттэй болж, нөхөрлөл маань ч батажсан юм. Бид харилцаагаа таслаад, асуудлаас зугтаагүй учраас энэ байдал хүмүүст нөлөөлж, хамт олон маань биднийг өөрөөр харж эхэллээ. Сургалтын байрнаас гадуурх үйлчлэл маань үргэлжлэн цэцэглэж байсан ч сургуульд хангалттай багш байхгүйн улмаас сургууль хаалгаа барьлаа. Навахочуудын отог дээр очиж үйлчлэх эсвэл НАЗ (Навахо авралын зар) багаараа өөр нэг омогт очиж үйлчлэх талаар мөрөөдөж байсан цаг үе юм. Бид байх ёстой газар, дуудлагаа олчихсон мэт санагдаж, үлдсэн амьдралаа нутгийн уугуул хүмүүс болох Индианчуудад зориулах юм байна хэмээн харж байлаа. Гэтэл бүх зүйл өөрчлөгдлөө.

Тим Браун "Дэлхийн Христитгэлийн Хөдөлгөөний Зөн Хараа" (Perspective on the World Christian Movement) буюу товчилбол Илгээлтийн Зөн Хараа (The Perspectives) нэртэй сургалтыг НАЗ дээр явуулахаар өөрөө сургалтын ажилтнаар бидэнтэй Флагстафф дээр нэгдлээ. Арван долоон 7 хоног үргэлжлэх коллежийн кредит бүхий энэ сургалт нь Хардрокоос 174км зайд орших Флагстаффт видео бичлэгээр явагдсан юм. Биднийг бүгдийг нь тус сургалтанд суухыг уриалав. Үнэнийг хэлэхэд бид тийм ч их сонирхсонгүй. Бид нар чинь аль хэдийнээ илгээлтийн эзэд болчихсон, бага ч гэсэн мэргэшсэн зүйлээ сурах ямар хэрэгтэй билээ хэмээн бодов. Дээр нь Луйс бид хоёр хичээл ид дундаа явагдаж байх үед хоёр дахь хүүхдээ өлгийдөн авахаар зэхэж байв. Бид Флагстафф дахь эх баригчтай холбогдсон ч гэртээ төрөхөд дэндүү хол байсан учир амаржих газар дөхөхөөр болж тэр хотын аятайхан зочид буудалд өрөө авах санаатай байв. Хөвгүүдэд болоод Мелодидоо санаа тавих, 2 дахь хүүхэд маань төрөх гээд энэ сургалтанд суух зөв цаг нь биш юм шиг санагдаж байлаа.

Харин Тим биднийг яттасаар. Тэрээр надад "Браин, чи үнэхээр энэ сургалтанд сурах ёстой" хэмээн хэлсэн билээ. Тэр миний бодлыг эцэст нь өөрчилсөн ч ганцааранг минь сургахыг хүссэнгүй. Тим тайлбарлахдаа энэ сургалт амьдрал, үйлчлэлд минь үнэхээр нөлөөлөөд зогсохгүй Луйс энэ бүхнээс хоцорсноороо чамд гарах өөрчлөлтийг бүрэн ойлгохгүй гэж тайлбарласан юм. Удалгүй бидний хэн хэн нь суралцахаар шийдлээ. Хийх даалгавар нилээн ихтэй байлаа. Долоо хоног бүр бид унших болоод асуултанд хариулахад олон цагийг зарцуулдаг байв. Бид бүгд гал тогоонд бусад илгээлтийн эздийн хамт цуглаад Дон Ричардсон, Бэтти Суе Бревстер гэх эрхмүүдээс лекц сонсон асуултуудыг асуун, хариултаа авна. Бидэнд мохох хийгээд урамшигдах үеүд аль нь байлаа. Цоо шинэ дэлхий бидний өмнө тэгэхэд нээгдсэн юм. Эхлэлээс авахуулаад Илчлэлт хүртэл Библи дээрх Бурханы илгээлтийг гэсэн хувирашгүй төлөвлөгөө биднийг гайхшруулж байлаа. Үндэстнүүдийн төлөөх Бурханы зүрх сэтгэлийг Библээс болоод хүн төрөлхтний түүхээс харсан нь миний бүхий л төсөөллийг соронз мэт татаж билээ. Бидний өмнө байсан илгээлтийн эздийн талаар болоод соёлын тухай суралцах үед Навахочуудын дундаас ажигласан зүйлс маань илүү тод ойлгогдож, гэрэл асах мэт болов. Илгээлтийн зөн хараа сургалтын стратегийн хичээлийн үеэр Луйс бид хоёр дэлхийн хязгаар хүртэл гэр бүлийг минь дуудсан, үлдсэн амьдралд маань нөлөөлөх алсын хараанд олзлуулсан юм. Сургалтын 17 багшийн нэг Жорж Патерсон бол дуусашгүй эрч хүч, хүсэл эрмэлзлэлээр дүүрэн эрхэм байлаа. Жорж эхнэр Дэннигийхээ хамт Хондураст чуулган тарих, дагалдагчдыг өсгөх дээр шинэ нээлтийг хийсэн нэгэн. Гэхдээ шинэ нээлт гэхээсээ илүүтэй дахин сэргээсэн гэвэл зохилтой. Жорж бидэнд Шинэ гэрээний зарчмуудаас шууд заасан бөгөөд Есүсийн сургасан Агуу захирамжийг үнэхээр нухацтайгаар авч үзэхэд тусалсан юм.

"Есүс дөхөж ирээд, тэдэнд 'Тэнгэр газар дээрх бүх эрх мэдлийг Надад өгсөн. Иймээс та нар яв, бүх үндэстнийг дагалдуулагтун, Эцэг, Хүү, Ариун Сүнсний нэрээр тэдэнд баптист хүртээ, та нарт тушаасан бүгдийг минь сахин биелүүлэхийг тэдэнд заа. Харагтун, үеийн төгсгөл хүртэл Би та нартай үргэлж хамт байх болно' гэж айлдав" Матай 28:18-20

Жорж Шинэ гэрээн дэх Христийн тушаалыг энгийн бөгөөд ойгомжтойгоор заажа, дагалдагчдаа дуулгавартай байдалд суралцуулж байлаа.

- БУРХАНЫГ БОЛОН БУСДЫГ ХАЙРЛАХ
- ГЭМШИХ, ИТГЭХ, АРИУН СҮНСИЙГ ХҮЛЭЭН АВАХ
- УСАН БАТАЛГАА (БАПТИСМ) ХҮРТЭЖ, БУСДАД УСАН БАТАЛГАА ХИЙХ
- ЭЗЭНИЙ ОРОЙН ЗООГИЙГ ТЭМДЭГЛЭХ
- ЗАЛБИРАХ
- ӨГӨӨМРӨӨР ӨГӨХ
- САЙНМЭДЭЭ ТАРААЖ, ДАГАЛДАГЧ БЭЛТГЭХ

Эдгээр зүйлсээс үүдэн гарах өсөлт нь зөвхөн тоонд нөлөөлөөд зогсохгүй, салбар чуулган, тэднээс таригдах дараагийн чуулгануудад нөлөөлдөг юм. Бид суралцаж байх хугацаандаа өмнө нь сайнмэдээ сонсоогүй тэдгээр хүмүүсийн дунд чуулган тарилтын хөдөлгөөний нэг хэсэг байхын хүслэн болж байлаа.

Тодорхой бус байсан бидний дуудлага гэнэт л болор мэт тунгалаг болсон юм. Есүсийн нэрийг өмнө нь хэзээ ч сонсож байгаагүй тэр газруудад чуулган тарихаар бид бүтээгдсэн юмсанжээ. Яг л Паулын хэлсэнчлэн бид хэн нэгний барьсан суурин дээр (Хардрокт бидний хийж байсан шиг) бус харин Христийн сайнмэдээг хэзээ ч сонсоогүй хүмүүст хүргэхээр дуудагджээ. Бидний ирээдүй өмнө нь хэзээ ч байгаагүйгээр ил тодорхой болж, Хардрок дахь хоёр жилийн үйлчлэлээ дуусаад сайнмэдээг хүрээгүй үндэстэн рүү явах гэдгийг ойлгов. Бидний хийх ажлыг маань тодорхойлох үг бол Библи дээр хэлснээр "элч" буюу "апостэл" юм. Үгийн анхны утга нь "илгээгдсэн нэгэн" бөгөөд энэ нь чуулган тарих бидний ажлыг маш тодорхой тайлбарлаж байлаа.

Молли Анне 1988 оны сонгуулийн өдөр Флагстаффын Куалити Суитэд бидний гэр бүлийн нэг хэсэг болон мэндэлж билээ. Луйс Илгээлтийн зөн хараа сургалтын сертификатыг авахад шаардлагатай хичээлийн хөтөлбөр хангаж чадаагүй ч, аль хэдийн тэрхүү алсын хараг надтай хамт авсан байлаа. Сайнмэдээг огт сонсоогүй гэсэн бүлэгт багтах тэдгээр хүмүүсийн дунд ажиллахаар бид анхнаасаа дуудагдсан байжээ. Навахочуудын тухайд 25 хувь нь Христ итгэлтэй байсан юм. Мөн бидний найз Рик Лэдэрвүүд Навахо дахь илгээлтийн эздийг Монголд үйлчлэх үйлчлэлд татан оруулж, уриалсаар байв.

Миний хувьд 12 метрийн өндөр хавцлаас унаж, эрүүгээ хугалж, хагалгаанд орсоныг эс тооцвол индианчуудын нутагт өнгөрүүлсэн цаг хугацаа үнэхээр амьдралын минь олон зүйлийг дүүргэсэн юм. Навахо хөвгүүд маань "Бяцхан Молли"-г өхөөрдөн үргэлж л түүнийг тэврэхийг хүснэ. Нэгэн орой би зурагт үздэг өрөө рүү очиж хөвгүүдээс Моллиг аваад, Луйсд хөхүүлэхээр өглөө. Луйс няраи охин минь Дорито чипс шиг үнэртэж байхыг анзаараад намайг очоод хөвгүүдэд бяцхан дүүдээ хамааагүй идэх юм өгч болохгүйг сануулж хэлээрэй гэв. Харин тэд хариуд нь "Өө Браин, санаа зоволтгүй ээ. Бид Моллид чипс өгөхдөө сайн гэгч нь зажилж байгаа" гэх нь тэр. Моллигийн минь хувьд анхны бор хоол нь Навахо ах нарых нь хайраар зажилж өгсөн Дорито чипс байлаа. Бид тэднийг хэрхэн буруутгах билээ. Тэд урцандаа бяцхан дүү нар нь ингэж л хоол идэж буйг харж өссөн биз ээ.

Энэ үеэр бидний Хардрок дахь шилжилт тодорхой бус байлаа. Навахо Христитгэлийн академи дахь хугацаа маань дуусаж байх үед ажилчдын маань ихэнх нь бидний эхлүүлсэн сургалтын байрнаас гадуурх үйлчлэл дээр анхаарч байв. Манай гэр бүл энд нэг их удсангүй төлөвлөснийхөө дагуу дахин нүүлээ. Бид тэндээс шууд Youth With A Mission (YWAM) буюу Үүрэгтэй Залуус байгууллагын удахгүй эхлэх Тэргүүн шугамын илгээлтийн сургууль (SOFM) буюу Христийн сайнмэдээ хүрээгүй үндэстнүүдийн дунд чуулган тарих илгээлтийн эздийг бэлтгэдэг сургууль руу явна хэмээн итгэж байлаа.иДэлхийн Илгээлт байгууллагын АНУ дахь төвийн дэргэд байх Калифорнийн Пасадена төв рүү явахаар бид анкет бөглөлөө. Бидний сурсан

Илгээлтийн зөн хараа сургалтыг тэндээс зохион байгуулсан бөгөөд бид Лэдэрвүүдээр дамжин тэндхийн ажилчидтай эчнээ танил болсон байв. Би ээжтэй хамт амьдраад YWAM-ын төв дээр сургалтын тухай ярилцан нэг хэсэг сайн дураараа ажиллаж болох юм хэмээн бодлоо.

Шинэхэн, богино хугацааны сайн дурын ажилтны хувиар би тус төвийн "Илгээлтэд татан оруулах багтай хамт ихэвчлэн чуулгануудын итгэгчдийг урамшуулах дээр төвлөрөн үйлчилж байв. Тус үйлчлэлд миний үйлчлэлийн ахлагчаар Вес Туллис гэдэг залуу ажиллаж байсан юм. Өдрийн хоолон дээр нэг өдөр түүнд илгээлтийн талбар луу явах мөрөөдлийнхөө тухай ярьж суутал тэр намайг нэг зүйлд уриалсан юм. Тэр Луйс бид хоёрт хандан илгээгдэхээсээ өмнө өөрийн чуулгандаа илгээлтийн төлөө зүрх сэтгэлтэй дор хаяж 10 хүнийг бэлтгэж өөрсдийнхөө оронд үлдээхийг зөвлөв. Би найрсгаар толгой дохиж байсан ч дотроо илгээлтийн талбар луу явах цагаа юунаас ч болж хойшлуулах ёсгүй хэмээн бодож суулаа. Тэр орой би Луйсд хандан "Вэсийн хэлсэн бүхэн Бурханаас биш гэдгийг мэдэж байна" хэмээн хэлж байснаа тодхон санаж байна. Бурхан биднийг энд хүлээхийг хүссэн ч Түүнийг таньж мэдээгүй хүмүүс хаа нэгтээ үхэж байна шүү дээ!

Гэтэл Пасадена дахь сургалт эхлэхийн өмнө биднийг хүлээж авахаас сургууль минь татгалзсан хариу өгсөн бөгөөд бидний өмнө YWAM-ын үүд хаалга хаагдсан юм. Тиймээс бид бага зэрэг эргэлзэн, дараагийн болох зүйлс хүртэл Лос Осос дахь өөрсдийн чуулган руугаа буцлаа. Өмнөх ажил олгогч болох найз маань намайг пейжир борлуулах ажилд авлаа. Бид сурсан мэдсэн зүйлсээ хүмүүст хуваалцана гэхээс догдолсоор байв. Чуулгандаа Илгээлтийн зөн хараа сургалт шиг жижиг хэмжээний сургалт эхлүүллээ. Нийт 20 орчим хүн 12 видео хичээлийг үзэхээр бүртгүүлэв. Би бүр алмайрч хоцорлоо. Биднийг Хардрокт байх үеэр зүрх сэтгэлийг минь хөдөлгөсөн тэр материал тэдний ч зүрх сэтгэлд мөн адил хүчтэй нөлөө үзүүлсэн юм. Тэд биднээс Илгээлтийн Зөн Хараа хөтөлбөрийг бүтнээр нь ойр орчмын чуулганыг нийлүүлэн сургалт хийхийг шалж байлаа. Тэд намайг Пасадена дахь тус сургуулийн "Сургалт хариуцсан удирдагч" -аар сургахаар илгээсэн юм. Буцаж ирэхдээ би илгээлтийн талаар мэдлэг туршлагатай хүмүүст танигдсан чамгүй олон багш нарыг багтаасан сургалт зохион байгуулах төлөвлөгөөтэй ирсэн юм.

Бид Лос Осос дахь анхны Илгээлтийн зөн хараа сургалтыг Сан Луйс Обисбо орчимд нийт 100 оюутантайгаар 1991 онд эхлүүлсэн юм. Хөтөлбөр яг дундаа орж байх үед 3 сарын 1-нд Луйс минь төрж, гурав дахь охин Алис Мариа маань хорвоод мэндэллээ. Дахиад нэг удаа Луйс сертификатаа авах ёстой унших даалгавруудаасаа чухал шалтгаанаар чөлөөлөгдлөө. Түүний дараа жил нь хойд хэсгийн Сан Луйс Обиспо орчмын 100 оюутанд дахин сургалтаа зохион байгууллаа. Энэ удаа Луйс маань эцэст нь сургалтын хөтөлбөрөө бүрэн дүүргэж сертификатаа авав. Вес бидэнд 20 хүнийг илгээлтэд бэлтгэх сорилтод дуудсан бол бид алсын хараагаа 220 хүнд тарааж амжжээ. Би эцэст нь энэ бүхэн Бурханы санаа байсан гэдгийг хүлээн зөвшөөрөх хэрэгтэй болсон юм. Хоёр дахь сургалтын төгсгөлд бүх оюутнууд маань бидний төлөө залбиран биднийг илгээлээ. Бид тэр үед Орегон мужийн Сэлим дэх YWAM төвийн Тэргүүн шугамын илгээлтийн сургуульд суухаар болсон байв. Удаан хүлээсний дараа бид эцэст нь нэг замдаа гарлаа.

1992 оны 6-р сард бид хувцас болон Субару машинаас бусад бүхий л өөрсдийн эзэмшдэг зүйлээ зараад YWAM Сэлим рүү нүүв. Зуны турш бид Кросрөүд Дагалдагч бэлтгэх сургуулийн оюутан байсан юм. Дагалдагч бэлтгэх сургууль (ДБС) бол YWAM-ын хоёрдугаар шатны сургуульд тэнцэхийн тулд дүүргэх ёстой курс байсан юм. Үүнээс өөрөөр YWAM-д нэвтрэн орох хаалга байсангүй. Бид дурамжхан ч гэлээ дуулгавартайгаар ДБС-д нэгдлээ. Тэргүүн шугамын илгээлтийн сургуульд сурах хугацаа маань хойшилсонд сэтгэл дундуур байсан ч нөгөө талаараа 9 сар хүртэл бид завтай байлаа. Гэтэл ДБС нь бидний амьдралдаа хийсэн хамгийн гайхалтай зүйлсийн нэг болж хувирсан юм. Энэ сургалтын гол зорилго нь үгийг (message) дамжуулахаасаа өмнө дамжуулах хүнийг (messenger) цэх шулуун болгон бэлтгэх явдал байсан юм. Бусад оюутнуудын адилаар бидний дотор ч бас олон хог новш байсныг илрүүлж, түүнийгээ цэвэрлэх шаардлагатай бөгөөд гайхалтай цаг хугацаа байж билээ.

Энэ хугацаанд биднийг Бурхан Монгол руу дуудаж байгаа гэдгийг би улам их мэдэрч байлаа. 3 жилийн өмнө хаалттай байсан Зөвлөлт Холбоот Улсын бүрэлдэхүүн орнууд задарсан явдалтай давхцан Монгол улс ч мөн адил нээлттэй болсон байв. Лэдэрвүүдээр дамжуулан Монголын тухай тарьсан тэр л үрээ Бурхан бидний зүрх сэтгэл болон оюун бодлоос огт аваагүй юм. Бид үргэлжлүүлэн Риктэй холбоотой байсан бөгөөд 1989, 1990 онд тэр Навахогаас баг бүрдүүлэн Монгол руу явж Монголын хөрсөн дээрх анхны гурван итгэгчдэд сайнмэдээ хуваалцан тэд Эзэнийг хүлээж авсан юм. (Зүүн Европт 1980 оны үед суралцаж байсан монгол итгэгч оюутнуудын тухай яриа байдаг байсан ч тэд аюулгүй байдлаасаа болоод нутаг буцаагүй юм. Мөн 1982 онд YWAM-чууд болох Петр Лиун болон Жорж Отис нар Улаанбаатар зочид буудлын өрөөнд нэгэн Монгол залууг Христ дээр авчирсан ч түүнээс дахин ч ямар сураг сонсоогүй. Мэдээж ганц хонь хэрхэн ганц чонотой адил орших билээ). Бид хүмүүст Бурхан биднийг Ази руу дуудаж байна хэмээн хэлж байсан ч хоорондоо үргэлж Монголын тухай л ярьдаг байв. Эхнэр минь дэлхийн хамгийн хүйтэн цаг ууртай бүсэд амьдрана гэхэд мэдээж тийм ч баяртай байсангүй. *Луйс Мохаве цөлийн (Mojave Desert) халуу шатсан элсэн дээр өссөн бөгөөд халуун уур амьсгалд дуртай.* Бурхан биднийг Монгол руу дуудаж байгаа гэж би бүрэн итгэсэн байсан ч Луйсд үүнийг баталсан илчлэлийн дараах илчлэлтүүд хэрэгтэй байлаа. Гэхдээ Бурхан түүнд энэ тухай дахин дахин дуртайяа илчилж байсныг ойлгоход ч бэрх шүү. Эзэн олон арга замаар түүнд ижилхэн зүйлийг хэлж байсан юм. Бид Селим рүү явж байх замдаа монгол гэр харсан, Луйсыг дэлгүүрт худалдан авалт хийж байхад нь түүний өмнө нь хэзээ ч уулзаж байгаагүй хүн ирээд Монголын Пийс Корпуст ажилладаг ахынхаа тухай түүнд ярьсан гээд хаа ч явсан Монголтой холбоотой бүхэн биднийг чиглэж байлаа. Монгол, Монгол дахиад л Монгол.

ДБС-ийн сүүлчийн долоо хоногт би Хонг Конгод болсон YWAM-аас зохион байгуулсан Монголын тухай стратегийн конференцед очсон юм. Тэнд байх хугацаандаа би Швед залуухан хостой таарсан бөгөөд тэд Недерландад дөнгөж SOFM буюу Тэргүүн шугамын илгээлтийн сургуулийг дүүргээд дадлагаараа Монголд очсон байв. Магнус хэлэхдээ тэдний гэр бүл Монголд чуулган тарих хөдөлгөөнийг эхлүүлэхээр дуудагдсан гэж байлаа. Тэд өөрсдийн алсын хараагаа хуваалцах тусам бид Жорж Паттерсон заасан Шинэ гэрээний зарчмыг ашиглан чуулган тарих ижилхэн дуудлагатай гэдгээ ухаарч байсан юм. Миний хувьд яг л зүрх минь өөр хэн нэгний дотор цохилж байгаа юм шиг санагдаж билээ. Бид бүгд Ариун Сүнсний заавраар Шинэ гэрээний зарчмыг ашиглан шинэхэн хөрсөнд төрөх чуулганы төлөө бүхнээ зориулахад бэлэн байв. Бид хэн нэгэн шинжээчийн арга барил, стратеги бус Шинэ гэрээний дагуу Монгол чуулган өсөн үржихийг харахыг хүсэж байлаа. Би шууд л тэр дор нь тэдний багийн нэг хэсэг байх хүсэлтэй байгаагаа хэлсэн юм.

Магнус, Мариа Алфонсе

Хэлэлцүүлгийн дараа би Бээжингээр дайран Монгол руу нислээ. Би Азид тэр дундаа ирээдүйн гэртээ ирчихсэн богино хугацаанд ч гэлээ ихийг суралцахаар мэрийж байв.

Гэртэй танилцсан нь.
"Тонгойхоо битгий мартаарай.

Энэ улсад ирсэн анхны илгээлтийн эзэд дээр зочилох боломж олдсон бөгөөд шинэхэн гарсан Есүс киног үзүүлэхээр Монголын сайнмэдээ тараагч нартай хамт хэд хэдэн газраар тэр тусмаа хоёр дахь том хот болох Дарханд очсон юм. Лэдэрвүүдийн гэр бүл хотод нүүж ирдэг тэр өдөр би Улаанбаатарт байсан юм. (Тэр цагаас хойш тэд 8 жил үйлчилсэн) Хаа ч очсон харагдаж байсан элбэг боломж намайг урамшуулж байлаа. Хүн бүр л манай багийнхны хэлэх ярих үгэнд их анхааралтай байлаа. Ингээд би Тэргүүн шугамын илгээлтийн сургууль эхлэхээс хэдхэн долоо хоногийн өмнө гэртээ буцаж ирлээ.

Бид Илгээлтийн Зөн Хараа сургалтын үеэр сурсан зүйлийнхээ гүн рүү нэвтэрч, илгээлтийн эзэнд шаардлагатай чадваруудад суралцсан гайхалтай цаг хугацааг өнгөрүүллээ. Сургалт дуусах үед би ажилчдын орон зайд багтаж байв. Учир нь Илгээлтийн зөн хараа сургалт бол SOFM буюу Тэргүүн шугамын илгээлтийн сургуулийн (ТШИС) хөтөлбөрийн нэг хэсэг бөгөөд би тус сургалтыг удирдан явуулахад хамгийн тохирсон хүн байсан юм. Бидэнтэй хамт суралцаж байсан хүмүүс Албани, Узбекстан, Орос, Мороко дахь YWAM-д үйлчлэхээр бэлтгэгдэж байсан бөгөөд нэг залуу бидэнтэй адил Монгол руу явахаар зэхэж байв. Түүний нэр нь Лайнс Райнхарт бөгөөд Монголд очих үед багийн маань чухал гишүүдийн нэг төдийгүй үнэнч нөхдийн нэг байж чадна гэдгээ тэр батлан харуулж байлаа.

Бид явахдаа бэлтгэн илгээлтийн талаар болоод үр нөлөөтэй чуулган тарилтын талаар суралцах тусам Эцэг намайг өнгөрсөн 12 жилийн хугацаанд ямар анхааралтайгаар бэлтгэж байсныг би харсан юм. Тэр биднийг илгээлтийн талбар дээрээс суралцаж болохоор ижил түвшний Виняард чуулган, том хотод хийсэн үйлчлэл, жижиг бүлгийн удирдагч, Мизпа Хаус үйлчлэл, Навахо авралын зар болоод Хардрок дахь туршлага, Илгээлтийн зөн хараа сургалт, илгээлтэд татан оруулах ажил, Дагалдагч бэлтгэх сургууль гээд олон зүйл дундуур хөтлөн дагуулсан бөгөөд одоо бид ТШИС-д сурч байна. Бидний үзэж туулсан бүхэнд алдаа оноо байсан бөгөөд бид илгээлтийг хийж байхдаа л илгээлтийг илүүтэй суралцсан юм. Харин одоо Шинэ гэрээний зарчмын дагуу чуулган тарих ажлаа хамгийн сайнаараа хийхийг хүсэж байв. Эргээд харахад нэг зүйлээс нөгөө зүйлийн хооронд будилж, бүдчиж явсан мэт боловч тэнгэрлэг Эцэгийн маань үл үзэгдэх гар ном журмынх нь дагуу биднийг бэлтгэж байсныг харахдаа алмайрч билээ.

ТШИС маань 1992 оны 12-р сард дуусч, бид амьдралынхаа хамгийн том алхмыг хийхэд бэлтгэн YWAM-ын кампус дээр байрлан сайн дураараа ажилласан юм. Хоёрдугаар сар гэхэд бидний гарт онгоцны тийзүүд болон хэрхэн тавуулаа Орегоноос Монголын нийслэл Улаанбаатарт нүүж очих төлөвлөгөө байлаа. Луйс болон хүүхдүүдийн маань хувьд тэд АНУ-ын хилийн зурвасыг хэзээ ч өмнө нь давж байгаагүй юм. Бид бэлтгэл ажлаа дуусган, эмчид үзүүлж, банктай холбоотой зүйлсээ цэгцлэн, залбирлын захиагаа хүмүүст илгээн тэнд амьдрахад хэрэгтэй гэсэн бүхий л зүйлсээ базаалаа. Эмч дээр очих үедээ Моли яагаад хэцүү байдалтай байсныг олж мэдсэн юм. Нялх байхаасаа л тэр ямар нэг юм нь зовиуртай байгаа мэт санагддаг байсан бөгөөд хоол шингээх процесс нь асуудалтай байсан юм. Ээж маань сувилагч учраас нүүхээс минь өмнө Молид ялгадсын шинжилгээ (stool test) хийхийг бидниэс шаардсан юм. Шинжилгээний үр дунд бид түүнийг giardia гэх шимэгчтэй болохыг олж мэдлээ. Бид үүнийг Навахо ах нар нь гараа угаалгүй, анхных нь бор хоолыг өгснөөс болсон байх гэж таамагласан юм. Удалгүй эмчилгээ үр дүнгээ өгч эхлэхэд Моллигийн зан чанар тэр чигтээ өөрчлөгдөх шиг болж билээ.

Бидний нүүх явц болоод Монголд хөлөө тавьсан тэр цаг мөчөөс эхлэн бидний төсөөлж байснаас илүү том сүнслэг тулаантай бид нүүр тулах хэрэгтэй болсон юм.

V бүлэг

Гайхамшиг л биш бол...

'Боломжгүй байдал' бол хамгийн хүчирхэг хил хамгаалах харуул юм.

—Майсон Күүли

1993 оны 1-р сард ("Орчин үеийн илгээлтийн эцэг" хэмээн нэрлэгддэг Вилиам Кэрри нь Энэтхэгийн зүг далайд илгээлтийн аялалд гарсанаас яг 200 жилийн дараа) бид Монголыг зорьсон ба бидний аялал хүнд хэцүү давааг давна гэж хэн мэдэх билээ? Монголын засгийн газар эдийн засгийн байдлыг сайтар тооцоолж үзэлгүй, гадны иргэдэд виз олгох журмыг илүү чангалж байгаа мэдээг бид Монголоос сонссон юм. Энэ нь бидний бодсон шиг нөхцөл байдал шулуун биш гэдгийг илтгэх хамгийн эхний тэмдэг байлаа.

Мөн яг энэ үеэр Монголд очоод хамтран ажиллахаар төлөвлөж байсан чуулган тарих багийн Швед удирдагчид болох Магнус, Мариа хоёроос Улаанбаатар дахь бидний визний асуудлыг шийдэж өгөхөөр амласан Библийн орчуулагч болон манай багийн хоорондын харилцаа ширүүссэн талаарх мэдээ ирлээ. Бид Монгол руу орох өөр арга зам нээгдэхийн төлөө илүү идэвхтэй залбирч эхлэв. Учир нь Бурхан биднийг яг энэ цаг үед Монгол руу явж чуулган тарь гэж дуудсан учир Тэр өөр хаалга нээнэ гэдэгт итгэж байлаа. Тэгээд бид нөхцөл байдлаа YWAM-ын зуучлан залбирлын багтай хуваалцаж, бидний төсөөлж ч байгаагүй замаар Бурхан Монгол руу оруулна гэдэг үгийг хэд хэдэн хүнээс хүлээж авав.

Би бүр төөрөлдөж орхив. Өөр хүн эсвэл шинэ байгууллагатай холбоо тогтоож визэнд ороход цаг хэтэрхий давчуу байв. Тухайн үед YWAM-ын хувьд Монголд албан ёсны статус байгаагүй бөгөөд энэ нь бидний хувьд сонгох боломжгүй сонголт байлаа. Огт мэдэхгүй энэ хаалгаар бид хэрхэн нэвтрэх вэ?

Тэр долоо хоногийн төгсгөлд асуудлуудаа эргэцүүлж байх зуур би Жим Бондыг (аюулгүй байдлаас болж нэрийг нь өөрчлөв) санасан юм. Би Жимтэй Хонг Конг-д болсон YWAM-аас зохион байгуулсан Монголын тухай хэлэлцүүлгийн үеэр танилцсан юм. Түүний компани Азийн улсуудад Христитгэлт ажилчдыг бизнес болоод багшийн гэрээгээр "бүтээлчээр нэвтрүүлэх" дээр төвлөрдөг байв. Би Луйсд Жимийг саяхан Монгол руу хэд хэдэн ажилтан зуучилсан бөгөөд түүнтэй утсаар ярьвал магадгүй Монголд очиж болох ямар нэгэн санаа бидэнд өгч магадгүй хэмээн хэлэв. Луйст тэр дороо Жимтэй утсаар яръя гэсэн санаа төрсөн юм. Арван минутын дотор Бурханы тогтоосон цагт бид Хонг Конг-д байгаа түүнтэй холбогдлоо. Орегон мужийн цагаар орой болсон байсан ч тэнд ажлын цаг байсан учраас бид утас цохин түүнийг Монгол болон Энэтхэг рүү явж байх замд нь ярьлаа. Тэр саяхан Монголын Эрдэнэт гэдэг хотод зургаан англи хэлний багшийг ажилд оруулахаар болсон гэлээ. Тэдний дунд чуулган тарих хэлэлцүүлэг дээр танилцсан Магнус, Мариа Алфонсе нар байлаа.

Тэрээр үргэлжлүүлэн биднийг тэр зургаан хүний орон тоонд багтааж болно гэв. Энэ бол чуулган тарих багаараа ойрхон байх тухай залбирч байсны минь хариу байлаа. Магнус бидэн рүү факс илгээхдээ Эрдэнэт бол "цайрч, хураалтад бэлэн болсон талбай" гэдгийг ч хэлж байсан юм. Тус хотын нэр бол 'Үнэт Эрдэнэ' гэсэн утга бүхий бөгөөд Бурхан үнэт эрдэнээ Эрдэнэт хотод асган тэр нь Монгол улсыг болоод үндэстнүүдийг ерөөх ерөөл болно гэсэн мэдрэмж бид бүгдийн дотор байсан юм. Номхон далайг дамжин ярьсан утсан дээрх харилцан яриа дуусахад, бид Жимийн хэлсний дагуу бүх зүйлийг төлөвлөн догдолж байлаа. 1993 оны эхэнд Эрдэнэт хот нь Есүсийн тухай сайнмэдээ дөнгөж сонсож эхэлсэн нэг ч нутгийн чуулгангүй хот байсан юм. Яг үүний төлөө л бид залбирч байв.

Гэсэн ч олон саад тотгор бидний өмнө байлаа. Жимийн байгууллагын зүгээс хэрвээ бид Эрдэнэтэд очиж ажиллахаар бол тэд биднийг бусад гэрээт ажилчдын хамт Хонг Конг-д 2-р сарын эхэн хэсэгт бэлтгэснийхээ дараа шууд илгээх төлөвлөгөөтэй байгаагаа хэллээ. Асуудал нь би Орегон болон Вашингтонд яг тухайн цаг хугацаанд нь гурван өөр Илгээлтийн зөн хараа сургалтанд хичээл заахаар амласан байв. Эдгээр сургалтууд 2-р сарын 17 хүртэл үргэлжлэх байсан бөгөөд Америкаас явахаас хоёр хоногийн өмнө Эрдэнэтэд бид оччихсон англи хэл зааж байх ёстой байлаа. Луйс ч надад бага насны гурван хүүхэдтэйгээ энэ дэлхийн хамгийн хүйтэн улсуудын нэг рүү дүн өвлийн хүйтэнд нүүнэ гэдэг бүхэлдээ солиотой санаа гэдгийг тодорхой хэлсэн юм. Жим биднийг дараагийн хичээлийн жилд буюу 9 сард ирэх санал тавьсан юм. Би Селимд дахиад 9 сарын турш юу хийхээ мэдэхгүй тийм байдалтай байхыг хүссэнгүй. Бид гэр орон ч үгүй болсон, дээр нь ТШИС-д сурахаар хамаг зүйлээ зарчихсан байлаа. Сургууль дууссаны дараа бидэнд Селимд амьдрах газар байсангүй. Утасны цаанаас догдолсон догдлол маань тийм ч удаан үргэлжилсэнгүй. Жим бидний нөхцөл байдлын тухай удирдлагын зөвлөлдөө хуваалцаад залбирах болно гэдгээ амлалаа. Утсаар ярьж дуусаад дотуур байр руугаа сажлан алхахдаа бид арай гэж нэг хаалгаа олсон ч тэр нь нүүрэн дээр минь хүчтэй хаагдчихсан юм шиг мэдрэмж төрж байв.

Дахин нэг удаа бид энэ бүх зүйлс дээр Эзэний царайг эрэлхийлэхээр буцлаа. Хамтдаа залбирах үед асуудлаа Бурханы өмнө даатгах ёстой гэсэн мэдрэмж төрөв. Хэрвээ Эзэн биднийг 2 сард явахыг хүсч байвал би баруун эргээр заах хичээлээ дуусгаж, Хонг Конг-д болох сургалтанд суулгүйгээр Эрдэнэтийн Гадаад хэлний институтад (FLI) хичээлээ долоон хоногоор хоцорч очоод заахыг тэд зөвшөөрөх учиртай байлаа. Хэрвээ энэ боломжгүй мэт зүйл бүгд тохиовол Бурхан энэ бүхний ард байгаа бөгөөд Луйс өвөл нүүхэд асуудалгүй гэлээ.

Долоо хоног орчмын дараа Жим Энэтхэгээс эргэж эрээд бидэнд факс илгээлээ. Удирдах зөвлөл биднийг сургалтанд суулгүйгээр Монгол явахыг зөвшөөрсөн бөгөөд Эрдэнэтийн Гадаад хэлний институт биднийг хоцорч ирэх тал дээр зөвшилцөлд хүрчээ. Харин бид Хонг Конг-д Жимтэй уулзаж хувийн чиглүүлэг авах хэрэгтэй болов. Бид Монгол уруу явахаар боллоо.

Бид 2 сарын 17-ны өдөр Вашингтон мужийн Сиатлд миний сүүлчийн хичээл дууссаны дараа явахаар нислэгээ захиаллаа. Бидэнд нэг давуу тал байсан нь Алисын хоёр насны төрсөн өдрөөс нислэг 11 өдрийн өмнө байсан бөгөөд бид түүнд тийз захиалалгүй мөнгө хэмнэх боломжтой болов. Бидний нислэг Сиатлаас Ванкуивер хүртэл, тэндээсээ Хонг Конгод ирээд хоёр өдөр Жимтэй хамт байх байлаа. Тэндээсээ харин Хятадын нийслэл Бээжинд очоод Монголын нислэгийн тийз болон визээ авахаар болов. Тухайн үед Монголын элчин АНУ-д байсангүй, Монголын иргэний агаарын тээврийн (MIAT) нислэгийн тийз борлуулдаг агентлаг ч байсангүй. Бээжинд хэр удаан хүлээх ёстой гэдгээ бид мэдэхгүй байсан ч цөөхөн л хоног байгаасай хэмээн залбирч байлаа. Тэр өртөг өндөртэй хотод удаан байвал нүүдэллэж яваа гэр бүлийн минь багахан санхүүг цөлмөж орхино шүү дээ.

Онгоцны тийз захиалахаас өмнө Монголоос урамгүй мэдээ ар араасаа хөвөрсөөр байв. Хэд хэдэн илгээлтийн эзэн найз нар маань Монголд аймшигтай хүйтэн өвөлтэй нүүр тулж байгаагаа факсаар хэллээ. Агаарын температур -34°С хэмийн хүйтэнд төвийн дулааны төхөөрөмжүүд түр хугацаанд эвдэрсэн бөгөөд нийслэлд байгаа анхны илгээлтийн эздэд том шалгуур болж байгаа сурагтай. Гэсэн ч хүйтний эрч бол бидний аминд тулсан аюул биш байв. Монгол дахь хоол хүнсний нөөц тухайн жил байж болох хамгийн бага хэмжээтэй болжээ. 1992 онд Монгол ургацаа алдаад зогсохгүй Оросоос дэмжлэг байсангүй. Иймээс эдийн засаг нь туйлдаа хүрч байлаа. Удалгүй бидэнд байрлах байр минь ч тийм баталгаатай биш гэсэн анхааруулга ирлээ.

Энэ зэврүүн дүр зураг бидний хувьд тийм ч том санааг минь зовоосон зүйл байсангүй. Амлагдсан газар руу илгээгдсэн 10 тагнуулын муу мэдээ Иошуа, Калеб нарынхаас тэс өөр байсан тэр түүхээр бид өөрсдийгөө зоригжуулсан юм. Монгол бол Бурханы бидэнд амласан тэр газар нутаг шүү дээ. Дээр нь англи хэлний багшийн гэрээнд маань бидэнд хүнсний талон, байр болон мэдээж визийг маань тусгасан байлаа. Жим Хонг Конгоос утсаар ярих хүртэл бүх зүйл давгүй байсан юм. Магнус тэнд очоод гэрээн дээр гарын үсэг зурах үед сургууль таван ам бүлтэй айл буюу биднийг хүлээн авч байр, хоолыг хариуцахаас татгалзсанаа илэрхийлжээ. Юутай ч тэд Магнус болон Мариа нарыг дуун дээр нь ажилд авчээ. Бидний хувьд төлөвлөгөөгөө өөрчлөн нийслэл Улаанбаатараас гараагаа эхлэх хэрэгтэй боллоо. Бид урам хугарсан ч шинээр бүхнийг эхлүүлж байгаа илгээлтийн эздийн хувьд эцсийн мөчид шийдвэр өөрчлөгдөхөд бэлтгэлтэй байх шаардлага бишгүй гарна. За яахав, Улаанбаатар хэсэг хугацаанд бидний гэр байх нь. Үргэлжлүүлэн явах бэлтгэлээ базааж байтал 1-р сарын 25-нд Хонг Конгоос факс ирсэн бөгөөд Улаанбаатарт эхлэх ажил маань ч цуцлагдсан гэсэн мэдээг тэд дуулгав. Учир нь дахиад л сургууль таван хүнтэй ам бүлийг байр, хоолоор хангахаас татгалзжээ. Жимийн дотоод ажилчид болох бидний бичиг баримт дээр ажиллаж байсан хүмүүс Хонг Конг руу буцжээ. Тэд бидэнд 4 сарыг хүртэл өөр юу ч хийж чадахгүй гэдгээ хэллээ. Юутай ч бид Монгол руу явахыг хүссэн хэвээрээ байвал Жимд татгалзах зүйл байсангүй гэхдээ энэ нь эрсдэл ихтэй байсан юм.

"Амьдрах байр чинь ч тодорхой бус байхад энэ өвөл Монгол руу нүүхийг бол би хувьдаа зөвлөхгүй" гэж Жим биднийг самгардсан байдалтай байхад минь харилцуурын цаанаас хэлсэн юм. "Гэхдээ, чи Улаан Тэнгисийн ирмэг дээр зогсож байгаа бол алхаад гаталсан нь л дээр байх" гэхэд нь толгой эргэж дотор дайвалзахад, би түүнд юутай ч Бурханы царайг эрэлхийлээд юу хийхээ шийдье гэж хариулсан юм.

Бурхан юу хийж байсан юм бол? Яг л хэвлий рүүгээ хүчтэй дэлсүүлчихсэн юм шиг санагдана. Бид нислэгээ шалгатал энэ нь буцаах боломжгүй хатуу нөхцөлтэй тийз болох нь тодорхой байлаа. Дээр нь Бурхан бидэнд 2 сард явах талаар маш тодорхой хэлсэн байдаг. Бид YWAM Селим дэх Зуучлан залбирлын сургуулийн оюутнууд болон найз нөхөддөө энэ тухай утсаар хэлээд залбирч эхэллээ.

Факс хүлээж авсан тэр өглөөний гол магтаал "Салхи шуурга ирэхэд би ганхан чичрэхгүй, учир нь би Таны гарт аврагдсан" гэсэн утга бүхий байсан юм. Энэ магтаалын дараа нэг найз минь дөнгөж үзсэн үзэгдлээ хуваалцлаа. Тэр манай гэр бүлийн өмнө нэгэн ган хаалга хөндөлсөн бөгөөд бид үүнийг цөм мөргөөд ороход тэр нь бутарч байгааг харжээ. Түүнийг илүү ойртоод харахад энэ төмөр хаалга нь зүгээр л нэг тугалган цаас төдий байж. Хэдэн цагийн дараа факс ирэхэд бид салхи шуурга болоод төмөр хаалгатай нүүр тулж байгаагаа мэдсэн юм.

Бидний залбирлын хариулт ирэхэд тийм ч урт хугацаа шаардсангүй. Зуучлан залбирлын дараа бүгд л санал нэгдэн Бурхан биднийг ямар ч баталгаагүйгээр түүний сайн, итгэмжит байдал болоод дуудлагад бүрэн итгэлээ тавиад явах талаар бататгаж байлаа. Бид Абрахам болоод түүний жишгээр Бурханы амлалтаас өөр зүйлгүйгээр бүх зүйлээ эрсдэлд оруулан явж байгаа илгээлтийн эздийг биширдэг. Энэ бүхэн догдлол дүүрэн, дэврүүн сайхан санагдана. Гэвч бид яг ийм зүйлтэй өөрийн биеэр нүүр тулах үед, үнэндээ энэ нь аймшигтай санагдаж байлаа. Гэхдээ нөхцөл байдлаар биш Бурханаар удирдуулах нь зүйтэй гэдгийг бид мэдэж байв. Хэцүү мэт санагдаж байсан ч бидний зам тодорхой байлаа. Энэ нь Бурханы удирдамжид итгээд Түүний Үгийг хэрэгжүүлэх юм.

Зүгээр гараа хумхиад суухын оронд би Монголд байдаг танил болох Рик Лэдэрвүүдтэй холбогдлоо. Рик биднийг Монголд авчрах өөр арга чарга хайя гэж хэлсэн ч хэт их битгий найдаарай гэж бас хэлсэн юм. Тэр мөн хавар болтол хүлээхийг зөвлөв. Монголд амьдарч байгаагийн хувьд болоод тухайн нөхцөл байдлыг сайн мэдэх хүний мэргэн ухаанаар бол тэр биднийг 2 сард очих тухайд 100% эсрэг байв. Гэсэн ч өөр нэг хариулт нь тасралтгүй залбираад 100% Бурханд итгэлээ тавиад ЯВАХ байлаа.

2-р сар эхлэхтэй зэрэгцээд Рик бидэнд факс илгээв. Тэрээр бүхий л чадлаараа хичээсэн ч юу ч бүтсэнгүй гэлээ. Тэр биднийг ирээд дэмий байхаа гэсэн шахалт ч үзүүлэв. Одоо зөвхөн Бурханд л найдахаас өөр найдвар бидэнд үлдсэнгүй. Хүмүүсээс шалтгаалах бүх зүйлс бүтэлгүйтлээ. Харин дараах телекс 9 сард очихдоо танилцсан хоёр монгол найзаас маань ирсэн юм.

ХҮНДЭТ БРАИН,
ЭЗЭН ЕСҮСИЙН НЭРЭЭР МЭНДЧИЛЖ БАЙНА! ИРЖ БУЙ ЭНЭ ШИНЭ ЖИЛ БУРХАНЫ ХАЙР БОЛОН МЭРГЭН УХААНААР ДҮҮРЭН БАЙГ. 1992 ОНЫ 10 САРЫН 15 НД ЯВУУЛСАН ЗАХИАНД ТАНЬ УДАЖ ХАРИУЛЖ БАЙГААДАА ХҮЛЦЭЛ ӨЧЬЕ. БИД ЗАВГҮЙ БАЙЛАА. БИД БАС ТАНЫГ МОНГОЛ РУУ ИРЭХ БОДЛОО ӨӨРЧИЛСӨН ГЭЖ СОНСЛОО. ӨӨРСДИЙНХӨӨ ЗҮГЭЭС ТАНД ӨВӨЛ БИТГИЙ ИРЭЭРЭЙ ГЭЖ ЗӨВЛӨХ БАЙНА. ОНЦГОЙЛОН ЭНЭ ЖИЛ. ГЭХДЭЭ МЭДЭЭЖ ТА НАР ӨӨРСДӨӨ ШИЙДНЭ БИЗ ЭЭ. ӨМНӨ НЬ ХЭЛЖ БАЙСНЫ ДАГУУ БИД ТАНД ТУСЛАХАД БЭЛЭН. ТУСЛАМЖ ХЭРЭГТЭЙ БОЛ ТЕЛЕКСЭЭР ХОЛБОГДООРОЙ. БИД ТА БҮХЭНД ВИЗ АВАХ АРГА ЗАМЫГ ОЛСОН. ХААГУУР ДАМЖИН МОНГОЛД ИРЖ БАЙГААГАА БИДЭНД МЭДЭГДЭЭРЭЙ. ЯГ ОДОО УЛААНБААТАРТ ЦАГ АГААР -30 ХЭМЭЭС ДЭЭШ МАШ ХҮЙТЭН БАЙНА! БЭЛТГЭЛТЭЙ БАЙГААРАЙ БАС ТАСРАЛТГҮЙ ЗАЛБИРААРАЙ.

ЭЗЭН ИВЭЭГ,

АЛДАР БА БАТЖАРГАЛ.

Энэ телекс биднийг маш их зоригжууллаа. Гэсэн ч багахан саад байсан юм. Бид тэдэнд хаагуур дамжин, хэзээ очиж байгаагаа мэдэгдэж, тэд харин бидний ажлын гэрээ болоод урьж байгаа захидлыг тухайн элчинд илгээх ёстой байв. Бидний явуулсан телекс эзэндээ очилгүй буцаад ирж байсан тохиолдлууд олон. Гэтэл бид нар буцаад ирэх эсэхийг нь ч мэдэлгүй явах гэж байдаг. Бидний ийм төрлийн дуулгавартай байдал эргэн тойронд байгаа хүмүүсийн уурыг хүргэж байсан ч, Бурханы хайрыг хүргэж байгаа мэт санагдана.   Бүгдэд нь баяртай гэж хэлээд YWAM Селимээс явахдаа Түүний таалал бидний дээр байгаа гэдгийг мэдэрч байлаа. Сиатлд 'The Perspective' буюу Илгээлтийн зөн хараа сургалт дээр Илгээлтийн түүхийн талаар хоёр удаа заасан нь бидний АНУ-д өнгөрүүлсэн сүүлчийн хоёр орой байсан бөгөөд үүний дараа бид итгэлийн маш том алхам хийлээ.

Сеа-Так онгоцны буудал дээр эцэг эхтэйгээ салах ёс хийгээд Ванкуиверийн зүг жижиг онгоцонд суугаад нислээ. Гурван хүүхэд болоод хамаг л ачаагаа аваад хилийн шалганаар гарна гэдэг амаргүй зүйл байв. Очсон хойноо Хонг Конг руу нисэхээр 747 дугаартай онгоцыг тийм ч удаан хүлээсэнгүй. Тухайн үедээ 1993 онд Хонг Конг Их Британий колони хэвээрээ байсан үе. 14 цагийн урт нислэгийн дараа бид тэнд газардлаа. Охидын нойр солигдож, хэсэг ачаанууд маань ирээгүй, зарим цүнх урагдаж ханзарсныг эс тооцвол давгүй явж ирлээ. Шөнийн хоёр цаг болж байхад охид маань маш сэргэг унтаж чадахгүй байлаа. Бид Католикчуудын ажиллуулдаг Ковлуун дахь зочид буудалд байрлав. Хонг Конг-д өнгөрүүлсэн гурван хоногийн хоёрт нь тус хотод Христитгэлт номын дэлгүүр ажиллуулдаг манай нутгийн найз бидэнд эргэн тойрныг үзүүлэхээр авч гарав. Нааш цааш таксигаар бас явганаар их хотын өндөр барилгыг ажигласаар. Хотын чимээ шуугиан, гудамжны хятад хоолны этгээд үнэр, амьдралын завгүй хэмнэл гээд анхаарлаа төвлөрүүлэхэд амаргүй газар байв. Энэ бүхний эсрэгээр Викториа Пик (Victoria Peak) дээрээс гайхалтай харагдах байдал амар амгаланг илтгэх мэт. Хамгийн сайхан нь биднийг хүлээж авсан найзтайгаа энэ сэтгэл татам газар хамт байх байв.

Хонг Конг-д өнгөрүүлсэн хоёр дахь өдөр эхний гайхамшиг боллоо. Би Жимтэй уулзахаар арал дээр байрлах хотын төвд түүний ажлын байранд очив. Энэ нь бидний эх газар дээр байрлаж байсан буудлаас хотыг хөндлөн гулд туулахаар зайтай байлаа. Жим надад муу мэдээ дуулгалаа. Түүний байгууллага илгээлтийн эздэд хаалттай улсуудад багш болон оюутнуудыг байрлуулах тал дээр илүү болгоомжтой ажиллаж байгаа гэнэ. Тиймээс хүмүүсийн анхаарлыг татахгүй байхаар хувийн мэдээллийг бэлтгэх шаардлагатай болов. Удирдах зөвлөлийнхөн бидний төлөвлөж байснаар хэл заан хажуугаар нь чуулган тарилтын ажлыг хийвэл Монголоос гадуур байгаа ажилчидад аюул учирч болзошгүй хэмээн үзжээ. Жим бидэнд туслахыг үнэн голоосоо хүсэж байсан ч зөвлөлийн гаргасан холч шийдвэрүүдийг бид харж байлаа. Ээлдэгээр болоод хайраар бид тус байгууллагаас "чөлөөлөгдлөө". Бид YWAM-тай хамааралтай байсан ч Монголд YWAM албан ёсны статусгүй байв.

Ярилцаж байх үедээ би Жимээс бидний Хятад руу орох виз ямар шатандаа явж буй эсэхийг асуулаа. Түүний царай хувхай цайж орхилоо. Тэрээр бидний визийг хөөцөлдөхөө таг мартчихсан байв! Виз авахад дунджаар хоёр өдөр шаардлагатай байдаг бөгөөд маргааш нь виз олгодогүй өдөр бөгөөд нөгөөдөр нь буюу Ням гарагийн өглөө бид Бээжин рүү хөөрөх байлаа. Маргааш өдөр нь виз авч болохоор нэг газар байсан ба тэр нь булан тойроод л байв. Харин асуудал нь цагийн дараа тэд хаалгаа барих байлаа. Надад паспортууд байсан гэж үү? Үгүй ээ, паспортууд Ковлуунд бидний байрлаж байгаа буудалд байсан бөгөөд түгжрэлийн энэхүү оргил үеэр усан боомтын доор орших туннелиэр Хонг Конгийг хөндлөн гулд туулах хэрэг гарав. Бүх зүйлс боломжгүй мэт санагдаж, бид дараагийн хоёр нислэгтээ амжиж сууж чадахгүй нь гэсэн бодол толгойд харван орж ирлээ. Гэхдээ үүнээс үүдэн гарах санхүүгийн хохирлыг тооцоолон боломжгүйг боломжтой болгож үзэхээр шийдлээ. Бид тэр даруй гүйж гараад таксинд суугаад Ковлууны зүг "хаазаа гишгээд өгөөрэй" хэмээн жолоочид нь хэллээ.

Хойгийн доод хэсгийн тунелд түгжрэл рүү бид яваад орчихлоо. Энэ түгжрэлд бид алтан цагийнхаа хагасыг алдав. Тэгээд зочид буудалдаа түргэхэн шиг очоод паспорт болон зурагнуудаа авахаар сандран залбирч байлаа. Буудлаас галзуу солиотой мэт л буцаж давхихдаа China Resources барилга дээр дөрвөн минутын дотор хүрээд ирлээ. Виз олгох ажилтны өмнө бичиг баримтуудаа авчраад ширээн дээр нь амжиж тавив. Тэнд байхдаа охидын маань зураг тус бүр хоёр ширхэг хэрэгтэй гэдгийг олж мэдлээ. Маргааш нээхээс нь өмнө би зурагуудыг заавал авчирч өгнө гэсэн амлалтыг өгөх зоригийг Бурхан надад өгсөн юм. (Тэр нь виз олгодоггүй өдөр) Бурханы ар араасаа үргэлжлүүлэн хийх гайхамшгууд нь хүний нүдээр боломжгүй нөхцөл байдлуудыг даван биднийг Монгол руу нэвтрүүлсэн юм.

Бээжин явах аялалдаа бид амарч, тааламжтай явлаа. Тэнд байх хоёр өдрийн хугацаандаа Монголын элчингээс визээ авах нь бидний гол ажил гэдгээ мэдэж байв. Америкаас явахад юу ч тодорхой биш байсан ч бүх зүйл сайхан болно гэсэн итгэл л байлаа. Бид тавуулаа Донг Фанг буудлын менежерийн дуудаж өгсөн таксинд хамаг ачаа бараагаа чихээд сууцгаалаа. Үүний дараа Хонг Конг-д болсон бүхнээс ч хэцүү зүйлээс Бурхан биднийг аварсан юм.

Мэдээж бидний виз сэвэлзүүр салхинд...

VI бүлэг

Цагаан сарын нүүдэл

Бидний суусан МИАТ-ийн онгоц Улаанбаатар хотын захад байрлах Буянт-Ухаа олон улсын нисэх буудалд буусан даруй бид хилийн шалганаар давж гарах болов уу гэдэгт биш харин онгоцны буудлаас цааш гараад хамт яваа дөрвөн ядарсан эмэгтэйг хаана амраах вэ гэдэгт л маш их санаа зовж байв. Хахир өвлийн ид үе 2-р сарын тэр өдөр Монголд биднийг тосож авах хэн ч байхгүй, Бээжинд гайхамшиг үйлдсэн Бурханыг мэдэх ч хүн байхгүй. Ямартай ч би Луйс болон охидынхоо төлөө өөдрөг байхыг хичээж байлаа. Тэд бүгд замдаа ядарч, олон хүнтэй онгоцноос буухдаа ихэд баярлана. Бид хилийн шалган нэвтрүүлэх шугамын хамгийн сүүлд зогссон учир зорчигчийн мэдүүлгийн хуудас, хил нэвтрэх бичиг бөглөхөд хангалттай цаг гарав. Ачаагаа авах, паспортуудаа шалгуулах, нилээд хэдэн хуудас мэдүүлэг бөглөх дээр нэмээд удаан урагшилж буй дараалыг хүлээж тэсэлгүй дүрсгүйтэх гурван охин гээд миний толгой дотор олон зүйл эргэлдэж байв. Бидний яг урд Хойд Солонгосын чөлөөт бөхийн шигшээ багийн тамирчид зогсож байсан ба багийнхан аажим аажмаар урагшлах зуур охид тэдэнтэй тоглоно. Гэсэн ч энэ бүхэн дуусаад гэр бүлээ хаана аваачих талаар бодсоор л. Хэл мэдэхгүйн зовлон одоо л гарна гэдгийг мэдэж байлаа. Миний олж мэдсэн ганцхан зочид буудал хэтэрхий үнэтэй, айлд очих гэтэл ямар ч гэрийн хаяг, мэдээлэл байхгүй. Хилийн шалганаар гарч, бүх визний асуудал шийдэгдэж ачааны хэсэгт ирэхэд бидний ачаа л үлдчихсэн байв. Төмөр тавцан дээр ганцаардан хүлээж байгаа нь маш өрөвдөлтэй харагдсаны сацуу тун удахгүй бид нар ч онгоцны буудлын гадаа ингээд зогсох магадлалтай гэдгийг эрэгцүүлэв.

Ачаагаа цуглуулахад тийм ч их хугацаа орсонгүй. Бидэнд нийтдээ найман тээш байв. Авиа компани маань нэг хүний хоёр тээш авч явахыг зөвшөөрсөн учир бид хамгийн ихдээ найман тээштэй явах боломжтой юм байна гэж тооцоолсон юм.

Харамсалтай нь "нэмэлт ачаа" болгож тээш, хайрцаг авч болно гэдгийг бид мэдээгүй. Гэсэн хэдий ч илүү ачаа авлаа гэхэд хүнд цүнх зөөх хүн нь Луйс бид хоёр л байгаа шүү дээ. Бусад онгоцны буудлуудад ачаа зөөх тэрэг байдаг ч "Улаанбаатарын олон улсын нисэх онгоцны буудал"-д лав байсангүй. Уг онгоцны буудлын зорчигч хүлээн авах хэсэг нь ердөө хоёр том өрөө, нэг нь дөнгөж сая бидний 45 минутын турш байсан өрөө нөгөөх нь одоо орох гэж байгаа өрөө юм.

Хоёр давхар хаалганы цаана биднийг хүлээн зогсоо Лайнс Райнхартыг харсан нь тэр өдрийн хамгийн сайхан мөч байлаа. Нэрийг минь дуудан инээмсэглэх Орегон царайг хармагц би тайвширч, гүнзгий амьсгаа авч билээ. Лайнсыг хамгийн сүүлд Салемд болсон ТШИС-ийн төгсөлтийн "Хайрын зоог" дээр л харсан юм байна.

Тэр Хонг Конг-д сурсан сургуулийнхаа дараа Монголд ирээд аль хэдийн долоо хоночихсон, нэгэн илгээлтийн багт нэгдсэн байв. Түүнийг хараад нүд минь гэрэлтэх шиг болов.

Улаанбаатар зочид буудлын урд байрлах (2012 онд буулгасан)Коммунисмын бэлэг тэмдэг болсон Ленины хөшөө

Амгаланбаатар гэх залуу хүү бас орчуулганд болон ачаа зөөж туслахаар биднийг хүлээж байлаа. Бид уулзаж, тэврэлдээд Лайнс нутгийн нөхцөл байдал, эхний хэдэн хоног хаана байрлах талаар товч тайлбарлав. Тухайн үед Монголын хамгийн том баяр ёслолын нэг байж таарсан нь нөхцөл байдлыг хүндрүүлж байна гэж тэр тайлбарлалаа. Түүний нэгдсэн багт Монголд ирээд аль хэдийн нэг жил болсон ганц бие эмэгтэйчүүд болох Молли, Рут, Лаура нар байсан ба тэд орон нутгийн талаар бүх л юмсыг мэдэж байлаа. Молли Орегоноос , Рут Германаас харин Лаура Мичиганаас ирсэн байв. Тэгээд багийн шинэ гишүүд буюу таван хүний бүрэлдэхүүнтэй гэр бүл болон Лайнс (бүгд Жимийн компанитай хамтардаг) нар зочид буудалд гал тогоо байдаггүй, дэлгүүрийн лангуу ч хоосон байгаа энэ үед гадуур хоолны газарт хооллохоос өөр арга байхгүй гэв. Гэхдээ асуудал нь Цагаан сарын баяр гээд бүх хоолны газрууд хаалттай байх нь тэр. Нэг талаараа инээдтэй ч юм шиг. Учир нь энэ баярын хамгийн чухал хэсэг бол манайхаар талархлын баяртай адил хүн бүр долоо хоногийн турш хагартлаа идэх учиртай атал бидний хувьд гурав, дөрвөн өдөр мацаг барих шаардлагатай болов.

Энэ баяраар хүмүүс заавал гэр бүл, найз нөхдөөрөө уулзаж, зоог барих ёстой байдаг бол тухайн үед бидэнд гэр бүл, найз нөхөд ч байсангүй. Хүмүүс хоол худалдаж авах шаардлагагүй болохоор энэ үеэр Монголд хэн ч хоол хийж зардаггүй. Лайнсаас сонин сайхан сонсож дуусахад бидний суусан машин ч буудлын өмнө ирээд зогслоо.

Монгол дахь эхний "гэр" минь анхандаа тийм ч сайхан сэтгэгдэл төрүүлсэнгүй. Үргэлжлүүлэн хоёр, гурав дахь өдөр гээд эхний долоо хоногт нөхцөл байдал бүр л дордсоор байсан ч "Барилгачдын буудал" маань надад их дотно, дулаан мэдрэмж өгч эхэлсэн юм. Буудлын нэр миний хэлж, дуудаж чадахааргүй Монгол үг байлаа. Таксинд суулаа гэхэд аль буудал руу явахаа би лав хэзээ ч хэлж чадахгүй гэж боддог. Харин хүн бүрийн мэддэг, алдартай хөшөөнөөс буудал хүртэлх замаа цээжилж, Монгол хэлний үгийн сангийнхаа дөрөвний нэг болох "Зүүн гар тийш", "Баруун гар тийш" гэдэг үгээр чиглүүлж сурсан юм. Бидний байрласан зочид буудал дундаж өндөртэй, бетонон, саарал өнгөтэй ба нилээн муудсан барилга байв. Ядаж л бидэнд ачаагаа тавих газар, унтах ор, замын ядаргаагаа гаргах том ванн байлаа. Тэгээд Лайнс биднийг Жимийн компаниар дамжуулан ирээд удаагүй байгаа нөгөө гэр бүлтэй танилцуулав. Гурван хүүхэдтэй Бруис, Терригийн гэр бүл Хонг Конгийн YWAM байгууллагад олон жил удирдагчаар үйлчилж байжээ. Тэд Монголд Лайнсаас нэг өдрийн өмнө ирсэн ба үйлчлэхээр мөрөөдөж, залбирч байсан газраа ирсэн байв.

Бид маш их ядарч байсан ба ихэд өлссөн тул оройн хоол олж идэх шаардлагатай байв. Ингээд оройн хоолны ан эхэллээ. Гадаа -20°-с -30° градус байсан учир энэ их хүйтнийг давж гарахын тулд (-4° -с -22°F) охидоо байдгаар нь баглаад, өөрсдөө ч хамаг зузаан хувцсаа давхарлаж өмссөн нь өөрийн мэдэлгүй ирэх дөрвөн өвлийн турш бидний амьдралыг ноёрхох зан үйлийг эхлүүлсэн байлаа. Биднийг буудлаас гарч явахад Амгаланбаатар ирэв. Тэр ихэд өлссөн 11 гадаад хүмүүсийг замчлахдаа ихэд баяртай байгаа мэт харагдана.

Нэлээдгүй хуучирч эвдэрсэн замаар, хаашаа чиглэж явахаа маш хянамгай сонгон алхаж байх зуур өрнөсөн бидний ярианаас ажиглахад тэр англи хэлний албан ёсны ямар ч сургууль, сургалтанд суугаагүй 19 настай хүү гэхэд ихэд сайн ярьж байлаа. Тэр өөрийнхөө Библийн нэрийг "Адам" гэж бидэнд танилцууллаа. Бидний олсон хамгийн эхний ресторан болох Улаанбаатар зочид буудалд ортол Цагаан сарын баяр гэээд том заал нь хоосон, хоолны газар нь хаалттай байв. Адам машин зогсоож биднийг бүгдийг нь суулгаад, дараагийн боломжит газар луу хөдөллөө. Тэгээд бид дөрвөн газарт очсон ч сар шинэ гэээд бүгд хаалттай байв. Энэ баяр нь талархлын баяртай адил ба хаа сайгүй айл бүр ах дүү, хамаатан садангаа цуглуулан цайллага хийж хэн нь хамгийн их бууз (жигнэсэн махтай бууз) идэж чадахаа үзэж, тэд хүний бие дийлэх хэмжээ хүртлээ идэж байхад бидэнд нэг ч аяга хоол олдохгүй байв. Бид нийслэл хотод нээлттэй байж болох бүх газраар явлаа. Гэвч хөдөлгөөн ихтэй, маш их өлссөн зургаан хүүхдийн "тэвчээр алдагдаж" эхлэлээ. Адам ч цөхрөнгөө барж байгаа харагдана. Улсын циркийн хажуу талын хятад хоолны газар ортол дахиад л бүтэлгүйтэх нь тэр. Адам замын нөгөө талд хурдлан гүйж байгаа эмэгтэйг хараад зам хөндлөн гарч, түүн рүү яаравчлав. Адам нэг бол энэ эмэгтэйг таньдаг, эсвэл ресторан очиж асуугаад дахин хий дэмий цагаа үрэх нь дээ гэж бид таамаглан үлдэв.

Адам гүйн ирж хоол оллоо гээд биднийг дагуулаад явлаа. Тэгээд нөгөө эмэгтэйг даган алхахад хэд хэдэн гудам өнгөрч, бид жижиг гэр хороолол руу орох нь тэр. Ямар ч барилгагүй хотын энэ хэсгийг бид анх удаа харж байгаа юм. Энэ хэсэгт ихэнх нь шар эсвэл ногоон өнгийн хашаатай ба хаалга нь онгорхой байв. Ерөнхийдөө нэг хашаанд нэгээс хоёр айлтай, хоорондоо модон хашаагаар тусгаарлагдсан байв. Айлуудыг ажиглавал нэг бол монгол үндэсний сууц болох эсгий гэр, эсвэл 2 өрөөтэй гэмээр жижиг, шавар байшин байна. Эмэгтэй нэг хашаа руу нь яваад орчихлоо. Бид түүнийг даган хашаа руу орход дотор нь тооно ба хаалгаар нь гэрэл гэрэлтэж буй хоёр гэр байлаа. Тэр биднийг дотогш ороод ир хэмээн дохив.

Бүгд нэг нэгээрээ толгойгоо болгоомжтой доош тонгойлгон, босгон дээр гишгэхгүйг хичээж (монгол ёсонд цээртэй) дотогш орох зуур би Адамыг дуудаж, юу болоод байгааг асуулаа.

"Энэ гэр бүл та нарыг хоолоор дайлахаар болсон" гэж тэр ажлаа сайн гүйцэтгэсэн мэт бахархалтайгаар хэлэв.

"Энэ эмэгтэй танай найз уу?" гэж би асуулаа. Тэд өмнө нь ямар нэгэн зүйл ярилцаж тохиролцсон эсэхийг мэдмээр байсан юм.

"Үгүй ээ. Бид хоёр нэг сургуульд сурдаг байсан юм" гэхэд нь би бүр гайхаж орхив. Гэрийн зүг харахад гэр бүлийн минь тал нь аль хэдийн дотогш орсон байв. "Нээрээ юу? Чи ядаж гэрийнхнийг нь танина биздээ?" Гэвч тэд танил биш байлаа.

Тэр зүгээр л гэрийн зүг орой хоолоо идэхээр яаран алхаж байгаа эмэгтэй дээр очоод 14 хүнийг орой хоолонд урихыг санал болгоход тэрээр зөвшөөрсөн байв. Үнэнийг хэлэхэд энэ тохиролцоо надад нээх ч таатай санагдахгүй байсан боловч бүгд аль хэдийн давчуу гэр дотор орж тэдэнтэй мэндлээд, тухлаад суучихсан байсан тул надад өөр сонголт байсангүй. Надаас бусад нь бүгд Адамын гэрт эсвэл дотно найзынх нь гэрт ирчихсэн байх гэж таамаглаж байв. Огт танихгүйгээс ялгаагүй хүмүүсийн орой хоолонд уригдан ирсэн тул би тэр орой турш биеэ барьсан байдалтай байлаа.

Харин тэдний зочломтгой байдал намайг бүр гайхшруулж орхив. Гэрийн эзэн Цагаан сарын уламжлалт мэнд мэдэх ёсны дагуу биднийг нэг бүрчлэн хоёр гар дээр маань гараа тавиад өөр лүүгээ ойртуулан, хацар дээр үнэрлэж байлаа. Тэгээд монгол өв соёлын дагуу (Сайн сууж байна уу? Онд мэнд тарган тавтай оров уу? Мал сүрэг тарган тавтай юу? Өвөлжөө тавлаг уу?) гэх мэт асуултуудыг асуун мэндчилэхэд, арай эрт энд суурьшсан хүмүүс нь чадах ядахаараа хариулахыг оролдож, харин эдгээр асуултыг цээжлээгүй бас мэдэхгүй хэд нь чимээгүйхэн инээмсэглэн, толгой дохиж харагдана. Ямар ч байсан зай багатай ч яаж ийгээд биднийг багтааж, хоолоор дүүрэн улбар шар өнгийн ширээг тойруулан суулгасан байлаа. Ширээн дээр ихэд том хонины ууц сүүлтэйгээ, байх хийгээд түүний хажууд бялуу мэт хэлбэртэй дээшээ өрсөн тавагтай хатуу ул боовууд, хажууд нь таваг дүүрэн үзэмтэй хольсон будаа, төмсний салат ба байцааны салат байв.

Таваг дүүрэн даруухан бууз

Тэд хүүхдүүдийн таваг дээр идэж барах хэмжээнээс нь ч илүү хоолыг нэмсээр л байв. Хүүхдүүд ч идээд л байлаа. Насанд хүрэгчдийн хувьд хоол идэж эхлэхээс өмнө хачирхалтай нэг ёсыг үйлдэх ёстой байсан юм.

Монгол соёлтой танилцахаар өмнө жил нь Монголд ирж, Монголын зочлох, хүндлэх ёсыг сурсан тулдаа гэрийн эзний хийж өгсөн гурван хундага архийг уух ёстой гэдгийг би биеэр амсаж туулсан байлаа. Гэрийн эзний өгсөн хундагыг заавал авах ёстой гэсэн энэ шахалтанд орох хүртлээ та өмнө хэзээ ч ийм хатуу ятгалгад орж үзээгүйгээ мэдэх болно. Эмэгтэйчүүдийн хувьд бол гурван удаагийн хундаганд уруулаа хүргэх төдий буцааж өгөхөд л юу ч уугаагүй, дүүрэн шахуу хундага дээр нь архи цалгиулан хийгээд л дараагийн хүнд өгнө. Гэвч эрчүүдийн хувьд тийм амархан даваа биш байлаа. Тиймээс Лайнс, Бруис, бид гурван эрчүүдийн хувьд гал мэт гашуун усыг амьсгал түгжин, хоолойгоороо гулгуулж байж хоолоо идэж эхлэв.

Үнэхээр амттай хоол байна. Дахиж нэг ч бууз идэж чадахгүй болтлоо хоолоор шахуулжээ. Өлссөн хүнд бүх л юм амттай санагдана. Бараг л бүх юм. Тэд биднийг хүндэлж буйгаа илэрхийлж, томчуудад маань хонины сүүлээс нэг нэг зүсэм, том цагаан өөх зүсэж өглөө. монголчуудын хувьд бол хонины сүүлийг хамгийн амттай, шимтэй хэсэг нь гэдэг ч надад бол огихгүйхэн шиг бүтнээр нь залгихаас өөр арга байсангүй. Энэ үйл явдал бага байхад томчууд улаан манжинг хүчээр идүүлдэг байсныг санагдуулав. Гэхдээ шагналд нь алимны жигнэмэг биш харин тухайн хүмүүсийн ёс заншил, соёлыг хүндэлснээр буцан ирэх хүндлэл байсан юм. Бид бүгд үхэх байсан ч Монголын соёл, зан заншлыг хүлээн авч, суралцахаар бат шийдсэн хүмүүс. Гэвч түрүүний архи, хонины өөхтэй сүүл гэдэг дотрыг минь царцааж, бараг л үхэж магад мэт санагдав.

Нилээд олон бууз идсэний дараа Адамтай нэг сургуульд явдаг байсан бүсгүй ирж ширээн дээр гал тогооны алчуур тавьчихаад гал тогооны хэсэг рүү яваад өгөв. Өөх тос болсон гараа арчих ёстой юм байна гэж бодсон учир би аваад гараа арчив. Арчиж дуусаад ширээн дээр алчуураа тавьтал нөгөө бүсгүй давхарласан олон аяга аваад ирэв. Тэгээд алчуурыг авч аягануудыг арчиж эхлэх үед би юу хийснээ ухаарсан юм. Бүсгүй төд удалгүй арчсан аягандаа дүүрэн сүүтэй цай хийж өгөхөд бид инээхгүй байхыг ихэд хичээн, уруулаа хазаж суулаа. Бидний өмнө тавьсан хоол байсаар л байлаа. Бүгд цадаад, нэмж идэх тэнхэлгүй болоход дуу хуур, баяр цэнгээний цаг ч эхлэв.

Монгол эцэг эх маань болох Рагчаа, Оюун нар Цагаан сарын тавгийн идээнийхээ ард

Тэд хүүхэд бүрт жижигхэн бэлэг өгчээ (миний мэдэхээр тэд энэ гэрийн урилгагүй, гэнэтийн зочид шүү дээ). Харин насанд хүрсэн хүн бүр заавал нэг нэг дуу дуулах ёстой. Би Адамд Монголын тухай америк дуу хэмээн тайлбарлаж өгөөч гэж хэлээд нэгэн Фермийн талаарх хүүхэлдэйн киноны дууг дууллаа /Home on the Range/. Дараа нь Адамын орчуулгын туслалцаатай бид бүгд хаана юу хийдэг, хаанаас ирсэн гэдгээ ярилцаж, хоорондоо танилцав. Бид гэрийнхэнтэй танилцаж, цагийг сайхан өнгөрөөв. Харин хүүхдүүд ихэд ядарчээ.

Тэдний унтах цаг болсон байлаа. Бид дотно үгээр салах ёс хийж дулаахан, гэрэлтэй гэрээс хүйтэн, харанхуй гудамж руу гадагш гарлаа. Энэ гэр бүлтэй дахиж уулзалдахыг хүссэн ч бидний хэн нь ч тэр газрыг дахиж олоогүй юм. Олуулаа учраас хэд хэдэн машин олж, бүгд багтах гэж хагас цаг болов. Замдаа хүүхдүүд бүгд унтчихсан учраас үүдний хэсгээс өрөө хүртэл нэг нэгээр нь өргөж оруулаа. Эцэст нь Луйс бид хоёр орондоо ороход Адам өнөө оройн хоолыг яаж зохицуулсан талаар би түүнд хэлэв. Харийн нутагт орондоо ороод ингээд инээлдээд хэвтэж байна гэж төсөөлөөгүй бидэнд бүх зүйл л гайхалтай байлаа. Үнэхээр л дэлхийн төгсгөлд ирсэн мэт санагдаж билээ.

VII бүлэг

Сүргийн дунд

Тухайн үед төр өөрөө төрийн өмчийн орон сууцыг түрээслэх, зохицуулах журамтай байсан учир засгийн газар бараг л бүх гадаад иргэдийг Улаанбаатарын зүүн зүгийн жижиг дүүрэгт төвлөрүүлсэн байв. Ихэнх илгээлтийн эзэд амьдардаг нэгэн хорооллын нэрийг "Сансар" гэдэг. Орон сууцны өмчлөл, түрээсийг захиран зохицуулах оролдого нь коммунизмын үеэс үлдсэн хүнд суртал боловч нөгөө талаараа ард иргэдийнхээ цэвэр ариун үзэл суртанд гадныхныг халдаахгүй байх үр дүнтэй арга байсан юм. Өөрөөр хэлбэл сайнмэдээ тараагч болон нутгийн иргэдийг санаатайгаар хол байлгах зорилготой байлаа. Намайг Монголд анх очиход бүх илгээлтийн эздийг Сансарт байрлах нэг байранд оруулж чадсан байв. Харин одоо бол Монголын бүх орон сууцыг ард иргэдэд өмчлөхөөр болсон тул илгээлтийн эздийг гадаад иргэдийн хороолоос нүүх шаардлагын хуудас хүргүүлжээ. Гэсэн хэдий ч тархсан, өргөн уудам Улаанбаатар хотод илгээлтийн эздэд түрээслэх байр зөвхөн Сансар хавиар л олдож байсан нь хачирхалтай. Засгийн газар хүчээр бидэнд бусад гадаад иргэдтэй амьдрах нөхцөл бүрдүүлэх тусам Луйс бид хоёр нутгийн иргэдтэй хөрш амьдрахыг маш их эрмэлзэж байв.

Бид урьд нь Навахочуудад үйлчилж байхдаа хашаанд амьдарч үзсэн. Нутгийн иргэдийг таньж мэдэх хийгээд өөрсдийгөө тэдэнд таниулахад ямар бэрхшээл тулгарч болдог талаар бид туршлагатай болсон билээ. Мөн монгол хэл, монгол соёл, ёс заншлыг сурахын тулд бид маш нээлттэй, хүлээцтэй байх шаардлагатай байв. Тэгээд бид Сансар болон зэргэлдээх Орос хороолоос өөр л бол хаана ч хамаагүй түрээслэх байр хайж эхлэлээ. Эхний гурван шөнийг бид "Барилгачид" зочид буудалд өнгөрөөсөн ч чимээ шуугиан ихтэй, тухгүй байсан учраас "Зул" зочид буудалруу нүүлээ. Тэнд илүү тухтай байсан болохоор байр олтлоо тэндээ байхаар шийдсэн ба удахгүй нүүнэ хэмээн найдан залбирч байв.

Манай анхны байр баруун гар талаасаа хоёр дахь нь

Манай үл хөдлөх хөрөнгийн зууч болох Амгаланбаатар, өөрийгөө Адам гэж дуудуулахыг илүүд үздэг залуу чуулганд яваад дөнгөж жил гаруй болсон ба Улаанбаатар Библийн сургуульд ороод удаагүй байв. Тэр бидэнд туслангаа англи хэлний чадвараа сайжруулах чин хүсэлтэй. Бид үргэлж Адамаар туслуулахыг хүсээгүй ч өөрсдөө юу ч хийж чадахааргүй байв. Монгол руу ирэхээс өмнө суусан сургалтын үеэр анх илгээлтээр очоод удаагүй, учраа олоогүй, хэл ус ч сайн мэдэхгүй байгаа илгээлтийн эздэд орон нутгийн хүмүүсээс үнэхээр туслах сэтгэлтэй мэт боловч нэг бол өөрийн соёлоос өөр соёлыг илүүд үзэх нэгэн, эс бол материаллаг ашиг олохыг хүсдэг, гадаад л бол юу ч байсан хамаагүй авах хүсэлтэй, ашиг хонжоо хардаг хүмүүстэй таарч болзошгүй талаар анхааруулж байсан юм. Харин бидний хувьд Монгол хүн болж төрснөөрөө бахархдаг, үүндээ сэтгэл хангалуун хийгээд цаашид чуулганы сайн удирдагч болох хүмүүстэй холбоо тогтоох, хамтран ажиллах хүсэлтэй байв.

Эхний долоо хоногийн хүнд үед бидэнд тусалж, хаанаас ч хоол олж идэх боломжгүй байхад биднийг хооллосон Адамд бид итгэж байсан ч тэр хэрээрээ түүнд урхидуулсан байв. Адам эхний өдрөөс хойш бараг л өдөр бүр, тасралтгүй бидэнтэй хамт байсан. Тэр бидэнд дэлгүүр орох, мөнгө солиулах, цагдаагийн газраас оршин суух зөвшөөрлийн бичиг авах, хэрэгтэй юмаа хайж олох, хотоос гарахад бидний эд зүйлийг харж хамгаалах, орчуулга хийх, шинэ хэл сурах, байр хайх гэх мэт байж болох бүх зүйл дээр л тусалж байв. Эргээд харахад нэг ч зүйл

Адамын хэлж, тайлбарласнаар болдоггүй байсан ба үүнээс бид сэжиг авч болох л байсан. Биднээс доллар аваад төгрөг болгож ирэх хооронд л ханш өөрчлөгдчихнө. Биднийг монгол хэлийг эх хэл шигээ сурмаар байна гэдгийг сайн ойлгоогүй мэт надад заасан үг, өгүүлбэрүүд нь утга төгөлдөр бус, хүнд ойлгогдохуйц байсангүй. Ажиглаад байхад бусад монголчууд түүнийг хүндлэхгүй, зарим нь бүр түүнд дургүй байгаа мэт санагдлаа. Хэдий тийм боловч Адам өөрийн хамаатны нэг хүнээс тавилгатай, тохилог байрыг хямд түрээсээр олж өгсөн тул бусад бүх юм нь мартагдах шиг болсон юм. "Барилгачид" зочид буудалд хагас долоо хоног, "Зул" зочид буудалд хоёр долоо хоног болсны эцэст бид арай гэж өөрсдийн гэсэн амьдрах газартай болсондоо маш их баярлаж байлаа. Хожим нь бүх зүйл ил тод болсон юм. Түрээслүүлэгч маань Адамтай ямар ч холбоогүй харин ч Оросын мафитай хамааралтай хүн байсныг бид олж мэдсэн ч Адам та нар намайг буруу ойлгосон байна гэж өөрийгөө хаацайлаад өнгөрсөн билээ. Адам сүмдээ маш идэвхтэй үйлчилдэг байсан тул бид түүний хэлсэн бүхэнд итгэх бас нэг шалтгаан болсон юм.

Хэсэг хугацаа өнгөрч би Монгол компанид англи хэлний багшаар ажиллах гэрээ байгуулсны дараа урт хугацааны визэнд санаа зоволтгүй болов. Бидний найз, залуу бизнес эрхлэгч Алдар маань Монголд ирсний дараа хүртэл урилга, визний тал дээр ихэд тусалсан юм. Түүний хадам аав нь Монголын анхны хувийн архитектурын компани болох "МОНАР"-д архитекторч хийдэг байлаа. Алдар намайг ярилцлагад оруулахаар дагуулан ирэхэд түүний дарга, ноён Оргил намайг газар дээр нь шууд ажилд авсан юм. Түүнээс би хэдэн цаг хичээл заах талаар асуухад тэр "Бид их завгүй байдаг тул ажилчдад орох ярианы англи хэлний хичээлийг долоо хоногт гурван цагаас хэтрүүлэхгүй" гэв. Энэ зохицуулалт надад ч их таалагдав. Учир нь би долоо хоногт хоёр орой 90 минутын турш хичээл ороод цалин авч, хажуугаар нь ажлын визтэй болов. Цаана нь надад гэр бүлээ халамжлах, монгол хэл ч сурах хангалттай чөлөөт цаг үлдэж байв. Тэр үед миний мэдэх олон илгээлтийн эзэд 20 гаруй цаг хичээл зааж, өөр юм хийх ч завгүй байлаа.

Бидний хамгийн анхны гэр болох байрны тагтнаас Сэлбэ гол, түүний цаана уулс харагддаг байв. Манайхаас таван давхрын доор "Хугарсан яс, хутгалуулсан шархны эмнэлэг" байлаа. Адам ингэж л орчуулж өгсөн бөгөөд бид ажиглаад бараг л мөн болов уу гэсэн бодол төрөв. Учир нь тэндээс гарч ирж байгаа хүмүүс бүгд нэг бол суга таягтай, гар хөлөө тайруулсан үгүй бол цустай боолттой хүмүүс байв. Эмнэлгээс гарч ирэх хүмүүсийг хараад хотын хамгийн ширүүн дүр төрхийг харж байна даа гэж бодтол түүнээс илүү зүрх өвтгөм зүйл бидннйг хүлээж байв. Энэ үед бид хотын амьдрал маань ч ширүүхэн эхэлж байна даа гэж бодсон ч 4-р сарын эхэн үеэр дулаан орж, цонхоор харагдах гол гэсэж, урсаж эхэллээ.

Нэгэн сэрүүхэн өглөө намайг Адамын ээжийн гэрт зочлон очсон үеэр түүний цагдаа дүү сандран орж ирээд, Америкийн элчин сайдын яамны хажуу талбай болох хэдхэн зуун метрийн цаана үхсэн хүн олдсон талаар хэлэв. Адам бид хоёр ч яаран гарч, тойруулж тавьсан цагдаагийн хаалтны гадна бөөгнөрөн зогсох хүмүүстэй нэгдэв. Түүний биеийг огт хөдөлгөөгүй байв. Хохирогчийг хутгалж амийг нь хөнөөгөөд толгой, хөл, гарыг нь тасалсан байв. Нүд хальтрам төрхийг нь нуух бүтээлэг ч үгүй. Алуурчин цогцсыг зөөхийн тулд хүүхдийн тэрэг ашигласан ч тэрэг цогцосны хажууд хэвтэж байх нь тэр. Биднийг тэнд ажиглаж байх зуур мөрдөгчид ч ирэв. Манай гэр энэ газраас холгүй шүү дээ гэдгийг ухаарах үед миний бие зарсхийлээ. 1992 онд Улаанбаатар хот дэлхийд хүн амины хэргийн тоогоор толгой цохиж буй хот гэж нэрлэгдсэн нь зүгээр нэг статистик тооноос илүү болж таарав. Хотын төвд байдаг цагдаагийн газрын гадаа байрлах самбар дээр танигдахын аргагүй болтлоо зэрэмдэглүүлсэн нүүртэй зурагнууд өлгөсөн байлаа. Толгойгоо тасдуулсан хохирогчдын зураг дээрх тайлбарыг чадан ядан уншихад "Та эдгээр хүмүүсийг таних уу? " гэсэн байв.

Би гэр лүүгээ захидал бичихдээ: "Сайнмэдээ сонсох ямар ч боломжгүй, хаалттай орчинд амьдарч байсан монголчуудын дунд хүн амины хэрэг, утга учиргүй нэгнийгээ алах аймшигт явдал их байгааг сонсож, энд ирээд өөрийн нүдээр үзэхэд миний зүрх сэтгэл ихэд шаналж байна. Энд байгаа сүнснүүд шууд доош явах амьдралаар амьдарч байхад мөнхийн амьдралын талаар тэдэнтэй хуваалцъя гэсэн ч миний хэлний чадвар 2 настай хүүхдийн хэмжээнд өөрийгөө илэрхийлэх чадваргүй, хангалттай биш байгаад их бухимдаж байна. Гэвч хэл сурах боломжгүй мэт санагдаж, шантарч эхэлж байхад энэ үйл явдал намайг өдөөж, хурцлах мэт. " болов.

Хулгай бол хаа сайгүй маш элбэг, түүнийг нь Улаанбаатарт амьдардаг гадаад иргэд ч маш сайн мэддэг байв. Хүн ихтэй автобус, зах дээр явж байхдаа үүргэвч, хүрэмний халаасаа сахлын хутгаар зүсүүлсэн үе ч байв. Ингэж зүсэх нь ихэнх хулгайчдын хэрэглэдэг арга байлаа. Тэд зүсэж нээгээд дотор нь байгаа үнэтэй эд зүйл болгоныг тэмтрэн авдаг.

Мөн биднийг ирсэн мөчөөс эхлээд л гэрт байгаа юмнууд алга болж эхлэв. Монголд ирсэн дөрөв дэх өдрөө нэг буудлаас нөгөө буудал руу шилжиж байх зуур хичээлийн ном, бичиг хэрэгслээр дүүрэн тээшээ алдаж, дараа нь манай гэрээс мөнгө, зарим эд хогшил алга болов. Эхэндээ манайд сонирхож ирдэг байсан зочдыг сэжиглэж байсан ч сүүлд нь хулгайч Адам байсныг мэдээд ихэд цочирдсон. Түүнтэй уулзахаас өмнө би уур хилэн, урвалт гэх мэдрэмжүүдээ цэгцлэх шаардлагатай байв. Тэгээд Адамтай уулзан буйдан дээр суулгаж, бүх нотлох баримтуудыг хэлж эхлэхэд тэр уйлав. Адам үнэнээ хэлж, яг л чин сэтгэлээсээ гэмшиж байгаа мэт санагдсанд би түүнийг уучилж байгаагаа илэрхийлээд хамт залбирсан юм. Гэвч удаа ч үгүй тэр дахиад л биднээс хулгайлж, охидуудын тоглоом, тэр ч байтугай Луйсын сүрчиг хүртэл урт гартынх болсон тул бидний уучлал хийгээд халуун сэтгэл унтарлаа. Бид нус нулимстайгаа холилдон дахин гэмшиж, дахин эвлэрсэн ч эцэстээ энэ нь ёс төдий мэт, улиг болж эхлэв. Хачирхалтай нь Адам ухаалаг хулгайч биш байв. Манай зургийн аппарат алга болж, нөхцөл байдлыг дүгнэхэд нотолгоогоор Адам л хамгийн гол сэжигтэн болно. Бид түүнийг сэжиглэж байгаа гэдгээ хэлэхэд Адам үүнийг эрс эсэргүүцлээ. Маргааш нь бид аппаратаа буйдангийн араас олсон юм. Эхлээд бид Адамыг гүтгэсэндээ маш их харамсаж байсан ч зургуудаа угаалгаад харахад манай охидын зурган дээр Адам болон түүний найзуудын зураг давхардан хэвлэгдсэн байв. Хамгийн азгүй мөрдөгч хүртэл үүнийг олоод илрүүлчих байх.

Тэр үед түгшүүртэй зүйл үүнээс ч олон байсан. Бидний найз Бруис гурван настай хүүгээ мөрөн дээрээ суулгаж яваад онгорхой траншейны нүх рүү гишгэж, хажуу талын явган хүний зам руу унасан. Бурханы авралаар тэд хөнгөхөн бэртээд өнгөрсөн ч хотод тийм нүх маш олон байдаг байв. Манай гэр бүл хүртэл жижиг, том янз янзын тохиолдлоор бэртэж гэмтэж эхлэв.

Тухайн үед монгол хөвгүүд бие бие рүүгээ чулуу нүүлгэн байлдаж тоглодог байлаа. Энэ "тоглоом" нь хэн нэгнийг гэмтээх зорилгоор байгаагүй ч 1993 оны хүнд хэцүү цагт оросууд 70 гаруй жил Монголыг эрхшээлдээ байлгасны дараа эх орон руугаа буцахаар татагдаж байсан тул тэдний бай ихэвчлэн Орос хүүхдүүд байв. Мэдээгээр Улаанбаатарын нэгэн тоглоомын талбай дээр орос хүү чулуунд шидүүлж үхсэн талаар гарч байсан юм. Монголчуудын хувьд бол европ төрхтэй хүн бүр л Орос мэт харагддаг байсан үе. Долоон настай охин Мелоди минь чулуун байлдаанд хэд хэдэн удаа өртөж гэмтсэн юм. Хаврын нэг өдөр Мелоди Лэдэрвүүдийн хөвгүүд, нутгийн хөвгүүдтэй хамт баригдаж дуусаагүй цементэн барилга дотор тоглож байх үед нэгэн хүү тэдэн рүү чулуу шидсэн байв. Мелоди толгойдоо цохиулж унасан байх нь тэр. Нилээн их цус гарсан ч одны хэлбэртэй сорив үлдсэнээс өөрөөр хүнд бэртэл үлдсэнгүй. Бидний арыг үргэлж даадаг гэр бүл минь залбирахад Бурханы өршөөл энэрлийн улмаас чулуу охины минь нүднээс нэгхэн сантиметрийн зайд оносон гэж бид итгэдэг.

Манай дөрвөн настай охин Молли тагтан дээрээс унасан шилэнд толгойгоо цохиулсан тохиолдолч гарлаа. Илгээлтийн эздийн хүүхдүүд илүү олон сахиусан тэнгэртэй байх гэж би боддог. Шил Моллигийн зүүж байсан үсний хуванцар даруулга дээр унаж, даруулга нь хагарахдаа унлтын хүчийг сааруулсан байсан юм. Түүний толгой цөөн хэдэн өдөр л хөндүүрлэв.

Би нэгэн удаа орой болсон харанхуйд гэр лүүгээ алхаж явахдаа 30 гаруй сантиметрийн өндөртэй төмөр хашаанд бүдэрч, шилбээ зүсэв. Бүдэрч нүүрээрээ газарт унахдаа саяхан хүнээс түр зээлж авсан компьютер, принтер хоёр маань тал тал тийшээ шидэгдэж байгааг харж билээ. Принтер нь эвдэрсэн тул би дараа нь төлсөн юм. Алис гэртээ байхдаа цементэн хана мөргөж хамар нь хөхөрч, дараа нь зочилж очсон айлын зууханд гараа түлчихсэн (Наваход үйчилж байхдаа Мелоди яг энэ насан дээрээ түлэгдэж байсан нь санамсаргүй давтагдсан). Энэ үйл явдлууд бүгд л шинэ байранд ороод удаагүй байхад, маш богино хугацаанд болж өнгөсөн юм. Бид шинэ үйлчлэл эхлэхдээ "илгээлтийн эздийн эсрэг захиалгат ажлууд" мэт ирэх сүнслэг хүчтэй дайралтад бэлтгэлтэй байх хэрэгтэй байжээ. Эцэс сүүлд нь бид эдгээр хачирхалтай гай гамшгийг сүнслэг дайралт гэж мэдээд эсэргүүцэн залбирахад, бидэнд тохиолдож буй бүхэн бүрэн зогссон мэт санагдаж билээ.

Хөвгүүдийн өвлийн спортыг хоёр ангилж болно:
Чулуугаар байлдах болоод мөсөн дээр гулгах.
Өвлийн хамгийн сайхан нь чулуунууд газартай барьцалдаад хөлдчихдөг юм.

VIII бүлэг

Сөхөрч унатлаа дэлгүүр хэс

Л уйс бид хоёр монгол хэл сурахын хажуугаар гэрийн ажлыг орхигдуулалгүй, хоол ундаа ч бэлдэх шаардлагатай байлаа. Монголд хоол хүнс цуглуулна гэдэг Америкт байхаас илүү цаг авдаг. Хавар болж, дулаан орох тусам хоол хүнсний материал олох илүү амар болж байсан ч яг хэрэгтэй зүйлсээ авахын тулд хотыг тойрон, хэд хэдэн дэлг үүрээр орох шаардлагатай болдог байв.

Гар дээрээс хонины толгой зарж буй эмэгтэй

Тэгээд бараагаа олсон бол мэдээж худалдаж авах хэрэгтэй шүү дээ. Гэвч коммунизмын үеэс үлдсэн төвөгтэй хийгээд өвөрмөц системээс болоод худалдагч эмэгтэйчүүд ихэвчлэн барааг хэрэглэгчдэд зарах биш, харин тэднээс барааг хамгаалж байгаа мэт санагддаг байлаа.

Коммунист системээс дөнгөж мөлхөн гарч байгаа үндэстний дунд гэр бүлээ авч явна гэдэг тийм ч амархан ажил биш. Илгээлтийн эздийн эхнэрүүд бүгд л гэртээ байхдаа хийдэг байсан энгийн ажил нь энд 400 дахин хэцүү ба маш их цаг шаарддаг гэдгийг хүлээн зөвшөөрсөн байв. Жишээ нь хоол хийх үйл явцаас л тодорхой харагдана. Бэлэн хоолны материал хаана ч зардаггүй. Мах гэхэд л үхэр эсвэл адууны гулууз махнаас том том хэсэг болгон салгасан яс, өөх, мөгөөрстэйгөө байдаг. Махыг хоолонд хийхэд тохиромжтой жижиг хэсэг болгон эвдэхэд олон цаг орно шүү дээ. Ихэнх мах маш хатуу байдаг болохоор манай охид "Үлээдэг бохин мах" гэж нэрлэдэг байв. Хонины мах идэхэд арай зөөлхөн тул нэг удаа би хонины бүтэн гулууз мах худалдан авч гэртээ ирэв. Махаа шатаар дээш зөөн, гэртээ орууллаа. Манай гэрт том хэмжээтэй, мах эвдэж болох цорын ганц газар нь усанд ордог "ванн" л байлаа. Би ч өвдөглөж суугаад, махны хутга барин бүтэн хонийг жижиглэн эвдсэн юм. Махнаас гарсан цусыг шүршүүрээр угааж, хаягдал хэсгүүдийг хогийн саванд хаяв. Би ваннаа дажгүй сайн цэвэрлэчихлээ хэмээн бодов. Тэр оройдоо Луис тайван газар ирснийг санагдуулам, халуун ваннд хэвтдэг шигээ л бэлдэж эхлэв. Тэгээд ус руу ороход "ванн" нэг л тостой байгааг мэдэрчээ. Хонины өөхний үнэрээр хаана махаа эвдсэнийг минь тэр олоод мэдчихлээ. Эхлээд түүний уур хүрч, бохир заваан санагдсан ч ваннтай усанд шингэсэн өөхний тос түүний хатаж хуурайшсан арьсанд харин ч сайн байж магад гэж бодоод монголжсон спа эмчилгээнд орохоор шийдэж. Уснаас гарч ирээд арьс нь өмнөхөөсөө илт дээр зөөлөн болсон тухай хэлж билээ.

Тухайн үед ихэнх илгээлтийн эзэд гэрийн ажилдаа туслах хүн ажиллуулдаг байлаа. Ирээд удаагүй байхад Адам бидэнд Амараа гэдэг оюутан охин танилцуулж өгсөн юм. Амараа гэрийн ажил, дэлгүүр явахад туслахаас гадна Луисд хэл зааж, Луисын монгол хэл минийхээс сайжирч эхлэв. Амараа хүүхэд асрах тал дээр л жаахан сул мэт санагдлаа. Тэр манай хүүхдүүдийг үл ойшоож байгаа нь илт байв. Тэгээд Адамын асуудлыг өөрт нь илчилж, ярилцсан тэр өдрөөс хойш Амараа дахиж ирээгүй юм. Адамын хулгай, хууран мэхлэлт үргэлжилсээр, ойр ойрхон олон давтагдаж эхлэлээ. Эцэст нь би түүнтэй цэцэрлэгт хүрээлэнд уулзаж, нүүр туллаа. Энэ удаад нулимсны оронд бага зэрэг хүчирхийллийн шинж тэмдэг мэдрэгдэв. Харин өөр нэг илгээлтийн эзэн найзаа дагуулж явсандаа би ихэд олзуурхав. Тэр өдрөөс хойш бид Амараа, Адам хоёртой дахиж хэзээ ч уулзаагүй юм.

Төд удалгүй бидэнд туслах өөр нэгэн хүнийг бид хайж олсон юм. Түүний нэрийг Баярцэцэг гэдэг бөгөөд яг л түүний зан чанарыг тодорхойлсон сайхан нэр. Тэр бүх зүйлд чин үнэнч баяр хөөртэйгөөр хандаж, ялангуяа Есүсийн талаар сонсоод ихэд догдолж байж билээ.

Тэр гэрийн ажилд тийм сайн биш ч охидтой маань сайн харилцаатай байв. Нэг удаа хивсэн дээр ус асгачихаад усаа хатаах гээд тоос сорогчоор соруулаад манай шинээр авсан тоос сорогчийг эвдчихэж билээ. Мөн төмөр сав суулгуудын хар хөөг гялалзсан мөнгөлөг болтол нь маш нямбай үрж, цэвэрлэдэг байсан шүү. Үргэлж ямар нэг хэрэг тарьдаг байсан ч бид түүнд хэзээ ч уурлаж байгаагүй юм. Тэр Луйсд өөрийн эгч шигээ л хандан, олон цагийн турш хичээнгүйлэн монгол магтан дуу зааж өгдөг байв. Монгол хэл их хэцүү ч бид бага багаар ахиц гаргаж, сайжирсаар. Өдөр бүр л гадагш гарч шинээр сурсан үгээ хэрэглэж, аль болох л олон хүмүүстэй ярилцахыг хичээдэг байлаа. Өдөрт сурсан үгээ дор хаяж 50 удаа хэрэглэнэ гэсэн зорилго тавьсан байлаа. Бидний хувьд маш удаан ахиц гаргаж байгаа мэт санагдсан ч монгол найзуудын минь хувьд ихэд таатай байгаа нь илт байв. Учир нь оросууд монгол хэл сурахыг хичээж байгаагүй болохоор хэлийг нь сурахаар чармайж буй бидний хичээл зүтгэл тэдэнд хайрын үйлдэл мэт сэтгэгдэл төрүүлжээ.

Удалгүй бид Эрдэнэт явахаар төлөвлөж, бэлдэв. Тэгээд нэг амралтын өдрүүдээр гэр бүлээрээ 65 мянган хүн амтай хотод зочлон очиж, орчинтой танилцахаар шийдэв. Бид унтлагын ортой, шөнийн галт тэргээр аялсан юм. YWAM-ын Швед найзууд болох Мариа, Магнус Алфонс биднийг галт тэргний буудал дээр тосон авч, хамтдаа амралтын өдрүүдийг сайхан өнгөрүүлэв. Луйс болон охид тэдэнтэй анх удаа уулзаж байгаа нь энэ байлаа. Тэд хурдан дотносож байгаад би хувьдаа ихэд олзуурхаж байв. Бидэнд гарынхаа пицца хийж өгсөн бямба гарагийн оройн зоог хамгийн онцгой, мартагдашгүй өнгөрсөн юм. Сэтгэлд дотно энэ хоолоор бид ямар их дутагдсан байсныг та төсөөлж ч чадахгүй байх. Бяслаг нь мозорелла биш ч орлуулж хийсэн орос бяслаг нь дутхааргүй сайхан амттай санагдаж диваажин аманд орсон мэт л тансаг мэдрэмж төрөв.

Мариа, Магнус хоёр 1992 оны намраас Эрдэнэтэд үйлчилж, тухайн газар нутагт хамгийн анхны замыг тавьж, бэлтгэсэн юм. Тэд анх Улаанбаатарт байхдаа хамрагддаг байсан "Мөнхийн Гэрэл" чуулганы илгээлтийн багтай хамт 1992 оны зун богины илгээлтээр Эрдэнэт хотод иржээ. Тэр цагаас хойш тэд сайнмэдээнд нээлттэй байсан өсвөр насны охидтой уулзаж, тэднийг эргэж тойрохын тулд Баяраатай хамт долоо хоног бүр Эрдэнэтэд ирдэг болсон.

Эрдэнэбаяр буюу Баяраа

Тэдгээр итгэгчидээс гэмшлээ баптисмаар баталгаажуулахыг хүсэж буй эсэхийг асуухад 14 охид хүлээн зөвшөөрсөн байна. Охид 1993 оны 1-р сарын 17-ны ням гарагийн хоёр цагт Магнус болон "Мөнхийн Гэрэл" чуулганы залуу удирдагчид Баяраа, Түмээ хоёрын хамт Эрдэнэтийн хивсний үйлдвэрийн гурван метр усан сангийн хажууд уулзаж баптисм хүртээсэн байна. Жижигхэн ч энэ үйл явдал нь Монголын нийслэл хотоос гадна Бурханы хаанчлал тэлэх ажиллагааны эхлэлүүдийн нэг байлаа. Охид усан сангаас гарч ирж, хамтдаа залбирахад, Магнус шинэ чуулган төрж байгаа зураглал харснаа хуваалцжээ. Мөн Бурханаас Мариа тэр хоёрт өгөгдсөн гурван зорилгын талаар хуваалцсан нь Эрдэнэт хотын бүх гэр бүлд сайнмэдээ тараах, Булганд (хөрш аймгийн төв) салбар чуулган тарих, дэлхий даяар сайнмэдээ сонсоогүй хүмүүст хүрэх гэсэн зорилгууд байлаа. Залуухан итгэгчид ч урам зориг, баяр хөөртэйгөөр хүлээн авчээ. Магнус, Мариа хоёр манай гэр бүлийг Монголд ирсний дараахан Улаанбаатараас Эрдэнэт рүү нүүсэн байв. Тэд Баярааг хамт явах эсэхийг асуусанд тэрээр залбирч, Бурханы дуу хоолойг сонсоод, удахгүй тэдэнтэй нэгдсэн билээ. Баяраа тэдний багш болж, тэд ч монгол хэлийг маш хурдацтай суралцсан. Баяраа, Магнус, Мариа гурав шинэ итгэгчдээ гурван хэсэг болгон хуваан авч анхны гэр чуулганыг бий болгожээ. Тэд өөрсдийгөө "Эсийн Бүлэг" (хожим "эс" гэдэг нэршил Эрдэнэт дэх нөхөрлөлийн бүлгийг тодорхойлох үнэн зөв утгатай биш, арай өөр утгаар нийгэмд хэрэглэгддэг гэдгийг бид олж мэдсэн юм. Тухайн үед хэрэглээгүй ч гэсэн илүү тохиромжтой нэрийг би дараа нь бодож олсон юм) гэж нэрлэжээ. Бүлгийнхэн сурагчдын хичээлийн хуваарът тааруулж, долоо хоног бүр үдээс хойш уулздаг байв. Шинэхэн итгэгчид найзуудаа Христ дээр авчирснаар эсийн бүлэг илүү томорч, улмаар баптисм хүртээж тогтмол 15 гишүүнтэй болох үед тэд эсийн бүлгийг дахин хоёр хуваадаг байлаа. Магнус, Баяраа хоёр анхны эсийн бүлгүүдийг удирдаж байсан ч өөрсдөө дийлэхээргүй хурдан өсөж байсан тул тэд гэр чуулганы удирдагчдыг сургаж эхэлжээ. Бүлгүүд ням гараг бүр уулздаг болж, удирдагчид даваа гараг бүрт Магнус, Мариа Алфонсын гэрт уулздаг болов. Тэд чуулганы үйл ажилагааг байж болох хамгийн энгийн хийхээр зорьжээ. Удирдагчидад бал, цаас л хэрэгтэй бөгөөд тухайн долоон хоногийн хичээлээ бичиж авахад л болдог байв. Магнус, Мариа 2 чуулганы бүтцийг бий болгохоор ажиллаж, Бурхан тэднийг үүнд дуудсан гэдгийг ч мэдэрч байв. Аливаа үйл явцыг хялбар, энгийн байлгах хамгийн хэцүү ажил байдаг. Гэвч охид Улаанбаатарын чуулгануд шиг нүсэр, сүр дуулиантай цуглаж, долоо хоног бүр "Дуу ба лекцийн клуб" хийхийг хүсэж байлаа. Харин Мариа, Магнус хоёр гэр суурьтай чуулган хийхээр сэтгэл шулуудаж, бүлгүүдийг хооронд нь нэгтгэхээр сард нэг удаа нэгдсэн цугларалт хийдэг болов.

Охид бусад чуулган шиг байхыг хүссэн ч Баяраа тэднэнд "Магнус, Мариа хоёр чуулганаа ингэж хийхээр тууштай шийдсэн тул чуулганыхаа ялгаатай энэ хэв маягийн дагуу явах нь зүйтэй!" хэмээн тэднийг яттажээ. Мөн Магнус дуу хөгжмийн тохируулга, систем, зарим англи дууны дахилт зэрэгт өөрийн гэсэн тодорхой үзэл бодолтой хүн байлаа. Тэр бусад чуулганыг даган дуурайхаас илүү Бурхан биднийг ямар чуулган байгаасай гэж хүсч буйг сонсохыг эрмэлзсэн юм. Тэгээд чуулганы нэг жилийн ойгоороо юунд хүрсэн байх зорилгоо Бурханаас асууя хэмээн охидыг уриалжээ. Гайхалтай нь гурван охин 120 гэдэг тоог сонссон болохыг тэд олж мэджээ. Тиймээс чуулган залбираад энэ тоог зорилго болгон хүлээн авчээ. Итгээд нэг жилийн ойн баярын өмнөх орой чуулган 121 дэх гишүүндээ баптисм хүртээсэн байдаг юм.

Чуулган тарьж байгаагүй, туршлагагүй залуу гэр бүл гаднаас хийгээд дотоодоос ирэх олон олон бэрхшээлийг даван тууЛжээ. Эхэн үед худлаа ярих явдал монголчуудын дунд элбэг байсан ба тэд үүнийг буруу гэж огт боддоггүй байлаа. Швед хүмүүжлээсээ болоод түүнд хэцүү байсан ч Библийн дагуу хийх ёстой болохоор Магнус тэдэнтэй нүүр тулах шаардлагатай болов. Хоёр талд хоёулаа л суралцах зүйл олон байлаа. Улаанбаатараас ирсэн зочид ч зарим тохиолдолд бэрхшээл дагуулдаг аж. Нэг илгээлтийн эзэн ирж "бэлэн болоогүй байгаа" монголчуудад ямар их үүрэг хариуцлага даалгасныг хараад гайхаж, оролцож буй эсийн бүлгийн уулзалтаа өөрөө удирдаж дуусгасан байна.

Тэр шинэ итгэгчдээр удирдуулсан уулзалтад сууж чадахгүй, тэр тусмаа шинэ хүнээр Ариун Зоог удирдуулж чадахгүй гээд тэднийг дэлгүүрээс худалдан авсан талхаар Ариун Зоогийн ёслол хийхийг хориглосон байв. Улаанбаатарын чуулгануудаас ирсэн хүмүүс Эрдэнэтийн шинэ итгэгчдийг бага сага төөрөлдүүлжээ. Эдгээр хүмүүс Магнус, Мариа нарыг шинэ итгэгчдийг ахлагч, удирдагчаар тавьж болохгүй, тэд амархан "алдаа гаргана" гэж ятгаж байв. Магнус "Мэдээж, тэд алдана. Тэгж байж л сурна шүү дээ" гэж хариулсан гэдэг. Шинэ удирдагчид маш олон удаа алдаа гаргасан ч эцэст нь алдаагаа засаж, буруу гэдгийг нь хүлээн зөвшөөрч, илүү итгэлтэй бас чадвартай болсон юм. Тэд Магнус, Мариа хоёрын тэдэнд итгэсэн итгэлээр чадваржин, хожим илүү хүчирхэг, чадамгай удирдагчид болсон юм. Охид гэр чуулганыг удирдах үйлчлэлийг бүрэн хүлээн авахад Магнус тэднийг сургахад бүх анхаарлаа хандуулжээ.

Магнус, Мариа хоёр хоёул бүх хүч, боломж бололцоогоо анхны хоёр буюу "ирээдүйн ахмад" удирдагчид болох Баяраа, хамгийн анхны эрэгтэй итгэгч Одгэрэл нарт зориулж байв. Эхний жилдээ Эрдэнэтийн чуулган их л урт замыг даван туулжээ. Тэдний чуулган тарих аргачлалын гол зорилго нь итгэгчдийг энгийн, жижиг нөхөрлөл, гэр цуглаанд хамруулах дээр тулгуурлаж байв. Итгэгчид нэг байранд цугларч, "чуулганаа хийн", хамтдаа Эзэний Зоог барин, магтаж (заавал дуу байх албагүй), нөхөрлөж, залбирч, хуваалцаж, нэг нэгэндээ үйлчилж, Бурханы Үгтэй холбогддог байлаа. Магнус, Баяраа хоёр хичээл, сургаалаа хамт бэлддэг байв. Тэд Шинэ Гэрээний түүхийг ашиглаж, Есүсийн тушаалд дуулгавартай байх тухай энгийн хичээл бэлддэг байв. Тэгээд давааа гарагийн орой удирдагчид дуулгавартайгаар, үүргээ сайтар ухамсарлан үг бүрийг нэг бүрчлэн бичиж авдаг аж. Эдгээр өсөж буй удирдагчид долоо хоногийн дундуур яг ижилхэн хичээлээ гэр чуулгандаа заадаг. Эрдэнэтийн дэлгүүрийн лангуу хоосон байна гэдэг нь бүлэгтээ хоол хийж өгөх эсвэл худалдан авч идэх тийм амархан биш гэдгийг илтгэнэ. Тэгээд тэд зөвхөн онцгой үед л хамт хооллодог байв. Энэ стратеги тун удахгүй үр жимсээ өгч эхэлсэн юм.

Тэр үед бид гэр чуулгануудад очдоггүй байлаа. Учир нь барууны зочид ирвэл итгэгчдийн анхаарал алдарч, магтаал ба Бурхантай харилцах харилцаанд нөлөөлж магад гэж бодсон юм. Манай багийн гишүүд ч гадаад итгэгчдийг Эрдэнэтэд нүүж ирээгүй л бол итгэгчидтэй уулзаж, дотносохыг хориглосон нь надад ухаалаг үйлдэл мэт санагдлаа. Эрдэнэт ч бидний зорилго болж 1993 оны 9 сар гэхэд зорилгоо хэрэгжүүлэхийг хүссэн юм. Илгээлтийн эздийн хороолол буюу Сансарт үлдэхгүй байх шийдвэр маань Улаанбаатар хотоос гарахад ихэд нөлөөлсөн учир бидний хувьд маш чухал аялал байлаа.

Бид Аризонагийн ХаардРокд үйлчилж байхдаа илгээлтийн эздээр хүрээлэгдсэн газар ажиллаж, амьдрах нь нутгийн иргэдтэй холбоо тогтооход саад болдог гэдгийг ажигласан. Тиймээс л Сансараас дайжих хүсэл төрж, илгээлтийн эзэд өдөр ирэх тусам нэмэгдэх нийслэл хотоос ч нүүх хэрэгтэй санагдсан юм.

Анх 1976 онд оросууд Эрдэнэтийг уул уурхайн хот болгон байгуулжээ. Уул уурхай нь Монголын чөлөөтэй хөрвөх чадвартай валютын 70 хувийг бий болгодог ба хүдэрийн нөөц багасаж байгаа энэ үед оросууд нутаг буцсанаар, монголчуудын хувьд хар бараан өдрүүд гэрэл гэгээтэй харагдаж эхэлжээ. Гэвч Эрдэнэтийн гудамжинд Улаанбаатарыг бодвол биднийг Орос гэж андуурах явдал ч их байлаа.

Бид Алист монгол үндэсний хувцас болох дээл өмсгөөд гадуур явахад Эрдэнэтчүүд их л дуртай байв. Хүн бүр л хараад инээмсэглэнэ. Танихгүй хүмүүс түүнийг тэвэрч, үнсэнэ, дэлгүүрийн худалдагчид гурван охинд маань чихэр өгнө. Бид монголчуудтай нэгдэх, нийцэх аргаа санамсаргүй олчих нь тэр. Оросууд хэзээ ч тэдэн рүү хараад инээдэггүй, хэзээ ч тэдэнтэй ярьдаггүй, хэзээ ч хүүхдүүддээ монгол үндэстний хувцас өмсгөдөггүй байж. Тэд түүхэндээ хэд хэдэн улсыг колончлолдоо байлгадаг байсан учир нутгийн иргэдийн дунд нэр хүндгүй байв. Гадаадынхны гаргасан алдаанд эгдүүцэж, ууртай мэт царай гаргасан тэдний дургүйцлийг дээл өмсөж, чадах чинээгээрээ их инээмсэглэж зөөлрүүлэх оролдлого хийлээ.

Алис, Мелоди, Молли гуравт дээл сайхан зохино шүү!

Улаанбаатар руу галт тэргээр буцаж явахдаа ресторанд Бямбаа гэдэг залуутай танилцлаа. Түүнийг найзуудтайгаа архи ууж, хөзөр тоглож байх хооронд бид түүнтэй танилцан найз болцгоосон юмдаг. Тэр надад Эрдэнэтэд байдаг гэрийнхээ зураг, хаягаа өглөө. Манайд зочлоорой гэсэн түүний урилга Эрдэнэтийн залуучуудтай ажиллах ажлын минь эхлэл, нээлт байгаасай хэмээн би найдсан юм. Бид Эрдэнэтийн чуулган сүнсээр шатаж, олон түмэнд сайнмэдээ тараан, бүх гэр бүл Христийг дагахыг харахыг үнэхээр их хүсч байсан тул 17 настай хүү хүртэл энэ үйлчлэлийн минь чухал түлхүүр байсан юм. Улаанбаатараас гадагш аялах дараагийн боломж олдох үед Лайнстай хамт Эрдэнэт явлаа. Очоод Магнус, Мариа хоёртой нилээд хэд хоног уулзаж, Бямбаа дээр очих хэд хэдэн оролдого хийсэн ч тэрээр гэртээ байсангүй. Эрдэнэтээс буцах замдаа сүүлийн удаа очиж үзэхээр тэдний гэр лүү зүглэв. Түүний дүү нь бидэнд туслан, Бямбаагийн сайн найзыг ятган түүн дээр биднийг аваачихыг хүчлэв. Тэр биднийг нэг байр луу дагуулж, ороход Бямбаа унтаж байсанд түүнийг сэрээлээ. Бямбаа босож хувцаслаад, биднийг манайд хамт очиж оройн хоол идээч хэмээн шалав. Энэ бидний үдээс хойш идсэн гурав дахь хоол байв. Галт тэрэгний цаг дөхсөөр байсан ч монгол айлууд татгалзсан хариу хүлээж авдаггүйг бид аль хэдийн мэднэ. Тэд аяга дүүрэн үхрийн махтай цуйван хийж өгч, араас нь ширээн дээр цайны жижиг шаазан данх тавив. Би шаазан данхнаас нэг аяганд цай уух санаатай аягалахад хар өнгөтэй шингэн гоожиход гэрийн эзэн хөгшин эр ихэд сандран надад "Биш, биш" гэж хэлэв. Энэ нь "болохгүй" гэсэн үг болохыг тэр үед сурч билээ. Тэгээд би юу нь ч мэдэгдэхгүй хар өнгөтэй бэлдмэлийг аяга руугаа хийхээ болив. Тэр юу болохыг би огт мэдэхгүй байлаа. Тэгээд би савны тагийг онгойлгож, аягатай шингэнийг буцааж хийлээ. Гэтэл гэрийн эзэн надад дахиад л "Биш, биш" гэж хэлсэн ч яах ёстойг огт зааж өгөхгүй байсан нь хачирхалтай. Би хэсэг хүлээж суув. Ямар нэгэн чухал ач холбогдолтой соёлын ялгааг л мэдэхгүй байх шиг санагдаж байв. Гэтэл тэр аягатай хоол руугаа заалаа. Би яаж цууг цайтай андуурч чадав аа? Юутай ч цуугаа хоолон дээрээ хэд дусаагаад, олон хүний өмнө намайг ичгэвтэрт оруулсан аяга хоолоо идэж дуусгахаар яаравчлав.

Яг энэ үед гэрийнхэн бүгд элгээ хөштөл инээлдэж байв. Би ч бүр сандарч, балмагдсаж, ичсэндээ нүүр минь час улайжээ. Намайг тэр байдлаас аврах мэт Бямбаагийн ээж ирж, миний аяга руу нэг хар юм хийгээд халуун усаар дүүргэв. Тэр нууцлаг хар юм нь найруулдаг кофе болж таарлаа. Өөрийгөө шоолж инээсэндээ ядарсан мэт санагдсан ч цуйван идсэний дараа тэр шөнө хэдэн цаг унтаж чадсангүй, орондоо хэвтлээ. Өөр юу юунаас ч илүү шинэ соёлд суралцах, дасан зохицох үйл явцад л хүн ингэж даруусгагдаж, ичгэвтэр байдалд орж, даван гарч суралцдаг байх. Коллежийн зэрэгтэй ч гэсэн дөрвөн настай балчируул чамаас хамаагүй сайн ярьж, биеэ авч явах чадвартай байхад "сагсуурах" мэдээж хэцүү шүү дээ.

Ядаж л Бямбаагийн гэр бүл хангалттай их инээж, дараа Эрдэнэтэд ирэхдээ тэднийд хонохыг шаардсан юмдаг. Бямбаа машин дуудаж өгсөнд бид галт тэргэндээ амжин суув.

IX бүлэг

Зүүнхараа дахь хөгтэй явдал

Бид Магнус, Мариатай хамт Эрдэнэтэд үйлчлэхээр бэлдэж байх үедээ ч сайнмэдээ огт хүрээгүй газар нутгийг, ирээдүйн Монголд сүм чуулган тарих итгэгчдийн хүчирхэг багийг босгож, илгээхийн тулд шинэ боломж бололцоог эрэн хайсаар байв. Эцэст нь бид арай гэж суурьшиж, тав тухаа олж, итгэлтэй болсны дараа зуны урт өдрүүд ирэхэд хөл загатнаж, Улаанбаатараас гарч явахын хүслэн боллоо. Лайнсыг надтай хамт Зүүнхараа яваач гэж ятгах тийм ч хэцүү байсангүй. Бид хоёул наадмын (жил бүрийн долдугаар сард болдог Үндэсний их баяр) үеэр чөлөөтэй байв. Нэг ёсондоо наадам нь Монголын зуны үндэсний спортын баяр гэсэн үг юм. Энэ үеэр Зүүнхараад очих нь яг л төгс төлөвлөгөө байлаа. Зүүнхараа нь галт тэрэгний зам дагуу, Хараа голын ойролцоо энэ хорвоо дээрх хамгийн үзэсгэлэнтэй газрын яг дунд нь байрладаг юм. Бид Эрдэнэт явах бүртээ энэ газраар дайран өнгөрдөг байлаа. Галт тэрэг Зүүнхараад 22 цагт ирдэг нь Монголын зуны цагаар бол яг л нар жаргах сайхан цаг. Аялал бүрийн нар жаргах цагаар галт тэрэгний цонхоор харсан Зүүнхараа сэтгэлд дүрслэгдэн үлдсэн байв. Лайнс бид 2 энэ зураглалыг зөвхөн цонхоор хараад өнгөрөх биш, харин гал тэрэгнээс бууж, зочилж үзэхийг хүссэн юм. Зүүнхараагийн гал тэрэгний зогсоол дээр буухад галт тэрэг биднийг орхин, хойд зүг рүү хөдөлж буйг хараад бид таних хүнгүй энд юу хийж яваа билээ хэмээн бодсон ч одоо харамсаад ч хэрэггүй оройтсон гэдгээ ухаарлаа. Удалгүй харанхуй ч боллоо. Гэвч бид хаашаа явах, хаана хонохоо мэдэхгүй байв. Зүүнхараад зочид буудал байдаг үгүйг ч мэдэхгүй байв.

Бидэнд цүнхээ үүрээд галт тэрэгнээс буусан бусад зорчигчдын явсан зүг тэднийг даган алхахаас өөр ямар ч сонголт байсангүй. Анхны сансрын хиймэл дагуулын хөшөөний хажуугаар зөрөхдөө орчин үеийн, том хотод ирчихээд ямар ч айх шаардлагагүй гэдгийг ухааран, өөрсдийгөө шоолж инээлдлээ. Зочид буудал хаа байдгийг асуухад ихэнх хүмүүс мөрөө хавчин, мэдэхгүй гэж хариулж байв. Тэд хоорондоо энэ талаар их л нухацтай ярилцах шиг. Юутай ч хүмүүсийн заасан зүг бид явсаар модон самбар дээр монголоор зочид буудал гэсэн хаягтай нэг давхар, жижиг шавар байшингийн үүдэнд ирлээ. Хаалгыг нь тогшиход нээх өгсөн залуухан эмэгтэй зочид буудлын эзэн болж таарсан ба тэднийд буудалласан анхны гадаад иргэд гэдгийг эмэгтэй бидэнд яаж ийгээд ойлгуулав. Биднийг хоёр ор, дөрвөн сандал, нэг жижиг ширээ, эртний эдлэлээр тохижуулсан жижиг өрөө болох буудлын цор ганц тохилог өрөөнд оруулав.

Үүргэвчээ мөрнөөсөө буулгаж ч амжаагүй байхад баргар царайтай хэдэн залуус өрөө рүү хүчээр орж ирээд харь гарагийн хүн үзсэн мэт бид хоёрыг ширтлээ. Тэгээд бүгд мэндэлж дуусаад тэдний толгойлогч нь энэ зочид буудлын засварчин нь болохыг олж мэдсэн нь тэр. Тэдний зарим нь сандал дээр, зарим нь орон дээр сууцгаав. Тэгээд нэг нэгээрээ бидний гэр бүл, яагаад ирсэн, энд хаагуур явж, юу үзэх төлөвлөгөөтэй байгааг асууж эхэллээ. Бидэнтэй ярилцсаар тэд их л цангасан бололтой баталгаагүй ус ууж, өвдөхөөс сэргийлэн хотоос авчирсан савтай усыг нэгийг ч үлдээлгүй онгойлгож уугаад дуусгачихав. Шөнө дундад тэднийг явахад бид хоёр хоосон савнуудтай л үлдлээ.

Буудлын эзэн эмэгтэй долоон настай хүүгээ танилцуулахаар эргэн иржээ. Урт үстэй хүү гадны хүмүүсийн хажууд ер ичихгүй байсныг бодвол магадгүй бид түүний уулзсан хамгийн анхны гадаад хүн байсан болов уу. Тэгээд эмэгтэй бидэнд сайн унтаж амрахыг хүсээд, гаднаас нь хаалгыг уяв. Нээрээ шүү. Хаалганы цоожны хэсэгт жижиг нүх байхыг анзаараад би их гайхаж байсан ч ингээд учир нь олдох шиг боллоо. Хаалганы нүхэнд олс байсан бөгөөд аюулгүй байдлын үүднээс олсыг нүх болон хаалганы хүрээгээр оруулан шөнө бүр гаднаас нь уядаг байв. Бид маргаан хийж, эсвэл хаалга уяхгүйгээр аюулгүй байдлыг хангах өөр зам хайхаас хэт ядарсан байсан тул зүгээр л орхив.

Тэгээд хувцсаа тайлаад ор орондоо орон унтацгаалаа… шөнийн 3:30 хүртэл. Хаалганы уяг тайлж байгаа чимээгээр би гэнэт сэрчихэв. Учир нь Монголын нөхцөлд зочид буудлын өрөөнд онцгойлон шөнийн цагаар хулгай орох магадлалтай гэдгийг мэддэг байсан учраас би тэр даруй сэрж, адерналин ялгарав. Лайнсыг анзаарахад тэр ч сэрсэн, бэлэн байдалтай харагдана. Харанхуйд бүүдгэр ч гэсэн хаалгаар том биетэй, сүрдмээр дээрэмчин оролд байрлах цор ганц нүцгэн бүрхүүлгүй гэрлийн доор тавихад бид юу ч хэлж чадахгүй түүнийг харсаар л. Дараа нь үүдний өрөөнөөс жижиг сандал оруулан ирж, дээр нь давхарлан тавих зуур бид түүнийг гайхан, ажигласаар байв. Эмэгтэй өөрийн барьсан тогтворгүй барилга өөд болгоомжтой авирч гартаа байгаа даавууны өөдсөөр чийдэнг арчив. Үүнийг хийх зуураа орондоо байгаа биднийг сэмхэн ажигласаар байлаа. Түүний хийж байгаа үйлдэл ямар ч циркийн бүжигчдээс хавь илүү, үнэхээр гайхмаар үзүүлбэр аж. Уг эрчимт цэвэрлэгээний дараа тэрээр доош бууж, тавилгуудаа байранд нь эргүүлэн тавихдаа дахиад бидэн рүү хараад унт унт гэж дохин, гэрлээ унтраагаад, гаднаас нь уяад яваад өгөв. Би хэлэх ч үггүй болж, гайхширан Лайнс руу харахад тэр инээвхийлээд "Мотел 6. Бид таны гэрлийг арчиж өгнө" гэж тоглоом хийж билээ. Бидний инээд тэр буудалд байгаа бүх хүнийг магадгүй хөршүүдийг ч сэрээсэн байх.

Маргааш өглөө нь эмэгтэй хаалганы уяаг тайлж, бид бэлдэж ирсэн талх, хиамаа цүнхнээсээ гаргаж өглөөний цайгаа уулаа. Буудлын эзэн аягатай халуун цай авчирч өгөөгүй байсансан бол талхаа хуурайгаар нь идэж гороох байсан байх. Тэр бидэнд цэвэрлэгээний цагаа ер хэлээгүй учир урд шөнө тэр зүгээр л сонирхоод орж ирсэн байх гэж бид таамаглалаа. Америк хүмүүс унтаж байхдаа ямар л харагдав гэж дээ? Тэгээд би буудлын эзнээс хаана үс засуулж болохыг асуулаа учир нь нийслэл хотод очоод үсээ засуулахын тулд урт дараалалд удаан хүлээхийг хүсээгүй юм. Эмэгтэй би үсчин шүү дээ өнөөдөр үдээс хойш засаад өгье гэв.

Тэр өдөр наадмын эхний өдөр байсан тул хотынхон бараг бүгдээрээ голын дэргэд байрлах наадмын задгай цэнгэлдэх хүрээлэн рүү явган нь алхаж, унаатай нь унаагаар мортой нь мориороо тийш зүглэх нь тэр. Бид ч олон түмэнтэй нэгдэж хоёр километр гаруй алхахад баяр ёслолын төв наадмын талбай дээр цугларав. Тэнд олон гэр бүлүүд цугларч, хоол унд идэж, майхнууд наадмын талбайд өнгө нэмнэ. Хамгийн том нь шүүгчийн майхан (наадмын асар) ба талбайн яг төвд байрлана. Өнөөдрийн гол үйл ажиллагаа бол бөхийн барилдаан, Монголын гурван төрлийн үндэсний спортын хамгийн алдартай нь. Баяр наадмын бусад өдрөөр хурдан морины уралдаан, сур харваан тэмцээн болохоор товлогдсон байв.

Бусдаас содон, цагаан арьс маань биднийг хаана ч явсан анхаарлын төв болгож байлаа. Төд удалгүй баяр наадмын зохион байгуулагчид биднийг наадмын төв асарт хүндэтгэлийн суудалд урих, хүчлэх хоёрын хооронд суулгалаа. Өдөр болоход гадаа маш халуун болж байсан болохоор асарт суух бидэнд сайхан байв. Бөхчүүд нэг нэгээрээ өвдөг шороодож, ялагч бүрийн "бүргэдийн бүжиг"-ийг үзэх зуураа би хажууд суусан эмчтэй яриа өрнүүлж эхлэв. Тэр энэ нутгийн цор ганц англи хэл гадарладаг нэгэн учир түүнийг бидний дэргэд суулгажээ. Тэр анагаахын сургуульд сурч байсан үеэс нь үлдсэн мартагдсан шахуу англи хэлэнд нь бүхэл бүтэн нутгийнх нь нэр гарах болж байгаад ихэд сандарч байгаа нь илт байв.

Тэмцээнд оролцогчдын дунд цэргийн албанаас дөнгөж ирсэн шөрмөслөг хүүгээс эхлэн аварга биетэй хүнд жингийн ахмад бөхчүүд хүртэл байлаа. Тэд бүгд доогууроо дотуур хувцас шиг тусгай өмсгөл, дээгүүрээ урт ханцуйтай дал хэсгийг халхалсан хэрнээ цээж онгорхой загвартай хантаазыг (Зодог, шуудаг) өмссөн байв. Мөн хөлдөө цана шиг урт үзүүртэй, хатгамал, гоёмсог хээтэй өвдөг хүрсэн арьсан гутал өмссөн байлаа. Бөхийн энэ өмсгөлийн загвар нь бөхийн барилдааныг "Эр хүний спорт" хэвээр хамгаалан үлдээх зорилготой хийгдэж байсан гэдэг тухай домгийг бид сонссон юм. Яахав... Эрэгтэйлэг л юм. Олон арван жилийн өмнө нэг эмэгтэй уг тэмцээнд ороод бүх оролцогчдыг ялчихаж. Ялагчийг эмэгтэй хүн гэдгийг мэдэхэд ичгүүртэй байсанд нутгийн удирдагчид бөхийн өмсгөлийг шинэчилсэн түүхтэй юмсанж. Бүх оролцогчид ногоон талбай дээр хоёр хоёроороо зогсох бөгөөд бүгд зэрэг барилдаж эхэлцгээв. Зарим нь хамгаалах, довтлох аль нэг байрлалаа авахад бэлдэн, толгой толгойгоороо наалдсан байх нь тэр. Нөгөө хэсэг нь хөлдөө зай авч, тэнцвэрээ олон нэг нь нөгөөгөө налж, нарийн өмсгөлөөс нь чанга зуурсан байрлалтай харагдана. Лайнс бид хоёр баяр наадам үзэж байхдаа барилдаан бүр тогтсон хэлбэрийн дагуу явж байгааг анзаарсан юм. Нэг барилдааны хоёр бөх хоёул үндэсний хувцас, хэрэглэлээр бүрэн тоноглогдсон PR буюу менежертэй (засуул) болохыг мэдэв. Тэд урт дээл, "сонгино оройтой" малгай, бөхчүүдтэй адил гутал өмсжээ. Засуулууд бөхчүүдийн малгай, дээлийг барьж, барилдаан эхлэхээс өмнө тэднийг магтаж /цол дуудах/, мөн тэмцээн дуустал "дэргэд нь" дагаж явдаг юм байна. Зарим барилдаан бараг эхлээгүй байхад дуусаж, өрсөлдөгчөө хормын төдий толгой дээгүүрээ авч шиднэ. Хэрэв барилдаан удаан үргэлжлэх юм бол "менежер"-үүд өөрсдийнхөө эрсийг зоригжуулан өгөг рүү нь алгадана. Түрүү байрны төлөөх барилдаан хэдэн цаг ч үргэлжлэх магадлалтай. Аварга том, хөлстэй биетэй хоёр залуу ямар ч хөдөлгөөнгүй бие биедээ наалдчихсан, өрсөлдөгчөө сэрэмж алдах боломж хүлээн, гэрлийн хурдаар газарт шидэхэд бэлэн байгааг ажиглаж байна гээд төсөөлөөд үз л дээ. Тэмцээнд ялахын тулд өрсөлдөгчийнх нь өвдөг газар шүргэхэд л болно. Эцэст нь барилдаж дийлсэн ялагч сүр хүчээ гайхуулан нисэж буй бүргэдийн бүжиг хийн, хоёр гараа удаанаар дэвж, хөлөө зөөн алхаж талбайн голд байрлуулсан Монголын түүхэн өв уламжлалыг илтгэх, үсээр чимэглэгдсэн босоо тугийг тойрон дүүлэн" эргэлдэнэ. Зарим нь шүүгчийн ширээн дээр ирж аягатай айраг буюу "исэлдсэн гүүний сүү" ууж байгаа харагдана.

Төв асарт нь суугаад болж буй бүх үйл явдлыг ойроос харах нь спортын хорхойтны хувьд сэтгэл хөдөлгөм завшаан хэдий ч миний хувьд би эмчтэй ярилцаж урдах идээ ундаагаа идэхэд л илүү анхаарч байв. Ширээн дээрх тарган хонины сүүлээс бусад нь миний сонирхлыг ихэд татаж байлаа. Харин ялааны хувьд нөгөө тарган сүүлний өөх амттай байх шиг байна шүү. Надад хамгийн таалагдсан нь тавган дээрх монгол бяслаг байлаа. Дотроо нэг тийм сул, зөөлөн амттай ч гаднаа хатуу, резин шиг /бид гэртээ туршилт хийгээд монгол бяслаг хайлах дургүй, халаад сүүлд нь гал авалцдаг болохыг туршилтаар олж мэдсэн юм. Харамсалтай нь энэ бяслагийг амттай пиццан дээр тавьж хэрэглэх заяагүй юм даа/. Юутай ч өглөөний цайгаа сайн ууж чадаагүй дээр нь энэ хүртэл алхаж ирсэн учир идэх дуршил нэмэгдэж, эмч найз минь одоо болно оо гэж хөдөлгөөнөөр илэрхийлэх хүртэл би нэг мэдэхэд зургаа, долоо дахь зүсмээ идэж байх нь тэр. монгол хүн анх удаа идэхийг минь болиулсан тохиолдол энэ байв. Тэд их зочломтгой зантай болохоор өмнө нь дандаа л ид ид гэж хүчээр хоол хоолой давуулдаг байлаа. Тэгээд эмч надад тайлбарлахыг оролдсон ч, юутай ч би ингэж идэх нь аюултай гэсэн ойлголт авсан юм. Би түүнээс асуухыг оролдоход тэр надад миний өмнө нь сонсож байгаагүй монгол үг хэлчихэв. Эмч намайг ойлгохгүй байгааг анзаарсан бололтой зэвэрсэн англи үгийн сангаасаа өөр тайлбар олж ядан илэрхийлэх гэж хичээж буй нь илт байв.

Тэр чангаар , "Feca." гэв

"Feca? Тэр нь юу билээ?"

Тэр бяслаг руу заагаад, "Fee-caa" гэж дахин уртаар хэллээ.

Намайг ойлгохгүй байгааг тэр анзаараад,, "англи үг. Feca." гэж тайлбарласан ч

"Би өмнө нь хэзээ ч сонсож байгаагүй юм байна feca нь бяслаг юм уу?" гэхэд

Тэр толгой дохин инээмсэглэхэд би Лайнсаас асуухаар шийдэв. Лайнс ч гэсэн эмчийн хэлсэн үг монгол үг үү, англи үг үү гэдгийг ойлгохгүй байв.

Эмч "Feca" гэдэг үгээ давтсаар л.

Бидний гайхширсан царайг хараад тэр эцэс сүүлд нь босож, хөдөлгөөнөөр үзүүлэхээр шийджээ. Энэ хооронд Лайнс бид хоёр үг таах хөгжөөнт тэмцээнийхээ талаар чимээгүйхэн наргиа хийж амжив. Эмч тавагтай бяслаг руу заагаад, явган сууж, гадаа нойлд орж байгааг дууриан харуулав. Миний сониуч зан ч юу хэлэх гээд байгааг нь гадарлаж эхлэв.

Тэгээд Fecal буюу "Ялгадас уу? Аан та хүндрэнэ гэж хэлэх гээд байгаа юм уу? Хүндрэх?"

Тийм ээ! Тийм, наадах чинь, хүндрэх," гэж тэр хэлэхдээ, надад ойлгуулсандаа их л баяртай додьгор сууна.

"Бяслаг ялгадас юм уу?" гэж би түүнээс их л гайхширсан маягаар асуухад тэр маш баяртайгаар тийм гэх нь тэр. Мэдээж би энэ хооронд идэх дуршлаа алдаж, хүчээр бөөлжих хэр хэцүү бол хэмээн гайхаж суулаа. Тэгээд Лайнс руу хараад

"Завааан юм аа"

"Яасан бэ, Ялгадас гэсэн нь ямар утгатай байсан бол?" гэж Лайнс асуухад

"Хүний эсвэл амьтны биеэс гарсан хэрэггүй бодисыг нэрлэдэг нутгийн эмчилгээний хэллэг л юм шиг байна.

"Балиар юм!" Лайнсын царайны хувирал, миний гэдсэн дотор мэдрэгдэж байгаа мэдрэмж хоёр яг л таарч байв.

Бяслагнаас болоод миний гэдэс өвдөөгүй ч Улаанбаатарт ирэх хүртлээ эмч яг юу хэлж, анхааруулах гээд байсныг бүрэн ойлгосонгүй. Энэ чинь хэл сурахад тулгамддаг асуудал шүү дээ. Хэрэв таны эргэн тойронд эх хэлээр тань ярьдаг хүн байхгүй бол нөгөө хүнийхээ яриаг дутуу, буруу ойлгох нь элбэг. Бяслаг ямар ч асуудалгүй байжээ. Харин хэтрүүлэн идвэл бие эвгүйрхэж, бие засах газраас салахгүй өтгөн чинь хатаж хэцүүдэнэ шүү гэж тайлбарлахыг л оролджээ. Хожим ойлгосон ч сэтгэл амарлаа.

Тэр орой зочид буудлын эзэн эмэгтэй хэлсэн үгэндээ хүрч, миний үсийг засаж өглөө. Жижиг газар тул олон ч хүмүүс бидний тухай сонсож, цуглацгаасан байлаа. Анх удаа буржгар үс засч байгаа дээр нь үзэгчид түүнийг харж, их дарамттай нөхцөлд зассан ч гэсэн тэрээр чамлахааргүй сайн засжээ.

Дараа нь цугласан хүмүүсээс ихэнх нь намайг дагаж манай өрөөнд ороод миний сурсан хагас хугас монгол хэлээр ярилцав. Яриан дундуур Лайнсыг зургийн аппаратаа гаргаж ирэхийг харсан хүн бүр л "би зураг авдаг", "би ч зураг авдаг" гэсээр бүгд "мэргэжлийн зурагчид" болцгоолоо. Ийм олон мэргэжлийн зурагчинтай хот гэхэд нэг ч камер байхгүй нь инээдтэй. Залуус дундаас хамгийн найрсаг нь маргааш биднийг хөдөө дагуулж явахаар болов. Сүүлийн хүнээ үдэж гаргах үед буудлын эзэн эмэгтэйн хүүгийн толгой нь халзан болчихсон хажуугаар гүйх нь тэр.

Өглөө нь бид "зурагчинтай" хамт шинэ газартай танилцахаар гарлаа. Нэлээд хэдэн км алхсаны дараа суурин газраас хол, голын дэргэд ирлээ. Тэгээд бид гол гатлах гэтэл гүүр болгож тавьсан мод хугарч, би усруу унаж, жинсэн өмдөөр минь ус нэвтрэн орж, гуя хэсгээрээ норчихлоо. Зуны сайхан өдөр тул гадаа ч халуун байлаа. Хэн ч харахгүй хотоос хол газар нойтон өмдний асуудлыг шийдэх ганц л арга байна. Мэдээж өмдөө хаттал нь модонд өлгөөд хотоос гарахдаа авч гарсан загасны уургаараа загасчлах гэсэн л зам байв. Хараа голын эрэг дээр, өндөр толгодын сүүдэрт бид өнжсөн юм. Хөтөч Лайнс бид хоёрыг тэр толгодын урд зургаа татуул хэмээн шалахад Лайнс ч түүнд камераа өгч, бид ч байрлалаа аван зогслоо . Залуу маш хурдтай, нилээд олон зураг авчихлаа.. Бид түүнд зогс одоо болно гэж дохио өгч, болиулахыг ороолдон орилсон ч тэрээр угсруулан дарсаар бараг 12 кадр дарчихсан байв. Өөрийгөө мэргэжлийн зурагчин, зураг авч амьдралаа залгуулдаг л гээд байгаа юм даа.

Мэргэжлийн зурагчныг хэрхэн зогсоох вэ?

Зүүнхараа руу буцах замд хөтөч залуу маань бидэнд сонирхуулахын тулд замд тааралдсан айл болгоноор ' л орлоо.

Монголчуудын соёлд гэрт нь ирсэн зочин бүрийг хоолоор дайлж цайлдаг уламжлалтай тул тав дахь айлаасаа гарахад бид аль хэдийн цатгалдаж, ходоод гэдэс дийлэхгүй болтлоо хонины мах, банштай шөл, гурилтай шөл, бяслаг, тараг, чихэр, талх, сүүн бүтээгдэхүүнээр дайлуулсан байлаа. Монгол айлд зочилж үзсэн л бол шийдэмгий гэрийн эзэн, эзэгтэйд "Үгүй ээ. Би цадчихлаа" гэж хэлээд ямар ч нэмэргүйг мэдэх биз. Цадсан, цадаагүй хамаагүй тэд таныг хүчээр дайлна. Эцэст нь бидэнд хөтөч хийж байгаа залууд буцах замдаа найз нөхөд, хэн ч бай өөр айлаар орохоос татгалзаж байгаагаа илэрхийлэв.

Явж явж төвд ирсний дараа тэрээр нэг найзынх нь ажиллуулдаг хоолны газар очихыг шаардлаа. Юуны түрүүнд тэр бидэнд нэмж хоол өгөхгүй, наадам болохоор угаасаа цайны газар хаалттай байгаа гэдгийг тодорхой хэлэв.

Тэгээд гуанзанд ороход нэгэн том биетэй эмэгтэй махны хутгаар бүтэн гахайн нурууг маш гарамгай эвдэж байгаатай таарлаа. Үнс нь урт болтлоо татсан тамхинаас нь амандаа үг бувтнах бүрт утаа гарна. Бид эмэгтэйн ойролцоох ширээн дээр суугаад яриа өрнүүллээ. Гахайн мах цэвэр, цагаан өөх ихтэй байгааг хараад гайхаж байснаа санаж байна. Тэр эхлээд нимгэн зүсэж дараа нь дөрвөлжин хэлбэртэй болгож байв. Арваад минутын дараа бид салах ёс хийж, ширээнээс босцгоолоо. Гэтэл эмэгтэй хутгаараа дохиж, биднийг арай явах болоогүй хэмээн юу юугүй хүний тоогоор аяга будаан дээр дутуу шарсан гахайн өөхтэй махыг дүүртэл нь таваглаж өглөө. Хөтөч залууд ийм ихийг идэж чадахгүй байх гэж хэлсэн ч юу ч өөрчлөгдсөнгүй. Тэр мөрөө хавчаад л өнгөрлөө. Эмэгтэйд хэлэхийг оролдсон ч тэр миний мэдэхгүй монгол үг хэлчихэв. Ямар ч байсан энэ тавгаа хоослохоос өөр арга байхгүй гэдгийг хутгатай гараараа маш тодорхой илэрхийллээ. Бид тавгаа цэвэрлэж л таарах нь дээ.

Заримдаа тамын талаар төсөөлөхдөө би тэр хоолыг боддог юм. Там тэр хоолноос долоон дор гэдгийг мэднэ л дээ, зүгээр л өөрөөр төсөөлөх арга олдоггүй юм. Шийдэмгий эзэгтэй биднийг өөрийнх нь зочломтгой занг хүлээн авч, хоолыг нь идэж байгаа эсэхийг ажиглах зуур би яаж ийгээд хамгийн сүүлийн махыг хоолой давууллаа. Арай гэж зугтах шахам гадагш гарахад хөтөч залуу дотор салах ёс гүйцэтгэсээр хоцров. Би Лайнсаас саяных түүнд тохиолдсон хамгийн хэцүү явдал байсан эсэхийг асуухад тэр "надад огт муухай байсангүй" гэж байна. Түүнийг халааснаасаа мөнгө гаргах зуур би үл итгэсэн харцаар Лайнс руу ширтэв. Гэтэл Лайнс тавган дээрх өөхөө өвдгөн дээрх нэг, гурав, таван төгрөг дээр унагаж, сэмхэн базаж жижиглээд, халаасандаа хийсэн аж. Эмэгтэй хөмсөг зангидан намайг ажиглаж байх зуур Лайнс өөхнөөс нэгийг ч идээгүй юм байна. Таван төгрөг нэг центтэй тэнцдэг учир тэр нээх ч их мөнгө зарлагадаагүй л дээ. Лайнс тэр хавиас сул шороотой газар олж нүх ухаад, хөтчийг гарч ирэхээс өмнө яаравчлан заяа нь харьсан гахайн махыг газарт буллаа.

"Бүдүүн гахай" цайны газарт
дайлуулахын өмнө

Ихэд ядарсан тул бид буудалдаа очоод шууд л орондоо оров. Бид хоёул хөдөлж ч чадахгүй болтлоо их идэж, бас их ядарсан байлаа. Орны дэргэдэх цонхоор орж ирэх зөөлөн салхинд илбүүлэн зүүрмэглэх зуур гэнэт хэн нэгэн орилох сонсогдлоо. Би ч гайхсандаа хоосон агаар руу буцаан орилов. Лайнс ч цочсондоо надтай адил ориллоо. Би ч нойрноосоо сэргэж, цонхны доорх зүлгэн дээр буудлын засварчин залуу биднийг шоолон, инээдээ барьж ядан, газар өнхөрч байгааг харлаа. Бид хоёрын зүрх цээжнээс гарч ирэх нь үү гэлтэй хүчтэй цохилж, арай гэж тайвшрахад Лайнс болсон үйл явдлыг тайлбарлахаар оролдов. Лайнс түүнийг манай цонхны зүг өлмий дээрээ зөөлөн алхан ирэхийг харжээ. Засварчин биднийг унтаж байх хооронд нууцаар тагнах гэж байгаа эсвэл айлгах гэж байгаа байх гэж Лайнс дотроо бодон, унтаж байгаа дүр эсгэн түүнийг ажиглаж байжээ. Залуу яг миний хажууд ирээд орилон үсэрч намайг цочооход миний догшин хариу үйлдэл Лайнсыг ч цочоосон байна. Энэ шоу үзүүлбэр лав Зүүнхараад ирэх долоо хоногийн турш ярианы гол сэдэв болно гэдэгт би итгэлтэй байв. Засварчин бидний айсан дүр, хийсэн үйлдлийг дахин сануулахаар өрөөнд орж ирээд хэд хэдэн удаа болсон үйл явдлыг давтсан ч орж ирээд гаран гартлаа зогсолтгүй инээсэн юм. Миний хувьд Зүүнхараагийн алдартай шоу нэвтрүүлгийн гэнэтийн зочин болсон мэт мэдрэмж төрлөө.

Түүнийг явсны дараа Лайнс надаас "Хөтөч залуу бидний зургийг авч байхад чи өмдөө өмссөн байсан уу эсвэл дотуур өмдтэйгөө байсан уу?"гэж асуув. Бидний хэн нь ч санахгүй байсанд бид элгээ хөштөл инээлдсэн юм. Зургаа угаагаад намайг харах хүртэл хэнд ч битгий үзүүлээрэй гэж би түүнээс амлалт авлаа. (Дараа нь харахад би зураг даруулахын өмнө өмдөө өмссөн байснаа харсан юм. Лайнс бид хоёр хөтчөөс камераа авах гэж оролдож байгаа дарааллаар дарагдсан, зураг бүр дээр камер болон зурагчин руу ойртож байгаа нэлээн хэдэн зураг үлдсэн байсан шүү)

Тэр шөнө 10 цагийн галт тэргэнд суухад миний сэтгэл дотор нэг л сонин байлаа. Галт тэрэг хойд зүг чиглэн Монголын хоёр дахь том хот болох Дархан руу хөдлөхөд хачин жигтэй санагдсан ч богино хугацаанд олон найзтай болсон жижиг хотоо би аль хэдийн санаад эхэлчихсэн байлаа. Энэ хот ямар ч Христитгэгч амьдардаггүй зуу зуун суурин газрын ердөө нэгэн төлөөлөл байлаа. Тэгээд би тэдгээр сайнмэдээ хүрээгүй хотуудад аль болох олон чуулган таригч монголчуудыг илгээхээр сэтгэл шулуудсан юм.

"Алиса модон дундуур буцах замдаа "Миний мэдэх хамгийн онцгүй цайны үдэшлэг байна! Юу ч болж байсан би тийшээ дахиж хэзээ ч явахгүй ээ!" гэж хэллээ.

Алиса гайхамшгийн оронд, Левис Каррол

X бүлэг

Хачирхалтай аялал

Хүсэн хүлээсэн зун эхэлж бид Улаанбаатараас гарч аялахад аль хэдийн бэлэн болов. Бор, шар өнгөөр сүүдэрлэсэн Монголын газрын зургийг зурвасхан гүйлгэн харахад л алс холын хойд нутагт эрдэнийн чулуу мэт цэнхэр өнгө шууд л нүдэнд тусдагсан.

Энэ цэнгэг том нуур нь Монголын байгалийн үзэсгэлэнт газрын нэг юм. Оросын хил даваад байрлах Байгаль нуур нь арай том бөгөөд хоёр ихэр нуурын нэг нь мэт түүний тусгал болсон Хөвсгөл нуур биднийг соронз мэт өөртөө татдаг байлаа. Бид ч Хөвсгөл далай руу аялахаар шийдэж, хотын амьдралд дасаж, ядарсан сэтгэлээ сэргээх төгс аргыг олов. Хачирхалтай нь би нэг сарын хугацаатай амралтаа авах боломж ч гарч ирлээ. Миний ажиллаж байсан архитектурын компаний ажилчид "хөдөө явдаг" учир жил бүрийн 8-р сард амардаг болж таарлаа. Нийгэм даяараа "Хөдөө явна" гэж хэлээд ажилчид ажилдаа ирэхгүй байх, чөлөө авах зэрэг нь бүх зүйлд л ашиглагддаг улиг болсон шалтаг байсан ба тэр нь байгууллагад үр ашиггүй байдлыг бий болгодог аж. Тэгээд ажлын хамт олондоо удахгүй явахаар төлөвлөсөн аяллынхаа талаар хэлэхэд Монголд өөрсдөө аялна гэвэл их л хүндрэлтэй байх нь тодорхой боллоо. Харин гайхалтай хэрэг болж нэг архитектурын маань эгч Мөрөн хот буюу яг л бидний онгоцоор очих газар амьдардаг ба өөр нэг хамаатан нь Хатгал буюу Мөрөнгөөс хойд зүгт 40 км байрлах нуурын өмнөд хэсэгт амьдардаг болж таарав. Тэрээр эгчдээ биднийг танилцуулсан захиа бичиж өгөөд, Мөрөнд очоод шууд түүнийг сураглаж олохыг захив. Бид Улаанбаатараас Мөрөн рүү нисэж тэндээ хэд хононо. Тэгээд тухайн нутагт амьдардаг илгээлтийн эздийнд зочлохоор болов. Мөн тэндээсээ жийп машин түрээслээд

Хөвсгөл нуур буюу хойд зүг рүү явахаар төлөвлөсөн юм. Хатгалд очоод байгалийн сайхныг үзэж, тэндээ ажлын найзынхаа хамаатны гэрт хэд хоногоор төлөвлөлөө.

Гэвч бидэнд тулгарсан хамгийн том асуудал бол хоол байсан юм. Учир нь нийслэл хотоос холдох тусам хоолны хангамж ховордож байв. Тиймээс бид өөрсдөө аль болох их хэмжээний хоол хүнс авч яваад үлдсэнийг нь замд таарах монголчуудын зочломтгой занд хариу барихаар шийдсэн юм. Тэсэн ядан хүлээсэн аяллын өдөр маань ч ирлээ, онгоцонд суух боллоо. Бид Монголын дотоодын нислэг нь олон улсын нислэгээс тэс өөр болохыг олж мэдэв. Манай нислэг бараг л ачаа зөөх зориулалттай болов уу гэмээр нилээд хуучирсан онгоцонд хэт олон хүнийг суулгасан байв. Тасалбар дээр суудал хувиарлаагүй нь онгоц дотор ороод өөртөө суудал олох эрхийг өгөх мэт. Бид бүгд суудал олж чадаагүй ч Бурханы авралаар Луйс бид хоёр охидоо бүгдийг нь онгоцонд багтаан оруулаа. Мөрөн тэр хавьдаа л том хотдоо ордог ч нэг л зочид буудалтай. Тэгээд бид таски барихыг хичээв. Монголд ямар ч суудлын тэрэг такси байж болдог учир унаа олохын тулд замын дэргэд гараа өргөхөд л хангалттай. Тэндээс бид сул өрөө байгаа гэсэн найдлага тээн шууд л зочид буудал руу зүглэлээ. Буудлын хувьд ямар ч асуудалгүй, хоосон өрөө ч их байв. Тэнд буудалласан цөөхөн зочид нь хол замд явдаг том оврын машины жолоочид нар л байлаа. Буудлын эзэнд өнөө захиаг үзүүлмэгц мөнөөх эмэгтэйд буудал дээр ир хэмээн хэл дамжуулахаар хүн явуулаа.

Нараа ч цагийн дотор ирж, Улаанбаатар дахь хамаатныхаа найзтай уулзахаар ихэд сэтгэл догдолсон харагдана. Тэр бидэнд сайхан сэтгэлээр хандаж, бусад хамаатнуудтайгаа танилцуулан, гэртээ урьж хоолоор дайлахаар биднийг дагуулан гарлаа. Түүнийг ажил дээрээ байх зуур бид өөрсдөө Мөрөн хотоор зугаалж, хуучин амьтны хүрээлэн, музей орж үзэх боломж олдов. Харамсалтай нь хэдэн жилийн өмнөх хоол ундны хомсдлын үеэр амьтны хүрээлэнгийн бүх амьтдыг хүнсэнд хэрэглэжээ. Биднийг очиход амьтны хүрээлэн уйтгарт дарагдсан ногоон талбай л болжээ. Биднийг хүлээн авсан эмэгтэй бидэнд нуур руу явах машин олж өгөв. Товлосон цагт орос жийп (69 гэдэг нэртэй нэлээд элбэг загвар) зочид буудлын гадаа ирж бид ч сууцгаав. Тэгээд л өмнө нь аялаж үзээгүй аймшигтай замаар урт удаан, адал явдалтай аялал эхэллээ дээ. Жолооч маань замд таарах чулуу, газрын хонхорхойд донсолгоог үл тооцон давхихад бид үхэж ч магадгүй хэмээн айж байлаа. Мелоди охин минь машинд удаан суухаар дотор нь муухайрдаг байсан учир замдаа хэдэн ч удаа зогсож бутны араар орж бөөлжсөн тоогоо бүр алдлаа. Арай гэж Хатгалд ирэхэд бид замын донсолгоонд их л туйлдаж ядарсан, шороонд дарагдсан ч зорьсон газраа ирсэндээ баяртай байлаа.

Мөрөнгөөс гарахад биднийг хүлээж авсан эмэгтэй маань Хатгалд байгаа өөр нэг хамаатандаа зориулан дахин нэг танилцуулах захиа бичиж өгөв Нэг хүнээс асуугаад л жолооч маань шууд тэдний гэрийг олоод очлоо.

Хатбат ба Энхээ гэх залуухан гэр бүл хүү, зээ дүүгийн хамт Хөвсгөл нуурын эрэг дээрх том талбаатай хашаанд модон байшинд амьдардаг юм байна. Хатгалыг тойрсон нуур, ой мод, уулс биднийг гайхшруулж, үнэхээр үзэсгэлэнтэй харагдаж байлаа. Нүд минь Улаабаатарын дүнсгэр саарал төрхөнд зургаан сарын турш олзлогдсоны дараа эрх чөлөөг мэдэрч, гүн ногоон болон гялтагнан харагдах цэнхэр үзэсгэлэнд мансуурах мэт. Аймшигтай зам туулж ирсэн ч зорьсон газрын сайханд амтшиж, бүх зүйл гайхалтай санагдав.   Шинээр уулзсан гэр бүл маань биднийг хэн болохыг огт мэдэхгүй ч удаан уулзаагүй ах дүүстэйгээ уулзаж байгаа мэт халуун сэтгэлээр хүлээн авлаа. Түүгээр ч барахгүй бидэнд зориулан хонь төхөөрч, тэр оройдоо бид шинэхэн махтай хоолоор оройн зоог барьлаа. Тэд өмнө нь нэг ч англи үг сонсож байгаагүй учир бид хоорондоо харилцах гэж их л хичээл зүтгэл гаргаж, заримдаа сэтгэлээр унахаар байсан ч тэр үед л бидний монгол хэл хамгийн хурдан, ахицтай сайжирсан юм. Бид хамт хоол идэх зуураа нэг нэгнээсээ асуулт асуух (хариулах) гэж нилээд хичээлээ. Зуны урт өдөр өндөрлөж бид хаана унтах эсэхээ гайхаж суулаа. Тэдний амьдардаг нэг өрөөтэй байшинд бүгдээрээ хоножлав багтахгүй харагдана. Унтах дөхөхөд эзэгтэй биднийг түр аялалд яваахад нь, харж хандаж байхыг захиж үлдээсэн саахалтынхаа байшинд аваачлаа. Арай том хоёр өрөөтэй байшинд биднийг оруулаа (Энэ удаад хэн ч биднийг гаднаас маань уясангүй). Шөнийн хоёр цаг хүртэл бүх зүйл тайван сайхан байлаа. Гэтэл гадаа том машин дуугарах чимээнээр бид сэрчихлээ. Удахгүй хаалга нээгдэж, бидний унтаж байгаа гэрийн эзэд болох өнөр өтгөн гэр бүл орж ирэх нь тэр. Бид яг л төөрч яваад гурван баавгайн гэрт хоноглосон бяцхан охин мэт байв.

Хөдөө нутагт энгийн аргаар махыг бэлтгэн, ямааг уламжлалт аргаараа төхөөрч буй дүр зураг. Хэвлийгээр нь зүсээд гараа оруулан артерийн судсыг таслахаас бусдаар бол амьтны амь таслах нь хялбар мэт.

    Тэд танихгүй хүмүүс орон дотор нь унтаж байхыг хараад гайхсан ч шинж алга. Харин бид уучлалт гуйсан байдалтай босож, гарах гэтэл тэд биднийг үлдээч гэж шалав. Ямар ч л байсан хоорондоо ойлголцож, тэд хоол хийж идээд өөр газар хонохоор явсан юм. Мэдээж бид ч бүр балмагдаж хоцорлоо. Бид тэднийг гэрээс нь гаргахыг огт хүсээгүй ч Америк, Монгол ёс заншлын өвөрмөц ялгаа гарч, бүх юм эсрэгээрээ боллоо. Тэд хоолоо хийж байхад бид орондоо хэвтэж, айлын эмээ бараг л сүрьеэтэй болов уу гэмээр ханиалгаж бусад нь түүнийг сонсоод инээлдэн, ярилцаж байна. Шөнийн дөрвөн цагт тэд юмаа баглан, машиндаа суугаад хөдлөв. Ярих ч юм биш бид тэр шөнө ердөө унтаж чадсангүй. Тэд өөрсдөө гэрийг нь булаалаа гэж огт бодохгүй ч эздээс нь гэрийг нь булаасан юм шиг буруутай мэдрэмж бидэнд байсан юм.

    Өглөө нь биднийг хүлээж авсан гэр бүлдээ зочид буудалд байрлавал сэтгэлд амар байгаагаа хэллээ. Өмнөх өдөр нь би Хатгалд модоор барьсан, томоо зочид буудал байгааг харсан юм. Нэг өрөө модон байшингийн шалан дээр унтснаас л тухтай байхдаа хэмээн бодож амжсан юм. Тэгээд бид зочид буудал руу орох гэдэг үгийг хэлсэн даруй л гэрийн эзэд их л айсан царай гаргаж байна. Бид зочид буудалд орсон ч гэсэн танайд л хооллоно, танай гэр бүлийн гайхалтай зочломтгой занг хүлээн авна, харин нөгөө байшинг гэрийн эздэд нь суллаж өгмөөр байна гэдгээ илэрхийлж байхад тэд биднийг зочид буудалд орох гэж байгаа биш харин ч бүр нууранд орж, өөрсдийгөө живүүлэх гэж байгаа мэт л сандарсан шинжтэй харлаа. Шаргуу ятгасны эцэст бид ачаагаа аваад Хатгалын цорын ганц зочид буудлын зүг дөрвөн гудам алхлаа.

Коммунизмын үед хүүхдийн пионерын зуслан байсан барилгатай залгаа байрлах уг дүнзээр барьсан буудалд онцгой зочдыг байрлуулдаг байжээ. Коммунизм нуран унаснаас хойш зуслан хаагдаж, одоо харахад сүнс орогносон барилга шиг л харагдах болж. Гэвч зочид буудал нь амьсгалтайгаа үлдэж, эзэд нь хачирхалтай энэ шинэ зах зээлийн эдийн засагт дасах гэж хичээж л яваа аж. Буудалд байрлахаар очоод эзэд нь гурван залуухан эмэгтэй байгааг хараад бид ч гайхширч орхив. Зарим нь хөхүүл болон бага насны хүүхэдтэй ч бүгд ажил хийдэг ганц бие ээжүүд бололтой. Олон хүүхэдтэй өнөр өтгөн америк гэр бүл орж ирээд өрөө асууж буйд тэд баяртай байгаа бололтой. Буудал дотор алхаж байхдаа хажуугаар өнгөрсөн бараг бүх өрөө хоосон байгааг би анзаарлаа. Коридорын төгсгөлд олон нийтийн амралтын хэсэг ба дөрвөн өрөө байлаа. Бүх өрөөнүүд бүрэн тавилгатай байхыг хараад би хичнээн их баярласан гээч. Залуу эмэгтэй нэг өрөө онгойлгож биднийг оруулаад, түлхүүрийг нь өглөө. Охид ч их ядарчээ. Тэднийг түр ч болов нойр аваг гээд оронд нь оруллаа. Луйс бид хоёр ачаагаа гаргаж, модоор хийсэн чамин шүүгээнд хийв. Ачаагаа цэгцэлж дуусахтай зэрэгцэн хэн нэгэн хаалга тогшиж байна. Монголчууд хаалга нэг тогшчихоод хариу хүлээдэг соёлыг хараахан суралцаагүй байлаа. Харин тэд хаалгаа очиж онгойлготол тасралтгүй тогшдог гээч. Хаалгаа нээтэл үүдэнд биднийг хүлээн авсан охин зогсож байлаа. Тэр биднийг хажуу өрөө рүү нүүж орох хэрэгтэй хэмээн шавдуулав. Уг нь бид нар аль хэдийн ачаагаа гаргасан, охид ч унтаж байна, өрөө ч таалагдаж байгаа тул одоо өөр өрөөнд орох хэрэггүй болохыг тайлбарлах гэж оролдлоо. Гэвч эмэгтэй миний эсэргүүцлийг үл тоон, заавал тийшээ ор гэлээ. Танай буудалд биднээс өөр зочид байхгүй тул энэ өрөөндөө үлдэхэд ямар ч асуудал байхгүй шүү дээ гэдгийг ч тайлбарлах гэж үзлээ. Гэтэл эмэгтэй миний хажуугаар түрэн орж бидний ачааг цуглуулж, зөөж эхлэв. Яахав хаа газар гадаадын зочин байхад тулгардаг, тайлбарлах боломжгүй зүйлийн нэг байхдаа л гэж бодов. Ийм тохиолдолд эсэргүүцснээс илүү хүлээн зөвшөөрөх нь илүү амар. Монголчууд нэг шийдэх л юм бол "Стар Трек" дээр гардаг Боргтой адил л гэсэн үг: "Эсэргүүцээд ямар ч нэмэргүй". Тэгээд л бид бууж өгхөөр шийдэн, унтаж байгаа хүүхдүүдээ хажуу өрөөний ор луу зөөв. Туршлага дутаж буруу өрөөнд оруулсан ч зочломтгой байдал нь ялан дийлж, илүү тухтай шинэ өрөөнд оруулах гэж байгаа юм байлгүй дээ л гэж таамаглахаас өөр арга үлдсэнгүй. Буланд байрлах шинэ өрөө маань байгалийн сайхныг харах хоёр том цонхтой байлаа. Цонхоор Хатгалын сайхан, өндөр өндөр уулс харагдана.

Охид сэрлээ, бид гарч хоттой танилцаж, эртний эдлэл зардаг дэлгүүрт чамин жижиг зэс данх ганц үлдсэн байсныг нь худалдаж авлаа. Оройн хоолны үеэр бид нуурын эрэгт байрлах айлдаа очлоо. Зочид буудалд тухтай, сэтгэл хангалуун, ямар ч аймшигтай зүйлтэй таараагүйд тэд их гайхсан бололтой. Учир нь өрөө сольсон талаараа бид хэлсэнгүй. Харанхуй болж Хатбат буудал руу хамт алхаж бидний хүргэж өглөө. Их ядарчээ. Шууд л орондоо орлоо. Шөнийн 11 цагийн үед бидний анх орсон өрөө болох хажуу өрөөнөөс хүмүүс инээлдэх чимээ сонсогдлоо. Чимээ шуугиан бүр чангарч байгааг бодоход ханаnы цаад талд томоохон үдэшлэг болж байгаа бололтой. Охид нэг нэгнээ гижигдэн, инээлдэж байгаа чимээ сонсогдож байна шүү. Луйс бид хоёр огт унтаж чадсангүй, охид сэрчих вий л гэж санаа зовж хэвтэнэ. Би босож хувцасаа өмсөөд жоохон чимээгүй байхыг хүсэхээр хажуу өрөө рүү чиглэлээ. Хэд хэд тогшиж байж хэн нэгэн сонсов. Эцэст нь хаалга онгойход би дотроо хаалгаа онгойлгоогүй байсан ч болоосой гэж бодов. Учир нь тэр үед харсан зүйлийг бодлоосоо арчих амар биш байлаа. Өрөөнд садар самуун үйл болж байв. Тэдний өмнөөс ичгүүр, гутамшиг зэрэг төрж, нүд дальдран буруу тийш харахдаа хаалган дээр зогсож байгаа залууд дөнгөн данган суралцсан монгол хэлээрээ "Хүүхдүүд унтаж байна. Чанга чимээ битгий гаргаарай.... ммм.... Битгий чанга инээгээч… Гүйя." хэмээн хэллээ. Миний хүсэлтийг сонсоод залуу инээж, миний хэлснийг бусдаддаа дамжуулан хэлэв. Тэд бүгд инээлдэж байх зуур хэдэн эмэгтэй бусдыгаа болиулахаар оролдож байгаа сонсогдоно. Буудлын эзэд эмэгтэйчүүд зугаа цэнгэлийн хажуугаар ажлаа хийж байгаа бололтой гэж би бодлоо. Би ч өрөөндөө орж Луйсд "Биднийг хүлээж авсан гэрийнхэн буудалд байрлахад дургүй байсан шалтгааныг одоо л ойлголоо. Эдгээр эмэгтэйчүүд капитализмыг үнэхээр л бүрэн утгаар нь эдэлж байгаа бололтой. Тэд ч үнэхээр ажилсаг охид юм гээч. Энэ зочид буудал хотын эмсийн хүрээлэн юм байна" гэв. Гэхдээ энэ олон өрөөнөөс яагаад заавал манай хажуу өрөөг ашиглаж байгааг бодож таамагласан ч, гүнзгийрүүлж ойлгохоос эмээж байв.

Энэ үйл явдлаар бид шинэ соёлын улам гүн гүнзгий хэсгийг харсан ч тэр газраас аль болох хурдан гарахыг хүсэж байв. Магадгүй эмсийн хүрээлэн хямдрал зарлачихаад 22 цагт үйл ажиллагаатай гэж зарлал тараасан байх. Тэгээд л биднийг хамгийн гоё өрөөнд оруулсныхаа дараа өнөөдөр орой үйл ажиллагаатай гэдгээ ухаарч, сандарсан байж болох юм. Ямартай ч биднийг тэр өрөөнөөс гаргасанд баярлах ч шиг. Эмэгтэйчүүд тэднийг яттаж дөнгөв бололтой чимээ багасч, үдэшлэг дахиад цаг гаруй үргэлжлэв. Өглөө нь тэд гурвуулаа хонины шөл, өрөөний угаалтууранд (сантехникийн хоолойгүй) зориулан халуун ус, алчуур барьчихсан гэмшингүй, санаа зовсон байдалтай хаалган дээр ирэв. Юуны төлөө гэдгээ дурьдаагүй ч хэд хэдэн удаа уучлаарай гэж хэлсэн гээч. Тийм байхад уурлаад байх хэцүү шүү дээ. Манай пасторын хэлдэгээр "Зөвт байдалд хүрэх ямар ч арга зам, боломж байгаагүй хүмүүсээс зөв байхыг шаардаж болохгүй шүү дээ". Хатгал мэт хол газарт сайнмэдээ тараагдаж хүртэл нутгийн хүмүүс нь Өөрийн зөвт байдлыг бидэнд өгдөг Цорын Ганц Нэгэн хэн болох талаар огт мэдэхгүй л байх.

Энэ явдлаас хойш аялал дажгүй тайван болж өндөрлөлөө. Нууран дээр жижиг мотортой завиар аялаж, удахгүй жуулчдын амралтын газар болох төлөвлөгөөтэй нэг хуучин галын бригадад хэд хоносон юм. Гэвч зочиддоо нялцайсан гоймонтой хоолноос өөр зүйл өгөхгүй л бол жуулчид хүлээж авна хэмээн найдах хэрэг тэдэнд байсангүй. Тэдний шинэ бизнесд тийм ч их найдвар харагдахгүй байлаа. Зочдыг явахаас нь өмнө үнэ дээр тохиролцдог хуучны арга нь ч урам хугармаар байв. Гэсэн ч Хөвсгөл нууораас эгц өөд ургасан мэт өндөр өндөр уулсын сүрдэм төрхийг би хэзээ ч мартахгүй. Мөрөнгөөс Улаанбаатарын онгоцонд суух гэж байхад биднийг анх хүлээж авсан эмэгтэй бэлэгтэй ирэв. Хуванцар савыг хальтал нь жимсний чанамал хийж, торон уутанд хийсэн шарсан тахиаг, заавал авахыг биднээс шаардав. Энэ үнэхээр сайхан бэлэг боловч авч явахад их төвөгтэй байлаа. Хамгийн тухтай онгоцонд хүртэл эдгээрийг авч явахад хэцүү харагдаж байхад бидний суух гэж байгаа чинь МИАТ-ийн нислэг шүү дээ. Бусад нислэгээс бүр дор. Онгоц газардахад нийслэл хот руу яарч байгаа хүмүүс онгоцноос бууж байгаа зорчигчдын хажуугаар чихэлдэнэ. Бүхэл бүтэн Регбигийн баг шат өөд дайрч байна гээд бод доо. Савтай чанамлаа гялгар уутанд хийгээд, охидоо хөтлөнгөө бэлэг, тээшээ бариад л бусдын адил зүтгэцгээв. Монголчууд биднийг хараад өрөвдсөн бололтой охидыг өргөөд онгоцонд оруллаа. Гэвч энэ их үймээн дунд Луйс бид хоёр онгоцонд сууж чадах эсэхээ ч мэдэхгүй байв. Эцэст нь Бурхан бидэн рүү инээмсэглэх мэт санагдана. Манай гэр бүл эрүүл саруул гэртээ ирлээ. Бүр жимсний чанамал хүртэл асгараагүй шүү. Энэ тухайгаа хүмүүст "аялал" эсвэл "амралт"-аар явж байхдаа хэлэх бүрт л Луйс над руу жигтэй хардаг юм.

Хоёр гаруй жилийн дараа нэг онгоц/магадгүй бидний суусан энэ онгоц байх/ Мөрөнгийн ойролцоо осолдож, 40 хүн нас барж, нэг хүн л амьд гарч байсан түүхтэй. Магадгүй ослын нэг шалтгаан нь бүртгэлгүй мөртлөө онгоцонд суухын тулд хахууль өгч орсон зорчигчид хэт олон байснаас (туулайчлах гэж ярьдаг) даац хэтэрсэн ч байж болно шүү дээ. Онгоцны үлдэгдэл болон бутарсан хэсгүүд шигүү ойтой налуу газраар нэг тархжээ. Талаар нэг тархсан эд зүйл, хүний биеийн үлдэгдэл байна гэдэг яг хэдэн хүн нас барсан эцсийн тоог олж мэдэхэд хэцүү биз.

Мелоди нуурын эрэг дээрх нутгийн адуучидтай хамт

XI бүлэг

Хэлд орсон нь

Нэрт хэл шинжээч Бетти Сью Брүвстэр хэл сурахыг хүсвэл орчинд нь очиж, тухайн хүмүүстэй нь хамт байх буюу яг л хүүхэд хэлд ордог шиг сурах хэрэгтэй гэж заасан юм. Бетти Сью болон түүний сүүлийн нөхөр Том нар хэл сурах уг хэв маягийг "Хэл Сурах Практик Арга" буюу "Language Acquisition Made Practical", LAMP гэж нэрлэсэн юм. Бетти Сью, хүү Жедийн хамт бидний суралцсан Тэргүүн Шугамын Илгээлтийн Сургуульд долоо хоногийн турш хичээл заасан юм. Тэгээд LAMP арга барилыг манай гэр бүл монгол хэл сурахдаа ашиглахаар шийдлээ. Би ч тухайн үндэстний хэл ба соёлыг сурах хамгийн шилдэг арга бол танхимын хичээл, судалгаанаас илүү тухайн нутгийн хүмүүстэй хамт байх гэдэгт Бетти Сьютэй санал нэг байв. Угаасаа Америкт монгол хэл, соёлын талаарх материал бага байсан хийгээд бидний уншсан цөөхөн ном нэг их тус нэмэр болсонгүй. Навоход үйлчилж байхдаа номноос сурах хийгээд бодит амьдрал дээр очиж сурахын ялгаа нь илгээлтийн эзнийг нураах эсвэл босгох ч чадалтай гэдгийг ойлгосон юм. Бетти Сьюгийн "Сурсан бага эрдмээ их ашигла" гэж зааснаас арай ихийг сурчихаад сэтгэл догдлон Улаанбаатарын гудамж руу гарлаа. Бид өдөр бүр цээжилсэн хэдэн өгүүлбэрээ 50 хүнтэй ярьж дадлага хийнэ гэсэн зорилго тавьлаа. Ингэж сурах ч үнэхээр хөгжилтэй шүү.

Малгайн худалдаачид

Улаанбаатарын зах гэдэг газар капитализм эд хүчээ авч, цэцэглэн хөгжиж байгаа чөлөөт зах зээл юунд ч баригдахгүй ариун дагшин газар л гэсэн үг. Зах дээр очвол гаднаа бараагаа тавьсан томхон дэлгүүр шиг бөгөөд миний мэддэг бүх хүн энэ газрыг "Хар зах" гэж нэрийддэг байв. Бидний хувьд хар зах гэхээр хууль бус худалдаа наймаа гэж боддог ч Улаанбаатарын хар зах хууль бус ямар ч үйл ажиллагаа байгаагүй. Учир нь хувийн бизнес, ашиг олох үйл ажиллагаа явуулна гэдэг нь коммунист нийгэмд 70 жил амьдарсан хүмүүсийн хувьд биелэгдэшгүй мөрөөдөл мэт нөгөө талаараа түгшүүртэй, буруу зүйл хийж байгаа мэт санагдуулдаг байсан гэнэ.

Тухайн үеийн монголчууд олон нийтийн ёс суртахууны тал дээр үзэл бодлын зөрчил ихтэй, тиймээс тэд салаа зам дээр байсан гэж ойлгож болно. "Бизнес" гэдэг үг хүртэл муухай сонсогдож, бизнес эрхлэгчдийг ажилгүйчүүдийн эгнээнд тооцдог байсан ч энэ үе бол яг л бизнес эрхлэгчдийн баялагт хүрэх хаалга нээгдэж, чөлөөт зах зээлийн тогтолцоо дөнгөж хөгжиж эхлэж байсан үе билээ. Гэвч хувийн хөрөнгөтэй болж, ашиг олохын төлөө ажилладаг нэгнийг "дамын наймаачин, панзчин, хулгайч" гэх үзэл зарим нэгэн хүмүүст байсан ч үүний хажуугаар бизнес хийсэн нь өөрийн гэсэн баялгийг бий болгож байлаа. Тийм ч учраас ихэнх монголчууд өөрсдийн гэмт хэрэг гэж үзэж байгаа зах зээл рүү хэрхэн хөл тавих учраа олж ядан байв. Хар зах гэж яг ямар байдаг ойлголт дэлгэрэхээс ч өмнө Улаанбаатарын урд хэсэгт хүний урсгал төвлөрч, бараа худалдаалах газар бий боллоо. Өнгөцхөн харахад дуу чимээ их, эмх замбараагүй хөл хөдөлгөөнтэй тэр газар олон хүний толгой далайн ус давалгаалах мэт харагдана. Мянга мянган монголчууд бүгд л бараагаа бариад жижигхэн зайнд холхилдох нь дэлхийн хамгийн бага хүн амтай улсын хамгийн нягтаршсан талбай гэж хэлж болно. Түүгээр ч барахгүй ямар төрлийн барааг хаанаас олох нь тодорхой бус. Гутлын тасаг, тоног төхөөрөмж, хивс хивсэнцэр, үнэт эдэл болон эртний эдлэл, гэрийн тэжээмэл амьтан, бүр хоолны газруудруд хаана байрладаг нь хүртэл тодорхой биш. Наймаачид хаа сайгүй бараануудаа гартаа барьж зогсоно эсвэл хөл дороо даавуу дэлгэж, даавуун дээр тавьдаг. Төрөл бүрийн бараа хаа сайгүй байгаа тул ядаж л надад сонирхолтой байлаа. Ирж, очихын тулд заавал такси барих шаардлагатай ч би зах орох их дуртай байсан юм.

Тавилга ч юмуу овор ихтэй бараа авбал захаас гэр лүү хүргэх морин тэрэг хөлсөлж болдог байв. Нэг удаа Лайнс бид хоёр захаас худалдаж авсан буйдангаа морин тэргэн дээр буюу тэрэгчний ард тавьж, буйдан дээрээ суув. Зам зуур бид хоорондоо хааны язгуурттууд адил хажуугаар өнгөрч буй хүмүүс рүү гараа даллавал тэд яах бол хэмээн инээлдэж суулаа. Тэрхэн зуур нүх таарч тэрэг донслоход бид хоёр дээш шидэгдчихэв. Дээрээс доошлохдоо Монголд үйлдвэрлэгдсэн дөнгөж сая худалдаж авсан шинэхэн буйдан дээр бид хатуухан газардахад гол тулгуур мод нь хугарах сонсогдлоо. Арайхийн гэртээ ирэхэд жолооч хөөрхийлэлтэй буйданг 5 давхар өөд гаргахад тусаллаа. Лайнс бид хоёр буйданг хөмөргөж тавиад, гол модыг засаж, тулгуур хийхэд юу хэрэгтэйг олж тогтоов. Ингээд л материал, багаж авахын тулд дахиад зах орох хэрэгтэй болж байгаа юм даа.

Зах бол хэл сурч байгаа хүмүүсийн хувьд мөрөөдлийн газар л гэсэн үг. Өмнө нь хэлсэн шиг бидний хэл сурах стратеги "LAMP" буюу шинэ хэл сурах гол цөм маань академик сургалт биш харин тухайн нийгмээс суралцах байлаа. Мэдээж гадагш гарч нутгийн иргэдтэй ярилцахаас илүү шилдэг арга хаана байх вэ дээ. "LAMP"-ын уриа "Сурсан бага эрдмээ их ашигла" байлаа. Тэгээд би монголоор богино өгүүлбэр цээжлээд гадагш гарч гудамж, дэлгүүрт таарсан 50 хүнтэй дасгал хийхийг хичээнэ. "Сайн байна уу? Миний нэрийг Браин гэдэг. Би монгол хэл сурч байгаа юм. Би монголоор бага зэрэг ярьдаг. Та надад туслах уу? Баяртай" гэдэг үгсийг цээжилсэн байв. Мөн хүмүүсийн хариултыг бичиж тэмдэглээд, хэл сурахад минь тусалдаг найз Мөнхөөгөөс асуудаг байлаа. Дараа нь "Би бол америк хүн" гэх мэт шинэ өгүүлбэр сурч, маргааш нь дахиад л гадаа гарч хүмүүстэй ярилцана. Азийн хаанаас ч 50 хүнийг шууд л олж болох газар Улаанбаатарын захаас өөр байхгүй мэт. Гадаа -10°C хүйтэн хаврын жихүүн өдөр би зах дотор олны дунд удаанаар алхаж явлаа. Ямар нэгэн бараа худалдан авах гэж биш хэлээ сурах дасгал хийх гэж л ирсэн нь энэ юм.

Нэг мэдэхнээ "малгайны наймаачид" дунд санамсаргүй орчихсон алхаж явлаа. Малгай зардаг наймаачдаас бол хол л байвал сайнсан. Гэвч би өөрөө тэдэн дээр хүрээд иржээ. Уг нь тэд үслэг малгай зардаг. Их сайхан сэвсийсэн үстэй. (Булган малгай) Хэрвээ энэ малгайг өмсвөл уснаас дөнгөж гарсан муур үсээ сэнсдүүлчихээд толгой дээр чинь эвхрэн хэвтээд үхсэн юм шиг л харагдана. Жуулчид л өмсөж байхыг харсан юм байна. Бараа нь тэр бүрчлэн хүмүүс сонирхоод байдаггүй учраас малгайны наймаачдын шаргуу зан энгийн нэг "Үгүй ээ, би сонирхохгүй байна" гэдэг үгэнд бууж өгдөггүй гэдгээрээ алдартай. Пиранха загас шиг хүсэл тэмүүлэлтэй тэд таныг бүчиж, хаашаа ч явсан бөөнөөрөө дагаж алхангаа, шалгаад үз гэж аварга том малгайгаа нүүрэнд тулгах нь энүүхэнд. Нутгийн иргэд хүртэл зугтаж харагддана. Тоймгүй их хүний дунд орчихсон чинь хаана явж байгаагаа анзааралгүй нэг л мэдэхэд хайрцаг малгайгаар өөрсдийгөө зэвсэглэсэн хүмүүсийн дунд орж, хоёр эмэгтэйгээр толгойлуулсан дайралтад өртжээ. Цээжилж бэлдсэн монгол үгээ хэлэх зуураа малгайг нь сонирхож байгаа дүр эсгэж эргэж тойруулан хараад, "Малгай авъаарай" гэж л биттий орилоосой гэж найдан, тэдний анхаарлыг өөртөө татахыг хичээж байлаа.

Үндэсний дээлээр гангарсан нь

Яг үнэндээ хайрцаг дүүрэн үслэг малгай надад хайрцаг дүүрэн үхсэн муур шиг л харагдаж байв. Гэтэл гэнэт нэг хөгжилтэй санаа төрөх нь тэр шүү. Тэдэнтэй ярих зуураа гараа хайрцагтай малгайнд хийж, хамгийн доод талын малгайны дотор орууллаа. Би бяцхан ярианыхаа төгсгөлд тэднийг залхмаар наймаагаа ярьж эхлэхээс нь өмнө малгайг гаргаж ирээд айсан муурны чимээ гаргалаа. МИИИИАААВВ! Үүнээсээ би өөрөө хүртэл айсан гээч. Тэд хоёул орилон, хайрцагтай малгайгаа дээш шидэлж ард байсан хүмүүс рүү уналаа. Би өөрөө ч цочиж, дундраа үсрэв. Нэг эмэгтэй бүр газар уначаж орхив. Хаа сайгүй малгай. Хэдхэн секундын дараа шокноосоо гарсан хүмүүс инээлдэж байна. Нөгөө эмэгтэйчүүд маань бусдаасаа хамгийн чанга инээж, би ч талаар нэг тарсан малгайг цуглуулж, хайрцаганд хийж эхлэв. Тэд хүмүүсийн гайхсан харцыг ажиглаж, болсон хөгтэй явдлыг хэд хэдэн удаа давтаж харуулна. Тэр үед би анх удаа монголчуудтай тоглоом хийж, тэгж их инээлдсэн юм. Монголчууд хэзээ ч хошигнолд уйддаггүй тул "Гурван мулгуу" кино энэ оронд их л нэрд гарах байсан байх.

Довон дээр шинэ найзтай болсон нь

Хоёр дахь өвлийн нэг өдөр би зах орж нэлээд амжилттай хэдэн худалдан авалт хийгээд, алт эрдэнэс авсан мэт бараандаа дарагдах шахам гэрийн зүг явлаа. Миний авсан бараанаас хамгийн том нь хайрцагтай цахилгаан тогоо байв. Тийм олон бараа, хайрцагны араас замаа харах тун хэцүү байсанд байрныхаа хажуу талын задгай талбайгаар болгоомжлон алхлаа. Хажуу талбай маань нэлээн эгц өндөр овоо шиг бөгөөд дээгүүрээ эвдэрсэн цементэн зам, энд тэнд цухуйх арматур төмөр ихтэй байлаа. Ийм газраар энгийн үед явж байхдаа ч замаа маш сайн харах шаардлагатай. Гэвч бямба гарагийн өдөр тийм их ачаатай дээрээс нь цасаар битүү хучигдсан учир талбайгаар би муур шиг л нямбай, няхуур алхах хэрэгтэй байв. Явж явж овооны хамгийн дээд цэгт буюу байртайгаа ойрхон ирж эргэн тойрноо ажихад доохон талд нэг эмэгтэй өвлийн дээлээ цэвэрлэж харагдлаа. Шинэхэн цас орсны дараа хүмүүс гадагш гарч дэвсгэрээ цасанд сэгсэрч байхыг олон удаа харсан ч үстэй дээлний доторх хонины ноосыг цасаар угааж байхыг би лав өмнө нь харж байгаагүй юм. Цас ороход энэ талбай дээр монгол айл бүрийн зочны өрөөнд байдаг нэг л төрлийн дэвсгэрийг бүх айл гаргаж ирээд, хүүхдүүд модон саваа ашиглан цасаар үрж, сэгсэрч, чанга чанга саваадаж цэвэрлэдэг нь сонирхолтой. Дэвсгэрийн шороог цас арилгадаг бололтой. Түүнээс хэд хоногийн дараа задгай талбай бүрт энд тэнд дөрвөлжин хэлбэртэй шороо шингэсэн саарал цас үлдэж бохир хөнжил шиг л болчихдог юм. Гэнэт эмээ хийж байгаа ажлаа зогсоогоод толгод өөд, ачаанд дарагдсан том биетэй гадаад залуу гарч ирэхийг хараад гайхсан бололтой ширтлээ. Надаас сүрдсэн болов уу гэмээр эмээ гартаа байгаа дээлээ цэвэрлэж дуусахын даваан дээр цас руу доош уначихав. Түүнийг тайвшруулахын тулд би монголоор "Сайн байна уу?" гэж мэндлэх тэр мөчид, харь улсын хоёр өөр соёл танилцаж эхлэх гэтэл 47 размерийн гутал маань хальтрах нь тэр. Тэгээд л ямар ч удирдлагагүй, цанаар гулгаж байгаа юм шиг л эгц доошоо уруудаж, нэлээд ааш муутай бололтой өнөө эмэгтэйг зүглэлээ шүү. Олон жил энд амьдарсан туршлагатай учир эмэгтэй шаламгай хөдөлж орилоод замын хажуу руу надаас бараг метрийн зайд холдож дөнгөв. Нэгэнт миний урдах зам чөлөөтэй болсон гэсэн шиг дардан замаар нүүрээрээ гулгасаар дөнгөж цэвэрлэсэн дээлэн дээр газардав. Гарт байсан хайрцагнууд ч хаа сайгүй л нисэж гарлаа. Арай гэж зогслоо гэж бодтол өвлийн дээлэн дээр америк эрийн хүнд жин нэмэгдээд хонины арьсан дээрх гулгалт эрчээ авлаа. Азаар хэдэн метрийн дараа унааны минь хурд саарав бололтой. Гэнэт бүгд чимээ аниргүй боллоо. Хүмүүс инээлдэж эхлэх хүртэл би царайгаа харуулчихгүй яаж босож, ачаануудаа цуглуулаад, хурдхан явах вэ л гэж бодож хэвтлээ. Толгойгоо өндийлгөж зугаатай гулгалт минь эхэлсэн газар руу хартал эмэгтэй үсэрсэн газраа суучихсан элгээ тэврээд инээж байна. Богино хугацаанд Харакири /Япон самурайн/ үйлдэх шиг л юу юугүй болоод өнгөрсөн тул би үнэхээр ичиж байсан ч өөрийн мэдэлгүй л инээгээд байлаа.

Эмэгтэй үг хэлэх тэнхээтэй болж ирээд "Сайн байна уу?" гэж хашхирахдаа миний монгол аялгыг үнэхээр сайн дуурайж байна шүү. Болсон зүйлийн дараа бид хоёр хоёулаа элгээ хөштлөө инээлдлээ. Эмэгтэй бид хоёр цасан дээр хэвтэнгээ инээлдэж, инээлдэж сүүлдээ ч бүр амьсгалахад хэцүү боллоо. Бид хэсэгтээ нэг "Сайн байна уу?"

гэж өөрсдөдөө дахин дахин сануулах мэт, бараг л 5 минут тасралтгүй инээлдсэн юм. Эцэст нь би арай хийж хөл дээрээ босох тэнхээтэй болж, эмэгтэйд мөн босоход нь тусаллаа. Босож зогсоод дуу нийлүүлэн инээлдлээ. Миний шидэгдсэн ачааг цуглуулахад цахилгаан тогоо хэрэглэхийн аргагүй болсон байгааг хараад улам чанга инээлээ. Би түүнд "Баяртай" гэж хэлээд орцоо зүглэн алхахад түүний инээд замын турш чихэнд сонсогдсон хэвээр. Ирсэндээ өөр газар амьдардаг дүр эсгээд өөр тийшээ зүглэдэг ч юм билүү гэж бодсон ч энэ хавьд амьдардаг ганцхан гадаад гэр бүлийг саяны эмэгтэй хийгээд харж байсан хүмүүс бүгдээрээ мэддэг гэдгийг ухаарав. Тухайн орныхоо хэлийг сайн сураагүй бол тэр хэлээр хөгтэй явдал, онигоо ярина гэдэг бараг л боломжгүй. Гэхдээ Жерри Леусын төрлийн онигоог бол сайн орчуулж болдог юм байна лээ. Онигоо ярих хэцүү байж болох ч хүн санаандгүй онигоонд орох магадлал үнэхээр өндөр юм байна шүү. Тэр өдрөөс хойш манай байрны урд ахмад насны эмэгтэйчүүд сууж байхад хажуугаар нь өнгөрч таарвал "Сайн байна уу?, цас, америк хүн" гэдэг үгээр ярилцаж, тэгээд битүүхэн инээлдэж байгаа нь холоос сонсогддог юм. Бурханы хүн даруу байдалд суралцахыг хүсвэл хэл сурч эхлэх л хамгийн үр дүнтэй арга гэж хэлмээр байна.

Оршуулгын ёслол дээр инээд нэмсэн нь

Улаанбаатар дахь байрандаа нүүж ирсний дараахан хажуу хаалганы хөрш болох тэтгэвэрт гарсан, ахмад настай гэр бүлтэй танилцлаа. Тэр байранд амьдрах хамгийн анхны гадаад хүмүүс байх ямархуу бол доо гэж хүн бүр л гайхдаг байсан үе. Харин тэд хэл мэдэхгүй ч гэсэн бидэнд их найрсаг хандаж байсан нь их л найдвар, зүрх зориг өгсөн юм.

Монгол найз нарын нэг нь надад танай хөрш тагнуулын албанд ажиллаж байсан гэж хэлэхийг сонсоод эхэндээ би санаа зовж байлаа. Ер нь биднийг ажиглах гэж яг нэг байранд оруулсан юм болов уу? Луйс бид хоёр зоригтой байж, хийж байгаагаа нуухгүй байхаар шийдсэн юм. Бурхан манай гэр бүлийг энэ улс руу оруулах гэж өчнөөн олон гайхамшиг үйлдсэн шүү дээ. Тийм болохоор Тэр биднийг энэ улсаас хөөгөөд гаргачихгүй байх. Биднийг илгээсэн зорилго нь аль хэдийн биелэгдэх хүртэл Тэр биднийг Монголоос явахыг зөвшөөрөхгүй гэсэн бат итгэл байлаа. Тэгээд бид хөрш айлтайгаа хэл амаараа ярилцахгүй ч дохио зангаагаар бага багаар таатай харилцаа бий болгож эхэлсэн юм. Тухайн үед монгол айл бүр гэртээ утсаар ярих харилцуу+ртай байгаагүй тул байранд нь холбооны утас тавигдсан айлууд хөршүүдээ гэрт нь орж утсаар ярихыг зөвшөөрдөг байлаа.

Манайд холбооны утасны үзүүр тавигдсан байсан болохоор нэг мэдэхэд л байнгын ирж утсаар ярьдаг хүмүүсийн урсгалтай болчихсон байв. Манай гэрийн утсанд мөн хөршүүдтэй холбогдохыг хүссэн дуудлага ирдэг байв. Заримдаа утасны нөгөө үзүүрт буй хүнээр хаалганых нь дугаарыг чангаар хэлүүлж аваад орцондоо дуудлагын эзнийг олохын тулд шатаар нисэх мэт дээш, доош гүйдэг байлаа. Хэл ч сайн сураагүй байсан тул дуудлага ирэх бүрт зөв дугаарт залгасан эсэхийг шалгаж, бид америк хүмүүс гэж хэлдэг байв. Мөн олон улсын дуудлага ч ирнэ. Харин олон улсын дуудлага ирэхэд хилийн чанад дах дуудлага гэдгийг мэдэгдэх зорилгоор утас удаанаар үргэлжлэн дуугардаг байв. Ийм дуудлагад хариулах бүрт эхлээд чимээ гардаггүй байв. Магадгүй холболтод л асуудал байсан байх. Яагаад гэвэл гадаадаас ирж буй дуудлагыг хариулахын тулд дор хаяж гурав ба түүнээс дээш удаа оролдож үздэг байв. Тэгээд ч барахгүй нөгөө хүндээ сонсогдохын тулд чанга ярих ёстой ба ээлж дарааллан ярихгүй л бол зэрэг ярьвал бүх дуу чимээ тасалдчихдаг байлаа.

Нэг өдөр өглөө үүр цайх арай болоогүй байхад утас дуугартал Орегоны Салемын ням гарагийн хүүхдийн цуглаанаас залгаж байна шүү. Тэгээд хүүхдүүд бүгд л (утсаа чанга яригч дээр тавьчхаад) илгээлтийн эзэнтэй ярилцахыг, асуулт асуух хүсэлтэйгээ илэрхийлэв. Харин би гэнэт утасны сүлжээ тасрах, эвдрэх вий гээд тэс өөр зүйлд санаа зовж эхэллээ. Балмагдсан уу яасан толгой янз бүрийн зүйлсээр дүүрэв. Асуусан асуулт бүрт хариулах гэж түгдэрч байгаа нь үнэхээр тэнэг сонсогдсон байхдаа. Хүүхдүүдээс нэг нь танай хүүхдүүд "яг одоо" юу хийж байна вэ гэж асуув. Монголд шөнө болж байгаа учраас тэд унтаж байна гэж намайг хэлэхэд багш нь санаа нь зовж ичсэндээ хурдхан утсаа тасалчихав.

Мөн нэг удаа цаг нэлээн орой болчихсон байхад хэн нэгэн гэнэт хаалга тасралтгүй тогшлоо. Хаалгаа нээхэд хөрш айлын минь эмэгтэй бачимдсан маягтай зогсож байв. Надад нэг юм хэлэх гээд хэд хэдэн удаа тайлбарлах гэж оролдсон ч миний монгол хэлний үгийн сан үнэхээр хүрсэнгүй. Эцэст нь тэвчээр алдарсан тэр миний хажуугаар хүчээр түрэн гэрт орж, утас руу зүглэлээ. Эмэгтэй утсаар нөхрийнхөө талаар ярьж байгаа ч миний мэдэхгүй үг хэрэглэж байхаар нь хайж үзтэл "нас барсан" гэдэг үг байв. Холбоо үгийн эхний хэсэг болох "нас" гэдэг үгийг бол мэддэг. Хоёр дахь хэсэг нь "барсан" буюу төдийлөн сонссон үг биш байсан тул толь бичгийн тайлбараас хартал нийлбэр үгсийн утгыг "үхэх" гэж англи хэлнээ буулгасан байгааг хараад би юу болоод байгааг гэнэт ойлголоо. Тэр 911 рүү (мэдээж орон нутгийн тусгай дугаар) залгаж байна. Түүний нөхөр нь дөнгөж нас барсан бололтой. Утсаар ярьж дууссаных нь дараа би түүнийг тайвшруулах гэж оролдсон ч юу ч ярьж, ойлгуулж мэдэхгүй шүү дээ. Юм хэлж тайвшруулж чадахгүй байгаадаа, бүр анх хаалга тогшиход нь түүнийг шууд утас руу явуулахгүй гадаа удаан зогсоосондоо сэтгэл минь шаналж байлаа. Гэсэн ч миний дотор байгаа хайр халамж маань болхи хэлний чадвараас минь үл шалтгаалан түүнд хүрч чадсан юм. Хөрш эмэгтэй Луйс бид хоёрыг нөхрийнхөө ажил явдалд урьлаа.

Манай байрны гадаа оршуулгын ёслолд зориулж хоол хийх монгол гэр барьсан байв. Энд тэндээс найз нөхөд, хамаатан садан гээд олон хүмүүс ирэх тул байрны гал тогоо тэдэнд хангалттай хоол хийхэд тохиромжгүй байлаа. Хажуу хаалганд маань бүтэн өдрийн турш хүмүүс хооронддоо ярилцаж, хоол унд идэж байв. Би ч үдээс хойш тэднийд орж, цаг гаруй хамт байлаа. Жижигхэн байр нь хүнээр дүүрчээ. Тэдний яриа аядуухан, гунигтай сонсогдож харин ирсэн хүмүүс хоол идэж байв. Хэсэг сууж байтал нэгэн бяцхан хүү миний дэргэд ирж суув. Тэр мөчийг хүртэл би нэг л ганцаардмал, энэ үйл явдалд хамааралгүй мэт сууж байлаа. Би ч хүүтэй ярилцаж, монгол хэлнээс сурсан зүйлээ ашиглан дадлага хийхээр шийдэв.

Би: "Сайн уу? Намайг Браин гэдэг. Чиний нэрийг хэн гэдэг вэ?"

Хүү: (Над руу чимээгүй ширтсээр л...)

Би: (Шантралгүй) Чи хэдэн настай вэ?

Хүү: (Авиа ч гаргасангүй)

Дараа нь би түр зогсоод хүү яг ямар зүйлд хариу үйлдэл үзүүлж болох талаар бодлоо… магадгүй үйл хөдлөл ч юм уу. Энэ америк хүн монголоор ярих гэж байгаа бололтой хэмээн анзаарсан бусад хүмүүс яриагаа намжаав. Хүү ямар ч хариу хэлэхгүй, бүдүүлэг байгаад хүмүүс түүнийг ширтэн харсаар. Гэнэт хүү аавыгаа надад хуруугаараа зааж өгвөл түүний талаар ааваас нь асууж болох юм гэдэг санаа төрөв. Хэл сурах бас нэг чухал арга буюу ааваас нь асуухдаа түрүүний хэдэн асуултын төлөөний үгийг солиод л асуухад болох юм байна. "Түүний нэр хэн бэ?" гэх мэтчилэн… Тэгээд би хүүгээс дахин ингэж асуув:

"Танай аав аль вэ?"

Миний хэлний туслагч Мөнхөө охин Тэмүүжингийн хамт

Харин өрөөн дотор хэд хэд гайхширан уулга алдах дуу сонсдож, хүүгийн нүд ч нэлээн томорлоо шүү. Хэсэг хугацааны дараа чимээ аниргүй өрөөнд хэн нэгэн чанга инээхэд цугласан олон ч инээлдэж эхлэв. Хүү бид хоёроос бусад хүмүүс бүгд шалан дээр эвхрэх нь холгүй инээлдлээ. Яг юу нь инээдтэй байсныг би огт ойлгоогүй ч сүүлдээ тэдэнтэй нийлж инээлээ. Юу ч болсон бай би тэдний "дунд" орж, нэгдснээ мэдэрсэн хийгээд намайг явахад хүн бүр л гар барьж үдсэн ба түүгээр ч зогсохгүй хацар дээрээ хэд хэд үнсүүлээд авсан юм.

Дараа өдөр нь би хэлний багш Мөнхөөд болсон явдлыг ярьлаа. Болсон явдлыг бүгдийг нь англиар тайлбарлаж өглөө. Мөнхөө надаас монгол хэлээр хүүд яг юу юу гэж хэлснээ давтаж хэлэхийг хүсэв. Өрөөг тэр чигээр нь буулгаж авсан өгүүлбэрээ хэлтэл Мөнхөөгийн царай нь хувьс хийгээд явчихав. Хүүгийн аав нь хэн гэдгийг асуусан энгийн асуултын яг юу нь болохоо байчихаад байгааг түүнээс асуутал би "аль" гэдэг үгээ буруу хэрэглэсэн байв. Би ч Мөнхөөд чи надад энэ үгийг долоо хоногийн өмнө л заасан шүү дээ гэж эсэргүүцлээ. Харамсалтай нь энэ үгийг хүн дээр хэзээ ч хэрэглэдэггүй харин зөвхөн эд зүйл дээр хэрэглэдэг гэдгийг сануулахаа мартжээ. Тэгээд л миний асуулт монгол хүн сонсвол гомдоох асуулт болчихож. Гэвч өрөөнд байсан хүмүүс бүгд гайхсан харцаар харж байснаа инээгээд дуусан гэдгийг Мөнхөөд хэлэхэд намайг гадаад учир албаар дорд үзэх санаатай хэлээгүй гэдгийг мэдсэн биз гэв. Мөн асуусан асуултанд хүү хариулахгүй, хүндэтгэлгүй зан гаргасан учраас намайг тэгж хэлсэн гэж бодсон байж болох юм. Тэр тухай бодох бүрт нүүр улайж, үнэхээр ичдэг. Би ч хаа сайгүй л "инээдэм" тарьж явах юм даа.

Автобусанд нэг удаа

Бусдын анхаарлыг татдаг Улаанбаатарын бас нэг онцлог зүйл бол яах аргагүй нийтийн тээврийн унаа байв. Нийтийн тээврээр зорчих үйл явцыг бараг "аз сорьсон спорт" гэж нэрлэхэд буруудахгүй байхаа. Бид Монголд ирсэн эхний жилдээ хотоор явахын тулд ихэвчлэн автобусаар зорчдог байлаа. Автобусаар зорчих хэд хэдэн шалтгаан байсан л даа. Нэг удаа зорчих билет нь маш хямд буюу манайхаар бол 2,5 центтэй тэнцэнэ. Мөн хаа сайгүй таксигаар яваад байвал нутгийн хүмүүс биднийг дээд зиндааны, баян гэж бодоод өөрсдийгөө биднээс тусгаарлах вий хэмээн болгоомжилсон билээ. Бас хэтэрхий олон хүнтэй автобусанд суух нь нэг талаараа хэл сурах, сурсан өгүүлбэрүүдээ давтах төгс газар ба өвлийн хүйтэнд ч дулаахан аятайхан байв. Автобус хэр дүүрэн хүнтэй байдгийг яг яаж дүрсэлж хэлэхээ ч мэдэхгүй байна. Баруунд амьдардаг хүмүүст зүйрлэж тайлбарлах хамгийн ойрхон жишээ бол Volkswagen эсвэл утасны бүхээгт олон хүн чихэхтэй л адил юм уу даа. Зузаан хувцасласан, ар араасаа ямар ч зайгүй чихсэн олон хүний дундуур хамаг хүчээрээ зам гаргаж, чихэж орох тэр мэдрэмжийг төсөөлж үзэхэд ч бэрх.

Түүгээр ч зогсохгүй дотор нь орсон хойно олон хүний дийлдэшгүй массаар нааш цааш түлхэлцэн, бие биенийхээ агаараар амьсгалж, бие биенээсээ зуурна. Хэрэв тэнцвэр алдаад унавал шууд гишгүүлэх нягуурталь. Цанатаж зузаарсан мөсөн цонхоор буух буудал дээрээ ирсэн эсэхийг харах гэж их л мэдрэмж шаардах ч буух газраа зөв таалаа гэж бодоход ямар ч зайгүй газраас мултарч бууна гэдэг нь хүнээс ер бусын хүч, чадвар, ухаан шаардана. Гайхалтай нь энэ их бужигнаан дунд нэг л хүн халуун хутгаар масло зүсэх мэт их чадамгай хөдөлнө. Энэ бол билет таслагч /кондуктор эмэгтэй/. Кондуктор эмэгтэй яаж ийж байгаад л хүн бүрийг ийш тийш түлхэн холдуулж, автобусанд нааш цааш явж, хүн бүр дээр очиж тээврийн хөлсөө авч, бүхэл мөнгөний хариулт өгөн, жижиг тасалбар тасалж өгнө. Мөнгө төлөхийг сануулан хоолойгоо засах үед нь хэн нэгэн эсэргүүцэх, үнэгүй зорчихыг завдвал жигтхэйхэн уурлана бас загнана.

Нэг удаа автобусны кондуктор эмэгтэй мөнгөө төлөхөөс зайлсхийсэн залууг өөрөөс нь хоёр дахин том биетэйг ч ажрахгүй хүчээр чирэн автобуснаас буулгаж буйг харсан юм. Гэхдээ кондуктор эмэгтэйчүүд хэнийг ч буулгаж, хэнийг ч хөдөлгөх хүчтэй, бүгд түүнээс айдаг болохоор ийм тохиолдол ер нь цөөн тохиолддог.

Дэлхий дээрх хамгийн бага
нягтаршилтай улсын автобус

Монголчуудын зөн совингооро мэдэрдэг төрөлхийн энэ чадварыг бид өөрсдийн биеэр туулан байж суралцахад багагүй хугацаа зарцуулаа. Гэхдээ их хэмжээний бэлэн мөнгөтэй явж байгаа бол такси барьсан нь дээр. Автобусанд халаасны хулгайч их байдаг. Би автобусаар явж байхдаа арын халаасанд хулгайч гараа хийсний цөөнгүй тохиолдолд мэдэрч байсан удаатай. Гэвч гараа хөдөлгөх ямар ч зайгүй чихсэн тул хариу үйлдэл хийх ямар ч боломжгүй болчихно. Харин мөнгөө тэдний бодсоноос өөр газар хадгалдагтаа л их баярлаж зогссон юм. Олон хулгайчид нэг халаас шалгаад л зогсчихгүй мөнгөө өөр хаанаа хийснийг олохыг хичээнэ. Тэд сахлын хутгаар хүмүүсийн халаас, цүнхийг нь зүсэж эд юмсыг авдаг туршлагатай. Түүнийг нь хүмүүс автобуснаас бууж цоорсон газраар нь салхи сийгэж эсвэл бусад эд хогшил нь талаар нэг тарахад л мэддэг. Миний хүрэмний халаас хэд хэдэн удаа сахлын хутгаар зүсүүлсэн түүхтэй. Зүсүүлэх бүрт Луйс надад оёж өгсөөр сүүлдээ "Франкенштейны цув" хэмээн нэрлэлээ. Гурав дахь удаа овоо их мөнгө алдахдаа л "их мөнгөтэй" явах үедээ такси барьсан нь дээр болохыг ухаарсан юм. Мөнхөөд энэ шийдвэрээ хэлтэл тэр инээгээд "монголчууд их мөнгөтэй үедээ хэзээ ч автобусаар явдаггүй" гэлээ. Тэгээд бас "хулгайч" гэдэг үгийг зааж өглөө. Мөн автобусаар явж байхдаа "ХУЛГАЙЧ!" гэж орилвол жолооч шууд хаалгаа хаагаад, хамгийн ойрын цагдаагийн газарт очиж дотор байгаа хүмүүсийг нэг нэгэнгүй нэгждэг болохыг тайлбарлалаа. Ингээд би хэрвээ хулгайд юмаа алдвал энэ үгийг хэрхэн хэрэглэхийг туршихаар шийдлээ. Монгол хэлний хичээл эхлэхэд шинэ сурсан өнөөх үгээ Мөнхөөтэй давтаж үзэхээр болов. Үгээ хэлтэл тэр намайг шоолоод олон хүн чихэлдсэн автобус дотор "хөргөгч" гэж орилсоноор хүссэн зорилгодоо хүрэхгүй л болов уу даа гэв. Монгол хэлний эгшиг үсгийн дуудлагыг хооронд нь ялгахад их хэцүү. Ямар ч байсан супер баатар болохоосоо өмнө энэ үгийг сайн давтах хэрэгтэйг ойлгосон юм.

Айраг уусан нь (исгэлэн гүүний гүү).

Амт нь яг л бага зэргийн оргилуун дарсыг цөцгий эсвэл сүүтэй хольсон мэт.

Нөхөрлөл дунд хэлний чадамж ахидаг

XII бүлэг

"Бүх хөдөлгөөний эхлэл"

Улаанбаатарт эхний нэг жил хэл сурах сонирхолтой адал явдлын хажуугаар гурван хүүхэд өсгөх, гэр орны ажлаа зохицуулах, хэлний сургалтанд суух, монгол хөршүүд болон илгээлтийн эзэдтэй найз нөхөд болж харилцаа тогтоох, архитектурын компанид англи хэл заах гээд олон зүйлийг үндсэн дэд бүтэц нь бараг л нурж унаж байгаа шахуу дөнгөж коммунизмаас гарч ирсэн оронд бүхнийг зохицуулж амьдрана гэдэг бидний хувьд их ажил байлаа. 1993 оны сүүлээр илгээлтийн эзэд болон өсөж буй чуулгануудад тулгамдсан санаа зовоож байсан зүйл бол үндсэн хуулийн шинэчлэлтээр шашны эрх чөлөөг хязгаарлах тухай ярилцаж байсан асуудал байв. АНУ-с олон хүн залбирч, мөн дипломат дарамт шахалт ч байсан тул үндсэн хуулийн өөрчлөлт хийгдээгүй ч Буддын лам нар, коммунист үзэлтэй улсын их хурлын гишүүд нийлж фракц үүсгэн сайнмэдээ тараалтыг зогсоохыг бүхий л чадлаараа хичээж байв. Нөхцөл байдал түгшүүртэй байлаа. Гэхдээ бидний хувьд жигтэй энэ газар гэр орноо товхинуулах үйл явц хурдацтай болж өнгөрөв.

Орон нутгийнхантай гүнзгий холбогдоход тусалсан бас нэг зүйл нь бидний монгол нэр байлаа. Монгол найзууд маань манай гэр бүлийн гишүүн бүрт нутгийн нэр өглөө. Нэрний ард тоо тоймгүй их дагавар залгадаг хэлээр ярьж сурахад энэ их тус болсон шүү. Бидний англи нэр монголоор нэг л болж өгөхгүй байсан юм. Намайг Бямбаа гэж нэрлэв. Луйсыг Цэцгээ, харин Мелодигийн нэрийг шууд орчуулсан утгаар нь буюу Аялгуу, Алисыг Туяа гэж нэрлэсэн ба бидний дундаас Молли хамгийн гоё нэртэй болсон нь Сарангэрэл байлаа. Хүмүүстэй уулзахдаа энэ нэрээ хэрэглэвэл уярч хайлаад л явчихдаг байв.

Хүмүүстэй их амархан холбоо харилцаа үүсгэх үүд хаалга нээгдлээ л гэсэн үг.

Ес дүгээр сард Эрдэнэт рүү нүүж, Магнус Мариа хоёртой хамт үйлчлэх төлөвлөгөө маань бүтэлгүйтлээ. Учир нь би "МОНАР" компанид англи хэл заах нэг жилийн гэрээтэй, бас илгээлтийн байгууллагатайгаа харилцах харилцаа ч өөрчлөгдсөн юм. Тухайн үед YWAM байгууллага Монгол дахь үйлчлэлээ JCS (Joint Christian Service) гэдэг байгууллагатай хамтарч хийдэг байлаа. Тэгээд бид JCS-тэй үргэлжлүүлэн хамтарч ажиллахаар тэдний 12 үйлчлэлийн аль нэг талбарт багтаж, үйлчлэхийг оролдсон ч болсонгүй. Байгууллагын захирал нь тусламж үзүүлж буй үйлчлэлийнхээ хүрээг тогтоох, төлөвлөгөө бэлтгэх тал дээр их хатуу зарчим баримтдалдаг хүн байлаа. Тэр биднийг Эрдэнэтэд чуулган тарих төлөвлөгөөгөө болиод говийн аймгуудад байгаа JCS-ын энэрлийн үйлчлэлийн төслүүдийн нэгийг хариуцаж үйлчил хэмээн шахалтанд оруулсан юм. Бид ч их мухардалд орж үүний талаар олон өдөр залбирч, Бурханыг эрэлхийлсний эцэст JCS-ын алсын хараа дор үйлчлэхгүй байхаар шийдсэн юм. Өөр размерын гутал танд таарахгүй шиг JCS бидний байх ёстой газар биш байлаа. Дөнгөж шийдвэрээ гаргачихаад явж байхдаа бид Рик Лэдэрвүүдтэй гудамжинд тааралдсан юм. Тэр биднийг өөрийнх нь байгуулсан Монгол дахь компани Олон Улсын байгууллага(MEI)-д нэгдэхийг санал болгож, Эрдэнэт рүү илгээхээр амлалаа. Тэр байгууллагаас биднийг монгол хэлний утга зүй, дүрмийн талаар илүү сайн сурахаар албан ёсны хэлний сургалтанд суух хэрэгтэй гэв. Тэгээд энэ сургалт болон "МОНАР"-тай хийсэн гэрээ гээд тооцоод үзвэл Эрдэнэт рүү нүүх төлөвлөгөө 2-р сар хүртэл хойшлогдох шинжтэй байв. Бурхан ч биднийг Монголд ирсэн нэг жилийнхээ ойгоор буюу 1994 оны 2-р сарын 22 гэхэд Магнус, Мариа хоёртой хамт үйлчлэх бүх л замыг нээж өгч байгаа мэт санагдсан юм.

Есүсийн чуулган нэг жилийн ойгоо тэмдэглэж буй мөч—тэд хэдий нь 120-уулаа болжээ. Бид энэ
үйл явдлаас сарын дараа Эрдэнэт хотруу нүүсэн юм

Магнус, Мариа хоёр Эрдэнэтэд анхны чуулган тарих үйлчлэлээ
үнэхээр гайхалтай сайн хийж байв. Тэр үед 5 гэр чуулган бий болгоод
амжсан ба сар бүр шинэ итгэгчид баптисм хүртсээр байлаа. Магнус,
Баяраа хоёр долоо хоног бүр Магнус, Мариагийнд удирдагчдаа
цуглуулан Бурханы Үгийг заажи, тэд сурсан үгээ цааш өөрсдийн
удирддаг гэр чуулгандаа дамжуулдаг байв. Гэр чуулгануд томорсоор
хэд хэдэн залуу эрчүүд, ахимаг насны эмэгтэйчүүдтэй болсон ч
үйлчлэлийн ихэнх нь шинэ бүлэг болгож үржүүлэх дээр төвлөрдөг
байв. Харин бид Эрдэнэтийн үйчлэлд нэгдсэн ч бидний гол зорилго
бол нутгийн хэл (гадаадын олон иргэдтэй Улаанбаатар хотоос холдох нь
зарим нөхцөлд англиар ярих шаардлага байхгүй болох тул хэл сурахад
илүү үр дүнтэй) болон соёлд суралцах, шинэ газарт дасан зохицох
хэрэгтэй байв. Мөн гэр чуулганы гишүүдийн ихэнх нь залуу охид
байсан тул манай гэр бүл шиг нас тогтсон хүмүүс байх нь орон нутгийн
бусад насны хүмүүст хүрэх гол түлхүүр болно хэмээн залбирч байлаа.
Бүлгээр хийж байгаа чуулгануудаар эрүүл, удаан оршин тогтнох, үр
жимс ихтэй нэгдсэн чуулган бий болгохын тулд ямар нэгэн зүйлийг
нь өөрчлөх нь гарцаагүй гэдгийг бид бүгд мэдэж байв. Гэсэн хэдий ч
энэ санаа зовнил, төлөвлөгөө дунд Эрдэнэтийн итгэгчид үнэхээр эрүүл
итгэлээр өсөж байлаа. Магнус, Мариа, Баяраа нар эхний итгэгчдийг
маш анхаарал болгоомжтой дагалдуулсан ба тэдгээр охидод, өөрсдийн
удирдаж байгаа бүлгийнхээ итгэгчдэд Есүсийн заасан тушаалуудыг
дуулгавартай дагахыг заажи, цааш хэрхэн дамжуулахыг нь ч заажи өгсөн
юм.

Үнэндээ Бурхантай алхах бүх зам монголчуудад зориулагдсан

юм шиг. Эхний шатуудад илгээлтийн эзэд юу хийж, яаж амьдарч байгааг анхан үеийн итгэгчид ажиглаж байв. Дараа нь тэд чуулган таригчдад тусалж, хийж буй бүх үйлчлэлийг нь хамтран хийж эхэлдэг. Харин хамгийн сүүлийн шатанд итгэгчид өөрсдөө үйлчлэлүүдээ гардан хийж эхлэхэд илгээлтийн эзэн түүнийг ажиглдаг юм. Тэдгээр анхны итгэгчдийн олонх нь гэр чуулганы удирдагчид болсон ба Баяраа, Магнус хоёр эдгээр бүлгүүдийг хэрхэн удирдаж авч явах загварыг гаргаж ирсэн юм. Тэд гэр чуулган болох бүлгийн удирдагчидтай тогтмол уулзаж чуулган ямархуу байгааг ярилцаж мөн тухайн долоо хоногт өөрсдийн бүлэгт дамжуулах Бурханы Үгийг хуваалцана. Хэсэг хугацааны дараа бид итгэгчдэд хуучин Зөвлөлт Холбоот Улсын төлөө залбирахад нь чиглүүлэг болж, тэдэнд туслахаар "Залбирлын хөтөч" гаргалаа. Монгол хэл дээрх газрын зураг, түүх болон тэдгээртэй холбогдолтой зураг бүхий гарын авлагаас бүлэг бүр долоо хоногт сайнмэдээ сонсоогүй нэг овог аймаг, үндэстэн, ястанг сонгон залбирдаг байлаа. Дагалдагчдад анхнаасаа л бусад үндэстний төлөөх зүрх сэтгэл Бурханаас өгөгдсөн юм.

Улаанбаатараас нүүнэ гэдэг яг үнэндээ тийм ч амар биш шүү дээ. Бидэнд очоод байрлах байр, бас бус хангамж, тавилга, мөн тэнд байх шалтгаан хэрэгтэй. Эрдэнэт рүү нүүх бидний эхний төлөвлөгөө бол бизнес эрхлэх байв. Намайг ажилд авсан "МОНАР" компанид манай гэр бүлийг Эрдэнэт рүү шилжүүлвэл бид очоод бизнесийн зөвлөгөө өгнө, хэл заах, сурах бичиг бэлтгэнэ, мөн англи хэлний хичээл заагаад төлбөрийг нь өгнө гэсэн бизнес төлөвлөгөө санал болгов. Тэд ч ирээдүйд орж ирэх орлого, шинэ газар өргөжин тэлэх боломжийг олж хараад сэтгэл хангалуун байсан ба (Компани архитектурын үйл ажиллагаа явуулдаг учир анх миний хүсэлт ямар ч авцалдаагүй мэт санагдаж байлаа. Гэвч тэд зөгийн бал хийдэг, монгол гэр зардаг, нэрийн барааны дэлгүүр болон кафе ажиллуулдаг аж) дуун дээр минь хүлээн зөвшөөрч надтай дахин нэг жилийн гэрээ хийлээ.

Ингээд бидний ард монгол компани байгаа тул Луйс бид хоёр Эрдэнэт рүү дахин нэг аялаж, хотын эрх мэдэл бүхий хүмүүстэй уулзах мөн орон нутагт ямар бизнес эрхлэх боломжтой, орон байр хаана яаж түрээсэлж болохыг судлахаар явлаа. Үүний дараа 1-р сард би дахин очиж, нүүж орох байраа баттай болгов. Мариагийн найз Загдаагийн дүү бидэнд байр олж туслав. Гадаадын иргэд өөрсдийн нэр дээр өмчтэй болох эрхгүй байсан ч бид тэр байранд оршин суухаар тохиролцож, худалдан авах боломжтой боллоо. Байрны эзэн буюу малчин залуугийн эхнэр нас барахад улсаас түүнд байр бэлэглэсэн юмсанж. Залуу хотод амьдарвал хөдөө байгаа мал сүрэг нь онд мэнд орохгүй л болов уу. Тэгээд бид түүнд төгрөгөөр $1000АМД-той тэнцэх мөнгө өгөөд нэг давхарын 2 унтлагын өрөөтэй байрыг нь авлаа. Төв зам дагуу, багийн гишүүдээс маань хэд хэдэн орон сууцны зайтай байрлах энэ байрлал бидэнд төгс таарч байлаа.

Эцэст нь Эрдэнэт рүү нүүх цаг ирлээ. Луйс бидниийг гэрлээд 33 жил амьдарсан ч 30 удаа нүүсэн гэж ярих их дуртай. Ямар ч байсан энэ статистик тооноос үл хамааран өөр тийш нүүх ажиллагаанд Луйс бид хоёр, хоёулаа дургүй. АНУ-д байхад хүртэл нэг хотоос нөгөө хот руу нүүх маш стресстэй, их ажил болдог байлаа. Тийм хүмүүс Монголд ирээд нэг хотоос нөгөө хот руу нүүнэ гэдэг төвөгтэй, бухимдмаар, хүнд хэцүү санагдах нь ойлгомжтой. Дүн хүйтэн өвлийн 2 сард бид Улаанбаатараас гурван өдрийн турш нүүх үйл явц минь ингэж өрнөсөн юм.

Эхний өдөр (2-р сарын 17). Луйс гэртээ ачаануудыг бүгдийг боож баглаж, хайрцаглаж бэлдсэн байв. Харин би гадаад паспортоо аваад галт тэрэгний тасалбар авахаар гарлаа. Нүүхийн тулд паспорт дээр шинэ виз, цагдаагийн тамга даруулах хэрэгтэй болсон тул гадаад иргэдийн виз материалыг "хөөцөлдөж өгдөг" залуу христитгэлт бизнес эрхлэгчид болох Алдар, Батжаргал хоёроос дахин туслалцаа авах шаардлагатай боллоо.

Би тэдний албан тасалгаанд нь очтол бидний явах өдрийг андууран яг тэр оройн суудлын тасалбар худалдан авчихсан байв. Харин ачааны галт тэрэг маргааш нь явах байв. Баасан гарагт Эрдэнэт явахаар төлөвлөж байгаа 14 хүн байхад Алдар андуурч пүрэв гарагийн тасалбар авсан байлаа. (Бидэнтэй хамт Рик ба Лаура Лэдэрвүүд нар дөрвөн хүүхдийн хамт, тэдний хүүхэд асрагч Хэлэн, Ричардсон нар бидниийг нүүхэд туслахаар ирсэн ба манай чуулган тарилтын багийн Магнус, Мариа нар ч гэрийн зүг хамт явж байлаа). Би Алдарт тасалбаруудыг баасан гараг болгож сольж өгөхийг хүссэнд тэрээр боломжгүй хэмээн хэлэв. Гэвч би түүнийг ядаж оролдоод үзэхийг шаардан, сонссон муу мэдээгээ Луйст хэлэхээр гэрийн зүг сажиллаа. Луйс бүтэн өдрийн турш ачаагаа баглаж байхдаа залбирсаар бараг дуусч байв. Тэгээд илгээлтийн эзэн найз нартайгаа салах ёс хийн хамтдаа оройн зоог барьж маргааш нь ачааны галт тэрэгтэй холбогдсон суудлын галт тэргээр Эрдэнэтэд хүрч чадах үгүйгээ мэдэхгүй ч ямар ч байсан унтахаар хэвтлээ.

Маргааш өглөө нь би эртлэн босоод Оросын Соёлын Төв рүү явж 15$-р (Хүйтэн дайн "Энх тайвны ашиг уу?") охиддоо зориулж худалдаж авсан орос армийн давхар ороо авахаар очив. Би энд дөрөв дэх удаа ирж байгаа ч надад ор зарсан орос залуу ажил дээрээ огт байсангүй. Хажуугаар нь ачаагаа зөөх гэж захиалсан ачааны машин ч гэрт ирсэнгүй. Ямар ч байсан бидэнд туслах хүмүүс ирсэнд би тэдний нэгэнтэй нь гарч ачааны машин олж ирэхээр явав. Бид хоёрыг машин хайж зуур бусад нь том том тавилгыг маань 5 давхраас доош давхар бүрт 10 нарийнхан эргүүлэгтэй шатаар олон удаа дээш доош зөөсөөр үлдлээ. Залуус ч тавилгануудыг эвдэлгүй, сайн зөөжээ. Ачааны машинууд ажил олохоор зогсдог талбай дээр очиж $21 тэнцэх үнээр машин хөлсөллөө. Тэгээд гэртээ ирж бүх ачаагаа ачаад (давхар ор, манай компани өгнө гэж амласан ширээ хоёроос бусдыг нь), галт тэрэгний буудал руу явуулав. Ачааны галт тэрэгний ачаа ачдаг хэсэгт ирэхэд хөлсөөр ачаа зөөдөг залуус биднийг тойрон хаа сайгүй гүйлдэнэ. Тэд бидний ачааг бараг л өнхрүүлэх нь шахуу л зөөж өглөө. Эдгээр залуусын хажууд 80-аад оны Samsonite-н сурталчилгаан дээр гардаг сармагчин илүү эвтэйхэн, зөөлхөн зөөж харагдах байх даа. Манай тавилга ч өмнөхөөсөө шал өөр боллоо. Гаалийн ажилчдад ачаа бүрийг жинлэхээс илүү чухал ажил байгаа бололтой (галт тэрэгний ачааны үнэ нэг кг нь хагас доллар байдаг) бүгдийг нь нийлүүлээд л 500 кг гэж тооцоолоо. Ажилтан бидэнд ачааг галт тэрэгт хийх үеэр харгалзах хүн нь байх ёстой, 5 цагт ирээрэй гэж хэлэв.

Тэндээс бид "МОНАР" компаниар орж надад өгсөн ширээг аваад, Оросын Соёлын Төв дээр дахин нэг очиж давхар ороо авахаар явлаа. Харин энэ удаа бүгд амжилттай шүү. Нэмэлт ачаагаа өгч, тээвэрлэлтийн харгалзагч хийхээр бид галт тэрэгний буудал дээр цагтаа ирлээ. Ачааг жинлэж байх зуур бид Алдартай уулзав. Солих боломжгүй гэж байсан тасалбараа Алдар тэр өдрийн өглөө солиулчихжээ. Би ч бөөн баяр боллоо. Би Эрдэнэт рүү хамаг ачаагаа ямар ч харгалзах хүн, очоод тосож авах эзэнгүй явуулахаас сэргийлж чадсандаа Бурханд талархлаа. Бид ч ачаагаа зөөсөн машины жолоочид төлбөрийг нь өгөөд гэр лүүгээ таксидаж очлоо. Гэрт очоод удсан ч үгүй явах цаг болж, охидыг хувцаслаад галт тэрэгний буудал руу дахиад л таксидлаа. Луйс, Лаура болон Хэлэн нар долоон хүүхдийг дагуулан галт тэргэнд суухаар явж, (4 хүн унтах зориулалттай 2 давхар ортой тасалгаат өрөөнүүд захиалсан) Рик бид хоёр ачигч нар (мэдээж зохих хөлс авна) манай гэрийн ачааг 20 гаруй метрийн зайтай ачааны галт тэрэг рүү зөөж байх зуур элдэв хулгайчид юмаа алдахаас сэргийлэн, харж зогслоо. Ачаа зөөх зуур их эвдэрч, гэмтэж байгааг би харж зогсохдоо "онцгой анхаарч, болгоомжтой хандах" хэрэгтэй гэж хэлж, илүү мөнгө төлсөн ч оройтоо биз хэмээн бодож зогслоо. Ачааны галт тэргэнд манай ачаанаас бусад нь дан нүүрс байгааг хараад би дотроо айж л байлаа. Чингэлэгний хаалгыг хаахад галт тэрэг хөдөлж эхэллээ. Рик бид хоёр ч хамгийн сүүлийн зорчигчдын хэсэгт хүрэхийн тулд галзуу юм шиг л хэд хэдэн чингэлэг өнгөрөн хар хурдаараа гүйж, үсрэн суулаа. Галт тэргэндээ сууж амжсан ч гэрийнхэн дээрээ очихын тулд дүүрэн хүнтэй галт тэргүүдийг дамжсаар амьсгаа даран алхлаа. Ингэж дамжин өнгөрөх амаргүй байсан шүү. Хүүхдүүдийн шуугих дуунаар тэднийг олж, бүтэн шөнийн урт аялалдаа бэлдлээ.

Монголын галт тэрэгнүүд их сонин. Тэд бүгд шөнө дунд Дархан буюу хоёр дахь том хотод зогссоноор, зорчигчид буун гурван үндсэн чиглэл болох Орос, Хятад, Эрдэнэт гэсэн галт тэрэгнүүдэд болон бусад өртөөнүүд рүү явах галт тэргэнд дамжин суух хэрэгтэй болдог. Эрдэнэтийн галт тэрэг гурван цагийн турш бусад хоёр чиглэлийн галт тэрэгний хажууд зосгох хооронд худалдаачид цонхны гадаа элдэв бараа, хоол хүнс зарж байгаа нь сонсогддог. Би ихэвчлэн яг энэ ид хөдөлгөөнтэй үеэр гадаа шуугианыг үл тоон, үргэлжлүүлэн унтахыг хичээсэн ч ачааны чингэлэг минь өөр толгойд холбогдоод Иркутск эсвэл Бээжин явчих вий хэмээн санаа зовж байсан учраас бууж сүүл хэсэгт очин, хаалга нээлттэй байх үед ачаанаасаа хараа салгалгүй сахин зогслоо. Хүмүүс хүрзээр нүүрс буулгаж байсан ч миний манааны үеэр чингэлэгээс өөр юуг ч буулгасангүй. Тэд хаалгыг нь түгжихэд би ч нойрмоглон галт тэрэгний тасалгаа руугаа гэлдэрлээ.

Хоёр сарын 19-ны жиндүү ч цэлмэг өглөөний (-10°C) 8 цаг 40 минутанд бид Эрдэнэтэд ирлээ. Би хамгийн түрүүнд галт тэрэгнээс бууж, ачаа руугаа яаравчлан, чингэлгийн хамгаалалтанд зогсохоор очлоо. Гэвч ачааны чингэлэг алга болсон байв. Би ч шоконд ороод нааш цааш нэлээд гүйж гүйж ачааны чингэлэг галт тэрэгний нөгөө үзүүрт байгааг оллоо. Машинист нь шөнө дунд Дарханы өртөө дээр галт тэрэгний толгойг эсрэг зүгт нь холбодог юм санжээ. Тэд явах бүртээ ингэж сольдог ч би өмнө нь огт анзаарч байгаагүй болж таарлаа. Сандарч гүйснээс хэт амьсгаадаж, уушигаа хөлдөөх шахлаа. Орчин тойрноо ажиглахад чуулганы итгэгчид том машинтай ирчихсэн эгнэн зогсож байгаа харагдана. Тэд бүгд миний авирч байгаа чингэлэг рүү ирлээ. Тэгээд эмэгтэйчүүд маань хүүхдүүдтэй хамт автобусаар түрүүлээд манай гэр лүү явлаа. Бид ч ачаагаа бага багаар болгоомжтой буулгаад үлдэв. Тэгээд бидэнд тусалсан хүмүүс бүгд ачаа ачсан том машины ард суугаад манай шинэ гэр лүү хөдөллөө. Рик, Магнус бид гурав хамгийн сүүлийн машинаар гал тэрэгний буудлаас 11 км зайтай байрлах хотын төв рүү хөдлөв. Эрдэнэтийн галт тэрэгний буудал хотоосоо ийм хол байгаа нь коммунизмын нэг солиорол л байх даа гэж би бодов. Зөвлөлт Холбоот Улс Эрдэнэт хотод зэсийн орд илрүүлж, түүнийгээ ч ашиглан ихэд ашиг олсон ба тэдэнд галт тэрэгний дайралтаас хамгаалах зэвсэгт хүчний бодлого байдаг аж. Түүгээр ч барахгүй Зөвлөлтийнхөн Хятадаас өөр хэмжээ стандарттай гал тэрэгний зам тавьсан ба өртөөг хотоосоо алс хол барьсан нь ямар нэгэн халдлага (хэрэв халдлага болвол дугуйг солих хооронд үйл явцыг удаашруулах цаг хожих зорилготой) болоход

Эрдэнэт хотод буй эрдэнэсээ хамгаалах санаатай байсан байх.

Арай гэж байрандаа ирэхэд ихэнх ачааг дотогш оруулчихсан байв. Модон тавилгануудын өнгөлгөө халцарч, шүүгээний хаалганы нугас салж, кофены аяга хагарсанг эс тооцвол өөр эвдрэл гараагүй байлаа. Бид найз нартаа хотоо танилцуулж, зочид буудалд нь оруулав. Орой ч болж бид ачаагаа задалж, гэрээ цэгцэллээ. Тэгээд хэд хоногтоо нүүдэл суудлын ядаргаа гарч арай амжаагүй байхад нэгэн шинэ мэдээ сонслоо. Эрдэнэтэд ирээд долоо хоногийн дараа Луйс бие давхар болсон байсан ба 11-р сард төрнө гэдгийг олж мэдсэн юм.

Манай шинэ байр

XIII бүлэг

Зөрчилдөөн

Бидний амьд Бурхан Эзэн Эрдэнэт хотод Хаанчлалаа тэлэхээр бэлдэж байлаа. Гэвч "Агаарын хүчний ноёрхогч" үүнийг зүгээр хараад зогсохгүй гэдэг нь тодорхой байв. Манай гэр бүл Эрдэнэтэд удаан хугацаагаар нүүж ирсэн нь Сатаныг айлгах зүйл гэж бодоогүй нь бидний алдаа байлаа.

Улаанбаатараас ирээд хоёр сар болсны дараа ням гарагийн нэгэн орой хаалга тогштол нэг залуу цахилгаан хэрэглэсэн төлбөрөө төл гэлээ. Залуу нэг л сэжигтэй харагдахын сацуу, өөрийг нь хэн болохыг гэрчлэх ямар ч бичиг баримт үзүүлсэнгүй. Бид ч монгол найзаасаа асууя гээд түүнийг явууллаа. Бас л нэг архины мөнгө олох гэж байгаа хэн нэгний арга биз гэж бодов. Гэвч нөгөө залуу дараа долоо хоногийн ням гарагт дахиад л ирж хүчээр гэрт дайран орох гэхэд нь Луйс хаалгаа барьж зогсоод хашгирав. Үүний хариуд мөнөөх залуу хаалганы хажууд байдаг цахилгаан хэмжигч хайрцгийг нээж манай тогийг тасалчихав. Ингээд бид гурван хоног цахилгаангүй суув. Хөргөгчид байсан хамаг хоол хүнс ч муудаж, бид найз нөхдийнхөө гэрт хооллож байв.

Үүний учрыг олохоор хүмүүстэй уулзаж ийш тийш явлаа. Гэтэл энэхүү байрны цахилгааны төлбөр нь жил зургаан сар төлөгдөөгүй болохыг олж мэдлээ. Бидэн дээр ирсэн Даваа гэдэг хүн гэрлийн байцаагч байсан бөгөөд компаниасаа цалингаа аваагүй удаж байгаа юм байна. Эрдэнэтийн цахилгаан станц бараг л дампуурч, Даваа гэгч энэ залуу баян гадаад гэр бүлээс мөнгө салгья гэж бодсон бололтой. Яг хаанаас явж байгаа, хэн бэ гэдгийг нь анхнаасаа сайн ойлгоогүй тул нэг мэдсэн бид бараг л өстөн дайсан мэт болчихсон байв.

Даваа ихэд уурлаж бидэнтэй тэмцэхээр шийдсэн байв. Тэгээд бидниийг Эрдэнэтийн "Орон сууц хариуцсан газар"-т мэдэгджээ. Тухайн байгууллага нь хотын бүх орон сууцуудыг өмчилж, хянаж, хариуцдаг газар байв. Даваа бидниийг Загдаа (бид ярианы дундуураа санаандгүй түүний нэрийг дурьдчихсан байсан) гэдэг монгол найзаас минь энэ байрыг доллароор худалдаж авсан хэмээн гүтгэжээ. Коммунист нийгэм задарснаас хойш Эрдэнэтийн нэг ч байрыг хувийн өмчлөлд шилжүүлээгүй байсан тул энэ нь нэлээд ноцтой мэдэгдэл болж хувирсан юм. Гэхдээ түүний хэлсэн зүйл үнэн биш л дээ. Энэ байрыг Загдаагаас өөр 12 хүүхэдтэй бэлэвсэрч хоцорсон хүнд төр засгаас өгсөн байсан. Түүнд гэр бүлийн хүнээ алдасны тэтгэмж болгон эзэмшүүлсэн байж. Гэсэн хэдий ч тэр хөдөө малтай учир төвд гэртэй байх боломжгүй байв. Харин манай найз Загдаа бидний дунд зуучлан, малчин залуугийн улсаас ашиглах эрхийг нь бидэнд худалдаж авч өгсөн юм. Орон сууц өмчлөлийн газар Даваагийн гомдлын мөрөөр үүсээд байгаа нөхцөл байдлыг шалгалгүйгээр бидниийг албадан нүүлгэхээр тушаал гаргаж, бичиг баримт шалгуулахаар цагдаа явуулжээ.

Хоёр цагдаа ирж паспортуудыг маань аваад бидниийг хоёр өдрийн дараа цагдаагийн газраас ирж аваарай гэв. Тэгээд би паспортоо авахаар очтол Эрдэнэтийн гадаад иргэдийг бүртгэдэг албаны ажилтан эмэгтэй нүүж ирсэн өдрөө түүн дээр очиж бүртгүүлэх ёстой байсан тухай зандран хэллээ. Би уг нь түүнд хүмүүсээс асуухад очиж бүртгүүлэх шаардлагагүй, харин тэднийхээс бидэн дээр ирдэг гэж сонссон гэдгээ тайлбарлахыг оролдов. Гэтэл тэр надад хорин мянган төгрөгний торгуулийн хуудас өгөөд бидниийг албадан нүүлгэхээ мэдэгдлээ. Түүгээр ч барахгүй эмэгтэй торгуулийн төлбөрийн оронд англи хэлний хичээл заалгаж болох юм гэдгээ илэрхийлээд авлаа. Тэр шөнөдөө Даваа ирж манай тогийг залгаж өгсөн юм. Мөн гэр доторх бүх залгуур, гэрэл, гэр ахуйн цахилгаан хэрэгсэл гэх мэт цахилгаантай холбогдолтой бүгдийг шалгачихаад тооны машин гаргаж ирээд нийт төлөгдөөгүй цахилгааны дүнг тооцоолж өгөв. Цахилгааны тоолуур эвдэрчихсэн тул түүнд ингэж барагцаалахаас өөр арга үлдээгүй бололтой. Манайд байгаа залгуурын тал нь ажилдаггүй болохыг түүнд сануулсан ч тэр тоосонгүй. Тэгээд Даваа нийт 57,000 төгрөгний төлбөр бичив. Бид нүүж ирээд дөнгөж хоёр сар болсон байтал жил хагасын тогны мөнгө төлөх үүрэг хариуцлага байхгүй шүү дээ гэтэл тэр баян америкчууд төлөх мөнгөтэй л байж таараа гэж хэлсэн юм. Бид цочирдсон боловч залбирч эхэллээ.

Маргааш нь "Хотын банк"-ны теллерүүд болон бусад ажилчдад англи хэлний хичээлээ заалаа. Гэвч хичээл дундуур гэнэт л манай цахилгааны мөнгө, үйл явдал яаж өрнөсөн талаар хөндөгдөж, ярианы сэдэв өөрчлөгдсөн юм. Харин манай сурагчдаас нэг нь энэ асуудлыг бусдаасаа илүү сонирхож байгаа бололтой олон асуулт асууж байлаа. Би ч түүнийг хараад арай ахмад настай тул цэвэрлэгч юм болов уу гэж бодов. Тэрээр арай илүү нарийн мэдээлэл, хүмүүсийн нэрсийг асуугаад л байв. Сүүлдээ би орчуулагч Ганаагаас энэ эмэгтэй яагаад манай гэр бүлийн асуудлыг ингэж их сонирхоод байгаа талаар асуутал "Тэр чамд тусламаар байгаа юм шиг байна" гэв. Сүүлд нь англи хэлний оройн ангид суусан гэрийн хувцастай тэр эмэгтэй банкны захирал гэдгийг олж мэдээд би гайхаж хоцров. Тэр Даваагийн ажлын газрын санхүүжилтыг хариуцдаг учраас багш дээрээ ирж байгаа энэ дайралтыг зогсооно гэлээ. Дараа өглөө нь манай гэрийн цахилгааны торгууль цуцлагдсан байлаа. Тэр орон сууцны газрын даргатай нь ярьсан тул ирэх 6-р сард дахин хурлаар хэлэлцтэл санаа зоволтгүй гэв. Гэвч биднийг албадан гаргах тушаал бичсэн Сүхбат гэдэг эмэгтэй орон сууцны газрын даргын доор ажилладаг ч гэсэн бидний хэргийг шүүх рүү шилжүүлсэн юм. Тэгсэн атлаа өөрөө 2 сар "хөдөө явчихаж" билээ. Торгууль, гэсэн нэрийдлээр мөнгө завшдаг байсан юм билээ.

Даваагийн ажилд манай сурагч саад хийсэн тул тэр цагдаа руу залгаж, биднийг гүжирдэж гүтгэсээр л байв. Тэр биднийг гал тогоондоо талхны мухлаг ажиллуулдаг, тэндээ монгол хүмүүсийг боол болгож, талх бариулдаг хэмээн хэлсэн байсан юм (Чуулганыг дэмжих зорилгоор Магнус, Мариа болон өөр нэг монгол эзэнтэй хамтран ажиллуулдаг талхны цех хотын нөгөө талд байрладаг байдаг. Тэр талхны цех болон манай гэр бүлийн хоорондох цор ганц холбоос нь бид тэднээс худалдан авалт л хийдэг байсан юм). Тэгээд зогсохгүй тэр биднийг өөр эрхэлдэг ажил, бизнесгүй энгийн л христитгэлт хүмүүс хэмээн гүтгэсэн юм. Эцэст нь цагдаа нар ирж надтай уулзахад шинэхэн танилцсан инженер найз минь бүх учрыг тайлбарлаж, намайг зоригтой хамгаалсан билээ. Байрны асуудлын талаар би хотын дэд даргатай уулзахаар очиход тэр бүгдийг нь мэдэж байв. Тэр манайхтай нэг давхарын дээр, доор амьдардаг хөрш байсан билээ. Талархах ёстой юм гэвэл тэрээр надад үүнд санаа зовох хэрэггүй, бүгдийг нь зохицуулна хэмээн хэлсэн юм. Дэд дарга хэлсэндээ хүрсэн гэж би боддог. Учир нь манай "байрны эзэн" хотод ирж, Загдаатай хамт шүүхээр ороход шүүх бүгдийг бидний талд шийдэж өгсөн юм. Улаанбаатар дахь "МОНАР" компаний захирал Оргил ч цагдаагийн газрын нэг эмэгтэй рүү утасдаж, нөхцөл байдлыг зөөлрүүлж тусалсан юм.

Бид паспортоо авахад багахан хэмжээний "нэр төдий" торгууль төлөх хэрэгтэй болж, Оргил түүний учрыг олсон байв. Тухайн үед орон нутгийн системийн далд ертөнц болон хээл хахууль хэрхэн явагддаг болох сэтгэл зовоосон дүр зураглалыг өнгөцхөн төдий л бид олж харсан юм. Хуучин коммунизмын үеэс л шунал, атаархал гэсэн хүчирхэг хүлээс Монголыг эзэгнэж байв. Марксизм-Ленинизмийн "сайн мэдээ" тэдэнд хэн ч надаас, бусдаас илүү юмтай байх ёсгүй гээд итгүүлчихэж. Олон хүмүүс бидэнд хахууль өгчихвөл асуудлыг чинь шийдээд өгнө гэж зөвлөсөн ч бид үнэнч шударга занг баримталж, хэнд ч мөнгө төлөөгүй юм.

Мелоди манай орчуулагч Ганаа болон түүний хоёр ихрийн хамт.
Эрдэнэт хотын захиргааны байрны урд

Энэ хүнд үед хүмүүс бидэнд нөхөрлөл, зөөлөн дулаан сэтгэлээр дэмжин тусалсан билээ. Бурхан бидний өмнөөс үйлдэж, хүч чадлаа харуулсан тул муу нэгэн биднийг Эрдэнэтээс хөөж явуулж чадаагүй юм. Эрдэнэт хот руу яв хэмээн Эцэг Бурхан биднийг дуудсан болохоор Түүний зөвшөөрөлгүй хэн ч биднийг зайлуулж чадахгүй гэдэг нь дахиад батлагдлаа. Үүнийг мэдснээр бидэнд гайхалтай их амар тайван ирэв. Бид Монголд байгаа гол шалтгаанаа нуух шаардлагатай гэсэн мэдрэмж хэзээ ч төрсөнгүй. Бурхан биднийг тэнд дуудсаныг баттай мэдэж байлаа. Тийм учраас Бурхан Өөрийн зорилгыг гүйцэлдүүлэх хүртэл хэнд ч, тэр ч байтугай засгийн газарт ч биднийг албадан гаргах хүч байхгүй гэж бүрэн итгэж байв.

XIV бүлэг

Хаврын бороо

Тухайн үед манай гэр бүл дээр Магнус, Мариа Алфонс хоёр нэмэгдээд бид баг болон 1994 ондоо тодорхой хэдэн сарын турш энэ газарт болон бидний дунд цөмлөлт, тэсрэлт болохын төлөө Бурханы өмнө хашхиран залбирч байлаа. Учир нь чуулган өсөн үржиж байгаа ч зөвхөн өсвөр насны охид л нэмэгдсээр байх вий хэмээн санаа зовсон юм. Ихэвчлэн өсвөр насны охидоор дүүрэн чуулган тарих гэж бид энэ газрыг зориогүй ба монголчуудад зориулсан Бурханы төлөвлөгөө ч ингээд зогсохгүй гэдгийг мэдэж байв.

Ингээд бид тухайн нутгийн өрхийн тэргүүнүүдэд хүрэх боломж дээр төвлөрч, үүний төлөө чуулганы итгэгчдээ сургаж байсан юм. Ингэснээр өрхийн тэргүүнээр дамжин гэр бүл, найз нөхөд нь Бурханы хаанчлалд ирэх боломжтой болох юм. Чуулганы шинэ гишүүд болох өсвөр насны охид маань яг бидний харж, онилж байсан хүмүүс биш гэвэл буруудна. Гэвч тухайн үед Шинэ гэрээний өөр нэг зарчмыг сургалтандаа нэмж заасан ч болоосой гэж би хааяа боддог шүү. Чуулган тарих хөдөлгөөний оюутнууд амжилттай чуулган таригчдын 2 шинэ зарчмыг ажигласан юм. Эдгээр нь " Бурханыг таних хүсэлтэй л бол хэнтэй ч хамаагүй ажиллах", Бурхан Аавын хийж байгаа ямар ч ажилд нэгдэх" байлаа. Энэ зарчмын дагуу ажилласан бидний үйлчлэл тэр үед их үр жимстэй байсан юм.

Харин бид арай ахмад насны монголчуудын хувьд яг юу тэднийг сайнмэдээнээс холдуулж, саад болоод байгааг олж мэдэхийг хичээсээр байлаа. Учир нь Монгол гадаад ертөнцөд нээлттэй болж, христитгэл орж ирэхэд анх цөөхөн хэдхэн л насанд хүрсэн хүмүүс итгэж харин түүнээс хойш зөвхөн Эрдэнэт хотод ч биш Монголын хаа сайгүй Бурханы урилгыг өсвөр залуус л хүлээн авч байсан юм. Үүний шалтгааныг олж мэдэхийг хүсэж байлаа. Мэдээж сайнмэдээнд ямар нэгэн асуудал байхгүй. Эсвэл орчуулгын тал дээр асуудал байгаа юм болов уу? Шинэхэн илгээлтийн талбарт орон нутгийн хүмүүс сайнмэдээг гадны шашин, соёл ба ёс заншил хэлбэрээр хүлээж авах үе байдаг ба энэ тохиолдолд нутгийн иргэд сайнмэдээг шууд эсэргүүцдэг. Тийм учраас бид 20-с дээш насны монгол найзууд маань христитгэлийг гадны шашин, ёс заншил, соёл гэж харж байгаа юм биш биз хэмээн гайхаж байсан юм.

Тэр үед Шинэ гэрээг монгол хэлнээ орчуулсан орчуулагч "Бурхан" гэдэг үгийг их л болгоомжтой сонгох шаардлагатай болж. 17-р зууны эхэн үеэр Төвдийн Буддын шашин Монголд орж ирснээс хойш бурхан гэдэг үг, ойлголт их нийтлэг болсон тул тухайн үед Библи орчуулж байсан хүн Төгс Хүчит Нэгэнийг нийтлэг үгээр илэрхийлэхээс татгалзсан юм. Тэрээр Буддын шашныхан "Бурхан" гэдэг монгол үгийг засвар авалтгүй сэвтээсэн хэмээн үзжээ. Тэгээд тэр шороо дарж, хэвлэлтээс гарсан хуучны толь бичгээсээ яг л оновчтой гэж бодсон нэг нэр томъёо олов. Энэ нэршлийг өмнө нь сонсож байсан монгол хүн ер нь ховор байх. Эцэст нь тэр монгол хэлнээ буулгасан Шинэ гэрээн дээрх Бурхан гэдэг үг бүрийг "Ертөнцийн Эзэн" болгож, нэршлээс үүсэж болох буруу ойлголтыг шийдсэндээ ихэд сэтгэл хангалуун байж. Харин манай баг Есүс кино үзээд сайнмэдээг хүлээн авсан насанд хүрсэн монголчуудтай уулзаж, дэлгэрэнгүй ярилцаж үзэхэд тэдэнд Ертөнцийн Эзэн гэдэг үг шинжлэх ухааны уран зөгнөл шиг санагдсан болохыг олж мэдлээ. Энэ нь тэдэнд нэг л бодит бус мэт үнэнээс хол сонсогдож, Библи дээр бичигдсэн Агуу Хүчит Бурхан бол бүх ертөнц дэлхийг бүтээсэн Бүтээгч Бурхан биш харин гадаад орноос орж ирсэн харийн бурхан мэт санагджээ. Нөгөөтэйгүүр бурхан гэдэг үг нь монгол хэлнээ сахиус, дагина, шүтээн гэдэг утгаараа илүүтэй ашиглагддаг байна. Өөрөөр хэлбэл монголчууд бурхан гэдэг үгийг энэ дэлхий ертөнцийг бүтээсэн Бүтээгч Бурханаас авахуулаад айл өрх бүрт байдаг хиймэл шүтээн хүртэлх байж болох бүх утгаар хэрэглэдэг аж. Мэдээж хэрэг энэ үгийг англи хэлнээ хэрэглэдэг шиг нэг утгатай байхаар засаж, залруулж болохуйц нэр томъёолол шүү дээ. Webster's New Collegiate Толь бичиг дээр "god" буюу Бурхан гэдэг үг нь "gad" гэсэн Герман үгээс гаралтай ба "gohdt" гэж дуудагддаг юмсанж. Анх үүнийг Германы эртний овог аймгууд Ведикийн Хинди шашны үеэс хэрэглэдэг байсан хэмээн тайлбарлажээ. Харин тухайн газар нутагт ирсэн илгээлтийн эздээр дамжуулан үг утгаа олж, нутгийн иргэдийн хэрэглэдэг бөө мөргөлийн хэллэгээс одоо бидний мэдэх үндсэн утга руу шилжсэн тул монголчууд Бурханы талаар сонсож, Түүнийг ойлгоход энэ сонголтыг хэрэглэхэд болохгүй зүйл үгүй юм. Түүнээс гадна Дон Ричардсоны бичсэн "Зүрхэн дэх үүрд мөнх (Номлогчийн үгс 3:11)" "Eternity in Their Hearts" гэх гайхалтай номонд "Хэнээр ч бүтээгдээгүй харин Өөрөө бүгдийг бүтээсэн Бүтээгч гэж тэдний яриад байгаа Тэр бол цор ганц Бурхан болох Эзэн юм" гэж бичжээ.

Тэгээд эцэст нь манай баг залбирлын хариугаа авах, арай ахмад насны хүмүүст хүрэх зорилгоор бурхан гэдэг нэр томьёог хэрэглэхээр шийдлээ. Хэдэн сарын турш бид чуулганы гэр бүлээ Шинэ гэрээний арай үгчилсэн орчуулгатай хувилбарыг хэрэглэхэд уриалсан юм. Энэ шилжилт дуусах үеэр Монголын эртний хэллэгээр Библи орчуулагдан хэвлэгдэж таарлаа. Оросын хилийн орчим оршин суудаг буриад ястанд үйлчилж байсан Лондонгийн Илгээлтийн Эздийн Нийгэмлэг 1846 онд Библийг бүтнээр нь орчуулсан хийгээд сүүлд 1950 онд Скандинавын Холбооны илгээлтийн эзэд Шинэ Гэрээг засварлан, дахин хэвлэлтэд оруулжээ (Гунзелийн Засвар). Мөн 1994 онд Витнес Ли урсгалаас Библийг кирилл бичгээр хэвлэн гаргажээ. (Энэ урсгал нь Үгийг гуйвуулаагүй ч өөрсдийн үйлчлэлийн талаар сурталчилгаа хэсгийг нэмж хэвлэжээ. Мэдээж бид тэр хэсгийг нь таслан авав). Манай чуулганы итгэгчид эртний монгол хэллэгээр бичигдсэн, хатуу хавтастай улаан Библийг уншиж эхэлсэн ба уншихад амаргүй ч тэдний зүрхэнд Бурхан үгээ хэлж байлаа. "Улаан Библи"-н орчуулга илүү оновчтой байгаад зогсохгүй "бурхан" гэдэг үгийг хэрэглэсэн байв. Ингэснээр бид залбирал, магтаал, гэм нүгэл, Сатан, баптисм гэх мэтчилэн зарим чухал зарчмын Библийн дагуух утгыг бүрэн илэрхийлэхгүй байгаа орчуулгаас илүү тохиромжтой нэр томьё руу шилжсэн юм.

Дөрөв дүгээр сарын эхээр бид "бурхан" гэх нэршлийг өөрчилж туршсан хамгийн анхны баг байж магадгүй гэдгээ ухаарсан юм. Бид бусад сүм чуулган, илгээлтийн эздээс алслагдсан байсан тул ийм өөрчлөлтийг хийснээс болж ирэх эсэргүүцэлтэй тулгараагүй юм. Мэдээж "бурхан" гэдэг үгийг хэрэглэж эхэлснээр бусад хүмүүстэй зөрчилдөөн үүснэ гэдгийг гадарласан ч галт тэргээр хоёр шөнө нааш цааш явж ирэн байж биднийг зогсоох хүн ховор болов уу гэж найдсан юм. Тэгээд чуулганыхаа ахлагчидтай уулзаж, өөрсдийн санааг хуваалцахад тэд ч сүүлийн үед Эрдэнэтийн чуулганд хоёр нэршлийг хоёуланг нь хэрэглэж байгаа ба одооноос хүмүүсийн өмнө заах сургаалдаа "бурхан" гэдэг үгийг л хэрэглэхээр эрс шийдэв. Ийн үйлдэхийг Бурхан бидэнд хэлсэн бөгөөд бас нэг зүйл мэдүүлсэн нь чуулганд ирэх эрэгтэй итгэгчид болон бүх насны итгэгчдийн төлөө залбирах байсан юм. Гагцхүү хаанаас, яаж эхлэхээ л мэдэхгүй байв. Уг нь албан тушаалтнууд болон гэр бүлтэй хүмүүстэй харилцаа бий болгосон ч ихэнх нь чуулганы итгэгчидтэй уулзсаны дараагаас цуглаанд дахин ирэхгүй байлаа. Учир нь чуулган маань өнгөц харсан хүнд томоохон "Охидын клуб" мэт харагдаж байсан бөгөөд, үнэн, амь ба баяр хөөрийг олж харахаас өмнө тэдний сэтгэлийн гал унтарч байв. Санамсаргүй бий болсон энэ харагдах дүр төрхөөс мултарч гарахад Бурхан л ямар нэгэн зүйл хийх хэрэгтэй байгааг бид мэдэж байв. Эрдэнэтийг тойрон бүчсэн толгодыг миний өмнө нь харж байгаагүй гоёмсог зураглал чимэх мэт хаврын урин дулаан өдрүүд иржшинэ амьдрал, шинэ улирал айлчлахтай зэрэгцэн Бурхан бидний залбирал гуйлтанд хариуллаа.

1994 оны 4-р сард эхэлсэн тэр үйл явдлыг бусад газарт ихэнхдээ "re-vival буюу сэргэлт" гэж ярьдаг ч таригдаад дөнгөж жил гаруй болсон чуулганд уг нэр томьёо тохиромжгүй мэт. Тийм учраас би тухайн үед болсон Сүнсний дүүргэлтийг vival буюу "анхны сэргэлт" гэж нэрлэхээр шийдсэн юм. Ухаарлын үе эсвэл өсөлтийн үе гэж нэрлэнэ үү ямар ч байсан бидний дунд гэнэтийн зүйл болж, сэтгэгдэл туйлын өндөр боллоо. Бүх зүйл Өмнөд Солонгосын нэгэн чуулганы залбирч байгаа бичлэг үзсэнээс л эхэлсэн юм. Бид өөрсдөө олж авсан чуулганы ганц видео тоглуулагчаа аваад бичлэгээ итгэгчдэдээ үзүүлэхээр Магнус, Мариа хоёрын гэрт очлоо. Бүлэг бүрт цаг хуваарлаж ээлж ээлжээр ирж үзэв. Солонгос ахан дүүсээ гал халуун залбирч байгааг харсан тэдний сэтгэлд ч гал асаж, бүлэг бүрийн охид сэргэж байлаа. Тэд өмнө нь хэзээ ч ийм зүйл харж байгаагүй ажээ. Залбирлын бичлэг үзсэний дараах үр дүнг хараад бид бараг л айлаа. Бичлэг үзсэн хүн бүрийн сэтгэлийн гүнд гэмшлийн сүнс байсан тул өрөөнд байсан бүгд аядуухан мэгшиж суув. Удалгүй тэдгээр залуус Бурханы өмнө нүүрээрээ унан уйлж эхлэв. Тэр үе бол охид өмнө нь хэзээ ч залбирч үзээгүйгээр залбирч, Бурхантай уулзсан гайхалтай учралын цаг байсан юм. Энэ үйл явдал бүлэг бүрт адилхан байв. Бид ч гайхширч орхилоо. Тэр газар Бурхан ажиллаж байсан юм.

Дуулгавартай байдлыг минь Бурхан шагнажээ. Гэвч энэ бүгд бидэнд төлөвлөсөн Бурханы төлөвлөгөөний дөнгөж эхлэл нь байлаа. Бидний залбирлын хариу иржээ. Охидын гэр бүлийн гишүүдээс маш олон хүмүүс Есүс дээр ирэхэд бэлэн болсон байв. Яг юу болсон түүхийг бүр эхнээс нь танд хүүрнэ. Шведээс илгээгдсэн нэгэн гэр бүл Оросын Сибирьт оршдог Абакан буюу бидний амьдарч байгаа хотоос баруун хойд зүгт Оросын хилээс холгүйхэн байрлах газарт жижигхэн чуулган тарьжээ. Тэдний тарьсан чуулган өсөн нэмэгдэж 70 гаруй жижиг бүлэгтэй мөн Библийн сургуультай болж гэнэ. Библийн сургуулийн 2-р курсын оюутнууд бүгд жижиг бүлгийн удирдагч болж Монгол дахь Швед илгээлтийн эздэд туслахын тулд илгээлт хийхээр Бурханаар удирдуулжээ. Магнус, Мариа хоёрын ажиллаж амьдардаг байсан Шведийн Эдсбин тосгоны жижиг чуулганд пасторын үйлчлэл хийдэг байсан Швед гэр бүл Абакан дахь чуулган, сургуулийн удирдагч байв. Тэрбээр Магнусаас манай богины илгээлтийн баг Эрдэнэт хотод очиж, та бүхний чиглүүлэг болон зааврын дагуу үйлчилж болох эсэхийг асуусан юм. Тухайн үед бид Эрдэнэт хотод амьдардаг орос хүмүүсийн дунд чуулган тарихыг хүсэн залбирдаг байлаа. Гэвч хэрэв бид өөрсдөө нэгээс илүү олон үндэстэн дээр төвлөрөн үйлчилвэл бүтээмж, үр нөлөө хязгаарлагдана гэдгийг мэддэг байсан тул эргэн тойронд амьдарч байгаа оросуудад үйлчлэх хүн илгээгээч хэмээн залбирдаг байв. Тийм учраас бид илгээлтийн баг ирэхэд нааштай хандаж, Библийн сургуулийн баг хүлээн авахыг зөвшөөрсөн хариу илгээлээ. Тун удалгүй Оросын Холбооны Улсаас зургаан эмэгтэй гишүүдтэй илгээлтийн баг 4-р сард Эрдэнэт хотын галт тэрэгний буудал дээр хүрэлцэн ирж аяны дөрөө мултлав. Биднийг хамгийн их гайхшруулсан зүйл бол тэдний царай дээрх байнгын инээмсэглэл байлаа. Учир нь бид ч төдийгүй монголчууд ч бас анх удаа орос хүмүүс инээмсэглэж байхыг харсан юм. Тэд бидний гэр чуулганд нэгдэж, чуулганы удирдагчидтай хамтран үйлчлэв. Тэднийг залбирахад хүмүүс Ариун Сүнсээр дүүрч, муу сүнсний дарангуйллаас чөлөөлөгдөж, эдгэрч, аврагдаж байв.

Илгээлтийн баг ирснээр манай чуулганы итгэгчдэд хоёр том нөлөө үзүүлсэн байлаа. Орост байгаа жижиг бүлгийн чуулганы өсөлт, амжилтыг харсан охид бидний зааж сургаж байгаа жижиг бүлгийн зарчмаар ихэд урам орж, нэгийг ойлгож ухаарсан байв. Нөгөө талаас тэд Орос багаар дамжуулан Ариун Сүнсийг арай өөр хэв маягаар мэдэрч хүлээн авч үзлээ. Төд удалгүй манай ахлагчид болох Баяраа, Одгэрэл, Зоригоо нар харь хэлээр залбирч эхлэв. Баяраа, Одгэрэл хоёрын хувьд энэ бэлгийг өнгөрсөн зун нь хүлээн авсан ч үргэлжлүүлэн хэрэглээгүй тул дахин сэргээсэн гэж хэлж болно. Ингээд ахлагчид маань чуулганы үлдсэн итгэгчдийг Ариун Сүнсний баптисм хүртэхийг чин сэтгэлээсээ хүсэн хүлээж эхлэлээ. Илгээлтийн баг ч итгэгчидтэй уулзаж, үргэлжлүүлэн хамт залбирахад Ариун Сүнс урьд өмнөхөөс шинэ байдлаар хүрэлцэн ирж, Түүний бэлэгнээс өчүүхэн хэсгийг л харж, амсаж үзсэн итгэгчид маань харь хэлээр залбирч, анх удаа эш үзүүлж эхэлцгээлээ. Манай баг хүртэл алмайрч байв. Бид өмнө нь монгол итгэгчид харь хэлээр залбирахын төлөө олон удаа гуйж байсан ч онцгой зүйл болоогүй юм. Гэвч Орос охид ирээд залбирав уу үгүй юу хүн бүр Бурханыг харь хэлээр магтаж, Түүний нэрийг тунхаглаж эхэллээ шүү дээ. Магнус бид хоёр чуулганы удирдагчдын нэгтэй уулзаж тэдний залбирал болон бидний залбирлын хооронд ямар ялгаа байгааг асуув. Орос охидыг ирэх хүртэл монгол итгэгчид харь хэлээр залбирах, Бурханаас бэлэг хүлээн авах гэдгийг яг юу яриад байгааг нь сайн ойлгодоггүй байсан гэж тэр хариуллаа. Бид хоёр түүний хариултыг эсэргүүцэж өмнө нь хэд хэдэн удаа тэдний төлөө харь хэлээр залбирсан шүү дээ гэхэд тэр их л гайхсан янзтай "Би та нарыг англиар эсвэл швед хэлээр яриад байна л гэж бодсон" гэх нь тэр. Яг тэр мөчид бид нэг зүйл ойлгосон юм. Монголчуудын төлөө орос хүмүүс харь хэлээр залбирах болон бид харь хэлээр залбирах ялгаатай юм. Учир нь монголчууд сургуульд байхаасаа л орос хэл заалгасан, орос хэлний тодорхой хэмжээний мэдлэгтэй байсан билээ. Орос найзууд минь төрөлх хэлээрээ залбирч байгаад харь хэлээр залбирахад бүх хүмүүс ялгааг нь сонсож, бас тэдэнд юу зааганд байсныг ойлгожээ. Ингэж л Бурханы бэлэг тэдний амнаас урсан гарах суваг нээгдэж билээ.

Монголчууд орос хэлийг бага сага мэддэг ч шууд ярилцаж харилцах хэмжээний биш байсан тул орос багийн үйлчлэл, олон олон боломжууд хязгаарлагдмал байв. Гэвч тэдний хувьд өвчтэй хүмүүсийн төлөө залбирах нь их хүчтэй талбар мэт санагдсан тул бид орчуулагч олж багийг гэр хороолол руу өвчтэй хүмүүсийн төлөө залбируулахаар илгээв. Тэдний эхний очсон айл нь бидний танил Түвшингийн хөгжлийн бэрхшээлтэй эмээ байлаа. Түвшин болон түүний эхнэр Загдаа нар Магнус, Мариа хоёртой сайн найзууд болоод жил гаруй болжээ. Түүний өвөө эмээ гэрлэлтээ цуцлуулсан бөгөөд Эрдэнэт хотын 2 захын гэр хороололд тус тусын шинэ гэр бүлтэйгээ амьдардаг аж. Түвшингийн өвөө нь саяхан Христэд итгэн, манай шинэ итгэгчдийн сургалтад суралцаж байлаа. Харин орос баг маань эмээгийнд зочлон очиж түүний болон шинэ нөхрийнх нь төлөө залбирав. Эмээгийн нэг хөл доголон (таяг тулж, хөлөө чирж алхдаг), нөхөр нь сонсгол муу, бараг юу ч сонсдоггүй хүн байлаа. Оросууд залбирсны дараа тэд хоёул эдгэрчээ. Эмээ таягаа шидэж, тэдэнтэй хамт үндэсний бүжиг бүжиглэжээ. Нөхөр нь дахин сонсголын аппарат хэрэглэх шаардлагагүй болж. Баяр хөөрөөр дүүрсэн хоёр тэднээс холгүй амьдардаг хэлгүй ач хүүгийнх нь төлөө залбирч өгөөч хэмээн гүйж, дагуулан явжээ. Багийнхан түүнийг өсвөрийн насны хүүхэд гэж бодсон ч олон жилийн өмнө ярих чадвараа алдсан 20 гаруй насны залуу эр байхыг хараад ихэд цочирдсон гэнэ. Тэднийг залбирахад залуу харь хэлээр ярьж эхлэв. Тэр газар цугласан олноос итгэдэггүй нэг хүн "Золиг гэж! Хүү монголоор ч ярьж чаддаггүй шүү дээ" гэх сонсогдсон гэнэ. Залуу эр туйлын их баяр хөөрөөр бялхаж, харь хэлээр магтаж байснаа түр зогсоод, "Мэдээж, би монголоор ярьж чадна шүү дээ" гэж хариулсан юм. Гайхамшиг болох бүрт тэднийг тойрсон хүмүүсийн тоо нэмэгдэж байв. Олон түмний дундаас хэн эдгээгээд байгаа талаарх олон асуулт асууж, орчуулагч хариулсаар л. Бурхан тэдний төлөө ирсэн бөгөөд Тэр бол эдгээгч гэдгийг олон хүмүүс анх удаа сонсож байв. Тэд сайнмэдээг ойлгож эхэллээ. Эцэст нь энэ нутгийн хүмүүс Библи дээрх утгыг бүрэн илэрхийлж буй нэршлүүдийг сонсож, Бурхан тэдгээр Үгээ баталгаажуулан тамгалж байгааг харсан юм.

*Учир нь надаар дамжин Христийн хийсэн зүйлээс өөр ямар ч юмыг
би ярьж зүрхлэхгүй. Тэрээр харийнхныг дуулгавар дор авчрахын тулд үг болон
үйлсээр минь бас тэмдгүүд болон гайхамшигийн хүч, Ариун Сүнсний хүчээр
ажилласан тул ...... Ийнхүү би өөр хүний суурин дээр барихгүйн тулд...
Христийн нэр дуурсагдаагүй газарт л сайнмэдээг дэлгэрүүлэхийг хичээсэн.*
Ром 15:18-20 (АБ2013)

Эрдэнэтийн Найрамдлын Хөшөө

Үргэлжлүүлэн айлуудаар явж залбирахад хараа муутай охин илүү тод
харж, өмнө нь хэзээ ч алхаж байгаагүй хоёр хүүхэд (нэг нь 11 настай)
анхны алхмаа хийжээ. Мөн Орос багийн залбирлын үеэр хүнд асуудалд
унасан хүн муу сүнснээс чөлөөлөгджээ. Орой нь Түвшингийн өвөө шинэ
итгэгчдийн хичээл дээр эдгээр гайхамшгийн талаар сонсож эдгэсэн
хүмүүсийн дунд өөрийнх нь хуучин эхнэр, ач хүү хоёр байгаад ихэд
баярлалаа. Бурхан энэ гэр бүлийн анхаарлын төвд байхаар шийджээ.

Нэг өглөө би Оросын багт Эрдэнэт хотыг үзүүлэхээр гарлаа.
Хачирхалтай нь тэр өдөр би монгол залуучуудын талаар өмнө нь хэзээ
ч олж хараагүйгээ буюу тэдний өөр дүр төрхийг олж харсан юм. Тэд

үнэхээр залуухан, хөөрхөн орос охидыг хараад чоно шиг л болчихов. Оросууд ярвайгаад байдгийн бас нэг шалтгаан энэ ч байж магад гэж би таамаглав. Өдрийн төгсгөлд бид хотын зүүн хэсэгт байрлах Орос - Монголын Найрамдлын хөшөөн дээр очиж хотыг бүхэлд нь харлаа. Хөшөө дүрсэлбэл нэг л эв хавгүй дөрвөлжин хэлбэртэй хоёр гар Хаадын Хаан болох Есүст титэм өгч байгаа мэт харагдана... Хөшөөг сайтар ажиглан харвал гарт байгаа биет нь хөдөлгүүр бөгөөд үйлдвэрлэл, уул уурхайг бэлэгдэж байгаа юм байна. Гэхдээ би Зөвлөлтийнхөн үүнийг Эрдэнэтийн чуулганы бэлэг тэмдэг болно гэж мэдээгүй ч Бурхан энэ хөшөөний загварыг гаргасан хэмээн итгэдэг.

Эрдэнэтийн төлөө сүнслэг тэмцэл өрнөж буй нь

Өндөрлөг газар дээрээс би Орос багтай хамт Эрдэнэт хотыг хүлж байгаа Сатаны хүлээс тасарч, түүний бэхлэлт нуран унахын төлөө сүнслэг тулаан хийж, зуучлан залбирлаа. Тэр үед Бурхан надад 2-р сардаа багтаж 2-р микрт (бичил хороолол) гэр чуулган эхлэхийн төлөө залбир хэмээн сануулсан юм. Би 1 болон 2-р микрүүдэд ямар ч үйлчлэл эхлүүлэхэд хамгийн их хаалттай, эсэргүүцэлтэй тулгардаг газар гэдгийг, мөн Бурханы сануулсан үгсийг орос багт хуваалцлаа. Эдгээр хоёр микр өндрөөс бүхэлдээ маш тод харагдаж байсан ба тэд ч тус тусд нь хичээнгүйлэн залбирав. Явган аялал, сүнслэг тулааны дараа оросууд тараах хуудас хэвлэхээр компьютер ашиглахын тулд манайд ирэв. Эрдэнэт хотод ойролцоогоор 2500 гаруй оросууд амьдардаг ба баг тэдэнд зориулсан сайнмэдээний хөтөлбөр хийхийг хүсчээ. Тэд драм, дуу, олон хуваалцах зүйл бэлдсэн ба хүрэлцэн ирсэн олноос өвчтэй хүмүүсийн төлөө ч залбирахаар төлөвлөж байсан аж. Тэгээд тараах хуудсыг хоёр хэлээр бэлтгэж хотын орос хорооллоор тарааж наах зугаатай ажилд ханцуй шамлан орлоо. Охид Оросын Консулын газарт тараах материалаа өгөх гэж ороод тэндхийн ажилчдад бараг л номлол хийчихээд гарч ирэв.

Товлосон өдөр ирэхэд бидний төсөөлснөөс илүү олон хүн ирж, танхим дүүрэн хүмүүс байв. Түрээсэлсэн газар маань хөгшин, залуу, хүүхэд гээд бүх насны оросууд мөн залуухан монгол итгэгчдээр дүүрчихсэн байлаа. Тэгээд бид ирсэн зочдод зориулан Монгол Оросын хамтарсан сайнмэдээний хөтөлбөрөө толилууллаа. Зүрх сэтгэл нь хатаж цангасан оросууд монгол ахан дүүсийнхээ бэлтгэсэн сайнмэдээний хөтөлбөрийг нээлттэй хүлээж авч буйг харах хичнээн сэтгэл хөдөлгөм байсан гээч. Яг үнэндээ энэ өдрийг бид өөрсдийн санаагаар төлөвлөсөн бол бүх зүйл бүтэхгүй байх байсан. Монголчууд далан жилийн турш Оросын "дүү" байсаар ирсэн ба энгийн иргэд нь ер нь хоорондоо ярилцахаас зайлсхийдэг аж. Түүнээс гадна монголчууд сайнмэдээнд нээлттэй болоод 3 жил (Эрдэнэт хотод нэг жил) болж байхад Орос 9-р зууны үеэс "Христитгэлт үндэстэн" болсон нь энэ үйл ажиллагааг амжилттай болоход нэлээдгүй нөлөөлсөн байх. Бурхан бидний нүдэн дээр гайхамшгаа үйлдэж байв. Драм дундуур "Есүс" үхлээс амилдаг хэсэг гарахад үзэгчид бүгд алга нижигнүүлэн ташиж, үүний дараа орос хэлээр гал дүрэлзсэн номлол явж, хүмүүсийг Есүс рүү ирэхийг уриаллаа. Нийт 40 гаруй оросууд Есүсийг амьдралынхаа Эзэн хэмээн хүлээн авахаар шийдвэр гаргалаа. Орос Монгол сайнмэдээ тараагчид бүгд тэдэнтэй хамт залбирч, үйл ажиллагааны дараа үлдэж ярилцахыг хүсэв.

Дараа нь өвчтэй хүмүүсийг урд гаргаж, залбирах цаг болов. Зарим хүмүүс тэр өдөр ирж чадаагүй өвчтэй хамаатан, гэр бүлийн гишүүнээ төлөөлж урагш гарлаа. Тэд ороолтоо өгч залбируулан, гэртээ хариад өвчтэй хүмүүсийн дээр өнөө ороолтоо тавьжээ. Энэ үйл явдал бага зэрэг хачирхалтай санагдаж болох ч Библийн (Үйлс 19:12) дагуу болсон юм шүү. Мөн тэдгээр хүмүүс ч эдгэрсэн юм. Залбирч байх үед эдгэрсэн хүмүүс гэрчилж эхлэв. Тэд орос хэлээр гэрчилж байсан тул надад орчуулж өгсөн хэдийг л би ойлгож сонслоо. Нэгэн альбино хүүгийн хараа сайжирч, өөр нэг хүүгийн бараг л юу ч хардаггүй байсан нүд нээгджээ. Нуруулны өвчтэй настай эмэгтэй олон жилийн дараа анх удаа доош тонгойн хөлөндөө хүрэв. Мөн гэдэс, толгойн өвчин гэх мэт өөр олон эдгэрэл болсон ч би нарийн мэдээллийг нь ойлгож чадалгүй өнгөрсөн юм. Гэсэн ч Бурхан тэр газар юу хийж байгааг, Эрдэнэт хотын оросуудын дунд яаж ажиллаж байгааг хэрхэн харалгүй өнгөрөх билээ дээ. Авардсан тэд маргааш орой дахин нэг уулзалт хийхийг шаардсан ч маргааш орой нь Оросын баг Эрдэнэтээс буцах байлаа. Тиймээс охид ачаагаа уулзалтад авчран тэндээсээ шууд галт тэрэгний буудал руу явахаар төлөвлөв. Уулзалт эхлэхэд дөнгөж итгэсэн орос итгэгчид урд өдөр нь ирж чадаагүй найзуудыгаа дагуулан иржээ.

Тэд бүгд Ариун Сүнсний баптисм хүртэж, харь хэлээр залбирч байв. Орос баг явахаасаа өмнө гурван Орос итгэгчидтэй ярилцаж, тэд сайн дураараа гэртээ чуулган хийхийг хүсжээ. Тэр гурван айлын нэг нь 2-р микрт амьдардаг байв. Түүгээр ч барахгүй шинэ итгэгч болсон монголчуудын нэлээд олон нь тэр микрт амьдардаг болж таарлаа. Залбирлын хариултаа ийм хурдан авна гэж байх уу! Орос багийн буцах цаг болжээ. Галт тэрэгний буудал хүргэх машин нь ч ирж. Тэднийг хаалгаар гарч байх зуур нэг шинэ итгэгч "Хэн бидний Пастор болж, хоньчлох юм бэ?" гэж хашхирахад багийн ахлагч Магнус руу хуруугаараа зааж, Магнус над руу заав. Бүхэл бүтэн жил гаруй монгол хэл судалсны эцэст оросоор ярьдаг, хэл нэвтрэлцэхгүй чуулган удирдана гэдэг амаргүй хэрэг. Ингээд Орос баг машиндаа суугаад Иркутск явах галт тэргийг гүйцэхээр хурдаа нэмж, яг л амжсан юм. Галт тэрэгний буудал орох замд Магнус тэднээс цаашид бид юу хийх ёстойг асуутал "Бид мэдэхгүй. Харин Бурхан та нарт харуулна" гэлээ. 5-р сарын 1-нд "нялх" Орос чуулган маань манай монгол чуулганы баярын цуглаанд нэгдлээ (гэр чуулганууд нэгдсэн мөргөл хийдэг байв). 5-р сард Зөвлөлт коммунистуудын тэмдэглэдэг Майн баяр болдог тул бидний баярын мөргөл яг энэ үеийг тааруулж болж байгаа нь их инээдтэй санагдав. Бурхан Аав яг энэ үеэр Өөрийн чуулганы нэгдсэн мөргөл болж байгааг таалан харж, инээж суусан байх. Бид болсон бүх зүйлсийг хараад баяхдан, талархаж байв. Гэнэт шинэ чуулган төрөх чинь их баяр хөөр шүү дээ.

Сэлэнгэ гол дахь зуны усан баталгаа (ахлагч Лхагва)

XV бүлэг

Аадар Бороо

Бидний үйлчлэл дунд Эзэний сүнс хаврын зөөлөн бороо шиг бус аадар бороо мэт шаагин орж, сэргэлт ирж, ар араасаа маш олон гайхамшиг боллоо. Эрдэнэт хотод хийсэн Бурханы ажлыг нэг бүрчлэн хүүрнэж чадахгүй учраас та бүхэнд ерөнхий зураглал өгөхийн тулд тухайн үеийн өдрийн тэмдэглэлээсээ хуваалцъя.

Брайны тэмдэглэл; 1994 оны 5-р сарын 1, Ням гараг

Өчигдөр чуулганы ахлагчид мацаг барьж, залбирал болон сургалт хийхээр цуглацгаалаа. Нийт 24 хүн ирснээс бүгд Ариун Сүнсээр дүүрч, хоёр хүнээс бусад нь харь хэлээр залбирав. Тэдний ихэнх нь анх удаа харь хэлээр залбирч үзсэн юм. Тэд эш үзүүлж, харь хэлийг тайлбарлаж мөн мэдлэгийн үг ч өгөгдөв. Хэд хэдэн удирдагч үзэгдэл үзэж, хоёр хүн муу сүцнээс чөлөөлөгдөв. Муу сүнсний хүлээсэнд байгаа хүмүүс энд их элбэг. Энэ газарт байгаа маш том сүнслэг дайралтыг бид дөнгөж эмчилж, эсэргүүцэж эхэлж байна.

Өнөөдөр Майн баярын өдөр. Хэдхэн жилийн өмнө Эрдэнэт хотын хүн бүр коммунизмын яруу алдар үүрд мөнх мандан бадраг хэмээн энэ баярыг ихэд өргөн тэмдэглэдэг байлаа. Харин энэ жил тийм зүйл болохгүй. Энэ жил Амьд Бурханы үүрд мөнхийн Хаант улсыг бид тэмдэглэх болно. Бид баярын цуглаан хийж Зоригоо Ариун Сүнсний хүч чадлын талаар номлол заасан ба 30 орчим хүн авралыг хүлээн авсан юм. Олон хүн эдгэрч, бараг л таг сохор байсан охин маш тод харж эхлэв. Бөөрний өвчин, толгойн өвчин Есүсийн нэрийг сонсоод дайжин зугтаж байлаа. Усан баптисм хүртээд удаагүй байгаа 15 шинэ итгэгчдийг тайзны урд гаргаж залбирахад бүгд Ариун Сүнсний баптисм хүртэв. Тэднээс ихэнх нь харь хэлээр залбирч, үзэгдэл үзэж мөн эш үзүүлэв. Баярын цуглаан дууссаны дараа чуулганы итгэгчид маань хүмүүсийн гэрээр очиж залбирахад ч эдгэрэл болж байлаа. Бурханы Сүнс Орос багтай хамт галт тэргэнд сууж яваагүй, харин бидэндтэй хамт байгаа нь ойлгомжтой байв.

1994 он 5-р сарын 8, Ням гараг

Өнөөдрийн гэр цуглааны сургаал зөвхөн Бурханы Ариун Сүнсний тухай байлаа. Дараа нь залбирлын үеэр Ариун Сүнс буун ирсэн юм. Эхний жижиг бүлэг залбирлын үеэр Түүний хүчээр дүүрч, бүгд газар унаж байв. Тэгээд би Бурхан хэрхэн олон арга замаар ажилладаг болон "Түүний талаарх ойлголтоо хайрцаглаж үл болох" талаар анхааруулсан сургаал заалаа. Дараа нь бид таван хүнээс бүрдсэн хоёр дахь жижиг бүлэгтэй уулзаж, залбирцгаав. Залбирлын үеэр хараа муутай нэг хүү над дээр ирж залбируулахыг хүслээ. Би түүнээс Бурханаас юу хүсэж байгааг нь асуутал тэр "би бүрэн хардаг болохыг хүсэж байна" гэв. Тэгээд би түүнчлэн залбирав. Тэр хүүг гэсэн Бурханы хайр агуу болохыг би мэдэрч, Бурхан л биш бол тэр газар гайхамшиг үгүй гэдгийг хүлээн зөвшөөрч, Түүний хүч чадлыг тунхаглан залбирлаа. Залбирч дуусаад хүүгээс асуухад тэр инээмсэглэн, хараа нь эдгэрсэн болохоо зарлалаа. Чуулганы итгэгчид хүүг хараа муутай гэдгийг өмнө нь мэддэг байсан тул бүгд ихэд урам авлаа.

Гурав дахь жижиг бүлгийн залбирал эхлэхэд шар хүрэмтэй залуу эмэгтэй байв. Залбирлын үеэр эмэгтэйд ямар нэгэн өөрчлөлт болохгүй байгааг би анзаарлаа. Тэгээд би Бурханаас яагаад хэмээн асуун залбирахад "боолчлол" гэсэн хариу сонсов. Бурханаас ирсэн үгийг эргэцүүлэн бодох зуур эмэгтэй хуурамч шүтээнтэй хүзүүний зүүлт зүүсэн зураглал харагдав. Гэвч эмэгтэйн хүзүүг холоос харахад юу ч байсангүй. Бидний дунд Ганаа гэдэг англиар ярьдаг хүн байсан тул би түүн рүү сэм дөхөж хүмүүс хүзүүндээ тиймэрхүү зүйл зүүдэг эсэхийг асуулаа. Мэдээж би тэр эмэгтэйг олны өмнө эвгүй байдалд оруулахыг хүсээгүй тул зөв сонссон эсэхээ бататгахыг хүссэн юм. Зарлал явж дууссаны дараа нөгөө эмэгтэй гэнэт суудлаасаа босож хүзүүний зүүлтээ тасдан хаялаа. Эмэгтэйн арьсан зүүлтийг лам өгсөн ба дээрээ сахиустай байлаа. Үүнийг хараад чуулган уухайлан баярлацгаав. Бурхан бидний жижиг нууцыг хүртэл мэдэж байгаад тэд алмайран бишийч байв. Тэгээд бүгд түүний төлөө дахин залбирахаар шийдэж биднийг түүний бүрэн чөлөөлөлтийн төлөө залбирч байх зуур эмэгтэй сахиус дээрээ гишгэллээ. Бүгд залбирч дууссаны дараа чуулганы зарим ахлагчдын тусламжтай эмэгтэй зүүлтээ шатаасан юм.

1994 оны 5-р сарын 17, Лхагва гараг

Өнөөдөр би шинэхэн орос жижиг бүлгийн ахлагч нарт анх удаа сургаал заана. Өнгөрсөн ням гарагт орос итгэгчидтэй уулзаж тэднийг гэрээр цуглах жижиг бүлэгт хуваасан юм. Хоёр жижиг бүлэг бүрдэхэд хангалттай олон хүн ирсэн боловч тэд эхлээд бөөнөөрөө уулзаж харин ирээдүйд шаардлагатай бол хуваагдахыг хүссэн юм. Тэдэнд Зөвлөлтийн үеэс үлдсэн бага зэрэг айдас байсан тул жижиг бүлгээр хуваагдах буюу "бүлэг" гэдэг нэр зүүхээс болгоомжилж байлаа. Бараг 50 гаруй хүн чуулганд хамрагдахыг хүсч байгаагаа илэрхийлсэн ч 14 хүн л уулзалтанд ирэв. Тийм учраас би өнөөдөр 4 туслагчтай (ирээдүйн удирдагчид) уулзаж Есүсийн долоон үндсэн тушаалыг дуулгавартай дагах талаар энгийн хичээл (монгол-англи-орос хэлний орчуулагч Ганаатай хамт) орох болно. Мөн зөвхөн Баптисм хүртсэн итгэгч л Эзэний зоог хүртдэг гэж бид сургагдсан тул орос итгэгчдэд яаралтай баптисм хүртээх хэрэгцээ байлаа. Яагаад гэвэл эхэн үед бид орос магтан дуу бага мэдэх тул чуулган ихэвчлэн Эзэний зоогийг чухал болгон үйлчилж байсан юм. Огт төсөөлж, төлөвлөж байгаагүй шинэ үйлчлэл надад их хэцүү санагдсан боловч Бурхан хүчийг өгсөнд талархав.

Магнус монгол чуулганаа хариуцаж, хажуугаар нь зуныг Шведэд өнгөрүүлэхээр төлөвлөсөн тул аялалдаа бэлдээд их л завгүй байв. Өөрөөр хэлбэл энэ үед орос чуулган тэр чигтээ миний нуруун дээр байсан юм. Харин зуны турш би Орос, Монгол хоёр чуулганыг хоёуланг нь хариуцаж туслах болов. Тэр үед би монгол чуулганы ирээдүй болсон чадварлаг, бурханлаг удирдагчид босож байгаад Бурханд л талархаж суулаа. Монгол хэлнээ бид тэднийг "ахлагч" гэж нэрийдсэн ба "насаар ах" хүмүүсийг нэрлэх давхар утгатай. Уг нэршил Паул чуулганы удирдагчдаа нэрлэсэнтэй төстэй утгатай хийгээд харин 17 зууны турш чуулганы түүхэнд бий болсон хэт төвөгтэй нэршил, хүнд ачаанаас холуур буюу их энгийнээр илэрхийлсэн юм.

Бидний хийсэн хамгийн сүүлийн баптисм хүртээх ёслол их дурсамжтай өнгөрлөө. Учир нь манай дунд охин Молли Анне баптисм хүртсэн юм. Охин минь нэг өглөө босоод авралыг хүлээн авч, Есүсийг дагамаар байгаагаа Луйсд хэлжээ. Харин Луйс түүнээс яг ямар утгаар ингэж хэлж байгааг асуутал "Би Бурханыг магтаж, Түүний хэлснийг л хийх болно" гэж Молли хариулсан юм. Амен! Молли монгол чуулганд баптисм хүртсэн хамгийн анхны баруун хүн боллоо.

Эрдэнэт хотод бид айлын "ванн" буюу усанд ордог онгоц дотор баптисм хүртээдэг байв. Мэдээж "ванн" жижиг тул дотор нь баптисм хүртээх ёслол хийнэ гэдэг амаргүй л дээ. Гэхдээ өөр яах билээ дээ. Энэ чинь "ванн" дотор минь "хонь" байгаа анхны тохиолдол биш шүү дээ! Нутгийн эрх мэдэлтнүүд олон нийтийн усан санг түрээслэх хүсэлтийг минь бүр авч хэлэлцэх ч үгүй байсан юм. Уурхайн усан сан, сувиллын өрөөг зөвхөн оросууд ба дарга нар л хэрэглэх эрхтэй байв. Тэгээд л бид баптисм хүртэх хүсэлтэй хэн бүхнийг жижиг бүлгийн гишүүд, бүлгийн ахлагчтай нь хамт гэртээ дууддаг байв. Юуны түрүүнд бүгд зочны өрөөнд хамт магтаал өргөж, эхлээд эмэгтэйчүүд дараа нь эрэгтэйчүүд байхаар үүдний өрөөгөөр дараалан зогсоно. Давчуу угаалгын өрөөнд ирээдүйд томилогдох ахлагчид ба баптисм хүртэж буй итгэгчийн жижиг бүлгийн ахлагч нар ванны хажууд зогсоно. Баптисм хүртэх гэж байгаа хүн маань ванн дотор бүрэн суужи, эхлээд нэг удирдагч түүнийг хойш усанд хэвтүүлнэ. Дараа нь өөр нэг ахлагч түүний өвдөг дээрээс доош ус руу дарахад хөшүүрэгдэх мэт биеийн дээд хэсэг уснаас гарч ирнэ. Дараачийн хүн Бурханы гэр бүлд нэгдэж, баптисм хүртэхээр угаалгын өрөө орох үед эхний хүн уснаас гарч, унтлагын өрөөнд нойтон хувцсаа солино. Гурав юм уу дөрөв дэх хүний дараа ванны ус багасаж, дахин дүүргэдэг байлаа. Баптисм хүртээх ёслолын үеэр чуулганы бусад гишүүд том өрөөнд магтан дуулсаар байна. Төгс төгөлдөр биш ч энэ арга бидэнд болоод л байдаг байлаа.

Баяраа бид хоёр Моллид баптисм хүртээсэн тэр өдөр өөр 15 монгол итгэгчид баптисм хүртсэнээс 5 нь залуу эрчүүд, мөн өнгөрсөн сард хүү нь эдгэрсэн нэг хос байв. Энэ өдөр анх удаа баптисм хүртсэн хүмүүсийн ихэнх нь 20-оос дээш насны хүмүүс байлаа. Бүр тэдний дунд 45 орчим насны нэг багш байсан гээч. Насанд хүрсэн хүмүүс Христэд итгэхийг хүссэн бидний залбиралд Бурхан хариулжээ. Ингээд тэр үеийг хүртэл бид нийт 149 хүнд баптисм хүртээжээ. Тэдний 11 нь Эрдэнэт хотоос нүүж, 35 нь хотдоо амьдардаг ч дахиж огт уулзаагүй юм. Тэглээ гээд бид баптисм хүртээхийг их нухацтай авч үздэггүй гэсэн үг биш шүү. Харин ч зарим хүмүүс дахиж ирсэнгүй гэж бид хэт сэтгэлээр унаагүй юм. Түүний оронд цаашдаа хүмүүсийн баптисм хүртэх хүсэлт, үйл явцыг хэрхэн сайжруулах талаар дүгнэн ярилцсаар байсан юм. Энэ асуудлыг шийдэхийн тулд бид шинэ итгэгдчийн анги нээж хичээл зааж эхэллээ. Тэгээд 4 долоо хоногийн турш долоо хоногт нэг удаа Бурхан, Есүс ба Ариун Сүнс, Христитгэлт амьдралын талаар ерөнхий суурь мэдлэгийн хичээл заадаг болов. Чуулганд сонирхож ирсэн хүмүүс Христэд амьдралаа өгөхөөс өмнө эдгээр оройн хичээлийг заавал дэс дарааллаар биш ч бүгдийг үзэж дуусгасан байх ёстой байв. Бид баптисмыг дөрвөн хичээлийн төгсөлт маягаар харах эсвэл та арай бэлэн болоогүй байна гээд баптисмыг нь хойшлуулахаас илүүтэй тухайн хүн маань итгэлээ бататгахаасаа өмнө яг юунд нэгдэж, ямар амьдрал эхлүүлж байгаагаа тодорхой ойлгоосой хэмээн хүссэн юм. Учир нь баптисм хүртчихээд "хуучин амьдрал"-руугаа эргэн орсон хүмүүсээс сэтгэгдлийг нь сонсоход Христийн тухай бага ойлголттой, зүгээр л сониуч зангаар ирж сургалтад суугаад баптисм хүртээд Христийг дагах ямар их золиостой болохыг ойлгосноос хойш дахиж ирээгүй болохыг олж мэдсэн юм. Ирээдүйд илүү их харилцаа холбоо сайтай байж бүгдийг эхлүүлэх нь энэ асуудлыг шийднэ хэмээн бид найдсан юм.

Түүгээр ч зогсохгүй монголчууд христитгэл ба Есүс Эзэнийг үл тоомсорлож, амархан гуйвж дайвж байгаа ч гэсэн бидэнтэй адил христитгэлт суурьтай газар төрж өссөн хүмүүс биш гэдгийг бид өдөр бүр өөрсдөдөө сануулсаар байлаа.

Жижиг бүлгийн гишүүд бүгд нэгдэн Бурханыг магтаж, жүжиг үзүүлэн, залбирч, Бурханы Үгийг хуваалцдаг юм. "Магтан алдаршуулах цуглаан"-д маань сүүлд 200 гаруй хүн ирсэн. Ням гарагийн хүүхдийн цуглаанд 150 гаруй хүүхэд хамрагдаж, залуучуудын цуглаанд 60 орчим хүн ирж ихэнх нь баптисм хүртлээ. Баптисм хүртсэн нийт итгэгчдээс бараг 4/1 нь эрчүүд, 3/1 нь 22 наснаас дээш хүмүүс байв. Хөгшин залуугүй бараг бүгд л 4-р сард Ариун Сүнсний хур бороо бууж ирсэн өдрөөс хойш Христэд итгэсэн, шинэ хүмүүс байв.

Монголын зарим нэг чуулганд стандарт болсон "Ням гарагийн баярын цуглаан" хийдэг хэв маягийг өөрчлөн, гэр чуулган болохыг хүсэж байгаагаа илэрхийлж эхэлсэн ба хариуд нь бид Улаанбаатар хотноо сургалт хийхээр төлөвлөлөө. Энэ сургалт дээр удахгүй удирдагч болохоор бэлтгэгдэж байгаа гурван ахлагч маань өөрсдийн туршлагаас хуваалцаж, хичээл заах болов. Сургалтанд нийт зургаан аймгийн сүм чуулган, жижиг бүлгийн ахлагч, удирдагчид уригдав.

1994 оны 6-р сарын 18, Бямба гараг

Хамгийн сүүлд тэмдэглэл бичсэн хугацаа нэлээд хойно байгааг харвал бид ойрд хичнээн завгүй байгааг илтгэнэ. Уржигдар Луйс бид хоёр хуримын 10 жилийн ойгоо тэмдэглэж Эрдэнэт хотын Сэлэнгэ зочид буудлын зоогийн газарт болзлоо. Гэвч хоолны цэсэн дээр байгаа хоолноос ганц гарах боломжтой нь хонины чанасан мах байв. Бид урд урьдын жилүүдэд хуримын ойгоо яаж тэмдэглэсэн тухайгаа ярилцан, хэсэг инээлдэж суулаа.

Өчигдөр Магнус, Мариа хоёр галт тэргэнд сууж, Швед рүү амрахаар явж алсыг зорьсон. Тэднийг явж байгаад бид дотроо их л гунигтай байсан юм. Мөн орос чуулганд үйлчилж байгаа хүмүүсийн нэг болох Людмила ч бас энэ зуныг гэр бүлтэйгээ хамт өнгөрүүлэхээр шийдэж нутгийн зүг явсан билээ.

Өнөөдөр Улаанбаатар хотоос таван зочин ирлээ. Дөрөв нь *Mongolian Enterprises International*-д надтай хамт ажилладаг найзууд, нэг нь *Navigators* байгууллагын залуу. Ирэх даваа гарагт би зуны амралтаас өмнөх сүүлийн англи хэлний хичээлээ зааж, монгол чуулганы ахлагчидтай уулзах, туслах ажилдаа орно.

Өнгөрсөн ням гарагт орос чуулган хамгийн анхны баптисм хүртээх ёслолоо хийж Анна, Алберт, Лидиа, Евгения, Тамара, Люда болон Людмила нар бидний гэр бүлд нэгдлээ. Эдгээр хүмүүс бидний мэдэхээр Монголд баптисм хүртсэн хамгийн анхны оросууд болов уу гэж би бодож байна. Орос чуулган маань их жижиг ч гал халуун, амь дүүрэн чуулган юм. Эрдэнэтийн оросууд зундаа ихэвчлэн эх нутаг руугаа явдаг тул намар гэхэд илүү олон хүмүүс чуулганд хамрагдах нь дамжиггүй. Бид ирээдүйд олон хүн чуулганд нэгдэхэд бэлэн байхын тулд эдгээр цөөн итгэгчид (хоньд) Христийг дуулгавартай дагахын ач холбогдлыг сурч мэдэх дээр төвлөрөн үйлчилж байгаа.

Үүний хажуугаар монгол чуулган ч энэ зуныг их завгүй өнгөрөөх нь дээ. Энэ зуны 7-р сард бид анх удаа зуны хөтөлбөрөө бие дааж хийх болно. Өнгөрсөн зун энэ хөтөлбөрийг Улаанбаатарын чуулгантай хамтарч хийсэн билээ. Түүгээр ч зогсохгүй бид баптисм хүртээх ёслол, баярын цуглаан, Дэлхийн Залбирлын Өдөр (залбирлын өдөрт зориулж гадаа талбай түрээсэлсэн), бүх чуулганы залбирлын уулзалт, Америкаас богиный илгээлтийн баг ирэх ба маш олон удирдагчдын сургалт, уулзалт төлөвлөөд байна.

Төсөөлж ч байгаагүй энэ сэргэлтийн талаар эргэцүүлэн бодоход тухайн үед бидэнд гайхамшгийн хүрхрээ цутгах хүртэл бидний ажиглаагүй маш олон жижиг зүйлийг ч Бурхан ихэд анхааралтай төлөвлөн хийсэн болохыг ухааран харлаа. Яг үнэндээ бүх зүйл гэнэт болчихоогүй юм байна. Бид үйл явдлын голд байсан тул бүгд л гэнэт мэт санагдсан ч бүх зүйл эхнээсээ бага багаар биеллээ олжээ. Бас Библи дээрх нэршлүүдийг нутгийн хэл рүү хөрвүүлж хэрэглэсэн маань ч бага багаар хийгдсэн шилжилтүүдийн нэг болж байлаа. Өмнө нь Баяраа "Эхлэл" номоор сургаалаа заахдаа Бурханыг яг "бурхан" гэдэг нэршлээр нь бичсэн Өвөр монгол библийг монгол бичгээс крилл рүү хөврүүлж байсан удаатай билээ. (тэр үед бид "бурхан" гэдэг үгийг илүү өргөн хүлээн зөвшөөрөгдсөн Ертөнцийн Эзэн болгож өөрчилсөн ч хуудасны доод хэсэгт хоёр нэршлийг хоёуланг нь тайлбарлаж бичсэн юм). Мөн "Улаан Библи" хэрэглэх боломжтой болсон үедээ шууд л хэрэглэж эхлэв. Түүнээс гадна үйлчлэлдээ, өдөр тутмын яриа, залбирал, уулзалт дээр зөв нэршлүүдийг хэрэглэх талаар ярилцаж, дүгнэдэг мөн бага багаар өөрчлөлт хийдэг байсан юм. Эцэст нь бүгд "Бурханы нэрийг өөрчлөхөөр" шийдвэр гаргаж байлаа. Бурхан Аав маань ч их олон сарын турш тууштай ба тасралтгүй ажиллаж, монголчуудад эдгэрэл, Сүнсний бэлгүүд мөн чөлөөлөлт бэлэглэжээ. Тэр хаврын үүлээр аадар буулгаж, энэ газарт тэсрэлт бий болсон юм.

XVI бүлэг

Хөлгийн залуурыг ганцаар

Зун цаг ирж "4-р сарын гайхамшиг" болсноос хойш бараг анх удаа түр амсхийлээ. 1994 оны 6-р сарын 17-нд Магнус, Мариа хоёр түр хугацаанд амрахаар нутаг буцаж Эрдэнэтээс явав. Удирдагчдаа Швед рүү явах түр зуурын аялалд нь үдэж гаргахаар чуулган бараг тэр чигтээ гал тэрэгний буудал дээр иржээ. Нэг л мэдэхэд илгээлтийн эзэн Эрдэнэтээс явахад ийнхүү үдэн гаргадаг уламжлалтай болчихсон байв. Тэр өдөр бид галт тэрэгний буудлын зорчигчдын тавцан дээр Бурханыг магтан дуулж байхыг хараад бусад зорчигчид, тэднийг гаргаж өгч байгаа гэр бүлийн гишүүд гээд хажуугаар зөрсөн бүх хүмүүс биднийг алмайран ширтэнэ. Аргагүй биз дээ. Хэн ч өмнө нь ийм олон монголчууд нэг дор цугларан уйлалдаж, инээлдэж, гартаа гитар барьчихаад Бурханыг магтан дуулж бас болоогүй шар толгойтой гадаад хосыг тэврэч байхыг хараагүй биз. Бараг кино шиг л юм болсон шүү. Тэгээд Магнус, Мариа хоёр явж зун дуустал Луйс бид хоёр хоёулханаа бүх юмаа хариуцаж үлдэв. Бодит байдалтай даруй нүүр туллаа.

Тэр орой Луйс бид хоёр гал тогооны өрөөндөө сууж, дэлхийн нөгөө өнцөгт тэтгэвэрт гарсан баяраа тэмдэглэж байгаа ээжийн минь төлөө залбирлаа. Үнэндээ бид асар хол тусгаарлагдсан мэт санагдаж, сэтгэл санаа ч их гэгэлзэж байв. Ээж, хойд эцэг хоёр маань 8-р сард бидэн дээр ирэхээр товлосон тул бид тэднийг ирэхийг тэсэн ядан хүлээж, өдөр хоногоо тоолж байсан юм. Гурван сарын турш эргэн тойрны хэдэн зуун километртээ цор ганц чуулган тарич гэр бүл байх нь дээ. Хэлийг нь арай гэж сурч байгаа энэ газарт бидний нуруун дээр хурдацтай өсөлттэй монгол чуулган ба орчуулагчаар гурван хэл дамжин байж ойлголцон удирдах шаардлагатай орос чуулган үлдэв.

Өнгөрсөн хугацаанд олон үндэстний, өөр өөр угсаа гаралтай ахлагчдыг сургаж чиглүүлж байхдаа Магнусын хэлний чадварт найдаж, их ачаа үүрүүлсэн байснаа ухаарсан юм. Эргэн тойронд унаган англиар ярьдаг хүн нэг ч байхгүй болчихсон чинь хэлний чадвар минь эрс сайжирлаа. Бид гэр чуулганы жижиг бүлгийн хичээлийг бэлдэж, удахгүй удирдагч болох бүлгийн ахлагчидтай уулзалт хийж, тэдэнд тулгараад байгаа асуудлыг ярилцаж, шийдэл гаргаж байлаа.

Орос чуулган маань Азидаа хоёрт орох томхон уулын баяжуулах үйлдвэрийн ил уурхайн захад байрлах саунд анхны усан баптисм хүртээх ёсолыг уурхайн ажилтан оросуудад хийхээр бэлдлээ. Уулын баяжуулах үйлдвэрийн халуун усны өрөөний гадаа жижигхэн ч гэсэн гүнзгий усан сан байдаг. Алекс бол баптисм хүртэж байгаа хүмүүсээс цор ганц эрэгтэй нь бөгөөд энэ ёсолд хэрэгтэй бүх төхөөрөмж, бас бус зүйлийг ч орхигдуулалгүй нягуур хандаж усан санг халуун усаар дүүргэжээ. Миний хувьд ая тухтай байдлыг тэгж их эсэргүүцдэггүй учраас хүмүүс намайг уламжлалт нэгэн гэж нээх буруутгаад байдаггүй. Гэхдээ тэр үед халуун усыг урсгаж хүйтэн бүлээн усаар дүүргэ гэж надад сануулсны дагуу би тийнхүү шаардлага тавьлаа. Тэгэхгүй л бол баптисм шиг санагдахгүй байсан юм. Түүнийг усны халуун хүйтэн тааруулж байх зуур эмэгтэйчүүд хувцасаа солихоор явав. Тэд хувцасаа солиод гарч ирэхэд нь би бараг л ухаан алдаад уначихсангүй. Учир нь бүгд дотуур хувцастайгаа байлаа. Нэг нь ч усны хувцас эсвэл тусгайлан бэлдсэн хувцас авч ирээгүй байв. Би ч тэднийг ямар нэгэн хувцас өмсөж биеэ далдлах хэрэгтэй гэж хэлээд явуулав. Миний өндөр ёс суртахуунтайг гайхсан бололтой тэд гомдол гаргасан ч хувцас солих өрөөг зүглэлээ. Хувцасаа солиод гарч ирэхэд нь Алекс, Ганаа бид гурав бүр алмайрч орхилоо. Ромын эзэнт гүрний зургаан эмэгтэй тога (нөмрөг) нөмөрсөн мэт харагдана. Тэд хаанаас ч юм бүү мэд орны дэвсгэр даавуу олжээ. Шинэ гэрээний үеийн баптисм хүртээх ёсол маргаангүй яг л ийм өнгө төрхтэй болдог байсан байх.

Би уулын баяжуулах үйлдвэр лүү явах замдаа баптисм хүртээх үедээ хэлэх хэдэн орос үг цээжилсэн юм. "Я крешу вас во имя Отца, и Сын, и Святого Духа". Яагаад ч юм гэнэт тархи унтарч цээжилсэн үгсээ "хулгайгаар" цаасны хэлтэрхий дээр бичсэн тэмдэглэлээ харахгүй л бол хэлж чадахгүй байснаа санаж байна. Ёсол ч эхэлж нөмрөг өмссөн эхний эмэгтэйд баптисм хүртээх гэтэл цээжилсэн үгнээс толгойд юу ч орж ирсэнгүй. Сандарсандаа бичсэн цаасаа хайтал усан сангийн нөгөө захад усны долгионоор хөвж явна. Бид ч бөөн инээдэм болов. Үүний дараа үйл ажиллагаа эхэлж намайг гацах бүрт хэн нэгэн дараагийн үгийг аяархан шивнэж туслав. Орос чуулган болон миний хувьд тэр цаг үнэхээр ач холбогдолтой, мартагдашгүй дурсамж байсныг онцлох нь зүйтэй. Учир нь гэвэл энэ өдөр илгээлтээр ирснээс хойш миний хийсэн анхны баптисм ба түүгээр ч зогсохгүй, амьдралдаа хамгийн анх удаа олон хүнд баптисм хүртээсэн өдөр байлаа.

Бид цуглаанаа "Есүсийн чуулган" гэж нэрлэснээс хойш 1994 онд хамгийн анхны "Зуны хөтөлбөр" хийхээр бэлтгэж байв. Хөтөлбөр маань хүнд хэцүү бэрхшээл их ч маш амжилттай болж өндөрлөлөө. Өмнөх жил нь манай чуулганы зарим ахлагчид Улаанбаатар дахь чуулгантай нэгдэж энэ хөтөлбөрийг зохион байгуулж байсан. Харин энэ жил удирдлагын баг маань Эрдэнэт хотоос зүүн хойд зүгт 60 км зайд байрлах Сэлэнгэ мөрний хөндийн цэлгэр ногоон талд хуучны орос хүүхдийн зуслантай гэрээ хийжээ. Сүүлийн хэдэн хоног чуулганы удирдлагын баг маань долоо хоногийн турш заах хичээл, тоглоом, спорт тэмцээн, нөхөрлөл гэх мэт хөтөлбөр бэлтгээд ихээхэн завгүй өнгөрлөө. Зусланд хүний тоогоор хоолны төлбөр өгсөн тул хоол унд бэлдэхэд санаа зоволтгүй боллоо. Тэдний гал тогоо, хоолны өрөөний ажилчид бүгд ажиллах ба хөтөлбөрт 80 хүн хүлээж авахад бэлэн болсон байв. Тэгээд бид том машин хөлсөлж, бүгд кемп дээр ирэхэд тэр газрын байгаль үнэхээр үзэсгэлэнтэй, үнэхээр бишрэмээр байлаа. Харамсалтай нь байгалийн сайхныг биширч байгаа нь зөвхөн бид биш бололтой. Машин зогсов уу үгүй юу цусаар ангаж цангасан шумуулуудтай дайтав. Зуслангийн барилга муудаж хуучирсан ч сэтгэл татам харагдана. Гадаа нь хүүхдүүд тоглох зориулалттай жинхэнэ онгоц болон танк байрлаж, зуслангийн тоног төхөөрөмж нь өгөршиж муудах цаг болсон ч ихэнх амралтын газраас илүү гоё газар шиг санагдав. Бидний байрлах байшинг яг л арал дээр хөлөг онгоц байрласан мэт загвараар хийжээ. Бусад хүмүүсийн өрөө тасалгаат өрөө шиг боловч манай өрөө тусдаа цонхтой, хувийн өрөө байлаа. Бид ч хамаг цонхоо хааж нутгийн хортон шавжид цус хандивласнаас бүгчим халуунд байхыг илүүд үзэв. Гэвч зуслангийн хоол их амтгүй байсан ба хичнээн амтгүй санагдсан ч бид нүүрэндээ инээмсэглэл тодруулан, тавгаа хоослохыг хичээлээ. Гал тогооны ажилчид малын гэдэс дотрын хямдралтай худалдаанаас бүх материалаа худалдаж авсан юм болов уу гэмээр бүх хоолны гол орц нь үхрийн гэдэс байсан юм. Зуслангийн ажилчдын санал болгож байгаа тусгай хоолыг танай гэр бүл идэх хэрэгтэй хэмээн чуулганы итгэгчид маань санал болгосон ба үлгэр жишээ илгээлтийн эзэд байхын тулд бид бусадтай л адилхан байхыг хичээсэн юм.

Манай охид тэр долоо хоногийн турш мацаг барьж зөвхөн тараг болон талх идэхээр шийдэв. Тэд 14 цагт амттан болгож тараг өгдөг байлаа. Удирдлагын багт маань зуслангийн цагийн хуваарь тийм таатай санагдаагүй ч яагаад ч юм яаж хэлсэн ч энэ хуваарийг өөрчилж чадаагүй юм. Гол асуудал нь монголчуудын хувьд таргийг нэг төрлийн нойр хүргэдэг хүнс гэж үздэг юм. Зуслангийн ажилчид 14 цагт тараг өгснөөр өдрийн хичээлийн цагийг зориуд суларуулахыг оролдож байгаа мэт гэлцсэн юм. Сүүлдээ надад хүртэл үнэхээр л чуулганы монголчууд тараг уусны дараа нойр нь хүрч, нозоороод байгаа ч юм шиг санагдаж эхлэв. Манай гэр бүлийн хувьд өдөр бүрийн тарагны цаг харин ч сэтгэл сэргэм байлаа.

Энэ долоо хоногийн хамгийн гоё нь юу байсан бэ гэж надаас асуувал: Чуулган нэг гэр бүл мэт илүү дотно болсон гэж хариулна. Бид Монгол ахан дүүстэйгээ илүү ойр дотно болжээ. Би өдөр бүр хичээл заасан ба хамгийн үр өгөөжтэй хичээл маань Луйс бид хоёрын хамтарч заасан хичээл байв. Ирсэн хүмүүсээс арай насаар ахимаг хүмүүс ба эцэг эхчүүдээс Библийн асуулт хариултын цаг гаргах хүсэлт ирлээ. Асуулт хариултын төгсгөлд бид гурван цаг гаруй ярилцаж, ер бусын гайхалтай цаг болж өнгөрсөн юм. Тэдний асуултад бид Бурханы Үгээр хариулж, мөнхийн үнэний талаарх ойлголтыг анх удаа сонсож байгаа насанд хүрсэн 15 хүнээс ам булаалдан "Аймар гоё байна" гэдэг үг сонсох хичнээн тааламжтай байсан гээч. Энэ чинь л илгээлтийн гол утга учир биш гэж үү.

Мөн бүгд хамт Бурханыг магтах үнэ цэнэтэй цаг гаргаж, драмын багийн бэлдэж ирсэн шинэ хөгжилтэй драм үзлээ. Бас болоогүй зургаан төрлийн спорт тэмцээн явууллаа: шатар, хөл бөмбөг, гар бөмбөг, сагсан бөмбөг, драмын тэмцээн мөн бөмбөг дамжуулах тэмцээн. Манай баг хөл бөмбөг, сагсан бөмбөгийн тэмцээнд ялж билээ. Уг нь би спортод тийм ч дуртай хүн биш л дээ. Гэвч угийн намхан үндэстэн дунд 183 см сүрлэг өндөр биетэй байсан нь сагсан бөмбөгт дуртай болоход нөлөөлөв. Луйсын ахалсан баг драмын тэмцээнд ялав. Мелоди газраас мэлхий түүж өөрөөс нь өөр хэн ч оролцоогүй тэмцээний ялагч болж шагнал авлаа. Долоо хоногийн хугацаа хурдан өнгөрчээ. Бүгд ядарч ялимгүй өлссөн ч баяр хөөрөөр дүүрэн байв. Хоорондоо их дотно болсон тул бусдыгаа их санах нь дамжиггүй. Гэсэн ч бид Эрдэнэт хотын тав тухтай байдалдаа эргэн очиход бэлэн байлаа. Харих замд нэг машины маань бензин дуусч эзгүй хээр газар чуулганы тал нь үлдэж шөнө 2 цагт гэртээ алхаж ирсэн юм.

Зуслангаас ирээд хэд хоногийн дараа ахлагчид хоорондоо хоол амтгүй байсан тухай ярьж байхыг сонсоод хаана идсэн, ямар хоол ярьж байгааг асуутал "Мэдээж, зуслангийн хоолны тухай ярьж байна" гэлцэв. Эцэст нь зуслангийн хоол зөвхөн бидэнд биш харин хүн бүрт амьдралдаа идсэн хамгийн амтгүй хоол байсныг олж мэдлээ. Мөн танай гэр бүлд арай амттай хоол өгье гээд байхад яагаад тэр хоолыг идээд байсныг бид огт ойлгоогүй гэж ахлагчид хэлэхэд бидний дунд инээд хөөр цалгив.

Эхэн үед Эрдэнэт чуулганы итгэгчид жижиг бүлгээр нэгнийхээ гэрийн зочны өрөөнд уулздаг байлаа. Цаг хугацаа өнгөрч тэдгээр бүлгийн тоо өсөн нэмэгдсэн тул бид тогтмол хугацаанд бүх жижиг бүлгийн гишүүдийг цуглуулан том хэмжээний "Баярын цуглаан" хийх нь илүү тохиромжтой, илүү бусдыг татах боломж гэж харлаа. Баярын цугларалтыг бид ихэвчлэн "Магтан алдаршуулах цуглаан" гэж нэрлэдэг юм. Бид сард нэг удаа аль нэг Эзэний өдрийг сонгож, том танхим түрээсэлдэг ба жижиг бүлгүүдэд хэзээ, хаана баярын цуглаан хийхээ зарладаг байв. Тухайн үед бүх барилга байгууламж засгийн газрын мэдэлд байсан тул бид ямар ч сонголтгүйгээр өөр өөр газарт цугладаг байв. Учир нь түрээслэгчид биднийг христитгэлт гэдгийг мэдсэн даруйдаа л хөөж, дахиж түрээслэдэггүй байсан юм. Нэг төрлийн нөхөрсөг хавчлага гэж хэлж болно. Гэвч энэ байдлыг бусад оронд үйлчилдэг Христийн дагалдагчид, илгээлтийн эздийн туулж байгаа амьдралтай зүйрлэвэл хавчлага гэдэг үг ч хурцдах байх. Түүнээс гадна "Магтан алдаршуулах цуглаан" нь чуулганы бүтцийн гол цөм биш, харин гол "чуулган" маань хот даяар итгэгчдийн гэрт болдог байсан тул бидэнд тийм ч их нөлөөлдөггүй байв. Хэд хэдэн удаа цуглаанаа хийх бэлтгэл хийж байх үед "байрны эзэн" биднийг албадан гаргаж байсан бөгөөд цуглаан цуцлагдсан гэдгийг хүмүүст мэдэгдэхээр нэг ахлагчийг үүдэнд үлдээдэг байлаа. Юу ч тохиолдсон Христийн бие, бидний үйлчлэл цааш үргэлжилсээр.

Цаг хугацаа өнгөрч удирдагч болохоор бэлтгэгдэж байсан дагалдагчдаас Магнус бид хоёр дээр ирж том цуглааныг илүү олон давтамжтай хийх санал тавив. Шалтгаан нь хүн бүр олуулаа цуглан магтаал хүндэтгэл өргөж, гэрчлэл хийж, драм үзүүлэхэд дуртай байгаа ба олуулаа цуглах тусам итгэгчдийн тоо нэмэгдэж байгааг бодитоор харж, илүү урам зориг авч байгаа талаар хуваалцлаа. Мөн чуулганыхан Есүсийн тушаалд суралцаж, түүний дагуу өгөөмрөөр өргөж байгааг тэд тодотгож, том танхимыг олон удаа түрээслэх хангалттай санхүү орж ирж байна гэлээ. Бид ч санаа нийлж том цугларалтыг хоёр долоо хоногт нэг удаа, ням гарагт хийдэг боллоо. Энэ нь ч үнэхээр их үр өгөөжөө өгч, хүн бүр өндөр сэтгэгдэлтэй байв. Эцсийн үр дүнд бидэнд долоо хоног бүр ням гарагт танхим түрээслэх хангалттай санхүү буюу өргөл орж ирдэг болж, гэр чуулганаас илүү их эрч хүч, хичээл чармайлт шаарддаг ч хүн бүр үүнд дуртай байгаа нь илт байв. Тэгээд бид гэр чуулганыг ажлын өдрөөр хийж, ням гараг бүр том цуглаанаа тогтмол

хийдэг боллоо. Гэсэн хэдий ч хэдэн сарын дараа ямар нэгэн зүйл нэг
л болохгүй байгааг ажиглав. Бид жижиг бүлгийн ахлагчидтай тогтмол
уулзаж, тэдэнд хичээл заадаг тул уулзалтын үеэр ээлж ээлжээр бүлэг
бүр ямар байгаа статистик судалгаа, нөхцөл байдал бодит амьдрал
дээр ямар байгаа талаар ахлагчдын үзэл бодлыг сонсдог байлаа. Бүх
мэдээллийг сонсоод бид нэг дүгнэлтэд хүрэв. Чуулганд маань сэтгэл
зовоосон нэгэн зүйл бий болжээ. Жижиг бүлгийн сүнслэг өсөлт
зогсож гишүүдийн тоо ч нэмэгдэхээ больж. Уг нь хүний тоо буурахгүй
байгаа юм л даа. Гэхдээ бидний өсөлт нэг түвшинд очоод гацчихсан
байв. Хачирхалтай нь ням гарагийн нэгдсэн цуглааны хүмүүсийн тоо
нэмэгдэж, өссөөр л байлаа. Энэ бүхний учрыг олохоор ахлагчдаас
асууж, мэдээлэл авах тусам нөхцөл байдал илүү ойлгомжтой болж
байв. Учир нь чуулганд арай эрт хамрагдаж эхэлсэн, итгэлээр ах, эгч
болсон хэсэг хүмүүс жижиг бүлэгтээ ирж харин шинээр ирсэн хүмүүс
ихэвчлэн Баярын цуглаанд ирэхийг сонгож байсан юм. Бид жижиг
бүлэгт хамрагдах нь Христийн биеийн нэг хэсэг болох цор ганц зам шүү
гэж ням гараг бүрийн их цуглаа дээр сануулж байв. Гэвч хийж байгаа
үйлчлэл маань хоорондоо зөрчилдсөн мэт, итгэгчид жижиг бүлгийн
ач холбогдлыг ойлгохгүй л байлаа. Шалтгаан юу вэ гэвэл, чуулганы
ахлагчдын хичээл зүтгэл, цаг зав, мөнгөний 90 хувь нь ням гарагийн
өглөө бүр хийгдэх 3-4 цагт зориулагддаг тул шинэ итгэгчид маань энэ
өдрийг л хамгийн чухал үйл ажиллагаа гэж таамаглаж, эсрэг талаас нь
тайлбарлахыг оролдож байгаа нөгөө санааг маань ойлгосонгүй. Мэдээж
гэр чуулганд нэгдэж Илчлэлт 1:6 дээрх "хаан ба тахилч" болохын тулд
идэвхтэй оролцоотой байж, өөрийн таньдаг хүнээр хэрхэн дагалдагч
байх талаар заалгахын оронд том цуглаанд ирээд үзэгчийн суудлаас
харах илүү амар байсан биз.

Монгол ахлагчид болон бид үүнийг мэдээд үнэхээр сандарлаа.
Тэгээд шийдэл олохын тулд хамт залбирахад бидний хэнийх нь ч
хүсээгүй нэг л хариулт биднийг тойрон эргэлдэж байсан юм. Эцэст
нь чуулганыг Бурханы удирдамж руу эргүүлэн залах үүнээс өөр арга
зам байсангүй. Бидний шийдвэр ням гарагийн "Магтан алдаршуулах
цуглаан"-ыг цуцлах сэтгэл гонсойлгосон шийдвэр байлаа. Дараагийн
ням гарагийн цуглаан дээр магтаал, драм, гэрчлэл хийж, Бурханы
Үг хуваалцсаны дараа бид бүх үйлчлэгч, удирдагч нараа түрээсэлж
буй кино театрын танхимын гадаа тойруулан зогсоолоо. Тэгээд энэ
удаагийн их цуглаан сүүлийнх ба ойрын хугацаанд ингэж хийхгүй,
хэрэв хэн нэгэн өөрийгөө Христийн биеийн нэг хэсэг хэмээн тооцдог
бол одооноос түүнийгээ илэрхийлэх ганц зам нь гэр чуулганд хамрагдах
гэдгийг зарлалаа. Гэр чуулганы удирдагчдыг газар зүйн байрлал буюу
микрээр нь хуваасан юм. Тэгээд хүн бүр өөрийн гэрт ойрхон хийгдэх
жижиг бүлгийн ахлагч дээр очихыг санал болгов. Бараг л бүх хүн жижиг

бүлэгт хамрагдахаар өөрсдөө очиж хувиарлагдав. Дараа нь ахлагчид тэдний нэрсийг тэмдэглэж, дараагийн уулзалт хаана хэзээ болох мэдээллийг хэлж өглөө. Ингээд л болчихлоо. Бид богино хугацаанд эрс шийдвэр гаргасан ч түүнээс үүдэх үр жимс их байлаа. Хэдхэн долоо хоногийн дотор хүний тоогоор өсөх шаардлагатай байсан бүлэг бүр хэт их хүнтэй болов.

Мөн итгэгчид Есүсийг дуулгавартай дагахад суралцаж, Христийн биеэр шинэ амьдрал, шинэ цус урсаж байлаа. Нэлээдгүй хэдэн сарын дараа бид "Магтан алдаршуулах цуглаан"-ыг сард нэг удаа хийж эхэлсэн ба энэ нь ч ихэд сайн үр дүнтэй байлаа. Уг нь тэгээд л алдаанаасаа суралцаж, цаашдаа бүх зүйл сайхан болсон гэж хэлэхийг би хичнээн их хүсэж байна гээч. Гэвч тэгж чадаагүй юм. Учир нь сард нэг байсан баярын цуглаан яваандаа хоёр долоо хоногт нэг болчихсон. Ингэж цуглах нь их эрэлттэй бас хөгжилтэй байсан тул дахиад л ням гараг бүрт хийж үзэхээр шийдэв. Тэгээд мэдээж өмнөхтэй адил үр дүн гарч, түүх давтагдлаа. Чуулганы том цугларалтыг долоо хоног бүр хийж байгаа үед жижиг бүлгийн уулзалт тогтворгүй болчихдог байв. Энэ асуудлыг шийдэх арга огт олоогүй юм. Бараг л баярын цуглааны давтамж хэр их байвал илүү амжилттай байх туршилт хийгээд байгаа ч юм шиг. Сард нэг үү? Сард хоёр уу? Долоо хоног бүр үү?

Олон жилийн дараа Англид нэг семинарт сууж байхдаа энэ төвөгтэй асуудлын шийдлийг оллоо. Хичээл зааж байсан Тони Дэйл гэдэг багшаас их цуглааныг хэдий хугацаанд хийвэл илүү үр дүнтэй байж болох тухай нэг пастор асууж байна. Би ч сортхийн сонсов. Энэ асуулт чинь бидэнд тулгараад байсан асуудал байна шүү дээ. Хариултыг нь сонсоод би үнэхээр гайхсан. Учир нь тэр хариулт бидний хэзээ ч бодож үзээгүй шийдэл байсан юм. Тони асуултын хариуд: "Шинэ гэрээний гэр чуулганууд хотыг хамарсан том цуглаан эсвэл бүс нутгийн цуглаанаа яаж хийдэг байсан бэ?" гэж тэр асуухад танхим дүүрэн чуулган таригчид, ахлагч удирдагчдаас нэг ч хүн хариулж чадсангүй. "Тэд гэр чуулгануудыг цуглуулах шаардлагатай үед л нэгдсэн цуглаан хийдэг байсан. Жишээ нь элч Паулыг зочлон ирэхэд." гэж хариуллаа. Тэгээд л би Эрдэнэт хотод байхдаа, түүнээс хойш ч хайж ирсэн асуултынхаа хариултыг олсон юм. Баярын нэгдсэн цуглаан хийх шалтгаантай үед (Элч, эш үзүүлэгч, багш, магтаалын баг, гайхамшгийг гэрчлэх хүмүүс ирэх) жижиг бүлгүүдийг хамтад нь цуглуулах тохиромжтой юм байна. Харамсалтай нь тухайн үед том цугларалт хийхийн тулд бид Библийн дагуу бус, ямар ч үр дүн өгөхгүй цор ганц шалтгийг л нэн тэргүүнд тавьж байжээ.

XVII бүлэг

Тамын бурхантай хийсэн тулаан

Монголын үндэсний шашин болж чадсан Төвдийн Буддизм баруунд ч их дэлгэрч байсан үе. Баруунд Далай Лам Нобелын шагнал хүртэл авч сэтгүүлч, сурвалжлагчдын хайр хүндэтгэлтийг татсан юм. Төвд хүмүүс бол энэ шашны гол тулгуур багана ба Монголд тэднийг магтан алдаршуулсан баримтат кино, тоглолт их болдог байв. Төвдөд буддизмыг хөхүүлэн дэмжсэн зурагт дүрслэл ер нь их элбэг ба түүгээр ч зогсохгүй Ричард Гир, Стивен Сигал гэх мэт урлаг соёлын "одууд" энэ шашны Америк дахь элч л гэсэн үг. Эрт дээр үеийн шашин энэ үед яг л моданд орж, тухайн цаг үеийн поп-итгэл болж байсан юм. Тэд Буддын шашны нэгэн чухал хүн Монголд дахин төрнө гэж итгэдэг ч миний бодлоор түүнээс илүү гүн гүнзгий холбоос энэ хоёр орны цаана байдаг юм шиг.

Зөвлөлт Холбоот улс Монголын лам нарын итгэл бишрэлийг нураахаар шинжлэх ухаан дээр үндэслэсэн шашингүй үзлийг коммунизмтай хослуулан сүүлийн 70 жилийн турш дарахыг хичээсэн ч тэднийг дарж дийлээгүй юм. Үүн дээр нэмж хэлэхэд 1921 оны Ардын Хувьсгал болохоос өмнөхөн айл бүр авдар дээрээ шүтээн залж, сүм хийдэд очиж мод төмрөөр хийсэн бурхдын өмнө ядарч унатлаа элгээрээ мөргөж, залуу хөвгүүдээ лам болгохоор хийдэд өгч шавь оруулдаг байсан гэдэг. Энэтхэгийн Бихар нутгаас Буддагийн шарилыг үзүүлэн болгож Улаанбаатар хотноо авч ирэхэд бараг нь холоос харах гэж мянга мянгаараа хүмүүс цуглаж байлаа.

Төвдийн буддизм нь барууны орнуудад арай энгийн хэлбэр болох амар тайван хэв маягтай, бясалгал, иога хийгээд ер бусын энх амгалангийн шашин хэмээх ойлголт өгдөг байтал харин Непал,

Төвд, Монгол зэрэг улсуудад сүм хийдийг голчилсон буюу илүү гүнзгийрсэн байгаа ялгааг би олж харсан юм. Төвдийн буддизм бол дэлхий дээрх хамгийн нээлтэй муу сүнсний шашнуудын нэг мөн. Ялангуяа төрөлх нутагтаа өөрийн үнэн төрхийг чөлөөтэй харуулдаг ч бусад оронд дэлгэрэхдээ гэм зэмгүй, энэрэнгүй нигүүлсэнгүй дүр төрхийг харуулахын тулд даруу хувцаслаж, гадаад байдлаа өөрчилдөг. Улаанбаатар хотын нам хэсэгт толгодын дунд нэгэн цогц хийд байрлах ба энэ хийд коммунизмын үед бараг л музей шиг байсан ч хавчлагатай цагийг даван туулж одоо бол Монголын буддын шашны гол төв болжээ. Гандан хийдэд зочлон сүм дотор ормогц Ричард Гирийн хэлж тайлбарладгаас тэс өөр зураглалыг олж харах болно. Өрөө бүр олон төрлийн шүтээнээр дүүрэн тул Будда тэдний нэг л жижиг хэсэг мэт санагдана.

Энэ газрыг хамгийн их эзлэн ноёрхож байгаа нь Яма буюу там ба үхлийн бурхан. Ямагийн өөр өөр олон төрлийн зургууд байдаг ч дүрслэл бүрийн үндсэн төрх бүгд ижил. Түүнийг хурц соёотой, маш догшин хэрцгий харж байгаагаар дүрслэн зурсан байдаг. Мөн тэрээр ихэнх зураг дээр хүний толгойгоор хийсэн хүзүүний зүүлт зүүж, хүний арьсаар хийсэн дээл нөмөрч, гавлын яснаас цус уудж байдаг. Үүнээс гадна түүний зургууд ихэвчлэн хүсэл тачаалыг илтгэсэн бэлгийн чиг хандлагатай байдаг ба Яма ганцаараа дур хүсэл нь идэвхжсэн байдалтай эсвэл Чамунди буюу эмэгтэй нүцгэн чөтгөртэй хослон дүрслэгдсэн байх нь элбэг. Мөн бараг зураг бүрт эмэгтэй ба эрэгтэй хүмүүс, олон төрлийн амьтад, эсвэл Буддын лам нар хиймэл бурхны хөл доор няцлагдаж байдаг. Яма бол яахын аргагүй Төвдийн буддизмын гол шүтээн "од" нь хийгээд харгис хэрцгий байдал ба алан хядлага нь түүний үндсэн тодорхойлолт гэж хэлж болно.

Гэвч Төвдийн буддизмын баруунд тархсан гэнэн төрх "Дэлхийгээр аялагчдын" асар их урсгал Ази нутаг болох "дэлхийн төгсгөл" хүртэл аялал өдөөлт болж байв. Монголд ирж байсан ийм төрлийн нийтлэг аялагчдын дийлэнх нь 20 гаруй насны, бүх соёл ба ёс заншлыг хүндэлдэг (өөрийнхөөсөө бусад), Европ юм уу Америк, байгаль орчин улс төрийн зөв үзэл бодолтой, ретро-хиппи эсвэл боловсон аянчины хэв маягаар хувцасласан байдаг. Эрдэнэт хот галт тэрэгний замын төгсгөл байсан тул ийм төрлийн аялагчид үе үе ирдэг ба өөрсдийгөө "дэлхийн төгсгөлд" ирсэн мэтээр төсөөлдөг байв. Тэд өөрсдийнх нь төрөлх нутгийн нөлөөлөл бага, бохирдоогүй газар очих сонирхолтой. Энд ирээд таван хүний бүрэлдэхүүнтэй америк гэр бүл дэлгүүр хэсэж байгаатай таарилдах хүртэл тэдний төлөвлөгөө яг л санасных нь дагуу сайхан явж байсан байх. Тэдний бүтэшгүй мөрөөдөл, хоосон төсөөлөл нь ингэж нурахад бүгд л дургүй байгаа нь илт байдаг.

Гэсэн хэдий ч Монголын буддизмын гоо үзэмж тэдний төсөөлснөөс үүнээс илүү гүн гүнзгий, догшин ширүүн зүйлээс бүрдсэн юм. Харин аялагчид сүм хийд дотор харсан муу муухай, жигшүүртэй бүгдийг үл ойшоох эсвэл учир шалтгааныг ойлгохыг үл хичээн нирваан дүрийг олох замыг үргэлжлүүлэн эрэлхийлсээр байлаа.

1994 оны 8-р сард Магнус, Мариа хоёр Шведээс буцаж ирэхдээ цоо шинэ мэт ихэд сэргэж, хүч сэлбэсэн байлаа. Тэгээд манай гэр бүл Монголд ирээд 18 сар болсны дараа анх удаа хилийн чанадад аялах боломжтой боллоо. Бид Бээжин хотноо манай эцэг эхтэй уулзахаар галт тэргээр явлаа. Аялалын турш манай ээж, хойд аав болох Карол, Бад Хадфорд нар ач нарынхаа хөгжилтэй, цовоо сэргэлэн дуунд урхидуулж Эрдэнэт хотод зочлохоор бидэнтэй хамт ирсэн юм. Монголд ирээд жил хагас болсны дараа шинэ газар нутаг үзэх, нүд, биеэ баясгахад бид юунаас илүү бэлэн байв. Шинэхэн жимс ногоотой газар бол хаана ч байсан яахав. Бээжинд байхад хамгийн их таалагдсан нь зочид буудлын өглөөний цайны буфет гэдэгтэй манайхан бүгд санал нийлж байв. Бид өдөр, шөнөгүй зөвхөн амттай хоол идээд л байлтай нь биш Цагаан Хэрэм гэх мэт Бээжинд байдаг жуулчдын хамгийн их очдог түүхэн дурсгалт газруудаар ч аяллаа.

Автобусны аялалаар би "Дэлхийгээр аялагч" нэгэн Франц залуугийн хажууд суусанд тэр надад өөрийн аялсан "Үнэхээр гайхалтай орон, Монгол"-ын тухай ярьж эхэллээ. Монголын бүх зүйл нь төгс, ямар ч өө сэвгүй байсан гэв. Залуу гурван өдрийн турш Монголоор аялаж, түүнээс удаан хугацаагаар үлдсэн бол илүү сайхан байхсан гэлээ. Тэр ямар газраар аялсан нь надад их сонирхолтой байсан тул гаднаас ирсэн зочдыг аваачих дуртай цөөн хэдэн газрынхаа талаар асуухад,

"Та Монголд очиж байсан юм уу?" гэж үл итгэсэн байртай тэрээр асуув. "Үнэндээ, бид тэнд амьдардаг юм аа" гэхэд түүний царай гэнэтийн мэдээнд цочирдсон ч их л болгоомжилж байгаа нь илт харагдсан тул "Эрдэнэт хотод амьдардаг" гэж араас нь хэллээ. "Та тэнд юу хийдэг юм бэ?"

"Англи хэл заадаг. Бизнес семинар, хичээл бэлтгэдэг. Бас чуулганд үйлчилдэг" гэж би хариулав. Сүүлийн өгүүлбэр мэдээж таалагдахгүй байх гэж эхнээсээ л таамагласан тул түүний хариу үйлдэлд би тийм ч цочирдсонгүй. Яг л далайн гахайн зулзага үржүүлж амьдардаг гэж хариулсан мэт нүд нь орой дээрээ гарчээ. Тэгээд залуу дуугаа өндөрсгөн илгээлтийн эздийн эсрэг маш хурц шүүмжлэл хэлж, автобус даяар бүх хүмүүсийн анхаарлыг татах нь тэр.

"Та яаж ариун дагшин газар очиж тийм үзэсгэлэнтэй ёс заншлыг
нурааж чадаж байна аа? Та нар ийм зөрүүд байгаад би үнэхээр итгэж
чадахгүй нь. Тэдэн дээр очиж, өөрсдийн шашныг суртатчилах эрх та
нарт байгаа гэж бодож байна уу? Наад хүмүүс чинь өөрсдийн гэсэн
шашин шүтлэгтэй шүү дээ" гэж хэлээд амьсгаа авах зуур нь би ч хариу
хэлэхэд бэлэн болсон байлаа.

"Монголд гурван өдөр байсан биз дээ? Сүм хийд дотор орж үзсэн үү?"
гэж намайг асуухад залуу

"Мэдээж үзэлгүй яахав..... маш үзэсгэлэнтэй шашин.... энэ дэлхий
дээрх хамгийн гайхалтай..... Гоёмсог уран зураг, архитектур" гэхэд нь
би ч мөчөөгөө өгөлгүй

"Тэнд байсан том том хөшөө, хуурамч шүтээнүүдийг харсан уу?"

"Харсан. Тэгээд юу гэж" тэр бүр ч түрэмгийлэн өөрийнхөө үзэл бодлыг
хамгаалж байв.

"Тэгвэл үүдний хэсгийн голд байрласан Яма бурхныг харсан байх тийм
үү?"

"Харсан" гэж тэр хүлээн зөвшөөрлөө. Залуу өөрөө өөрийнхөө яриан
ороогдож байгаагаа анзаарсан ч яаж ч чадсангүй.

"Гэхдээ л энэ хүмүүс үнэхээр үзэсгэлэнтэй шашинтай, өөрсдийн
бурхныг шүтэж аз жаргалтай, амар тайван амьдарч байна."

Би түүнд Төвдийн тамын бурхан ямар байдгийг нэг бүрчлэн дүрслэн
тайлбарлаж, миний зураглалтай санаа нийлж байгаа эсэхийг алхам
бүрт тодруулан асууж байлаа.

Дараа нь би түүнээс: "Зураг бүрт Яма бурхныг өөрсдийг нь гишгэлж,
цөлмөн зовоож байгаагаар дүрсэлсэн монголчууд энэ бурханд үнэхээр
хайртай гэж чи бодож байна уу? Эсвэл зүгээр л түүнээс айж байгаа юм
болов уу? Би Монголд сайнмэдээ түгээхээр ирсэн болохоос нутгийн
соёлыг устгахаар ирээгүй. Бурхан тэднийг үнэхээр хайрладаг тул
тэдний оронд Өөрөө муу нэгний хөлд гишгүүлэхийг зөвшөөрсөн учраас
та нар энэ там ба чөтгөрийн бурхны дарлалд байх шаардлагагүй гэж
л монголчуудад хэлэхийн тулд би ирсэн юм. Монголчууд сайнмэдээг
сонсоод нүд нь нээгдсэн учраас л Бурханд итгэж байгаа. Тэд ч сүнслэг
айдаст автаж, үргэлж айдастай амьдрахаас залхаж байгаа шүү дээ".

Түүний царай улангасаж, уур хилэнгээр дүүрч над руу нулимчихав. "Монголчуудад чиний Есүс хэрэгтэй гэж бодоод байгаа юм уу?" Бидний Аврагчийн нэр түүний амнаас хараал мэт урсаж байна. Залууд зөв зохистой хариу хэлэхэд туслаач хэмээн залбирч байх зуур хойд талын суудалд байсан япон залуу суудлаасаа сута үсэрч босоод "Хүн бүрт Есүс хэрэгтэй!" гэж чанга хашхирлаа. Гэнэтийн "Морин цэргийн довтолгоон" шиг л санагдаж, франц залуу бид хоёрын хэн хэн нь гайхаж хоцров. Түүний санаан дээр нэмж юм хэлэх гэтэл Япон залуу зогсоо зайгүй надаас асуулт асууж, бараг л жижиг хэмжээний шалгалт авч эхэллээ: "Та жинхэнэ илгээлтийн эзэн үү? Би жинхэнэ илгээлтийн эзэнтэй уулзах юмсан гэж үргэлж хүсдэг байсан. Би Бурханы үгнээс илгээлт болон бусад зүйлийн талаар маш олон зүйл суралцаж байгаа. Бурхан намайг илгээлтийн эзэн болохоор дуудсан байж магадгүй гэж би бодох болсон. Та намайг чадна гэж бодож байна уу? Илгээлтийн талаар сургуульд суръя гэвэл хаана сурч болох вэ? Би Англид Библийн Сургуульд сурчихаад одоо гэртээ харьж яваа юм аа. Одоо дараагийн алхмаа төлөвлөх хэрэгтэй байгаа. Та надад зөвлөгөө өгөх цаг байна уу?"

Би нүднийхээ булангаар аялагч руу хартал түүний уур хилэн дээд цэгтээ хүрч байгаа нь илт байлаа. Тэглээ гээд тэр юу хэлж чадахав дээ. Хариултыг нь Буддын шашинтай байсан ази залуу өгчихлөө шүү дээ. Япон залуу франц аялагчийн илүү үнэ цэнтэйг олсон: Тэр өөрийг нь үнэхээр их хайрласан Бурханы талаарх үнэн сайнмэдээ олж авчээ. Шинэхэн япон танилаас минь цацарч байгаа тэр баяр хөөр дангаараа л аялагч залуугийн дайралтанд хариулж болох хамгийн сайн хариулт байлаа. Би ч гол анхаарлаа шинэ найз руугаа хандуулахад сэтгэл санаа минь амар тайван болж дотроо бол инээдээ барьж ядаж байлаа. "Аав аа, Та анхнаасаа л саяны аялагч залууг энд суулгахаар төлөвлөжээ. Гал дүрэлзсэн ази итгэгч миний хойно сууж түүний асуултанд миний өмнөөс хариулсан нь шударга бус санагдсан байх даа. Энэ бүхнийг хийж төлөвлөж байхад Танд их сонирхолтой, хөгжилтэй байсан биз… Аан бас….. баярлалаа!" Тэр мөчөөс хойш залуу Франц үлдсэн аялалын турш Цагаан хэрэм хүртэл, мөн буцаж ирэх замдаа нэг ч үг дугарсангүй. Харин манай гэр бүл мандаж буй наран зүгийн улсаас ирсэн шинэ найзтайгаа хамт Цагаан хэрэм дээр дурсамжтай хийгээд зугаатай цагийг өнгөрөөж, хамт нөхөрлөлөө. Итгэлээр асаж буй хайр татам япон дагалдагчтай ярилцаж, түүнд үйлчилнэ гэдэг миний хувьд нэр төрийн хэрэг байлаа. Энэ мэтчилэн олон өдрүүд хачин сонирхолтой өнгөрч байсан ч бид Эрдэнэт хотоо ихэд үгүйлжээ. Чуулганы ямар нэг зүйлээс хоцорчихгүй юмсан гэсэн хүсэл бидний дотор байлаа. Чуулган маань бий болоод нэг жилийн дотор манай нурах дөхсөн Оросын хуучин байр маань христитгэлт үйл ажиллагаа, үйлчлэлийн голомт болжээ. Магнус, Мариа хоёртой хамт чуулган тарихаар Эрдэнэт хот руу нүүсэн монгол итгэгч Баяраа бас манай байранд амьдардаг байв. Тэр эгч дүүтэйгээ хамт амьдардаг ба тэдний гэрт нэг жижиг бүлэг уулзалтаа хийдэг байлаа. Манай гэр бүл Эрдэнэт хотод нүүж очоод удалгүй тэдний гэр чуулганд нэгдсэн юм. Бид тэдэнтэй хамт магтах дуртай байсан ба монгол хэлээр заагдаж байгаа хичээлийг ойлгох гэж хичээснээр хэл ч сайжирч байлаа. Маш ойр дотно, хайраар дүүрэн хүмүүсийн нэг хэсэг байх гайхалтай байсан юм.

Харин манай уулзалтын үер дуулдаг магтаалын дуу нь дээд айлд сонсогддог байсныг бид мэдээгүй байсан юм. Том охин нь Алфонсын гэр бүл англи хэл заадаг их сургуульд сурдаг байжээ. Баяраа түүний хөрш учир түүнийг таньдаг байж. Тун удалгүй Баяраа эгчтэйгээ хамт гэрт нь зочилж, эгч дүү хоёрыг Христ руу хөтөлжээ. Баяраагийн гэрт болдог байсан чуулган эгч дүү хоёрыг аварлад хөтөлж, дагалдуулж эхэлжээ. Том эгч болох Болортуяа (Болороо) нь Христ дотор итгэлээр хурдан өслөө. Болороо хамаатан садандаа сайнмэдээ тарааж эхэллээ. Түүний эмээ болон хамаатны ах, эгч, дүүс нар нь сайнмэдээнд ихэд наашаа хандаж байв. Ихэнх монголчууд Төвдийн буддизмын шүтлэгтэй байсан ба айл бүрийн зочны өрөөний аль нэг буланд тавиур дээр нь эсвэл гэрийн хоймóрт авдар дээр хиймэл шүтээн залардаг байлаа. Яг л бүгд тохиролцсон юм шиг айл бүрт ижилхэн хиймэл бурхны зураг эсвэл хөшөө, хэд хэдэн зул, өргөл болгож тавьсан мөнгө юм уу хоол тавьсан байдаг. Болороогийн гэр бүл ч бусадтай адил хиймэл шүтээн тавьсан байлаа.

Нэгэнт итгэгч болсон учраас хиймэл шүтээн болон бусад хэрэгслийг цаашид хэрхэх талаар шийдвэр гаргах болов. Чуулган маань залуучууд ихтэй байсан тул хуурамч шүтээний хэрэгслээс хэрхэн салах тухай дүрэм журам гаргах шаардлага огт гарч байсангүй. Энэ өдрийг хүртэл гэр бүлийн ихэнх гишүүд Христийг хүлээн авсан тохиолдол гараагүй ба чуулганы эхэн үеийн итгэгч охидыг гэрийнхээ хуурамч шүтээнийг устга гэж бид ер ятгаагүй юм. Хэдийгээр охидын хувьд шүтээнүүд тэдний гэрт байгаа ч өөрсдийнх нь биш харин гэр бүлийнх тул тэд шууд аваад устах эрх мэдэлгүй байв. Гэвч энэ удаад гэр бүлийн гишүүдийн ихэнх нь итгэсэн тул бид шүтээнд хамааралтай зүйлсийг бүгдийг утсгах хэрэгтэй гэж зөвлөлөө. Шинэ итгэгч эгч дүү хоёр маань хуурамч шүтээний зүйлсийг шатаахаар чуулганы удирдагчдыг урьсан. Удалгүй тэд итгэгч болсон ээжийнхээ гэрт байсан шашны эд зүйлийг шатаасан. Тэд энэ хугацаанд муу сүнснээс хамгаалахыг Бурханаас тасралтгүй гуйн залбирсан байна. Нэгэн өглөө Болортуяа ээжтэйгээ хамт нэлээд асуултад хариулт авахаар манай гэрийн үүдэнд ирчихсэн байв. Бид ч тэдгээр хиймэл шүтээний ард Сатан, харанхуйн хүч байдаг гэдгээс эхэлж бүгдийг тайлбарлалаа. Сайнмэдээ улам илүү дэлгэрч, өөрсдийнх нь айдаг байсан чөтгөрийн хүчийг дарж унагасан ялалтын тухай сонсоод манай чуулган урам авлаа. Есүс монголчуудыг үхлийн гяндангаас аварч, Яма болон түүний легионуудыг ялан дийлсэн юм.

XVIII бүлэг

Салхи шиг Сайнмэдээ

Монголд ирэхээс өмнө өөр соёл, ёс заншилтай ард түмэнд сайнмэдээ тараана гэдэг нь танай багийн хамгийн эхний ба хамгийн хүнд хэцүү саад тотгор байх болно гэж бидэнд зааж сургасан байлаа. Ганцхан Монгол ч гэлтгүй сайнмэдээ огт хүрээгүй улс үндэстэн, ард түмэнд үйлчлэхэд соёлын ялгаанаас хамаарч үр дүнтэй ажиллахын тулд зоригтой алхам хийх шаардлага их гардаг ба зөвхөн сайнмэдээг л дамжуулахын тулд чуулган тарилтын олон багууд хүнд хэцүү цаг үе, бэрхшээлтэй тулгарсан байх. Харин бид энэ тулаанд бэлэн байсан ч тийм зүйл тохиолдсонгүй. Манай "Гэр чуулган" тэр бүрчлэн гарч сайнмэдээ тараадаггүй байлаа. Яагаад гэвэл энэ ажлаа бид монголчуудаар хийлгэдэг байлаа.

Өөрөөр хэлбэл Бурхан монголчуудад бусдад итгэлээ хуваалцах бэлэг авьяас соёрхжээ. Тэд сайнмэдээг өөртөө л хадгалаад байдаггүй харин бусдад салхины хурдаар хуваалцах их дуртай. Эрдэнэт хотод ирж үйлчилсэн богино хугацааны монгол илгээлтийн багууд Бурханы талаарх сайнмэдээний суурийг үнэхээр бат бөх тавьсан тул анхан үеийн итгэгчдэд соёлын ялгаа огт саад болоогүй ба тэд маш богино хугацаанд хөрш айл, найз нөхдөө Христ рүү хөтлөн ирсэн юм. Юуны түрүүнд чуулганы үндсэн суурь болох анхны итгэгч охид маань ангийн охид, найз нөхдөдөө сайнмэдээ тарааж, харин 1994 оны намар бүх насныханд сайнмэдээ хүрч, ойн түймэр мэт хурдацтай тархлаа. Манай чуулганы шинэ итгэгчдийн ангиуд дүүрч, олон ахмад настай хүмүүс сайнмэдээ хүлээн авч, бүр хамгийн ичэмхий, биеэ барьдаг итгэгчид хүртэл хөршдөө сайнмэдээ тарааж, тэднийг Христ рүү дагуулж байлаа. Чуулган хийгээд итгэгч нэг бүр чин зүрх сэтгэлээсээ өөрсдийн гэр бүл, найз нөхөд, хөрш айл, төрөлх улс орныхоо авралын төлөө, тэр ч байтугай бусад улсын төлөө долоо хоногийн дундуур болдог уулзалт ба гэр чуулган дээрээ залбирч байлаа. Тэдний залбирал ч биеллээ олж, Бурхан хариулж байсан юм. Тийм учраас чуулган таригч бид тэдгээр шинэ итгэгчдийг дагалдуудах, итгэлээр өсөхөд нь туслах ба чиглүүлэх үйлчлэл хийж, чуулганы итгэгчид маань сайнмэдээ тарааж байсан тул монголчуудад сайнмэдээний үйлчлэл хийх шаардлага бараг гараагүй гэж хэлж болно. Гэсэн ч мэдээж бид ажлын байр, Улаанбаатар Эрдэнэт хооронд явж ирэх шөнийн галт тэргэнд гээд хаа явсан газартаа л сайнмэдээ тараах боломжийг үргэлж эрэлхийлж, амьдарч буй газартаа гэрчлэл болохыг хичээдэг байв. Үнэндээ бид чуулганыхаа шинэ итгэгчдийг дагалдуулж, тэдэнд өөрийн үндэстэндээ сайнмэдээ тараахыг сургаж байгаа энэ арга барил маань илүү их үр жимстэй, үр дүнтэй байхад заавал хэлний бэрхшээлийг ялан байж өөрсдөө хийх гээд байх утгагүй санагдсан юм. Үүнээс гадна илгээлтээр явах сургалтанд сууж байхдаа орон нутгийн хүмүүс хөршдөө сайнмэдээ тарааж эхлэх нь чуулган таригчдыг дараагийн дамжлага руу шилжиж удирдагч болон дагалдагч бэлтгэх дээр төвлөр гэсэн дохио хэмээн суралцсан юм. Гэхдээ хүний нүдэнд мунхаг гэж харагдсан зүйл ихэвчлэн Бурханы төлөвлөсөн, Түүний мэргэн ухаанаар хийгдсэн байдаг. 1994 оны 11-р сарын нэгний өдрийн тэмдэглэлээ эргэн уншихад яг л үүнийг санагдуулж билээ.

"Өчигдөр орой би унадаг дугуйгаа хулгайд алдлаа. Үнэндээ миний буруу л даа. Би өчигдөр Эрдэнэт хотод ажлын шугамаар түр ирсэн хоёр австрали хүнтэй уулзсан юм. Шинэ найз нарт маань амаржих үйл явцтай холбоотой бичлэг байж магадгүй тул төрөх хугацаа нь болоод гэртээ байгаа Луйс, түүнийг төрөхөд нь тусалж асарч халамжлахаар хотоос ирсэн швэд эх баригч Анн Марие нарт тэр бичлэгийг үзүүлж болох юм гэж бодоод асуухаар явлаа. Улаанбаатар хотоос нүүснээс хойш бараг хулгайчтай тааралгүй, дээрээс нь нэг минут л болно хэмээн тооцоолсон тул би зочид буудлын урд дугуйгаа түгжилгүй орхисон юм. Тэгээд дээш гартал австрали найзууд маань гадагш гарсан байсан ч дотор таарсан ихэд нөхөрсөг хорват залуу намайг өрөөндөө урив. Олон орны хүмүүстэй уулзаж, ярилцах дуртай тул би юу ч бодолгүй өрөөнд нь орсон юм. Бид хоёр үнэхээр сонирхолтой, нөхөрсөг яриа өрнүүлж байх зуур би нэг үйлийн үртэй асуулт асуучихлаа. Би түүний улс орны дайны талаар мэдээлэл бага тул яг юу болоод байгааг тайлбарлаад өгөөч гээд хэлчихэв. (Шинэ дүрэм: Югославын уугуул иргэнээс Балканы хойгийн зөрчлийн талаар дахиж хэзээ ч битгий асуу) Хоёр цаг гучин минутын дараа би явахгүй бол үнэхээр болохгүй гэдгээ хэлж, дахиж түүн дээр ирнэ, гэхдээ одоо харихгүй бол өнөө маргаашгүй амаржих дөхсөн эхнэр маань гайхаж байгаа тул хурдхан гэртээ харих хэрэгтэй байгаагаа тайлбарлалаа. Цаг 22:30 болчихсон, Луйс намайг 8 цагт гэртээ ирнэ гээд хүлээж байгаа. Эцэст нь би гарч, дугуйгаа байрлуулсан газарт очиход тэнд юу ч байсангүй. Тэгээд л гэр лүүгээ алхаж, замдаа Магнус ба чуулганы хэдэн охидтой таарлаа. Тэд цагдаа нартай хамтран хоёр хуваагдан намайг хайж байжээ. Луйс надад их санаа зовсон бололтой. Дугуйгаа алдсандаа сэтгэл гонсойсон би бусадтайгаа хамт гэрийн зүг алхаж ирээд цагдаа руу залган: америк хүн олдсон ч харин дугуй нь алга болсон хэмээн мэдээллэв.

Өнөө өглөө би 6 цагийн Дагалдагч Бэлтгэх Сургуулийн уулзалттай байсан тул 5 цаг 30 минутанд боссон байв. Уулзалтын дараа суралцагчдын нэг болох Төөгий ердийн өдрийн адил миний унадаг дугуйг түр хэрэглэж болох уу гэж асуув. Төөгий болон түүний сайн найз Цогоо нар манай чуулганы "хулигаан" гэж хэлж болно. Энэ үг бол монгол англи хэл дээр адилхан хэлэгддэг цөөхөн хэдэн үгсийн нэг юм. Тэд өмнө нь Эрдэнэт хотын танхай бүлэглэлийн удирдагчид байсан ба 15, 16 настайгаасаа л их цуутай болсон аж. Тэгээд зургаан сарын өмнө Христэд итгэж, баптисм хүртсэн ч харамсалтай нь өмнөх амьдралын хэв маяг, дадлаас үлдсэн олон зан чанар нь үе, үе харагддаг байлаа. Тэд зодоон цохион хийж, тамхи татаж, архи ууж, энд тэнд очиж танхайрдаг байжээ. Харин биднийг үргэлж хүндэлж, эелдэг ханддагт баярлаж байлаа. Угаасаа манай байранд амьдардаг тул бидэнтэй сайхан харилцаатай байгаа нь их амар байв. Мөн тэд чуулганы ихэнх эрчүүдтэй зодолдож, маргаан үүсгэсэн болохоор залбирлын багийг хуваах гэх мэт өчнөөн зүйл өөрчлөх шаардлагатай болсон ч хамаагүй Дагалдагчийн сургуульд элсэх хүсэлтийг нь хүлээж авахыг Бурхан сануулсан юм. Гурван долоо хоногийн хичээлийн дараагаас л тэд мэдэгдэхүйц өөрчлөгдөж байв. Би Төөгийд өчигдөр орой дугуйгаа хулгайд алдсан гэж хэлэхэд тэр болсон явдлыг нэг нэгэнгүй нарийвчлан асууж, анхааралтай сонсож ав_аад амандаа бувтнаад алга болж өгөв. Би түүнийг Цогтбаатартай (түүнийг би хулигаануудын хаан гэж нэрлэдэг) ярьж байхыг харсан ч яах ийхийн завдалгүй тэд явчихжээ. Би тэднийг амрах гээд гэр гэр лүүгээ харьсан байх гэж таамаглалаа. 45 минутын дараа хаалга тогших чимээнээр хаалгаа нээтэл манай хулигаан-дагалдагчид маань их л жуумалзан хоёр бага насны хөвгүүдийн (тэд айсан царайтай) цамцны захнаас зуурчихсан миний дугуйны хажууд (дугуй хэд хэдэн хэсэг болчихсон) зогсож байв. Тэд миний дугуйг хаа сайгүй хайж (гэмт хэргийн ертөнцтэй холбоотой хэвээр байгаа нь ойлгомжтой боллоо), эдгээр балчир хулгайчид миний дугуйг авсаныг мэджээ. Гэвч дугуйны хэд хэдэн хэсэг байхгүй мөн хулгайн хэргийн толгойлогч байхгүй байсан тул Октябрь нэртэй хүүг нь хэргийн эзэн боссыг, дугуйны үлдсэн хэсэгтэй хамт олж ирэхээр явуулав. Алтансүх гэх нөгөө хүүг бид зочны өрөөндөө үлдээж, ирэх хүртэл нь "барьцаалахаар" шийдлээ. Тэд миний дугуйг эвлүүлж дуусаад хүү тэнд Төөгий, Цогоо хоёртой бүтэн өдрийн турш суусан болохоор би түүнтэй яриа өрнүүлэхээр шийдэв. Хүү 13-тай гэхэд жижиг биетэй, сэтгэл өвдмөөр байлаа. Ганцхан чи ч биш бусад бүх хүмүүс л гэмтэй гэж би хүүд хэлэв. Тэгээд амьд Бурхан гэм нүглийг хүлцэн тэвчдэггүй тул хүү болон бид бүгд төөрсөн ба үхэх заяатай гэдгийг тайлбарлалаа. Харин энэ асуудлын шийдлийг Бурхан бидэнд өгсөн талаар Библээс би түүнд харууллаа. "Бурхан дэлхийг үнэхээр хайрласан тул...". Хүү гэмт хэрэг үйлдэж баригдсан ч нөгөө талаас бидэнд сайнмэдээ тараах шалтаг болно гэдэг нь гайхалтай биш гэж үү. Мэдээж хүү өөрт нь Аврагч хэрэгтэй гэдгийг үгүйсгэж чадсангүй. Харамсалтай нь миний мэдэх монгол хэл дуссан ч би хүүтэй илүү олон зүйлийн талаар ярилцмаар байсан тул Бурхан чуулганы ахлагчдын нэг Одгэрэлийг бидэнд илгээжээ. Би хүүд түүнийг уучилсан ба Есүсийг хүлээн авахыг уриалахад тэр баяртайгаар тийнхүү үйлдэв. Манайд олзлогдон үлдсэн хугацаагаа тэрээр Библи уншиж өнгөрөөлөө. Тэр бүр алмайрчээ. Эцэст нь хүү маргааш миний хичээл заах дунд сургуулийн Библи судлалын цагт ирэхээ амлав. Бид ч ах дүүс мэт болж түүнийг Төөгий, Цогоотой хамт зугтсан найзуудаа ол хэмээн явууллаа. Хэрвээ найзууд нь миний дугуйны алга болсон хэсгүүдийг авчирч өгвөл цагдаад хэлэхгүй гэж би түүнд амлав. Харин үгүй бол үлдсэн хоёр хүүгийн нэр, гэрийн хаягийг маргааш өглөө эрт цагдаад мэдээллэхээр болов.

Хэдэн цагийн дараа Магнус, Мариа ба Анн Марие нартай хийж байсан багийн уулзалтын дундуур хулигаанууд ирлээ. Тэд дугуйны алга болсон хэсгийг зугтсан гэм хэрэгтнүүдийн хамт авчирсан байна. Октябрь ба хэргийн толгойлогч болох Амарбат нар ирсэн байв. Тэд хоёул 14 настай. Магнус бид хоёр тэдэнд сайнмэдээ ярив. Би тэдэнд өөрийн уучлал ба хайрыг илэрхийлэхэд уртай ширүүн харагдаж байсан нүднүүдэд чийг даасан байв. Тэднийг уучилсан миний уучлалаас Бурханы уучлал, нигүүсэл хэдэн мянга дахин илүү гэдгийг хэлэхэд тэдний сэтгэл нээгджээ. Амарбат биднээс "Над шиг хүн танай цуглаанд ирж, Есүсийн тухай сонсож болох уу?" гэж асуув. "Мэдээж шүү дээ. Есүс гэмтэй хүмүүсийн төлөө ирсэн" гэж Магнусын хариулж байгааг сонсох миний хувьд туйлын их баяр хөөр байсан билээ. Тэд маргаашийн цуглаанд найзтайгаа хамт суух нь ээ. Би ч дахиад хэн нэгэн миний дугуйг хулгайлахыг тэсэн ядан хүлээж байна".

XIX бүлэг

Эрдэнэт хотод төрсөн анхны гадаад хүү

Бидний дөрөв дэх хүүхэд, анхны хүү маань дараа өдөр нь буюу 1994 оны 11-р сарын 2-нд мэндэллээ. Хэн нэгэн шинээр мэндэлж байгаа түүхийг хамгийн чухал үүрэг гүйцэтгэгч буюу төрж байгаа хүн өөрөө ярьвал илүү тохиромжтой гэж би боддог тул энэ түүхийг Луйсын Невадад амьдардаг найз руугаа бичсэн захидлаас, өөрийнх нь үгээр сийрүүллээ:

Сүүлийн үед чиний талаар их бодогдох боллоо. Магадгүй миний амьдралд 4 хүүхэдтэй найз, танил их цөөхөн учраас тэр байх л даа. Чамтайгаа ядаж утсаар холбогдож болдог ч болоосой. Харамсалтай нь эртний соёлыг дагаж захидал бичихээс өөр аргагүй юм даа. Өнөөдөр 11-р сарын 2-н унтаж байгаад шөнийн 2 цагт багахан өвдөлт өгөөд сэрчихэв. Ялимгүй өвдсөн болохоор нээх тоолгүй буцаад унтлаа. Гэвч үүрийн 5 цагт яг төрөх өвдөлт мөн эсэхийг шалгахаар босов. Тэгээд өвдөлт өгөх хугацааг ажиглах зуур зочны өрөөг цэвэрлэж, шал шүүрдлээ. Зургаан цаг болж би багахан нойр авах санаатай дугхийв. Учир нь өнөөдөр миний хувьд их урт бөгөөд онцгой өдөр эхэлж байна гэдгийг мэдэж байв. Браин ч миний үйл байдлыг ажиглаж, цаг нь ирснийг мэдээд ихэд баярлаж, надаас бүр салахаа байв. Гэвч ямар ч байсан бид нутгийн хүмүүс хөл хөдөлгөөнд орж, юу болоод байгааг анзаарах сөхөөтэй болтол унтаад авлаа. Тэгээд би босож өлсөж байгаа хэддээ өглөөний цай бэлдэж өгөв. Өглөөний цайнд овьёос, найруулдаг жүүс уув. Би жүржийн жүүсэнд дуртай гэдгээ тэгэхэд л мэдсэн гээч. Хэн мэдэхэв дээ. Өглөөний цайны дараа би Швед эх баригчдаа хэлэхээр Магнус, Мариа нарын гэр лүү алхлаа. Бурхан надад үнэхээр

их хайртай болохоор хамгийн сайн эх баригч илгээсэн байгаа биз…
Бидний өмнө урт өдөр байна даа. Браин 6 цагт яаж догдолсон билээ,
Анн Марие (эх баригч) түүнээс ч дутахгүй баярлаж, сэтгэл нь их
хөдөлсөн шүү. Харин Магнус намайг юу ч болоогүй юм шиг тайван
байгааг хараад бүр алмайрч орхисон. Тэднийд очоод аяга цай уусны
дараа гэрийн зүг буцаад алхлаа.

Би охиддоо гэрээр ерөнхий боловсролын хичээл заадаг тул
эртхэн өнөөдрийн хичээлээ заая гэсэн бодол төрлөө. Яагаад гэвэл
хүүхэд төрсний дараа хэсэг хугацаанд хичээлээ тогтмол заажчадахгүй
байхдаа хэмээн бодогдсон тул сүүлийн удаа орохоор шийдэв. Дүү
төрөх шалтгаар өнөөдрийн хичээлийг алгасах нь дээ гэж баярлаж
байсан охид намайг хараад урам хугарсан харагдана. Гэвч Мариа миний
хийж чадах юу байна гээд туслах санаатай араас хүрээд ирлээ. Тэгээд
би Мариаг дэлгүүр явж өгөхийг хүссэнд тэр удсангүй хэрэгтэй хоол
хүнс цуглуулаад ирэв. Алис үргэлж онцгой анхаарал халамж шаарддаг
тул Мариа түүнийг гэр лүүгээ дагуулаад явлаа. Мариа түүнийг
халамжлах ажилд яг тохирсон хүн шүү. Алис ваннд орох дуртай, бараг
л мэргэжилтэн гэж хэлэхэд буруудахгүй ба Мариагаас танайд ваннд
орж болох уу гээд л гарлаа. Тэр магнай нь хагартлаа баярлаж байгаа нь
илт байв. Браин, Мелоди хоёрын хичээл дууссаны дараахан Молли бид
хоёрын хичээл ч дуусаж, үд боллоо. Бид хамт өдрийн хоол идэв.

Төрөх өвдөлт нэлээд удаашрсан байна. Анн-Марие хэсэг
хугацаанд манайд байрлах бэлтгэлтэй иржээ. Тэр хүүхдийн толгойн
байрлал ба зүрхний цохилтыг шалгахад зүрхний цохилт хэвийн харин
толгой арай дээрхэн байрлаж байна гэлээ. Дахиад жоохон хүлээх болов.
Эх баригч маань хамт гарч алхах хэрэгтэй гэж санал болголоо. Энэ л
надад дутагдаад байсан юм байна. Бид гарч салхилангаа хотын хойно
байрлах толгод руу алхлаа. Хүү минь энэ дэлхийд мэндлэхдээ үнэхээр
сайхан өдөр сонгожээ. Тэнгэрт нэг ч үүлгүй гүн цэнхэр өнгөтэй, гадаа
7°С, үнэхээр үзэсгэлэнтэй байна. Алхах тусам өвдөлт гайгүй болоод ч
байх шиг. Бид гэртээ ирж, Анн-Марие явцыг шалгахад нэлээн дөхсөн
байна гэлээ. Би ч жоохон юм идээд авав. Гэнэт Магнус гэрэл зургийн
аппарат (уг нь төрөх өдрийн үйл явдлыг бүхэлд нь бичнэ гэж ярилцсан
юм л даа), бас бус хэрэгтэй бүх хэрэгслээ аваад яаран ирэв. Магнусд
Орос чуулганы орчуулагч, бидний сайн найз Ганаагийн ээжээс нэгэн
хачирхалтай дуудлага иржээ. Ганаагийн ээж түүнд хүүхэд аль хэдийн
төрсөн гэж хэлсэнд Магнус өөрийгөө хоцорчихлоо гэж бодоод их л
яарч сандарсан аж. Бид бүгд гайхаж орхилоо. Дараа нь Мелоди гадаа
тоглож байгаад орж ирэв. Хэргийн учрыг тайлтал Мелоди гадаа тоглож
байгаад гэнэт нөхцөл байдлын талаар Ганаад хэлэх гээд гэр лүү нь очсон
ч Ганаа ажил руугаа явчихсан байсан аж. Тэгээд Мелоди Ганаагийн

ээжид өөрийн мэдэх монгол хэлийг эвлүүлэн байж нөхцөл байдлыг дуулгасан гэнэ. Магнус ирээд хэдхэн минутын дараа Ганаа ирлээ. Тэр багш нарын хурлаас чөлөө аваад гараад ирсэн гэв.

Төд удалгүй Мариа, Алис хоёр бас ирлээ. Гэр хүнээр дүүрч, төрөх өвдөлтийн хугацаа илүү ойр, илүү хүчтэй өвдөж эхэллээ. Зай багатай, давчуу гэрт уг сонирхолтой үзүүлбэрийг үзэхээр дөрвөн монгол найзууд маань нэмэгдэж ирэхэд тэднээс өмнө аль хэдийн 15 хүн цугласан байв. Анн-Марие "Ногоон Байшингийн Анне" гэдэг кино авчирсан тул бүгд кино үзэхийн хажуугаар намайг тухгүй болох бүрт үе үе ажиглаж суунгаалаа. Хувь хүний орон зай гэдэг ойлголт нутгийн соёлд тийм ч өргөн дэлгэрээгүй л дээ. Эцэст нь би Анн-Мариегаас Магнус, Мариа хоёроос бусдыг нь явуулж өгөөч хэмээн хүсэв. Гэнэт Браин ахлах ангийн сурагчидтай Библи Судлалын хичээл хийх ёстой болохоо санав. Тэгээд тэр өөр хүнээр хичээл заалгахыг санал болгосон ч яг үнэндээ Браин саад болохгүй бол надад илүү амар санагдаж байлаа. Өдөр 15:45 минутад миний өвдөлт 2-3 минутын зайтай болж, би дуу дуулж өөрийгөө сатааруулж байв. Өмнө нь эгч маань хоёр хүүгээ төрүүлж байхдаа дуу дуулсан чинь их тус болсон гэж хэлж байсныг санасан юм. Мэдээж зүгээр амьсгалж байснаас л илүү сонирхолтой биш гэж үү.

Браин хичээлээ заагаад таван цаг орчимд гэртээ ирэв. Мариа, Анн-Марие хоёр хүмүүст оройн хоол хийж эхэллээ. Өчигдөр би гахайн гуя шарсан ба түүнээс үлдсэн махаар хоол хийж байгаа харагдана. Хоолны сайхан үнэр сэтгэл татам ч төрөх өвдөлтөөс болоод идэх дуршилгүй болжээ. Уг нь жаахан ч болов хэвтэх гэж оролдсон ч охид болон өвдөлт намайг тайван байлгасангүй. Охид дүү нь төрсөн үгүйг шалгаж байн байн өрөөний хаалга онголзуулна. Анн-Марие дараагийн үзлэгээ 17:30 минутад хийлээ. Савны амсар найман сантиметр нээгджээ.

Хүү төрөхөөс өмнө Карлин ирж амжихгүй бололтой гэж бид санаа зовж эхлэв. Хэдэн хоногийн өмнө Пийс Корпусын эндэхийн салбарын ажилтан Карлин Көрли гэдэг эмэгтэйгээс бидний шинэ төрөх хүүхдийг Америкийн иргэн хэмээн Монгол дахь Америкийн элчин сайдын яамд гэрчлэх зорилгоор төрөх үеэр хамт байж өгөөч гэж гуйсан байв. Учир нь Консулын газраас "Гадаад улсад төрсөн гэрчилгээ" байхгүй бол Гадаад паспорт өгөх боломжгүй гэж мэдэгдсэн юм. Харин энэ гэрчилгээг авахын тулд хүүхэд үнэхээр Америк эцэг эхээс төрж байгаа эсэхийг батлах зорилгоор хөндлөнгийн Америк иргэн гэрчлэх ёстой байдаг. Түүнийг яаралтай дагуулан ирж, биднийг энэ хар дарсан зүүднээс авраач гэж Браин Магнусаас гуйлаа. Магнус хотын нөгөө захад байрлах түүний гэр лүү сандран явсны дараа тун удалгүй Карлин бидний хэр байгааг шалгахаар иржээ. Бид түүнээс Магнус хаана байгааг асуухад тэр ойлгохгүй байгаа нь илт байв. Бүр намайг төрөх гэж байгааг ч мэдэхгүй орж ирсэн ба Ганааг Гадаад хэлний сургалтын төвийн багш нарын хурлаас гэнэт л гараад явчихсанд гайхаж байсан гэнэ. Холион бантан шиг юм болсныг мэдээд бид бүгд ихэд инээж, Карлиныг олж чадахгүй цочролын байдалтай гүйж яваа Магнусыг дагуулж ирэхээр Мариа явав. Ямар ч байсан явж явж хүн бүр байх ёстой газартаа ирлээ. Карлин зүгээр ч үгүй шарвин хийж авчиржээ. Маргааш өглөөний цайндаа идэхэд яг л болно. Тэр сүнсээр хөтлөгдөн иржээ. Карлин бидэнд үнэхээр их ивээл болсон. Тэр өнөр өтгөн католик гэр бүлд өсөж торнисон ба Пийс Корпусын бусад ажилчид шиг хачирхалтай тэнгэрийн тэнгэрийн юм яриад явдаггүй төдийгүй хувь хүний ёс суртахуун, ажлын ёс зүй өндөртэй эмэгтэй билээ.

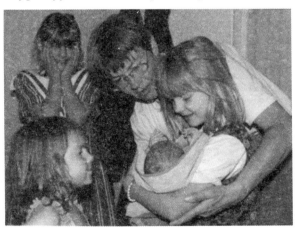

Үзлэгээр савны амсар бүрэн нээгдсэн байсан тул 18:03-д Анн-Марие миний усыг хагалж, төрөхөд бэлтгэлээ. Тэгэхэд надад шууд л дүлэх ёстой юм шиг санагдаж эхэлсэн. Дараа нь яг юу болсныг сайн санахгүй байгаа ч миний бодлоор би гурван удаа дүлэх шиг болсон. Тэгээд Жедидая мэндэллээ. Эхлээд түүний толгой, дараа нь гар нь гарч ирээд, хүү минь уйлж эхэллээ. Эцэст нь би сүүлийн удаа дүлж, бүтэн биеэрээ гарч ирэхэд Браин "ХҮҮ БАЙНА!" гэж чангаар орилоо. Браины чанга дуу манайд байсан бүх хүний анхаарлыг унтлагын өрөө рүү татжээ. Тэд бидний баяр хөөр, аз жаргалыг хуваалцахаар орж ирэв. Анн-Марие хүүг шалгаж, эв эрүүл байгааг зарлалаа. Яг энэ үед цаг 6:11 болж байсан ч надад бол их удаан болж өнгөрсөн юм шиг санагдаж байсан шүү. Охид эрэгтэй дүүтэй болсондоо их баяртай байв. Томчууд баяр хүргэж байсан ч тэр дундаас "Хүү байна! Хүү байна шүү дээ" гэж мэгшиж буй Мелодигийн дуу бусдаас илүү тод, илүү содон сонсогдож байлаа. Анн-Марие хүүхдийн биеийг хэмжиж, үзлэг хийхэд: биеийнх нь бүх эрхтэн байх ёстой газраа, тоо ёсооро байна. Хүү 52.6 см өндөр, 4 кг төржээ.

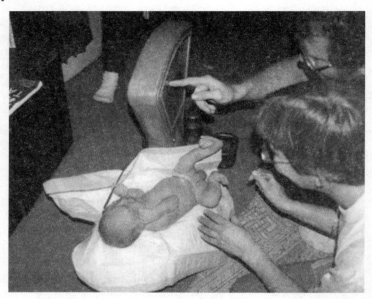

Нутагтаа байхад маш энгийн санагддаг байсан олон зүйлийг эндээс олж хийхэд их төвөгтэй. Хүүгийн жинг үзэх гэж бөөн юм боллоо. Манай чуулганы талхны мухлаг ажиллуулдаг найзаасаа том жинлүүр авсан ч хэмжилт хийхийн тулд нөгөө талд нь туухай тавьж тэнцвэржүүлэх ёстой болов. Даанч бидэнд байсан туухай хөнгөдөж Магнус, Браин хоёр лаазалсан бүтээгдэхүүн олж ирэн Жедидаягийн нөгөө талд тавьж жинг тэнцүүллээ. Хөгжилтэй дурсамж үлдсэн байгаа биз. Төрөөд цагийн дараа сайхан шүршүүрт орж аваад (Монгол ёсноо дөнгөж төрсөн эх усанд орохыг хориглодог), Мариагийн бэлтгэсэн хачин гоё амттай, шүүслэг гахайн махтай оройн хоолыг идэв. Надад яг л ямар нэгэн чухал ажлын ард гарч, амжилттай гүйцэлдүүлсэн мэдрэмж төрлөө.

Жед маань Эрдэнэт хотын хорин жилийн түүхэн дэх хамгийн анхны гадаад төрөлт байлаа. Бүр орон нутгийн хэвлэл мэдээлэл, сонин дээр хүүг төрсөн талаар мэдээ нийтэлж, хот даяар ярианы сэдэв боллоо. Браин шууд л хүүдээ Монгол улсын төрсний гэрчилгээ авахаар явав. Улсын бүртгэл дээр очтол ажилтан та нар хэрэв Жедэд төрсний гэрчилгээ авбал Монголын иргэн болох магадлалтай гэдгийг тайлбарлах гэж хөгтэй юм болсон гэнэ. Гадаад иргэд манай оронд ирж төрөөд, хүүхдээ Монголын иргэн болгох вий гэсэн айдастай байсан байх. Учир нь хэрэв тэгэх юм бол нэг талаараа энд удаан үлдэх хүмүүст их давуу талтай л даа. Хариуд нь Браин хүүхэд маань гэр бүлийнхээ бусад гишүүдийн адил Америк иргэншлээ хадгалж үлдэнэ гэдгийг тайлбарлах гэж оролдсон ч залуу ойлгоогүй тул гэрчилгээ өгөөгүй гэнэ. Америк төрсний гэрчилгээ авах шаардлагыг яг таг дагаж, бүх юмаа бэлдсэний ач гарлаа шүү.

Төрсний дараа эхний гурван сард би үнэн голоосоо дургүй. Гурван сар унтаад сэрчихдэг бол хичнээн сайхан бэ? Ха Ха! Дааич бүр эсрэгээрээ шүү дээ. Нойр дутуу болчихсон чинь оюун санаа нэг л сонин. Инээдтэй ч юм шиг. Тэр тусмаа хүний нутагт байгаа нь бүр их нөлөөлж байна. Монголчуудын төрөх ёс, тэдний итгэл үнэмшил их өвөрмөц. Шинэ төрсөн ээж сар гаруй гэрээсээ гарч болохгүй ба үргэлж чихээ бөглөж, толгойгоо алчуураар боох ёстой. Энэ уламжлалын цаана эмэгтэй нялх биетэй болсон тул чихээ бөглөж толгойгоо алчуураар боохгүй бол салхинд цохиулж насаараа өвчтэй болно гэж үздэг байна. Ээж нь дор хаяж сар усанд орж болохгүй. Хүүхдийн нүүрний жижиг хэсгийг л үлдээж бусдыг нь маш сайн өлгийдөх ёстой. Зун хүртэл хүүхдээ өлгийдснөөс бие дээгүүр нь халууны тууралт гарсан байгаа харагддаг. Түүнээс гадна бусад хүмүүст зөвлөгөө өгөх тал дээр огт төвөгшөөдөггүй, ямар ч цээрлэх ёс байдаггүй. Хүмүүсээс янз янзын зөвлөгөө сонссоор бүр сүүлдээ ойлгохоо ч байлаа. Хаалга тогших бүрт унтлагын өрөө рүү нуугдаж, хэн нэгэн хүн зөвлөгөө өгөхөөр ирсэн байвал өрөөндөө үлддэг байв. Гэхдээ ингэж ирсэн хүмүүсийн тал нь хүүхэдтэй мэндлэхээр унтлагын өрөө рүү ороод ирдэг тул тийм ч найдвартай төлөвлөгөө биш л дээ. Ямартай ч захианд минь хариу бичээрэй. Энэ дэлхий дээр намайг ойлгох хүн байгаа гэдгийг мэдэрмээр байна.

Өө! Тогтасарчихлаа. Үүнээс залхаж байна шүү. Компьютерийн батарей бүтээсэн Бурханд талархья даа. Тог тасарсан нь захиагаа дуусга гэсэн дохио юм байлгүй дээ.

Хайрт, Луйс

XX бүлэг

Гэнэтийн цохилт

Жедидая Патрик төрж баяр хөөрөөр бялхаж байсан тэр үед бидний өмнө юу хүлээж байгааг, мөн тамын хаалга нээгдсэн гэдгийг манай баг ч, чуулганыхан маань ч мэдсэнгүй. Эрдэнэт хотод үйлчилж, бий болгосон бүгдийг маань нураахаар Сатан бидний эсрэг маш хэрцгий, хүчтэй довтолгоон бэлтгэж, түүнийгээ хэрэгжүүлэхээр энэ цагийг сонгожээ.

Өнгөрсөн зун Америкын Минеаполис хотоос богино хугацааны илгээлтийн баг ирж бидэнтэй үйлчилсэн юм. Тэр баг их хачирхалтай итгэл үнэмшил, зан заншилтай ба энэ нь ялангуяа тэдний удирдлагын арга барилаас нь харагддаг байв. Эрдэнэт чуулганд ирсэн тэдний айлчлал нэг л сайнгүй байсан бөгөөд галт тэргэнд суугаад гэрийн зүг одоход нь бид их тайвширсан юм. Явснаас нь хойш тэдэнтэй огт холбоо бариагүй ба Жед төрсөн тэр өдрийн маргааш багийн дөрвөн гишүүнтэй гадаа гудамжинд таараад их цочирдлоо. Тэд пастораасаа Эрдэнэт хотод "илүү сүнслэг" чуулган тарих, биднээс аль болох нууцаар үйлчлэх зааварчилгаа авч, энд оршин суухаар иржээ. Энэ хотод ганц л америк гэр бүл байдаг болохоор галт тэрэгнээс буусан даруй нууц ажиллагаа нь хэдхэн цагийн дотор хотоор нэг таралгүй яахав. Бид тэдэнтэй ярилцах гэж оролдож үзсэн ч манай багаас хол байх тушаалыг алс холоос авсан болохоор уулзалт тийм ч таатай болсонгүй. Энэ явдалд бид их цочирдсон ч далд ертөнцөд түүнээс аймшигтай зүйл болж байгааг төсөөлөөгүй байлаа.

Тэрнээс хойш буюу хүү төрснөөс долоо хоногийн дараа хотын томхон дэлгүүр хэсч байхад өөр дөрвөн америк залуус инээлдэж явааг хараад ихэд гайхлаа. Өвөрмөц цагаан цамц зангиа дээрээ хүнд хүрэм өмсчихсөн байхыг харахад тэд Мормон илгээлтийн эзэд гэдэг нь ойлгомжтой байна. Энд Монгол биш л бол хүмүүсийн хараанд өртөхөд их амархан ба хотод манай багаас өөр баруунаас ирсэн гадаад хүмүүс амьдардаггүй гэдгийг мэдэх тул их содон харагдлаа. Би шууд л жуулчид байгаасай хэмээн залбирч эхэлсэн юм. Тэдэн дээр очоод өөрийгөө таницуултал намайг хэн гэдгийг аль хэдийн мэдэж байсанд золтой л зүрх зогсчихсонгүй. Залуус хотод дөнгөж нүүж ирсэн хийгээд хотын нөгөө захын байранд оржээ. Түүгээр ч барахгүй Алфонсын гэр бүл ажилладаг Гадаад Хэлний Институтад англи хэл заахаар аль хэдийн гэрээ байгуулж, өөрсдийгөө баталгаажуулсан аж. Магнус сургуулийн эрхлэгчээсээ Америкаас ирсэн таван шинэ багш ажилд орсон тухай сонсжээ. Тэгээд дөрвөн Мормон залуу байгааг мэдэж байсан ч багийн тав дахь гишүүн болох Сан Диегогоос ирсэн охинтой уулзаж амжаагүй байв. Харин явж явж нөгөө эмэгтэй нь Бахагийн урсгалын цуглаан байгуулахаар Эрдэнэтэд ирсэн болж таарлаа.

Яг тэр долоо хоногт Солонгос гаж урсгал болох "Гэрч Лигийн чуулган"-д (мөн Орон нутгийн чуулган/Амийн ус чуулган гэдэг нэрээр олонд танигдсан) явдаг байсан монголчуудаас Эрдэнэт хотод нүүн ирж, хотын зүүн хэсэгт жижиг цуглаан эхлүүлсэн гэж сонслоо. Тэд өглөө үүр цайхаас өмнө уулан дээр гарч, чанга дуугаар магтаж, шинэ өдрийг угтдаг зан үйлтэй аж. Энэ үйлдэл хөршүүдэд нь таалагдаагүй ч харамсалтай нь хүмүүс тэднийг манай цуглааны гишүүд гэж боджээ.

Долоохон хоногийн дотор бид ямар ч эсэргүүцэлгүй, хотынхоо ганцхан цуглаан байснаа биднээс өөр дөрвөн цуглаантай болчихлоо, бүр тэдний гурав нь буруу урсгал шүү! Үнэхээр итгэж чадсангүй. Тэд бүгд Есүсийн чуулганыг хамгийн түрүүнд гол байндаа авав. Би ч тэр даруй мормончуудын тухай ба Библи дээр хуурамч багш нарын тухай юу гэж бичигдсэн байдаг талаар хичээл бэлтгэж, бүх гэр чуулгануудыг хийгээд Эрдэнэт хотын гадна цугладаг салбар цуглаануудыг руу явууллаа. Чуулган даяар Библийн дагуух Христитгэл ба Хожмын үеийн гэгээнтнүүдийн ялгааг сонсож, ойлгож мэдсэн өдрийн маргааш нь мормончууд айл айлаар явж, хаалга тогшиж гэрчлэл хийх компанит ажлаа эхлүүлээ дээ. Мэдээж нөхцөл байдал тэдний найдсан шиг амар байсангүй. Тэд манай чуулганаас нэг ч итгэгчийг өөрсдөдөө нэгтгэж чадсангүй. Гэвч цаг хугацаа өнгөрөх тусам Мормон чуулган өсөж ойролцоогоор 40 гишүүнтэй болсон ч бараг бүгд л гагцхүү англи хэл сурах зорилготой сурагчид ба Америк явуулна, Юта мужийн Бригхам Ёонг Их сургуульд тэтгэлэгтэй сургана гэдэг шалтгаанаар тэдэнтэй нэгдсэн аж.

Минеаполисоос ирсэн баг болох "Америк эмэгтэйчүүд" өөрсдийн чуулганаа эхлүүлэх ажилдаа оржээ. Манай багийн чуулган тарих арга барил ба өөрсдийн арга барилын алинд нь илүү дуртай байсныг мэдэхэд амархан байв. Тэд барууны ихэнх чуулганы түгээмэл зан заншлын адил ням гарагийн нэгдсэн, том мөргөл хийх арга барилыг хуулбарласан байна. Харин хотын хаа сайгүй гэр гэртээ цугладаг, энгийн жижиг чуулганууд маань тэдэнд сул дорой, хачин санагдсан байх. Тэд маш том дуу гаргагч төхөөрөмж, цахилгаан хөгжим авчирч, (илгээлтийн эзэд орон нутагт дасан зохицож үйлчлэх заншлыг бүр мөсөн эвдэж түүгээр ч барахгүй хотод байдаггүй 110 Волт шаардаж), Библийн Сургууль эхлүүлэх сурах бичиг бэлтгэж, богино хугацаанд хүмүүс цуглуулан, үйлчлэлээ эхэллээ. Багийн нэг ч гишүүн нь нутгийн хэлээр ярьдаггүй тул монголчуудтай орос хэлээр ярихын тулд Болгар эмэгтэйтэй хамт иржээ. Тэгээд тэд бидний сургаж байсан Есүсийн чуулганд үйлчилдэг хоёр залуу эмэгтэйтэй холбогдсон аж. Үүнээс улбаалан тэдгээр охид эсэргүү ба биеэ даасан байдлын сүнсэнд эзэмдүүлж, тэр байдал нь халдварлаж эхэллээ. Хэдхэн хоногийн дотор Есүсийн чуулган хуваагдах нь уу гэлтэй байв. Бид үйлчлэгч хоёр эмэгтэй болон тэдний дагагчидтай ярилцаж үзсэн ч дагалдаж, суралцах шаардлагагүй шууд удирдагч болгоно гэсэн нөгөө чуулганы санал илүү сэтгэл татам аж. Одгэрэл чуулганы хичээлд суун, бэлтгэгдэж байсан ахлагч маань эсэргүү хоёрын үгийг сонсож, хэсэг боджээ. Тэдний дотор ажиллаж байсан муу сүнс түүнийг эргэлзүүлж чаджээ. Тэр чуулганаасаа Улаанбаатар хот руу явж, эгчийнхээ хүүхдийг харахаар шийджээ. Энэ мэдээ биднийг гайхшруулаа. Учир нь тэр Христийн төлөө гэсэн үнэхээр гал халуун, чин үнэнч сэтгэлтэй байсан юм. Түүний бодлыг өөрчлөх гэж олон цаг ярилцаж суусан ч чулуун хана мэт юу ч хүлээж авсангүй. Бидэнд найз шиг минь дүр төрхтэй ч шал өөр хүнтэй ярьж байгаа мэт санагдлаа. Магнус, Мариа бид гурав яах учраа олохоо мэдэхээ больж Одгэрэлийг алдаж байгаа юм байна хэмээн бууж өгч байтал Баяраа үг хэлэв. Тэр "Миний бодлоор энэ асуудлыг Одгэрэлтэй ярилцаж шийднэ гэж байхгүй байх. Харин бид залбирч, муу сүнсийг хөөж, түүнийг орхи гэж тушаах хэрэгтэй." гэж хэлэв. Баярааг хэлсэн даруй бид хүнээс шалтгаалсан хямрал биш харин сүнслэг дайралтанд өртөөд байгааг ойлгосон юм. Бид Одгэрэлийг тойрч зогсоод, Баяраа чангаар төлөөлөн залбирч, найзыг минь тайван орхиж, дарлахаа боль хэмээн муу сүнсэнд тушаан, эсэргүүцлээ. Ойролцоогоор 15 минут залбирсны дараа эргэлзээ зайлж, Одгэрэл мэгшин уйлж эхэлсэн юм. Тэр гэмшиж, явмааргүй байсан ч гэсэн дотроос нь ямар нэгэн зүйл яв гэж шаардсан гэж хуваалцлаа. Цөхрөл түүнийг бүтээлэг мэт хучжээ. Залбирлын дараа түүнд ариуссан мэт санагдаж, яаралтай хотоос гарч хоёр хоног мацаг барин залбирмаар байна гэв. Бид ч түүнийг өрөөгөөд явууллаа. (Энэ үеэс жил хагасын дараа Одгэрэл Эрдэнэт чуулганы удирдагч, пастораар тослуулах байлаа. Эргээд харахад бид түүний эсрэг иймэрхүү дайралт гарч болзошгүй гэдгийг таамаглах ёстой байсан ч юм шиг.) Манай баг чуулганыхаа бусад ахлагчдыг цуглуулан эсэргүүцэл үзүүлж эхэлсэн итгэгчдийн нүдийг нээж өгөхийн төлөө, мөн чуулганы бусад гишүүдэд энэ байдал тархахгүйн төлөө хичээнгүйлэн залбирлаа. Түүнээс гурван өдрийн дараа хоёр эсэргүүр дагаж явсан хүмүүс бүгд нүдэндээ нулимстай, гэмшсээр буцаж ирэв. Бурхан чуулганы хагарлыг эдгээлээ. Гэхдээ чуулган тарахад үнэхээр ойр байсан тул бид бүгд сандарсан байв.

Асуудал ингээд дууссангүй. Манай гэр бүл болон Алфонсын гэр бүлийг байрнаас албадан нүүлгэх зарлан ирлээ. Хуучны "найз" Сүхбат маань Орон сууцны газрын дарга болж ёс зүй муу, авилга авдаг муу нэртэй болжээ. Магадгүй тэр хүнээс авилга авч биднийг байрнаас нь гаргаад мөнгө төлсөн хүмүүсээ оруулах гэж байгаа юм болов уу. Тэр манай хоёр байрыг худалдаж авах хүмүүстэй аль хэдийн ярилцжээ. Сүхбат "байрны ордер"-оо өгөөд, хурдан нүүгээрэй гэдэг үгийг дамжуулахаар хүн илгээжээ. Эхлээд бид нүүхээс татгалзсанд тун удалгүй албадан нүүлгэх бичиг ирэв. Харин бид судалж байгаад Монгол хуулиндаа өвлийн хүйтэн цагт буюу 9-5 дугаар сарын хооронд албадан нүүлгэлт хийхийг хориглосон байдгийг олж мэдэв. Энэ мэдээг сонсоод түр ч гэсэн бидний итгэл найдвар эргэж ирсэн ч тэдний бохир хэлэлцээнд цагдаа нар хүртэл нэгдсэн гэдгийг олж мэдээд дахиад л сэтгэлээр уналаа. Сүхбат биднийг албадан нүүлгэхээр цагдаа нарт хахууль өгсөн юмсанж. Монгол найзуудаас минь хотын захиргаан дээр очиж эсэргүүцэл илэрхийлсэн ч Сүхбат гэдэг эмэгтэйг сөрөх хүн тэнд нэг ч байсангүй. Нэг өдөр Сүхбат амралтаар явж, түүнийг буцаж ирсний дараа биднийг албадан нүүлгэнэ гэдэг мэдээ сонслоо. Удахгүй албадан нүүлгэнэ гэсэн сэтгэлийн дарамтанд амьдрах дэлхийн аль ч улсад гэлэл хэцүү биз. Гэхдээ Азийн хамгийн хүйтэн газар, дөрвөн бага насны хүүхэд, нэг нь бүр дөнгөж төрсөн хүүтэй гэр бүл орох оронгүй болно гэж бодохоор л бидний дотор ямар их дарамт, стресс байсныг тайлбарлаж ч чадахгүй нь. Тэгээд өдөр бүр биднийг унагахаар оролдож байгаа энэ эмэгтэйн төлөвлөгөө, хаалган дээр наасан улаан туузтай тэмцэж байлаа. Үүний сацуу чуулганд ч их сорилт, дайралт ирж байсан тул нөхцөл байдал давж гарахын аргагүй, боломжгүй мэт л санагдав.

12-р сарын дундуур "Орон сууцны хатан хаан" маань эргэн ирж, төлөвлөгөөт ажиллагаандаа оров. Христмас баяраар бүх тавилга гудамжинд, өөрсдөө зочид буудалд байх нь дээ л гэж бодож байсан ч гэнэт Магнус гайхалтай арга бодож оллоо. Тэгээд бид цагдаагийн газар руу биднийг хэзээ хамаагүй хүссэн цагтаа ирж албадан гаргаж болно гэдэг хэл дамжууллаа. Бид та нарын албадан нүүлгэх ажиллагааг зөвшөөрч байна, гэхдээ үйл явдлыг бүгдийг видео камераар бичнэ гэдгийг мэдэгдлээ. Биднийг яагаад бичлэг хийх гэж байгааг мэдэхийг тэд шаардав. Хариуд нь бид магадгүй CNN энэ бичлэгийг сонирхох байх. Монголчууд өөрсдөө хуулиа зөрчиж, гадны зочдод зохисгүй хандаж байгаа бичлэг тэдний анхаарлыг татаж, энэ сэдвээр мэдээ хийхийг хүсэж магад. Хэрэв ингэх юм бол авсан хахуулиасаа хавь илүү төлбөрт унана гэж айсан цагдаа нар шууд тохиролцоогоо цуцалжээ. Сүхбат бичиг цаасны ажлыг хийж чадах ч албадан хүчлэх ажлыг хийх чадваргүй. Тиймээс түүний "худалдан авагчид" байр авахгүй нь дээ. Олон сар айдас, улаан туузтай амьдарсны эцэст асуудал арай гэж дууслаа.

Надад манай баг сохор номинтой автомат тоглоом тоглоод байна уу хэмээн санагдсан юм. Тэр тоглоом дээр сохор номин ар араасаа тасралтгүй нүхнээс гарч ирэх ба тоглогч түүнийг цохиж оруулах ёстой байдаг. Яагаад гэвэл нэг асуудлыг шийдвэрлэж дууссан даруй бусад асуудлууд ар араасаа цуварч байсан юм. Байрны асуудлыг цэглэж байтал магтаалын багийн ахлагчаар үйлчилж байсан Оюун (түүний жинхэнэ нэр биш) гэдэг охин чуулганд ирдэг байсан залуухан хулигаан залуусын нэгтэй холбогдож, завхайрлын гэм нүгэлд унасан байсанд бид түүнтэй тулах шаардлагатай боллоо. Залуу хэзээ ч чуулганд гүн гүнзгий нэгдэх хичээл зүтгэл гаргаж байгаагүй, ихэвчлэн холуур тойрдог байлаа. Яг л сүрэг хонийг ажиглаж байгаа чоно мэт. Түүнтэй нүүр тулж уулзахад Оюун эхлээд эсэргүүцэж байсан ч эцэстээ зөөлөрч, бүгдийг өчлөө. Эмэгтэй гэмшлийн залбирал хийж Баяраа, Мариа хоёр ч түүнтэй хамтран залбирч ивээлтэй цаг байсан ч цаашдаа ахлагч, удирдагчдаас гэм нүгэлд унавал ямар арга хэмжээ авах талаар нарийвчлан бодох хэрэгтэй болохыг ухаарсан юм. Бид Бурханыг, Түүний Үгийг эрэлхийлж залбиран, нэг нэгэнтэйгээ болон удахгүй удирдагч болох хүмүүстэйгээ ч хуваалцаж ийм нөхцөл байдалд шинэчлэл хийх төлөвлөгөө боловсрууллаа. Удирдагч хүн унаж, гэм нүгэл үйлдэх юм бол тэд гэмшиж, хэсэг хугацаанд олон нийтийг хамарсан үйлчлэлээс бууна гэж шийдлээ. Тухайн хугацаа нь Бурхантай илүү ойртож, чуулганы удирдлагын дор дагалдах цаг юм. Мөн удирдлагын хэмжээнд үйлчилдэг хүн гэм нүгэлд унавал чуулганы өмнө тухайн гэм нүглээ тохирох хэмжээ хүртэл нь илчилж, гэмших шаардлагатай. Жишээ нь: Хэрэв чуулганы жирийн итгэгч бол тэд эсийн бүлэгтээ өөрсдийгөө илчилж, гэмшинэ. Хэрэв тэр үйлчлэгчдийн нэг бол үйлчлэлийн багийнханд гэм нүглээ улайна. Харин тухайн хүн ахлагч бол чуулганы өмнө гэм нүглээ улайна. Оюун Бурхантай болон ахан дүүстэйгээ зөв харилцаатай үлдэхийн тулд юу ч хийхэд бэлэн, баяртай байлаа. Нэг хүн л гэм нүгэлд унах нь чуулганд маш хурдан нөлөөлж, том цохилт болдгийг бид харсан юм. Учир нь түүнийг гэмшиж байгааг харж суугаа зарим үйлчлэгчид уйлж байгааг би анзаарлаа. Оюун магтаалын үйлчлэлээс түр чөлөөлөгдөж, түүний хөгжмийн ур чадваргүйгээр магтаалын цаг хэцүүхэн л болж байлаа. Ямар ч байсан Амилсаны баяраар тэр сэргэж, баярын магтаал удирдаасай хэмээн бид найдаж байв.

Дайралт дөнгөж л эхэлж байлаа. Одоо бодоод үзэхэд 11 болон 12-р сард Есүсийн чуулган хийгээд манай баг хэтэрхий олон аймшигт асуудал, бэрхшээлтэй нүүр тулжээ. Бидний хамгийн их итгэж найддаг байсан хоёр ахлагч маань нэг баярт уригдаж, найзууд нь тэдэнд архи шахаж, тэд ч хэтэрхий их уусан гэдгийг олж мэдээд хамгийн их урам хугарлаа. Чуулганы хэд хэдэн гишүүд тэднийг согтуу байхыг харжээ. Энэ мэтчилэн олон монгол ахлагчид маань нулимстайгаар гэмшиж, чуулганы дагалдуулалт ба сэргээн босох үйлчлэлд суралцаж эхэллээ.

Миний хувьд чуулганаар зогсохгүй гэртээ ч шинэ хүүхэд төрсөнтэй холбоотой стресс их байв. Жед маань их уйлдаг учир энэ нь бидэнд хэцүү байлаа. Бид нэг ч шөнө бүтэн нойртой хонож үзсэнгүй. Өчүүхэн дуу чимээнд ч амархан сэрчихдэг байсан болохоор нэг шөнө олон удаа гэнэт уйлагнаж сэрдэг байлаа. Нойргүйдлээс үүссэн оюуны ядаргаа дээрээс бид бүгд хүйтнээс болоод зутарч байлаа. Хүйтний улиралд гадаа -28 градусаас дулаарна гэж огт байхгүй. Дээрээс нь нэг давхрын манайх шиг айл бол дотор байсан ч хөргөгчтэй адил. 12-р сарын хүйтнээс улбаалсан хаалганы дотор цантсан мөс 3 сар хүртэл лав арилаагүй. Нэг удаа Луйс аяга угааж байхдаа гал тогооны шалан дээр асгасан усаа арчих гээд доош суутал асгарсан ус аль хэдийн хөлдсөн байсанд гараараа барьж аваад угаалтууранд хийсэн гэнэ. Аль хэдийн хатуу болоод хөлдчихсөн байсан гэсэн шүү! Нэг өдөр би орцны хаалганы хажуугийн подвал руу ордог хаалга онгорхой байхыг харлаа. Гэрийнхээ шалыг дулаахан байлгах гээд би хаалгыг хаахаар дөхөж очив. Дотор нь юу байгааг хараад хүчээр инээгээгүй бол би лавтайяа уйлах байсан. Усны шугамнаас ус дуссаар тэр нь хөлдөж, өрөөгөөр дүүрэн шалнаасаа тааз хүртэл аварга том мөсөн уул болжээ. Подвал мөсөөр дүүрчээ. Яг дээр нь амьдарч байгаа бид хөлдөж үхэх гээд байсныг гайхах юм алга. Бид мөсөн зоорин дээр буудалласан байна шүү дээ. Гэртээ хүртэл ноосон цамц эсвэл хүрэм өмсөж, энд тэндээс гуйж авсан халаагуураа цаг наргүй ажиллуулах шалтгаан нь энэ аж. Цахилгааны төлбөрөө төлөх гэтэл төлбөр авдаг ажилтан нь нэг айлд ийм их төлбөр гарна гэж үү хэмээн бүр итгэхгүй байсан юм. Бүхэл бүтэн "сургуулийн" цахилгааны төлбөртэй адилхан гарсан хэмээн тэр хэлсэн юм. Манайхнаас Алис л хүйтнээс хамгаалах дархлаатай бололтой. Тэр усны хувцастай гэр дотроо бүжиглэж, юу ч өмсгөсөн хамаагүй яаж ийгээд тайлаад шидчихдэг байлаа. Манайд ирсэн монгол найзууд хүртэл гайхаж араас нь бүтээлэг бариад хөөдөг байсныг санаж байна. Ийм хүйтэнд тухгүй амьдарч, дээрээс нь сүнслэг дайралтууд ар араасаа цуварсан нь биднийг үнэхээр туйлдуулж байв.

12-р сарын дундуур Луйс, таван долоо хоногтой Жедийг аваад түр амсхийхээр хотруу явлаа. Тэд Магнус, Мариа хоёртой Улаанбаатар луу галт тэргээр явав. Луйс энэ боломжийг ашиглаад Улаанбаатар хотод байдаг Давид Мийс хэмээх эмч мэргэжилтэй илгээлтийн эзэнд хүүгээ үзүүлэхээр зорьсон юм. Тэр бүх зүйлийг нь шалгаж үзээд Жед маань эрүүл саруул, бүрэн төгс байна гэж бидэнд сайхан мэдээгээр урам өглөө. Бас нэгэн гэрэл гэгээтэй, сайхан мэдээ биш гэж үү? Бидний сэтгэл санаа дээрдлээ.

Мөн тэр үед Сибирийн Абакан хотод байрлах Библийн сургуулиас манай багтай хамтран үйлчлэхээр залуухан Орос гэр бүл илгээгдэж ирэв. Руслан, Светлана хоёр гал халуун итгэлээр дүүрэн байсан ба анх ирсэн өдрөөсөө л бидэнд их таалагдав. Светлана "4-р сард болсон гайхамшиг" буюу Ариун Сүнсний бороог эхлүүлсэн Орос багийн ахлагч байсан юм. Харин энэ удаад тэр нөхөр болон хэвлий дэх үртэйгээ хамт Монголд урт хугацааны үйлчлэл хийхээр дуудлага аван иржээ. Тэд яг л нэмэлт хүч мэт санагдсан ба ирээд шууд бидний туулж байгаа хүнд хэцүү нөхцөлийг олж харсан юм. Бид хоёр сарын турш тасралтгүй цохилтонд орж, баг байтугай цуглаан маань хүртэл ганхаж байлаа. Учир нь Одгэрэл, Оюун хоёр руу дайралт ирж, чуулганаас зарим итгэгчид салж явсан нь аадар борооны дөнгөж эхлэл нь байв. Чуулганаас олон хүмүүс гэм нүгэлд унах, итгэлээ алдах гэх мэт нүглийн дарангуйлалд орж эсвэл зарим нь уур хилэн, атаа хорсолд хаалга нээн өгч байлаа.

Үүнээс гадна маш олон асуудал гарч, буруу зам руу эргэж байсан болохоор сүүлдээ бид чуулган энэ үеийг даваад гарч чадах эсэхэд эргэлзэж эхэлсэн юм. 12-р сар дуусах дөхөж манай баг нулимстай уулзаж, чуулганыг зогсоох нь хамгийн сайн арга эсэхийг бодож үзэх талаар чин сэтгэлээсээ хуваалцан, ярилцсан юм. Яагаад гэвэл чуулганы гүнд бий болсон хор хөнөөлөөс дахин сэргэж босох арга зам огт үгүй мэт байлаа. Бид үлдэх эсвэл явах шийдвэрээ ч гаргах чадалгүй болсон тул юу хийх ёстойгоо баттай мэдэх хүртлээ чадан ядан тэмцлээ. Гэсэн ч ясандаа тултал ядарч, итгэл найдвараа алдаж байсан юм. Үүнээс олигтүй, хэцүү зүйл байхгүй гэж бодсон ч илүү долоон дор зүйл биднийг отож байсныг хэн мэдэхэв.

XXI бүлэг

Хэцүү Христмас

"Хаанчлал тэлэхэд хэн нэг нь эхлээд асар том төлөөсийг төлдөг гэдгийг зуун зууны туршид түүх бидэнд харуулдаг.."

Фил Батлер

Магнус, Мариа нартай хамт англи хэл зааж байсан Гадаад Хэлний Институт дээр 12-р сарын 23-ны орой Зул сарын баярын үдэшлэгтэй байлаа. Бид хамтдаа үдэшлэг рүү оюутан багш нарын баярын арга хэмжээнд оролцохоор явав. Баяр хөөрөөр дүүрэн уур амьсгалтай, энэхүү Христмас баярын гол учир шалтгааныг тайлбарлаж, хүмүүс хоорондоо ярилцана. Пийс Корпусд ажилладаг англи хэлний багш, бидний анд найз Карлин үдэшлэгт зориулан тоглолт, хөтөлбөрийг бэлдсэн байв. Хэлний ангийн оюутнууд "Гацуур модоо тойрон бүж" дууг бүжгийн хамт англиар бидэнд үзүүлэхэд бид инээлдэн сандалнаасаа арай л уначихсангүй.

Жедидая тэнд хүн бүрийн анхаарлын төвд байв. Монголчууд хүүхдэд маш их хайртай , хүмүүс багтаж ядсан тэр өрөөнд хүн бүр гараас гар дамжуулан түүнийг тэвэрнэ. Түүнийг энэ байдал хэт ядраачихгүй байгаасай хэмээн бид холоос харц салгалгүй зогсоно. Тэр хөх тэрлэгтэй байсан учраас олны дундаас олж харахад амархан байлаа. Архитектурийн компаны нэгэн эмэгтэй Жедэд зориулан энэ хорвоод мэндэлсний бэлэг болгон энэхүү дээлийг оёж өгсөн нь гайхалтай сайхан таарсан ажээ. Түүний өмссөн үндэсний хувцасны материал нэлээд үнэтэй чамин эд байлаа. Хүн бүр түүнийг өхөөрдөн гараас гарт дамжуулсан ч Жед уйлахгүй, тайван байлаа. Мэдээж тэд түүнийг өхөөрдөн "Муухай хүүхэд" хэмээн дуудна. Энэ нь монголчуудын хувьд хүүхдийг магтах, өхөөрдөх хэлбэр бөгөөд цагаан хэл ам, муу зүйлээс хамгаална хэмээн итгэдэг юм.

Үдэшлэг дуусч манай гэр бүл, Магнус, Мариа хоёр мөн Баяраа, Болороо бид бүгдээрээ 12-р сарын тэр нэгэн хүйтэн орой гэр лүүгээ алхцгаалаа. Унтаж байгаа Жедийг Луйс дулаан даавуугаар өлгийдөөд энгэртээ наан алхана. Хот тэр чигтээ нам гүм. Христмас баярыг монголчууд өргөн дэлгэр тэмдэглэддэггүй ч Гадаад хэлний институтээс барууны соёлыг таниулах үүднээс зохион байгуулсан нь энэ байлаа. Бүхэл бүтэн хотод Аврагчийн маань энэ дэлхийд ирсэн баяр хөөрийг тэмдэглэхээр бэлтгэж байсан хүмүүс нь зөвхөн манай чуулганы итгэгчид л байлаа. Бид хотын төв өргөн чөлөөгөөр алхаж явахдаа яг маргааш нь болох цуглааныхаа Христмас баярыг ярилцана. Бид гэр бүлээрээ тэр үдэшлэг дээр шинэхэн төрсөн хүүгээ тэврээд "Бяцхан Хааны Бүүвэйн дуу" гэх Луйсын бичсэн дууг дуулахаар төлөвлөж байлаа. Үдэшлэгийн төлөвлөгөөгөө ярилцан алхаж явтан Луйс мөсөн дээр халтирахдаа өгзөгөөрөө газар уначихав. Гайхалтай нь түүний тэвэрт байсан Жед маань сэрсэн ч үгүй, Луйс ч бэртэж гэмтсэнгүй.

Бүгд алхсаар манай байрны гадаа ирж, бие биедээ сайхан амрахыг ерөөгөөд, тэврэлт бэлэглэн гэр гэрийн зүг явцгаалаа. Магнус, Мариа хоёр манайхаас 5 минут алхах зайтай амьдардаг учир тэд цааш алхлаа. Манай гэр бүл, Баяраа, Болор нарынх нэг байранд амьдардаг ба тэд нэг орцонд амьдардаг байсан бөгөөд тэд ч орц руугаа, бид ч орц руугаа орлоо. Энэ үед Баяраа, Болороо нар Англи хэлний институцид суралцдаг бидний оюутнууд байсан билээ.

Би нойрмоглосон гурван охиноо оронд нь орууллаа. Харин Луйс зузаан ноосон хивстэй зочны өрөөнд хонины нэхий, хөнжил, хучлагаар дүүрэн өөрийнхөө орны дэргэд дулаан унтлагын хувцастайгаа Жедийг хөхүүлээд сууж байв. Бид түүнийг шөнийн турш унтаж сургах гэж оролдож байсан үе. Түүнийг шөнө дунд сэрсэн ч өөрөө уйлж байгаад унтаг гэж шийдсэний дараагийн орой байлаа. Сэрэх болгондоо мөөмөө идэж, тэврүүлж, бидэнтэй нэг оронд унтах гэж эхний орой тэмцснээ бодвол хоёр дахь удаагаа дээрдэнэ гэж бид найдаж байлаа. Түүнийг хөхүүлснийхээ дараа тусад нь оронд нь хэвтүүлэхэд тэрээр анх удаа нүүрэндээ томоос том удаан гэгч нь мишээл тодруулж билээ. Би энэхүү торгон агшны зургийг авахаар аппарат руугаа хурдхан гүйгээд ирэхэд тэр инээсэн хэвээр зургаа татууллаа. Тэр цаг хугацааг алдчих вий гэсэн шиг, дахиад зураг авахуулахыг хүссэн мэт инээсээр байвч бид түүнд сайхан амраарай хэмэн хэлээд түүнийг үнсээд гэрлийг нь унтраан өрөө рүүгээ өлмий дээрээ гишгэн орцгоолоо. Луйс надад өглөө дахиад хэд хэдэн зураг даръя хэмээгээд зургийн аппаратаа ойрхон тавихыг сануулсан юм. "Одоо тэр инээдэг болсон юм чинь бид хөөрхөн хэдэн зураг дарах нь дамжиггүй" гэж надад хэллээ.

Хоёр сар хүрэхдээ анх удаа сэрэлгүй бөх гэгч нь унтлаа.

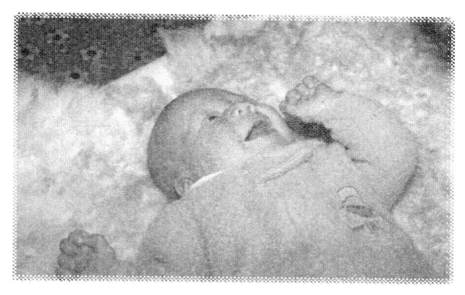

Өглөөний зургаан цагийн үед Луйс гэнэт сэрлээ. Тэр сэрсэн даруйдаа ямар нэг зүйл болохоо байсныг мэдэх шиг. Зочны өрөө рүү яаран гүйж, гэрлийг нь асаав. Хүүг хучиж тавьсан хөнжил хөдөлгөөн байсангүй. Луйс хөнжлийг нь сөхөөд түүнийг доош харсан байхад нь дээш өргөхөд түүний толгой нэг л хачин харагдаж байжээ. Тэр түүнд гараараа хүрж үзтэл түүний гарт ямар ч дулаан мэдрэгдсэнгүй. Тэр хэсэг хөшүүн байдалтай зогсож байснаа гэнэт хүүгээ цээжиндээ наалаа. Цаг хугацаа зогсох шиг. Луйс чанга дуугаар хашгирч байсан ч өөр юу ч хийх тэнхэлгүй зогсоно.

Би түүний орилох дуунаар орноосоо огло үсрэн босло. Би зочны өрөө рүү гүйсээр коридорт Луйстэй нүүр тулав. Тэр надад "Жед өнгөрчихжээ" гэж хэлэхэд миний ертөнц тэр чигтээ нуран унах шиг болов. Би эхэндээ амьсгалж чадахгүй байлаа. Харин охид өрөөнөөсөө дуудсаныг сонсоод өөртөө тэдэнд өрөөндөө байж байхыг хэлэх хэрэгтэйг санууллаа. Би хүү рүүгээ дөхөж очоод түүний хөрсөн биеийг өөртөө наахад Луйс ор луугаа уйлан, гиншин мөлхөнө. Тэр амандаа "Бурхан бол сайн, Бурхан бол сайн, Бурхан бол сайн" гэж дахин дахин бувтнаж байлаа.

Хэдий нь эндээс явчихсан түүний биеийг өөртөө наан тэврэн зогсоно. Би Бурханаас түүнийг үхлээс амь руу буцааж өгөөч хэмээн гуйн залбирлаа. Охид маань байдгаараа айчихсан, уйлж байсан ч дуулгавартай гэгч нь өрөөндөө хүлээсээр л. Тэдний мэгших чимээ намайг тастчих шиг болж, өндөр ирмэгээс доош эгцээрээ унах мэт мэдрэгдэнэ. Би өрөө рүү явж орохход гурван охин минь давхар орныхоо доор хамтдаа сууж байлаа. Би гурвуулангь нь хамтад нь тэврээд, урд шөнө Жед Есүстэй хамт байхаар биднийг орхиод явчихжээ гэж хэллээ. Мелоди надаас "Та түүнийг үхчихсэн гэж хэлэх гээд байна уу?" хэмээн асуулаа. Түүний хацрыг даган нулимс нь хэдийнээ урсана. Үүнийг харсан миний зүрх арван минутын дотор хоёр ч удаа зүсэгдэх шиг болж билээ. Би толгой дохилоо. Мелоди цурхиран уйлж эхлэхэд Молли бид хоёр ч хамтдаа уйлалдав. Алис маань энэ бүхнийг ойлгоход дэндүү балчир байсан ч айснаасаа, өрөвдсөнөөсөө болоод биднийг даган уйлна. Би энэ мөчийг миний амьдралын хамгийн хэцүү мөч байсан гэж хэлнэ. Биднийг уйлж суутал Луйс хаалган дээр зогсоод Магнус, Мариа хоёрыг авчирахаар явлаа гэж бидэнд хэллээ. Би охидтойгоо бөөгнөн, түүнийг ирэхийг хүлээн залбирч, уйлж суулаа. Би Жедийн биеийг хаа нэгтээ тавих эсвэл ямар нэг зүйл хийх ёстой юм шиг санагдаж байсан ч охидыгоо тэврэн хамт гашуудахаас илүү зүйлийг бодож олж чадахгүй байв.

Луйс маань гэнэтийн шоктой гарч, Монголын жихүүн өвлийн -30С градусын хүйтнийг ч үл ажран явсан байв. Тэр дотроо ч мөн адил юуг ч мэдрэхгүй цас мөсөн дунд бүдчинэ. Тэр таван давхарт байрлах Алфонсын гэрийн хаалганы хонхыг удаанаар даран зогсоно. Магнус, Мариа хоёр эхэндээ магадгүй хэн нэгэн согтуу хүн хаалга андууран тэдний хонхыг хангинуулж байгаа хэмээн бодсон ч удалгүй хаалгаа нээлээ. Тэд хаалгаа нээн, муу мэдээ сонсмогц бидний хар дарсан зүүд рүү ч мөн нэвтрэн оров.

Луйс гүнзгий гашуудсан бидний дунд эргэн ирлээ. Би түүний царайг харан дотроо "Ашгүй дээ! Би ганцаарханаа энэ бүхнийг үгээр хэлэмгүй аймшиг гэж бодож байгаа хүн биш бололтой. Өөр хэн нэгэн миний мэдэрч байгааг мэдэрч байна" гэсэн гажиг бодол дотор эргэлдэнэ. Би энэ бодлыг бодож байгаадаа ичгүүрийг мэдэрч байсан ч хожим яагаад "уйлж байгаа хүмүүстэй хамт уйл" хэмээн Библи бидэнд хэлсэнийг ойлгож билээ.

Би Жедийн биеийг унтлагын өрөө рүү оруулсаны дараа Магнус бид хоёр шаналал, горьдлоготойгоор түүний төлөө залбирч байлаа.

Хүүг минь үхлээс амилуулаач хэмээн   бид хоёр Есүсийн нэрийг дуудан залбирлаа. Би амьгүй болсон хүүгийнхээ биеэс нүдээ салгаж ядан итгэл, найдвар дотор залбирч байв. Залбирч байх тэр мөчид унтлагын өрөөний цонхоор нар мандаж, Эрдэнэтийн өргөн чөлөөгөөр хүмүүс юу ч болоогүй мэт алхлан, өөр өөрсдийн зүг гэлдэрч яваг харан гайхширч байлаа. Гэм нүгэл, зовлон зүдгүүрээр дүүрэн энэ дэлхий төгсгөлдөө ирчихээд байхад эдгээр хүмүүст мэдэж байгаа ч юм алга. Амьдрал үргэлжилдгээрээ үргэлжилж байгааг ойлгож ядан энэ бүхэн боломжгүй мэт санагдана. Хөшгөө хаагаад, Бурханд хандан үргэлжлүүлэн хашгиран залбирав.

Биднийг залбирч байх үед Молли өрөөнд чимээгүйхэн орж ирээд зогсож байв. Түүнийг минь уй гашуу ямар их өөрчилсний нь би үл итгэсэн байдалтай харан зогсоно. Түүний нүд нь улайгаад хавдчихсан, шаргал үс нь орооцолдчихсон, хацрыг нь даган нулимс урсаж байлаа. Тэрээр төрсөн дүүгийнхээ төлөө зургаан настай хүүхэд хэзээ ч ингэж гашуудахааргүйгээр уйлж байв. Түүнд энэ мэдээг хэлснээс хойш тэр мэгшин уйлахаа зогсоосонгүй. Дүүгийнхээ биеийг ширтэн зогсох түүний сэтгэл санаа хүчтэй хямрах вий хэмээн эмээж байлаа. Гэхдээ тэнгэрлэг Эцэг Бурханы тухай түүний бяцхан итгэлд юу болж байгааг би төсөөлж ч чадахгүй байв. Би түүнээс "Молли, чи Бурхан бол сайн гэдэгт одоо ч итгэсээр байна уу?" хэмээн асуухад "Тэгэлгүй яахав, тэр одоо ч гэсэн энэ өрөөнд бидэнтэй хамт байна" гэж Молли тэр дор нь хариулав. Түүнийг энэ үгсийг хэлж байхад Магнус бид хоёр Христийн оршихуйг ер бусын хүчтэйгээр мэдэрч байлаа. Есүс бидэнтэй хамт унтлагын өрөөнд маань гашуудаж байна гээд боддоо. Би өнгөрсөнд болоод тэр мөчөөс хойш ч Эзэний сүр жавхлантай оршихуйг ийм хүчтэйгээр мэдрээгүй юм. Хэдий бидний хүсэн хүлээж байсан гайхамшиг болоогүй ч тэр нөхцөл байдалд хүний мэдрэхүйгээр тайлбарлах боломжгүй тэр агуу их итгэл найдвар бидэнд төрж билээ.

Мариа Луйсыг галт тогооны өрөөнд тайтгаруулж байлаа. Тэр Луйсд Ром номын 8-р бүлгээс уншиж өгөн, бүх зүйлс эцэстээ сайны төлөө хамтдаа ажилладаг гэсэн Бурханы үгнээс зуурахыг түүнд сануулж байлаа. Түүнийг хайрладаг, Түүний зорилгын төлөө л бид яваа учраас үнэхээр бидэнд зориулан бичигдсэн мэт санагдана. Бид бүгд хүүхдүүдийн хамт гал тогооны өрөөнд цуглан суугаад дараагийн хийх ёстой зүйлсээ ярилцаж суулаа. Бид чуулганы ахлагч болоод багийнхандаа энэ мэдээг Магнусаар дамжуулан хэлэхээр шийдлээ. Бид чуулгандаа санаа зовж байв. Хоёр сарын тасралтгүй сүнслэг дайралтууд бидний нөхөрлөл, хүчирхэг байдлыг суларуулж байлаа. Тэд удирдагчдаа ийнхүү хүнд цохилтонд орсныг хараад тэд энэ бүхнийг давж гарч чадах болов уу? Чуулганы маань ихэнх итгэгчдийн хувьд энэ бол тэдний амьдралдаа угтаж байгаа хамгийн анхны Христмас баяр учраас юу ч болсон энэ том мэдээг үдэшлэг дуусах хүртэл хэлэхгүй байх нь дээр хэмээн бид шийдлээ.

Магнус удирдлагын багийн маань Орос гишүүд Руслан болон Светлана нарт энэхүү мэдээг хэлэхээр явав. Түүнийг явсаны дараа би найз Ганаагийнх руу очихоор шийдсэн юм. Түүний Англи, Орос хэл нь биднийг албаны хүмүүстэй оршуулгатай холбоотой асуудлаар уулзалдахад хэрэг болно хэмээн би бодлоо. Тэднийд очоод хаалгаар орсон даруйдаа би түүнд гунигтай мэдээ дуулгалаа. Тэр чангаар орилон үүдний өрөөнд байсан сандлыг өшиглөж орхив. Сатаны хийж байгаа ажилд уурласандаа тэгсэн үү? эсвэл энэ нь монголчуудын үхэл хагацлын тухай сонсохдоо үзүүлдэг хариу үйлдэл эсэхийг нь би мэдсэнгүй. Хэсэг хугацаа өнгөрч тайвширсныхаа дараа тэр бүх талаар туслахаа илэрхийллээ. Би түүнийг хотын захиргааны байр луу хуулийн дагуу ямар дэс дараалалтай арга хэмжээ авдгийг асуулгахаар явуулав.

Намайг гэртээ ирэхэд удахгүй ахлагч болох гэж буй цуглааны монгол удирдагчид болон Руслан, Светлана нар ирчихсэн байлаа. Тэд уйлалдан бие биенийгээ тэврэнэ. Бид манай унтлагын өрөөнд бүгдээрээ хамтран залбирав. Би Жедийн биеийг өвөр дээрээ тавиад унтлагын өрөөний орон дээр сууж, бусад нь над дээр эсвэл түүний биен дээр гар тавин залбирна. Швед, орос, монгол бас англи хэлээр уралдуулан Жедийн дахин амилуулаач хэмээн хичээнгүйлэн залбирахыг сонсох гайхалтай байлаа. Үнэхээр л гайхамшиг болж хэн нэгэн дахин амилдаг бол ийм л залбирал үүд хаалгыг нь нээдэг байхдаа гэж би бодож суув. Руслан ялангуяа гал дөлтэйгөөр залбирч байв. Би Орос хэлийг төдийлөн сайн мэдэхгүй ч түүний хоолойны өнгөнөөс нь Бурхан хариулахгүй байхын аргагүй тийм их хүсэл эрмэлзлэл сонсогдоно. Залбирлууд ар араасаа зогсолтгүй үргэлжилнэ. Хэсэг хугацаа өнгөрсний дараа маш онцгой тодоос тод дуу хоолой сэтгэлд минь "Тэр эргэн ирэхгүй. Одоо түүнд баяртай гэж хэлэх цаг нь болсон" гэж хэлэхийг би мэдэрлээ. Би Луйс руу хараад үг хэлэлгүй зөвхөн гэрлэсэн хосууд л ойлголцохоор тэр үл мэдэх дохиогоор ижилхэн зүйлийг Бурханаас сонссон гэдгээ ойлголцлоо. Хүүгийнхээ үхлийг хүлээж авахаар оролдох тэр агшинд ч Бурханы оршихуй хүнд бөгөөд хүч чадалтайгаар мэдрэгдэнэ. Залбирал зогсоод би босож дараагийн хийх ёстой зүйлээ хийхийг хүсэж байсан ч миний дээр тавьсан гар бүрийг холдуулж, хүн болгоны залбирлыг хэрхэн болиулах билээ. Миний амьсгаа давхцаж байгаа мэт мэдрэгдэж байсан ч би бүдүүлэг загнахыг хүссэнгүй. Тиймээс би хүлээлээ.

Эцэст нь бүгд залбирч дуусахад би тэдэнд Бурханы хэлсэн зүйлийг дамжуулж, Луйс ч түүнийг нь батаатгалаа. Магнус Жедийг Есүсийн хамт Мөнхийн улсын нэгэн хүрхрээний доор бөмбөгөөр тоглож байгаа зураглалыг харсанаа хуваалцлаа. Бид түүгээр нь үнэхээр их урамшив. Тэгээд бүгд хамтдаа дахин уйлж эхэллээ.

Баяраа түргэн тусламж руу утасдлаа гэвч эмч нь нас барсан тул хурдан ирж чадахгүй нь гэдгийг хэллээ. "Эрдэнэтэд ганцхан түргэн тусламж байдаг юм уу" гэж би асуулаа. Тэр үед монгол ахлагчид маань Жедийн цогцсыг урт даавуугаар ороон оршуулгад бэлтгэнэ. Харин Луйс бид хоёр түүнийх нь гадуур нөмрүүлэх Америк дахь найзын минь гараараа хийсэн Сесаме Стрет хүүхэлдэйн зурагтай өнгөлөг хөнжлийг бэлдэнэ. Бид сууад түргэний машиныг хүлээв. Хамтдаа ярилцан залбирч цай уун сууцгаалаа. Нэг нэгээрээ ээлжлэн нулимс дуслуулна. Энэ өдөр амьдралын минь хамгийн урт өдөр шиг санагдаж байлаа.

Магнус гэртээ очоод JCS олон улсын байгуулллагын захирал Давид Андрианоф руу утасдав. Давид Улаанбаатараас илүү хялбар аргаар олон улсын дуудлага хийдэг байсан учраас Америкт байгаа бидний гэр бүл рүү энэ хүндхэн мэдээг дуулгах даалгаврыг авсан юм. Тэр үнэхээр сайн халамжлагч, ухаалаг мэдрэмжтэй төдийгүй ээлдэг нэгэн. Эцэг эх рүү минь шууд залган тэдний ач хүүгийнх нь нас барсан тухай мэдээг харилцуурын цаанаас хэлэхээс зайлсхийн биднийг дэмждэг ойр байрлах цуглааны пастор луу утасдсан байсан юм. Гэвч пастор утсаа авсангүй, харин Давид автомат хариулагчид нь "Монгол дахь дараах дугаар луу яаралтай залгаарай" гэж үлдээсэн байв. Гайхамшгаар огт танихгүй түүн рүү пастор залгаж, Давид пасторт болсон үйл явдлыг тайлбарлан манай ээжийн гэрт хувьчилан очоод мөнөөх мэдээг дуулгаж өгөхийг хүсжээ. Тэр манай гэр бүлд хүндхэн мэдээг дуулгаад зогсохгүй тэднийг минь тайтгаруулж, ээж минь Луйсын гэр бүл рүү залган болсон явдлыг мэдэгдлээ. Тэр орой нь бидний хэн хэнийх нь гэр бүл, чуулганы пасторууд Магнусын гэрийн утас руу бидэнтэй холбогдохоор залгаж билээ.

Давид бидний дотны найз болох Жое Макконел, Шинэ Зеланд Хелен Ричардсан нарыг өөрийнхөө машинаар Эрдэнэт рүү илгээсэн нь бидний хувьд их ивээл, тайтгарал болсон юм. Цас мөсөөр хучигдсан Эрдэнэт хүрэх зам бол эр зориг шаардсан амаргүй зам юм. Гэсэн ч тэд тэр оройдоо амжин ирж бидний дэргэд байсан юм. Давид үргэлжлүүлэн АНУ-ын элчин сайдын яам руу холбогдон Жедийн нас барсны гэрчилгээг хөөцөлдөж өгсөн юм.

Тэр үдийн уртыг хэлэх үү гэтэл бидэн дээр нэгэн гэнэтийн зочин ирсэн нь хачин боловч мөн бидний байгаа байдалд их тус болсон явдал болов. Тэр бол Пийс Корпусд ажилладаг биерхүү, залуу хуульч Рожер байсан юм. Бид бие биенээ бага зэрэг мэддэг ба хамт англи хэл заах байсан ч хичээлийн хуваарь зөрж байсан учраас төдийлөн ойртож дотносох боломж гараагүй байсан юм. Гэхдээ тэрээр надад таалагддаг байсан. Рожер 200 км-н тэртээгээс энэхүү хотод амьдарч буй Америк хүүхдүүдийн Христмас баярыг нь гэрэлтүүлж баяр хөөр нэмэх төлөвлөгөөтэй байжээ. Үүдний хонх дуугарлаа. Санта үүдэн дээр "Хо! Хо! Хо!" хэмээн хөх инээд цангинуулан зогсож байлаа. Рожер охидод бэлэг өглөө. Тэр бидний нулимстай нүдийг хараад, түүний шалтгааныг олж мэдсний дараа буруу цагт ирсэндээ ихэд гэмшлээ. Юу болсон тухай түүнд мэдэх ямар ч боломж байхгүй байсан учир түүнийг бид тайвшруулах гэж багагүй цагийг өнгөрөөв. Гэсэн ч тэр өдөр хүүхдүүдийг маань зорин ирсэн түүний сэтгэл гайхалтай байсан бөгөөд түүнээс өөр охидыг маань баярлуулах өөр зүйл болох боломжгүй байсан билээ. Рожер улаан, цагаан өнгөтэй Сантагийн малгайгаа толгой дээрээсээ авах мөчид хонх жингэнэв. Санта гэрт минь бидэнтэй хамт уйлан суунa.

Бид Санта Клаусыг тайтгаруулж байх хооронд Болортуяа, Баяраа хоёр чимээгүйхэн Жедийн биеийг морг буюу цогцос хадгалах газар аваачихад нь бэлтгэж байлаа. Тэдний юу хийж байгааг нь би сайн мэдээгүй ч унтлагын өрөөнд орохоод тэд түүний цогцсыг яг л монгол хүүхдүүдийн адил сайтар өлгийдөн Сесам Стрет хөнжлөөр ороосон байж билээ. Тэдний энэ хайраа шингээн үйлчилсэн бэлгэнд бид талархаж билээ.

Түргэн тусламжаас бидэнд өөрсдийг нь очтол гэртээ байж байх заавар өгсөн учраас хүлээсээр байв. Эмнэлэг рүү сүүлд залгахад эмч нь нас барснаас болоод биднийг хэсэг хугацаанд хүлээх ёстойг сануулсан юм. Эцэст нь орой гэгээ татрах үеэр түргэний машин манай орцны өмнө ирж зогслоо. Монголын хуулийн дагуу хүүхдийн эцэг эх нь хүүхдийн цогцсыг моргт хүлээлгэж өгөх хүртлээ хамт явах ёстой байдаг гэнэ. Би Жедийн цогцсыг тэврэн Ганаа, Болортуяа, Баяраа нартай хамт түргэний машин руу орлоо. Эмнэлгийн зүг хотыг хөндлөн туулахад нам гүм тэнд ноёрхоно. Морг руу явж байгаа хүмүүс хоорондоо юу ч ярих билээ дээ. Бид явсаар эмнэлгийн хойно байрлах нэг давхар тоосгон байшингийн гадаа ирж зогслоо. Энэ бол цогцос хадгалах газар.

Жолооч түгжээтэй төмөр хаалгыг нээн хүүгийнхээ цогцсыг дотор хаа нэг газар тавиарай хэмээн надад хэллээ. Дотор нь орох хүртэл энэ нь надад тодорхой бус ойлгомжгүй зааварчилгаа шиг санагдаж байлаа. Тэнд боломжтой гэсэн тавцан бүрийн дээр хаа сайгүй нас барсан хүмүүсийн цогцсыг тавьсан байлаа. Энэ бол цогцсоор дүүрсэн бунхан байв. Тэд намайг тойрон хүрээлнэ. Нандин энхрийхэн хүүгээ ийм аймшигтай газар орхино гэхээс миний зүрхийг зүүгээр шивэх шиг болж энэ тухай төсөөлж ч чадахгүй байлаа. Би яг л түүнийг хаа нэгтээ хаяж орхиод, зугтаж байгаа мэт санагдаж билээ. Би түүнийг тавих газар хайсаар жижигхэн юу ч тавиагүй хоосон төмөр ширээг оллоо. Цурхиран уйлсаар, түүний цогцсыг тэр ширээн дээр тавьлаа. Түүнийг өлгийдсөн Сесам Стрет хөнжил тэнд байх цорын ганц өнгө бүхий зүйл ажээ. Энэ жихүүдэс хүрэм газраас амьд гарахгүй үлдэх мэт санагдан тэр газрыг орхин гарч гурван найзыгаа тэврэн бид дахин уйлалдлаа. Бид хамтдаа таксинд суун Эрдэнэтийг хөндлөн гулд явах үед би тэднээс яагаад хүмүүсийн цогцос тэр өрөөгөөр пиг дүүрэн байгааг асуулаа. Газар нь хөлдүү учраас өвлийн улиралд Монголд хүн оршуулна гэдэг бараг боломжгүй зүйл гэдгийг минь мэдэхгүй байгааг тэд сонсоод гайхлаа. Энгийнээр бол чи хүрз газар зоогоод эргүүж чадахааргүй тийм л хүйтэн гэсэн үг юм. Би энэ тухай өмнө нь хэзээ ч бодож үзээгүй байлаа. Тэдгээр албаны хүмүүс хүүгийн минь шарилыг хэрхэн ухаж бэлдэх юм болдоо гэж гайхан би дотроо гайхан бодно. Эсвэл би булшны нүхийг нь ухах ёстой юм болов уу? Энэ мэт бодлууд толгой дүүрэн эргэлдэж байлаа. Би Бурханд хандан "Та л надад энэ бүхний учрыг олж өгөөрэй би бол чадахгүй шүү" хэмээн дотроо чимээгүйхэн хэлж байлаа.

Такси явсаар манай дүүргийн томоохон бага сургуулийн өмнө ирж зогслоо. Гурван найз маань машинаас буухад би сүмийн Христмас баяр удахгүй эхлэх гэж буйг саналаа. Тэд нулимсаа арчаад тийш орцгоолоо. Тэдний хүн нэг бүрийг зоригтой байхын төлөө залбираад Алфонсын гэрийн гадаа би такситай ирлээ. Тэнд манай гэр бүл тэрхүү оройг өнгөрүүлсэн юм. Бидний хэн нь ч тэр орой гэртээ байхыг хүссэнгүй. Намайг очиход Луйс, охид, Мариа, Жоё болон Хелен нар бүгд тэнд байлаа. Магнус Христмасын баярт оролцохоор дөнгөж явсан байв. Үдэшлэг дууссаны дараа энэ муу мэдээг дуулгахаар бид зэхэж байлаа.

Бид хамтдаа ярилцан сууж, Шведээс ирсэн Христмасын амтатныг идэж байтал надад нэг л буруу газраа байгаа юм шиг мэдрэмж төрөөд байв. Энэ гашуудал зовлонгоо өөрийн гэр бүл, найзуудтайгаа хуваалцахсан гэсэн бодлоо орхих гэж оролдсон ч энэ бодлоосоо салж үл чадна. Би байх ёстой тэр газрынхаа тухай бодож суухдаа тэнд байгаа хүмүүст гэртээ ээжийнхээ хамт энэ мөчид байхыг хүсэж буйгаа хэлсэн юм. "Хэрвээ эцэх эхтэйгээ хамт Калифорнид байсан бол энэ бүхэн илүү хялбар байх байлаа" хэмээн бодов. Төрсөн газар, эх нутаг гэр

бүлээсээ алс хол дэлхийн хязгаар болсон энэ газар, энэ аймшигтай
гашуун дурсамжаа булшлах гэж байгаа минь хүнд хэцүү санагдана.
Үргэлж ямар ч нөхцөл байдалд юу хийхээ мэддэг ээж минь дэргэд
байсан бол охидуудын минь хувьд ч Луйс болон миний хувьд ч ямар
гайхалтай байх байсан бол хэмээн бодлоо. Луйс ч ялгаагүй гэр бүлээ
санан бэтгэрч сууна. Энэ бодлуудын дундуур гэнэт би хаа нэгтээ өөр
газар байх ёстой гэсэн бодол дахин зурсхийв. Дулаан байрнаас гараад
Христмасын баяр болж байгаа газар луу Бурхан намайг очихыг хүсэж
байгааг би мэдэрч байлаа.

"Гашуудаж буй хүмүүстэй хамт гашууд."
Жое Макконел, Хелен, Ричардсан Лүүмэн

Би Бурханд "Үгүй байлгүй дээ" гэж хэлээд "Аав*аа*, та надад
миний хийж чадахаас илүүг хийлгэхийг хүсээд байна. Би өнөөдөр
ямар ч баяр, үдэшлэгт очих тэнхэлгүй байна. Би дахиж баяр хөөрийг
мэдрэх эсэх, тэр байтугай Христмас гэх энэ баярыг ч дахин хүсэх эсэхээ
мэдэхгүй байна. Намайг өнөөдөр юу алдсаныг та мэдсээр байж ийм
зүйл хүссэнд таньд итгэж ч чадахгүй нь - тэр миний цорын ганц хүү
байсан шүү дээ!"

Гэтэл удалгүй Бурханы надад өгсөн тэр аймшигтай хариулт нь
"Браин, Би цорын ганц Хүүгээ алдах ямар байдгийг мэднэ. Энэ бүхэн
ч Миний хувьд Христмас гэх баяраар эхэлж байсан юм" Үүнээс өөр
зүйлийг хэлэх хэрэг Түүнд байсангүй. Би тэдэнд "Хаа нэгтээ миний
байх ёстой газар байгаа бололтой. Миний төлөө залбираарай" хэмээн
хэллээ. Тэгээд би үүдний өрөөнд орж давхар оймс, светер, хүрэм,
дулаан куртка, өвлийн гутал, малгай ороолт, бээлий гээд өвлийн бүхий
л тоноглолуудаа өмсөөд дурамжхан тэсгим хүйтэн рүү гарч одлоо.

Би зорилгоо өвөртлөн сургууль дээр очиход бүгд урд бөөгнөрчихсөн байгаа харагдлаа. Гэнэт л хүмүүс дуу шуугиан болон уйлалдав. Бүгд нус нулимстайгаа хутгалдан хэн нэгэн над руу заахад бүгд л намайг тойрон би монгол ахан дүүсээрээ хүрээлүүлсэн байв. Намайг хаалгаар яг орж ирэх үед Магнус тэр хүндхэн мэдээг бүгдэд нь дуулгасан байжээ. Бид бие биенээ тэврэн бөөгнөрөн зогсох үед Бурхан миний гомдолд хариултаа үлдээснийг нь ухаарсан юм. Би гэр бүлтэйгээ байхыг ямар их хүслээ дээ. Харин тэр гэр бүлийг минь дэлхийн хязгаар нутагт энэ өрөөнд надад зориулан Бурхан бэлдсэн байжээ.

XXII бүлэг

Захидал

Маргааш өглөө нь Христмасын тэр нар намайг үл ойшоон мандлаа. Ердөө 24 цагийн өмнө бид аймшиг дунд сэрсэнсэн, гэтэл Христмас баярын энэ өдөр биднийг хүлээлгүй үргэлжилнэ. Би орноосоо босоод шууд л ажлын ширээ рүүгээ очлоо. Нутагт минь байгаа гэр бүл, найз нөхөддөө энэ мэдээг дуулгах хэрэгтэй хэмээн бодлоо.

Зул сарын өдөр, 1994, Эрдэнэт хот, Монгол Улс

Хүндэт гэр бүл минь,

Өнөөдөр бол Зул сарын өдөр. Өчигдөр бидний хүү нас барсан. Энэ захидлыг бичих надад маш хүнд байна. Би үргэлж л та нартаа захидал бичихдээ баяр хөөрөөр дүүрэн байж, үгс минь надаас урсан гардагсан. Гэтэл одоо бичих үгээ олж ядан байна. Өчигдөр өглөө Луйс сэрээд эв эрүүл сав саруул хүү минь орон дээрээ амьгүй болсон байхыг нь олж харсан. Жедидая минь энэ хорвоод мэндлээд ердөө 52 хоногтой байсан юм.

Та бүхэн хүүтэй минь уулзсан ч болоосой гэж би хүсэх юм. Түүнийг тэврээд бяцхан гар, сормуус, уруул гээд өхөөрдөм бүхнийг нь харсан ч болоосой. Тэр амьдралынхаа сүүлийн долоо хоногтоо инээж сурч байсан юм. Түүний инээмсэглэл нар мандахаас илүү сайхан санагдана. Тэр бидний царайг цоо ширтэн бидний дүр төрхийг нэг бүрчлэн тогтоох гэж байгаа мэт хардагсан.

"Нярайн гэнэтийн үхлийн синдром" гэх энэ онсошийг нь би ер ойлгохгүй байна. Энэ нэрийг өгсөн хүн хэн ч байлаа гэсэн хэзээ ч хүүхдээ алдаж үзээгүй байх. Нэрийг нь сонсоход эцэг эхийнх нь доторх ямар нэг зүйл гэнэт үхдэг мэт. Сэрүүн газар унтуулах нь ийм үхлээс тодорхой хэмжээнд сэргийлдэг гэж би өмнө нь сонсож байсан. Монголд амьдарч байгаа минь энэ үхэлтэй ямар ч холбоогүй юм шүү. Нярайн гэнэтийн үхлийн синдром буюу S.I.D.S. нь Шинэ Зеланд болон барууны оронд илүүтэй тохиолддог. Энэ синдром нь голдуу зургаан сараас доош эрүүл саруул эрэгтэй хүүхдэд, өвлийн улиралд тохиолддог гэнэ. Жед нас барахаас долоон хоногийн өмнө бид түүнийг Америк эмчид үзүүлсэн юм. Түүний бүх зүйлс эрүүл саруул байсан.

Өчигдөр бидний амьдралын хамгийн урт өдөр болж өнгөрлөө. Луйс өглөө 6 цагт сэрээд Жед бүх л шөнөжин түүнийг сэрээлгүй унтсаныг анзаарсан юм. Тэр эх хүний зөн совингоороо мэдэв. Түүний хашгирах чимээ намайг хар дарсан зүүднээс биш хар дарсан зүүд рүү сэрээж орхилоо. Би хүүгийнхээ ор луу гүйж очоод хорвоо дээрх ганц хүүгээ тэвэрлээ. Гэвч Жед хэдий нь явчихсан байв. Би Бурханд хандан хүүг минь үхлээс дахин амилуулаач гэж залбирсан ч миний хүслээр болсонгүй. Луйс бид хоёр гэнэтийн цочролд орж, үүнд итгэж чадахгүй хамтдаа асгартлаа уйлалдлаа. Луйсын хашгирах чимээнээр охид минь ч сэрж намайг орондоо байж байгаарай гэж хэлсэнг минь дуулгавартай дагав. Тэд юу болсоныг мэдэх гэж өрөөнөөсөө биднийг дуудна. Би тэдэн дээр очоод бяцхан дүү нь нас барчихлаа гэж хэлэх хэрэгтэй болсон юм. Би энэ бүхнийг захидалдаа тайлбарлах гэж оролдож ч зүрхлэхгүй нь ээ.

Луйс, Магнус болон Мариа хоёрыг дуудахаар гарч явав. Удалгүй тэд хамтдаа ирцгээлээ. Багийнхныхаа төлөө Бурханд талархъя. Тэдэнгүйгээр энэ бүхнийг даван туулна гэдэг боломжгүй юм. Магнус бид хоёр хамтдаа Жедийн бие дээр гар тавин эрч хүчтэйгээр залбирлаа. Бурхан түүнийг үхлээс дахин амилуулж чадна гэдгийг би мэдэж байсан ч энэ удаа түүнийг эргэн ирэхгүй нь гэдгийг ойлгож байлаа. Удалгүй монгол итгэгчид, орос цуглаанд минь тусалж байсан Руслан ирж хүүгийн минь төлөө хамтдаа дахин залбирлаа. Тэднийг залбирч байхад Бурхан надад хүүдээ баяртай гэж хэлэх цаг болсон хэмээн сануулсан юм. Тэр үед Магнус ч мөн нэгэн зураглалыг залбиралдаа харсан юм:

"Ногоон зүлэгний дэргэд хүрхрээний хажууханд нэгэн гол байлаа. Жедидая 5 орчим настай харагдана. Тэрээр өнгөлөг бөмбөг өшиглөн тоглож байна. Магнус түүнийг бөмбөгөө хэний зүг өшиглөж буйг гүйлгэн хартал тэнд Есүс зогсож байв. Есүс Жедийн хамт зогсож байв. Жед эргэж хараад хөөрхөн гэгч нь инээмсэглэн гараараа даллаад Есүсийн зүг гүйн оджээ."

Бид бараг бүтэн өдрийн турш түргэн тусламжийн машиныг хүлээв. Эмнэлгийн зүгээс эцэг ба эх хэн нэг нь хүүгээ цогцос хадгалах газар өөрийн биеэр хүргэх ёстой гэсэн шаардлагын дагуу би хүүгээ тэврээд машинд суулаа. Жедийг Есүстэй хамт байгаа гэсэн итгэлд минь эргэлзэх сүүдэр байгаагүй ч би хүүгээ тэр аймшигтай газар орхиод гарсан минь, миний амьдралдаа хийсэн хамгийн аймшигтай зүйл байсан юм. Эмч нар хүрэлцээтэй байсангүй, бид түүнийг оршуулахаасаа өмнө түүний нас барсан гэрчилгээг хүлээсээр байна. Түүнийг хаана оршуулах зөвшөөрөл өгөх талаар бид тухайн үед мэдэхгүй байлаа. Бидэнд зарим хүмүүс албаны хүмүүсээс асуух шаардлагагүй хэмээн хэлсэн юм. Гэр бүлийн хүрээнд найз нарын хамт уулын энгэрт очоод түүнийг оршуулах талаар ч зөвлөсөн билээ. Заримдаа зөвшөөрөл авахаас, уучлалт гуйх нь илүү хялбар байдаг.

Тэр өдөр монгол чуулган Христийн мэндэлсний баярын үдэшлэгтэй байв. Бид ойр дотны найзууд болон удирдлагын түвшний цөөн хүмүүст л болсон явдлыг дуулгасан байсан юм. Харин үдэшлэгийн төгсгөлд Магнус юу болсоныг бусдад тайлбарлан, үдэшлэг дээр Жедийн нас баралтын тухай мэдэгдэхээр болов. Бид тэр оройг Магнус, Мариа нарын гэрт өнгөрөөж байх үеэр Ариун Сүнс намайг үдэшлэг рүү явахыг ятгасан юм. Жедийг Есүстэй хамт байхаар явсан тухай чуулганд Магнус хэлээд дуусаж байхад нь би өрөөнд орж ирсэн юм. Намайг зүрх сэтгэлийнхээ шаналал болон итгэл найдварын талаар хуваалцаж байхад хүн бүр уйлалдаж байсан юм. Тэд бол бидний Монгол дахь гэр бүл юм..

Бид Магнусын Улаанбаатар дахь захирал руу нь утас цохиход тэрбээр нийслэл дэх бүхий л найз нөхдөд хүндхэн мэдээг дуулгасан юм. Тэр Лэдэрвүүдийн хамт бидний дотны хоёр эмэгтэй найз нарыг жийп машиндаа суулган өдөржин давхисаар тэр өдөртөө Эрдэнэтэд ирсэн билээ. Хелен болон Жоё, мөн Эрдэнэтийн Пийс Корпусд ажилладаг найз Карлин нар бидний хувьд том ивээл байсан юм.

Та бүхнийг гүнээ хайрлан талархсан,

Браин, Луйс, Мелоди, Молли болон Алис Хоган нар чинь

XXIII бүлэг

Хөлдөж үл болох итгэл найдвар

Христмас баяр нэг мэдэхэд л ирээд буцлаа. Өглөө эрт босоод, гэртээ эргэн очиж, захиа бичсэнээс өөрөөр тэр өдөр юу болсоныг санахгүй байна. Мэдээж хүүхдүүд маань бэлгээ задалсан ч энэ бүхнийг хамтад нь зураглаж би чадахгүй байлаа. Илгээлтийн эзэн найзууд маань тэрхүү Христмас баярын хамгийн нандин бэлэг байсан юм. Рик, Лаура хоёр дөрвөн хүүхдийнхээ хамт галт тэргээр ирсэн ба Лайнсе Райнхард болон Довне Калдвелл нар тэдэнтэй хамт ирцгээлээ. Довнегийн царай гэр бүлийг минь санагдуулна. Учир нь тэр Лос Осос Христийн Нөхөрлөл чуулганаас бидэнтэй хамт илгээгдсэн юм. Бид Илгээлтийн Зөн Хараа сургалтаараа түүнийг 1989 онд илгээлтэд уриалсан бөгөөд тэр Улаанбаатарт гудамжны хүүхдүүдтэй ажиллаж байв. Довне өмнө нь биден дээр зочилж байсан бөгөөд манай Эрдэнэтийн итгэгчдийг жүжигчилсэн драм хэрхэн хийхэд сургаж байсан учраас тэрбээр тэдэнд ихээхэн таалагдсан юм. Залуу байхдаа Довне тайз болон дэлгэцийн урлагийн жүжигчнээр ажиллаж байлаа. Тэрээр 1970 аад онд хийгдсэн M.A.S.H кинонд (Довне Дэмон нэрээр) дүр бүтээж байсан юм. "Авга эгч Довне" гэр бүлийн маань нэг хэсэг байсан бөгөөд бидэнтэй хамт байсан нь гэрээсээ алс тэртээд буй бидний хувьд энэ бүхний дундуур явахад бага ч атугай зовлонг нимгэлэхэд тусалсан юм. Эдгээр итгэлийн ах эгч, найз нар маань биднийг хайр болон тайтгарлаар хучин авч, оршуулгын ажлаас илүүтэй чухал зүйл болох сэтгэл санааны асар их дэмжлэг болж байв.

Гэхдээ оршуулагатай холбоотой нарийн ширийн зүйлс анхаарлын төвд байж, хэрхэх тухай асуудал санааг минь зовоож байлаа. Оршуулгын ёслолтой холбоотой бүх л ажил бидэнд ямар ч тайтгарах болохооргүй, заримыг нь бүр хүлээн зөвшөөрч боломгүй санагдана.

Бид хэдий монголчуудын арга барилаар аль болох ажиллаж, соёлд нь дасан зохицох гэж хичээж байсан ч татах ёстой шугам, хил хязгаар гэж байдаг тухай тэр үед ухаарсан юм. Гурван зүйл дээр бид өөрийн соёлоос татгалзах боломжгүй (эсвэл хүсдэггүй) байдаг юм байна: төрөх, үхэх, өглөөний цай уух. Соёл бүрт энэ дэлхий дээр хүн хэрхэн мэндлэх тухай өөрийн гэсэн онцлог ялгаа бий. Төрж байгаа эмэгтэйд шинэ сонирхолтой арга барил санал болгох нь сайхан санаа биш. Мөн соёл бүрт энэ хорвоог орхиж байгаа хүнийг хэрхэн нутаглуулах тухай онцлог бий. Бас дагах боломжгүй олон мухар сүсэг энэ соёлд байв.

Бид Жедидаяг Монголд нутаглуулахыг хүсэж байлаа. Тэр бүх л амьдралынхаа турш энд л амьдарсан шүү дээ. Эрдэнэтээс хамгийн хол аялсан нь илгээлтийн эзэн эмчид үзүүлэхээр Улаанбаатар луу явсан аялал байсан. Түүний богинохон амьдралтай холбоотой бүхэн нь Монголд л болж өнгөрсөн шүү дээ. Гэхдээ АНУ-ын элчингээс түүний цогцсыг зөөвөрлөх тал дээр тусламж санал болгосон ч энэ нь огт шаардлагагүй бас зөв зүйтэй мэт санагдаагүй юм. Жедийн цогцос нь Монголын хөрсөнд, эх нутагтаа байх ёстой шүү дээ.

Эрдэнэт хотын баруун хэсэгт оршуулгын газар байдаг бөгөөд бидэнд талбай олгох боломжтой гэж хэлсэн юм. Итгэгчидтэй ярилцах үед ер нь монгол ёсоор оршуулахад буддын лам нарын оролцоо их байдаг бөгөөд буддын шашны зан үйлийг үйлддэг юм гэнэ. Луйс бид хоёр түүний оршуулах ёслол дээр ийм зан үйл байлгахыг хүсээгүйн дээр бусдадаа буруу үлгэр дуурайл болох вий гэж эмээж байлаа.

Бидний уй гашууг хуваалцахаар ахмад настай хоёр итгэгч ирсэн юм. Тэд хүүхдүүдээ "Гэнэтийн үхлийн синдром" гэсэн ижил оноштой алдсан байлаа. Тэд ирсэн нь бидний хувьд ивээл ерөөл байсан бөгөөд өнгөрсөн болон одоогийн уй гашуугаа хуваалцан ярилцаж тайтгарч байлаа. Гэтэл, тэд бидэнд туслах санаатай нэгэн санал тавьлаа. Тэд Монголын уламжлал болох "ил тавих ёс"-ны тухай бидэнтэй ярилцсан юм. 1921 оны хувьсгалаас өмнө монголчууд нүүдэлчдийн огт хэрэглэдэггүй газар нас барсан хүний цогцсыг хувцасгүйгээр даавуу болон эсгийнд ороогоод морь эсвэл үхэр тэргээр зөөвөрлөн авч очдог байж. Тухайн газруудын нь онгон дагшин болохоор зөвхөн оршуулга болох үед л тийшээ очдог юмсанж. Бусад аймгуудад, ялангуяа Монголын өмнөд хэсэгт цогцсыг морины нуруун дээр тавиад тал газрын хүнгүй хаа нэгтээ хүрээд цогцос морины нуруунаас унах хүртэл давхидаг гэнэ. Энэ арга хэлбэр нь нас барагсдын сүнс гэртээ хоргодохоос сэргийлнэ гэж тэд үздэг байж. Эдгээр заншлын хувьд хүмүүний бие нь байгальдаа уусч, өлсгөлөн шувууд, амьтад цогцсыг ховдоглон идвэл нас барагч амьдралдаа их сайн хүн байсныг илтгэдэг юм гэнэ.

Бидний айж балмагдсан царайг ч тэд эс анзааран үргэлжлүүлэн догдлон ярьсаар "Энэ талаарх хууль тогтоомж дөнгөж өөрчлөгдсөн нь та нарт аз болжээ" хэмээв. Орчин үед ачааны машинд цогцсыг хүнгүй зэлүүд газар луу зөөвөрлөөд, очсон хойноо машины тэвш дээр цогцсыг тавина. Тэгээд жолооч хаазаа гишгэн тал газрыг хөндлөн туулахад бүх хүмүүс хойшоо эргэж цогцос унасан газрыг харж болохгүй гэдэг. Цогцос машинаас унахад хэн хаана унасныг нь огт мэдэхгүй. Үүний дараа цогцсыг тас шувууд, ноход, чоно тастчин иддэг байна.

Бид тэдэнд баярласнаа илэрхийлээд, эвтэйхэн гэгч нь энэ бүхнийг хийж чадахгүй гэдгээ илэрхийлэн хэллээ. Өөрийн бяцхан хүүгээ машин дээрээс унагаад, тал газар орхин, чоно тастчин идэж байхыг би төсөөлж ч чадахгүй байлаа. Мэдээж ийм зүйл хийхгүй гэдэгтээ итгэлтэй байсан ч энэ талаар сонсоход л хар дарж зүүдлэх вий хэмээн эмээмээр ...

Би мягмар гарагийн орой орондоо ороод унтаж чадсангүй. Миний толгой дотор байсан бүхэн хүүгийн минь бие, цогцос хадгалах газар тавьсан тухай болоод өдий хүртэл оршуулах талаар тодорхой шийдэлд хүрээгүй явдал байв. Би дотроо нухацтайгаар моргийн хаалгыг эвдэж ороод Жедийн цогцсыг аваад, уул руу алхаж очоод өөрөө оршуулах талаар бодож эхэлсэн юм. Би тэр үед "зөвшөөрөл асуухаас уучлалт гуйсан нь дээр" гэж дахин дахин бодлоо. Бараг бүх л шөнөжин нойргүй байсны эцэст би өөрөө өөртэйгөө ярин нэгэн шийдэлд хүрлээ. Чулуугаар дүүрэн, хөлдүү газарт хангалттай гүн нүх ухаж чадалгүй өөрөө хөлдөж үхэх юм байна гэдгээ би ойлгов. Эцгийн хувиар би хүүгээ зүй ёсоор оршуулах үүрэгтэй хүн шүү дээ. Би иймхэн зүйл хийж ч чадахгүй байгаадаа урам хугарч байлаа. Эцэст нь би энэ бүхнийг Бурхан Аавынхаа гарт даатгаад нилээн хожуу унтлаа.

Үүр цайж өглөө боллоо. Өглөөний цайны дараа Магнус, Мариа хоёр бүх зүйлийг амжуулчихсан байлаа. Тэд эмнэлэг дээр нас барсан тухай гэрчилгээг хөөцөлдөн хэдэн цаг болсон ч цогцос хадгалах газраас цогцсыг хүлээж авах бичиг баримт хамт ирсэнгүй. Учир нь эмч бичиг баримтыг нь гүйцээж бөглөхөөс татгалзсан бөгөөд SIDS буюу Гэнэтийн үхлийн синдром нь Монголд үхлийн шалтгаанд тооцогддоггүй байж. Эмч "үхлийн шалтгаан: тодорхой бус" гэж бичихээс татгалзжээ. Өөрийн огт мэдэхгүй үхлийн шалтгаан бичсэнээс "уушгины хатгалгаа" гэсэн шалтгаанд хамааруулж бичихийг оролджээ. Аз болж манай найз Загдаа Магнус, Мариа хоёртой эмнэлэг дээр хамт очжээ. Түүний хүүхэд нь уушигны хатгалгаа тусаад эдгэрсэн учраас шинж тэмдгийг нь тэр мэдэж байлаа. Христмасын үдэшлэг болсон Жедийн амьдралын сүүлчийн өдөр бид Загдаагийн гэрт очсон юм. Тэр эмчийн улаан нүүрэн дээр нь тулж очоод хүүхэд цоо эрүүл байсан бөгөөд хатгаанаас болж нас барсан гэж бичих боломжгүй гэж хэлжээ. Эмчтэй хэсэг маргасны эцэст Загдаа ширээн дээрх гэрчилгээнээс "үхлийн шалтгаан" гэсэн хэсгээс бусад бүх бичилт бичигдсэн байхыг харжээ. Тэр ширээн дээрээс гэрчилгээг нь шүүрч аваад эмчтэй ярьж дуусаад Магнус, Мариа хоёрыг дагуулаад гараад явжээ. Тэд бидэнд гэрчилгээ өгөхөд үхлийн шалтгаан тодорхой бус гэж бичсэн байв. (Хожим нь Америкийн элчин хүүг минь нас барахаас долоон хоногийн өмнө үзүүлсэн илгээлтийн эзэн эмчийн магадалагааг үндэслэн "Гадаадад нас барсаны гэрчилгээ"-г бидэнд өгсөн юм. Түүний албан ёсны үхлийн шалтгаан нь "Нярай хүүхдэд тохиолддог гэнэтийн үхлийн синдром" гэж бүртгэгдсэн юм.

Магнус, Мариа Алфонс болон чуулганы удирдлагууд хүүгийн минь шарлыг цогцос хадгалах газраас хүлээн авах ажлыг зохицууллаа. Мөн хамгийн гайхалтай нь тэд Жедийг хаана хөдөөлүүлэх талаар арга бодож олсон байв. Удахгүй чуулганы ахлагч болох Лхагва гэгч ахмад настай ах хотын захын гэр хороололд төрийн албанд ажилладаг байсан бөгөөд өөрийн албан тушаалаараа дамжуулан бидэнд нас барсан хүнийг зөөвөрлөх зөвшөөрөл өгсөн юм. Тэр зөвшөөрөл нь хотын оршуулгын газар луу цогцсыг шилжүүлэх эрх байв. Гэхдээ бичиг дээр ямар ч тодорхой газар байршил зааж өгсөнгүй. Малчид, нүүдэлчдийн огт хэрэглэдэггүй, очдоггүй тийм уулын бэл рүү очоорой гэж тэр бидэнд зөвлөсөн юм. Энэ бүхнийг сонссоны дараа сая нэг сэтгэл минь уужрав. Шөнөжин санаа зовсон асуудлууд маань шийдэгдлээ. Би англи хэл зааж байсан банк руугаа утас цохилоо. Банкны захирал, жолоочоо пургон машины хамт ажил явдалд зориулан гаргаж өгсөн юм.

12-р сарын 28-ны үд дунд Луйс, Молли, Магнус, Мариа, Лайнс Райнхарт, Рик Лэдэрвүүд, Лхагва, Түвшин (Загдаагийн нөхөр) бид хэд орос пургон машинд хүүгийн минь цогцсыг ачаад Эрдэнэтээс гадагш гарч явлаа. Жедийг маань нэхмэл хөнжлөөр ороосон бөгөөд Сесаме Стрит хүүхэлдэйн киноны зурагтай өлгийгөөр өлгийдсөн байсан нь бидний ард үлдсэн өөрийн соёл, гэр бүлийг маань санагдуулна. Бид хотын зүүн хэсэг рүү жолоо залан галт тэрэгний буудлаас цааш хэсэг явав. Тэндээсээ бид замаас гарч хойд зүгийг чиглэн дахин толгодын зүг явлаа. Нутгийн хүмүүст төвөг болохооргүй, хорио цээрийг зөрчихөөргүй нэгэн газрыг Лхагва ах олоход бид тэр газраа зогсоод булшны нүх ухаж эхэллээ. Тэр газар нь өвлийн дараа хавар айлчлахад үнэхээр сайхан байрлалтай харагдаж байв. Тэнд цөөн хэдэн мод байсан бөгөөд дөрвөн сарын дараа гэхэд энэхүү толгодыг зүлэг болоод зэрлэг цэцэг хүрээлэн авах болно.

Би хүрз аваад газар ухаж эхэлсэн ч хөрснөөс ширхэг шороог ч хөдөлгөж чадахааргүй мэт санагдав. Газар тэр чигтээ тэс хөлдүү байлаа. Би ядаж байхад чулуу цохиод байсан байж! Би ихэнх хэсгийг нь өөрөө ухаж дөнгөнө гэж төсөөлөн бодсон юм. Гэхдээ бодит байдал дээр би амархан цуцаж туслахад бэлэн байсан олон хүмүүст талархалтайгаар хүрзээ дамжууллаа. Тэр шөнийн өмнөх өдөр төсөөлсөн шиг энэ бүхэн амархан байсангүй. Салхи дор хаяж 24 км цаг хурдтай салхилан агаарын температур дор хаяж -26°С хүйтэн байлаа. Жихүүн салхи хүйтний эрчийг нэмж яс янгинам -39°хэм болж байв. Лайнс энэ үйл явцыг бичлэгт буулгаж байсан бөгөөд хол байгаа гэрийнхэндээ энэ бүхнийг дараа нь үзүүлж болохоор байв. Салхины чимээ бичлэг дээрх бидний дуу хоолойн өнгийг даван исгэрнэ. Молли хамгаас дотно хайртай дүүдээ баяртай гэж хэлэхээр бидэнтэй ирсэн байсан бөгөөд цаг агаар түүний хувьд дэндүү хахир хүйтэн байв. Тэр ээж болон Мариа нарын хамт машин руугаа буцлаа. Харин эрчүүд зохимжтой хэмжээний булш байхаар гүнзгий газар ухах гэж байдаг чадлаа гарган хүрздэнэ.

Удаан мэт санагдаж байсан ч эцэст нь бид оршуулгын ёслолд бэлэн боллоо. Би машин руу Луйс, Молли, Мариа болон хүүгийнхээ цогцсыг авчирахаар явав. Энэ нь миний хувьд эцсийн удаа хүүгээ тэвэрсэн мөч байсан юм. Монголын хөрсөнд гаргасан тэр нүхийг бүгд тойрон зогсоход би хүүгээ булшинд нь тавихаар газар өвдөглөлөө. Энэ үйл явдлын үеэр би сэтгэлээ барьж дийлсэнгүй, хүүгийнхээ булшны өмнө өвдөглөж байхдаа цурхиран уйлж эхэллээ. Намайг тойрон зогсох хүмүүс уйлж байгаа нь ч надад сонсогдоно. Бидний нулимс хацар даган урсахдаа хөлдөж, Жедийн булшин дээр дуслана. Намайг босоод зогсоход Түвшин, Лхагва хоёр булшны шороог хамаг л чадлаараа буцаан хурдан гэгч хүрзэдлээ.

Илгээлтийн багийн удирдагч, бидний дотны найз Рик Бурханы үгнээс хуваалцав. "Учир нь Хүүг харж, Түүнд итгэгч бүр мөнх амьтай байх нь Миний Эцэгийн хүсэл юм. Эцсийн өдөрт Би Өөрөө Түүнийг амилуулна гэж айлдлаа." (Иохан 6:40). Бид Мелоди Грийний бичсэн "Аврагч буй" дууг сонгон дуулсан юм. Олон жилийн өмнө онгоцны сүйрлээс болж түүнийг бяцхан үрээ нөхөр Кейтийнхээ хамт алдсаныг нь сонсоод "Хүүхдээ алдсан хүмүүс хэрхэн энэ бүхнийг даван гардаг байна аа" гэж бодож байснаа тод санаж байна. Одоо гэтэл бид "Уй гашууг мэдэгч" нэгний дуугаар ижил нөхцөл байдалд магтаж байгаа нь зөв санагдахгүй байлаа.

Магтаалын дараа, бидний тарьж, нулимсаараа усалсан энэ үр Монгол дахь Бурханы хаанчлалд олон үр жимсийг авчирна хэмээн залбирлаа. Оршуулах ёслол дууссаны дараа би хүүгийнхээ шарил дээр чулуу тавихаар эргэн тойрондоо хайлаа. Учир нь түүний булш хоосон бас хайхрамжгүй хандсан, хайрлагдаагүй мэт харагдсан юм. Бусад нь үг хэлэлгүй миний юу хийж байгааг ойлгон надтай хамт чулууны эрэлд гарлаа. Олон чулуу эргэн тойронд нь тавихаас өмнө булшны дээр чулуугаар загалмай бүтээв. Бид мөн хагд өвсөөр хучигдсан том чулууг олоод хүч хавсран эргүүлсээр шарилын чулуу болгон толгой хэсэгт нь байрлууллаа. Энэ үед хөлийн үзүүр хөлдөх шахам болж эхэлж байсан учраас бүгд машиндаа яаран сууж Эрдэнэтийн зүг буцлаа. Би эргэн эргэн харсаар толгодын энгэрт байх хүүгийн минь шарлын бараа тасрах хүртэл ширтсээр явав. Би дотроо "13-р зуунд Нестор загалмайтнуудаас хойш магадгүй Монголд оршуулагдсан анхны христэч булш хүүгийн минь шарил бололтой" гэж бодож явлаа. Энэ бодлоос урьгуулан Жедидая маань Эрдэнэт хотод төрсөн анхны Америк бөгөөд бидний мэдэхээр Монголд ясаа тавьсан анхны Америк байхдаа хэмээн бодож амжив. Түүхэнд юу ч тохиолдсон бай хамаагүй бидний зүрх сэтгэлийн нэг хэсэг Монголын хөрсөнд ийнхүү үүрд мөнх нойрссон юм.

"Бяцхан үр газарт унасан нь"

Буцах замд биднийг манай байрны гадаа буулгалаа. Гэрт орж ирэхэд олон хүн бужигналдан, цайллаганд бэлтгэн, хоолны үнэр үнэртэв. Чуулганы удирдлагууд тэр өглөө ирээд гашуудаж байгаа гэр бүл ойр дотны хүмүүс найз нөхдөө цай хоолоор дайлах нь уламжлал гэдгийг бидэнд хэлсэн юм. Бид тэдэнд ийм нөхцөл байдалд найр наадам шиг зоог барих нь боломжгүй бөгөөд манай гэр бүлийн хувьд олон хүмүүст хоол унд бэлдэнэ гэдэг хэрээс хэтэрсэн зүйл болно гэдгийг хэлсэн байлаа. Тэд тэр дор нь биднийг юу ч хийх шаардлагагүй хэмээв. Монголд хамаатан садан, гэр бүл нь нас барсан нэгний будаалганд тусалдаг бөгөөд чуулган бол бидний хувьд Монгол дахь гэр бүл минь байлаа. Тэд будаалга (цагаалга) хэмээх энэхүү ёслолыг бүрэн даан авч хийсэн юм. Сэтгэл амрах шиг болж, бид ч зөвшөөрлөө. Харин оршуулгын үеэр гэрт ийм зүйл болж байгааг таг мартаж орхиж. Орж ирэхэд гэр дүүрэн найз нөхөд, сайхан хоолны үнэрт бид тайтгарч, хэвийн биш энэ зүйл дунд сэтгэл уужирч билээ.

Зочид тасралтгүй ар араасаа урсан орж ирэхээс өмнөхөн, ирсэн хүмүүс надад бэлэн мөнгө гардуулан өглөө. Энэ нь эхэндээ надад аймшигтай санагдав (эмээх сэтгэл төрөв). Бид хэдий тарчигхан амьдарч байсан ч Эрдэнэт хотод байгаа бараг хүн бүрээс илүү тансаг амьдарч байгаа гэсэн бодолтой амьдарч ирсэн. Юу ч үгүй хүмүүсээс мөнгө гардан авна гэдэг хэцүү байлаа. Миний эргэлзэж тээнэгэлзсэн байдлыг Баяраа хараад, тэр дор нь над дээр ирж заавал авах ёстой шүү хэмээн шивнэлээ. Энэ бол уламжлал бөгөөд гашуудлын мөнгөнөөс татгалзах ямар ч ээлдэг арга зам гэж байсангүй. Би үүдний дэргэд зогсоод монголчуудын өгөөмөр байдалд нь даруусан, басхүү гайхан балмагдан зогсоно.

Байранд маань багтаж ядсан олон хүн цугласан ч, яаж гэдгийг нь бүү мэд хүн бүр цайлуулсан байлаа. Ажлын болон эргэн тойрны найзууд маань бидэнтэй мэндчилэн, ямар нэг зүйл идээд орж, гарч байсан ч чуулганы хүмүүсийн ихэнх нь үлджээ. Тасралтгүй үргэлжилсэн хүмүүсийн цуваа татарч, галт тогоонд цэвэрлэгээ хийж байсан хэсэг хүнээс бусад нь зочны өрөөнд цуглалаа. Луис бид хоёр тэдэнтэй өнгөрсөн хэдэн өдөрт биднийг урамшуулж байсан Библийн ишлэл болоод зарим нэг зүйлийг хуваалцлаа. Төрөлх англи хэлээрээ бид хоёр магтаалын дууг дуулсан бөгөөд хэн нэг нь гитартай монгол магтаалаар биднийг удирдлаа. Цаг ч нэг мэдэхэд хурдан өнгөрч, бүгдээрээ "Эмэгтэйчүүдийн ордон" руу оройны цуглаанд бэлдэхээр явцгаалаа. Энэ бол чуулганы тогтмол хийдэг Хуучин Гэрээний түүх хуваалцах цаг байсан ч өнөө орой бол Жедийн дурсгал хүндэтгэлийн ёслолд хоёр дахин их хүн цуглажээ.

Энэ өдрийн өмнө Магнус надад маргааш Хуучин гэрээнээс түүх хуваалцах миний ээлж гэсэн бөгөөд намайг бэлэн болох хүртэл миний оронд зааа хэмээн хэлсэн юм. Бид хоёр ээлжлэн долоо хоног бүр Хуучин гэрээний түүхүүдийн цаг тооны дараалльнх нь дагуу хуваалцаж байсан үе юм. Лхагва гараг бүр "Бурханы түүх"- ийг хуваалцахдаа хэр хол явснаа ярилцаад тэндээсээ цааш үргэлжлүүлдэг байв. Би Магнусаас түүхийн аль хэсэг хүртэл өнгөрсөн долоо хоногт хуваалцсан талаар асуухад тэр гацаж орхив. Би түүнээс дахин асуухад тэр дуугаа намсгаад "Абрахам цорын ганц хүүгээ тахилын ширээн дээр өргөх хүртэл хуваалцсан" гэлээ. Би юу гэж хэлэхээ ч мэдэхгүй гайхаж хоцров. Бидний амьдралын хамгийн цөвүүн өдрүүдэд ч, Бурханы гарт нарийн жижиг зүйлс хүртэл байгааг харах нь зүрхийг минь тогших шиг болов. Би Магнуст "Баярлалаа, гэхдээ энэ түүхийг би хуваалцах ёстой бололтой" гэж хэлсэн юм.

Ажил явдлын сүүлийн зочин явахад бид Эмэгтэйчүүдийн ордонд түрээслэсэн танхим руугаа явцгаалаа. Тэр газар Эрдэнэтийн шөнийн цэнгээний газраас хоёр дахин олон хүн тэр үдэш цугласан байлаа. Пиг дүүрэн хүнтэй танхим руу бид алхан орлоо. Би тэдний урд тайзан дээр алхаж очоод Бурхан Абрахамаас юуг асуусан тухай түүхийг тэдэнд ярьж өглөө. Түүхээ хуваалцаж эхлээд удаагүй байтал хоолой дээр минь юм тээглэх шиг болж зааланд сууж байсан хүмүүс уйлж байлаа. Түүхийн турш бид хамтдаа уйлалдаж, эртний тэр түүхийг, жинхэнэ түүхийг бодитоор мэдэрч, үхэл болоод авралыг анх удаагаа бодитоор харж байгаа мэт санагдаж билээ. Би ярьсан түүхээ Христмасын түүхээр төгсгөн, Эцэг нь ариун, бяцхан Хүүгээ энэ дэлхий дээр үхнэ гэдгийг мэдэж байсан ч илгээсэн тухай хуваалцлаа. Баяр хөөр болон тэмдэглэсэн бидний баярын жинхэнэ далд утга бол энэ юм. Баяр хөөр болоод авралын төлөөх төлөөс бол үхэл болон золиос байсан юм. Бидний хувьд дахин Христмас баяр хэзээ ч урьдных шигээ биш болсон.

Жедийн дурсгал хүндэтгэлийн ёслолд Довне Калдвеллийн хамт

Би үүнийг хуваалцаад Луйс болон охидуудынхаа дунд суулаа. Бид заалны нүүрний эгнээнд "авга эгч" Довне болон Пийс Корпусд ажилладаг найз Карлины хамт сууж байлаа. Рик Лэдэрвүүд дөрвөн хүүхдээ манай гурван охины хамт тайзан дээр гаргаад, тэд хэд хэдэн хүүхдийн дуу дууллаа. Монголчууд хөдөлгөөнт бүжигтэй дуунд дуртай бөгөөд энэ нь үнэхээр тэдний сэтгэлд хүрлээ. Уур амьсгал бүхэлдээ өөрчлөгдөх шиг. Удахгүй хүүгийн минь дуртай болох байсан тэр л хүүхдийн дуунуудаар түүнийг үдэн явуулж байгаа нь зүй зохистой биш юм шиг санагдана. Рикийн дуусаны дараа Магнус, Мариа хоёр хоршин бидэнд бэлэг болгон бэлдэж байсан Петра гэх Христчин Рок хамтлагийн Булшны дээрэмчин (Graverobber) гэх дууг гайхамшигтайгаар дууллаа. Дууны үг бүр бид Жедийг алдсанаас хойш итгэл найдвараа олж байгаа тэр л зүйлийг маш тодорхой илэрхийлж байлаа.

Үүний дараа бид монгол магтаал болгоод Вайняард чуулганы

маань дуулдаг Эзэний Өргөө буюу хоёрхон сарын өмнө Луйс төрөх үедээ дуулж байсан магтаалаар хүндэтгэл өргөв. Би урд тайзан дээр гараад чуулганд зүрхний үгээ хуваалцлаа. Энэ бүх зүйл дундуур бид зөвхөн гэр бүлээрээ явж байгаа зүйл биш гэдэг нь илт байв. Чуулган маань өнгөрсөн хоёр сарын турш сатаны дайралтад өртөн, дөнгөж хөл дээрээ босож байгаа балчир чуулган маань энэ бүхнийг даван гарна гэдэгт ихээхэн эргэлзэж байлаа.

Жедийн үхэл цорын ганц нь байсангүй. Жедийн дараагаар хоёр өдрийн хойно тохиолдсон үхлээс болж бид бүгд ганхаж байсан үе. Өчигдөрхөн гэр чуулганы маань нэгэн сонсолгүй бүсгүй тодорхой бус шалтгаанаар нас баржээ. Эмч түүнийг бөөрний дутагдлын улмаас болж нас барсан гэсэн ч тэр цоо эрүүл мэт харагдаж байсан юм. Тэр бидний хувьд онцгой нэгэн байсан бөгөөд сэтгэцийн хэцүү байдлаа даван гарч, сүнслэг төлөвшлөөрөө бусдыг Бурхан Аавыг таньж мэдэхэд түлхэж өгдөг байв. Энэ гэнэтийн цохилт бөгөөд гашуудал нь бидний хэдийнээ амсаж мэдэрсэн зүйл дээр нэмээд даалж давашгүй ачаа мэт болж байлаа. Үхэл бидэнтэй ойрхон мэт санагдана. Итгэл нь нурах шахсан ах дүүстээ би ямар нэг зүйл хэлэх хэрэгтэй мэт бодогдлоо. Бид олон зүйл дундуур явлаа, энэ бүхэн хэрхэн дуусахыг мэдэхгүй ч Сатан дэндүү хол явжээ гэдгийг та нар мэдэх хэрэгтэй гэж би тэдэнд хандан хэллээ. Сатан энэ үхлүүдээр давах ёстой шугамаа давжээ. "Та бүхэн юу хийх эсэхийг би мэдэхгүй ч, би болон миний гэр бүл Эзэнд үйлчилнэ! Бид дайсныхаа хаанчлалыг үлдсэн амьдралынхаа турш урж тасдах болно. Хэрвээ Сатанд энэ нь таалагдахгүй бол биднийг бүгдийг нь авсан нь дээр!"гэж хэллээ.

Тэнд байсан уур амьсгал тэр үеэс эхлэн мэдэгдэхүйц өөрчлөгдлөө. Би буцаад суухад Магнус гарч ирээд Библээс хуваалцсаны дараа бүгд цуглан манай гэр бүлийн төлөө залбирлаа. Энэ бүхэн сэтгэл хөдөлгөм сайхан ч, нөгөө талаараа хэцүү байсан юм. Хүүгийн минь дурсгал хүндэтгэлийн ёслол тэр чигтээ өөр улсын хэл дээр явагдаж байсан нь эцэг эхээсээ хол байгаа бидний сэтгэлд улам л өвдөлт нэмэх шиг. Луйс бид хоёр аль аль нь дотроо бушуухан шиг Америк руу буцахыг хүсэн залбирч байлаа.

Гэхдээ бидний хүссэн шиг бүх зүйл болоогүй юм.

XXIV бүлэг

Тас хийх чимээ

Оршуулах ёслол дээр миний хэлсэн үгэнд удирдлагын багийнхан маань урам орж, 11-р сараас хойш тасралтгүй ирсэн сүнслэг дайралтуудыг эсэргүүцэн 24 цагийн мацаг барилттай залбирал хийхээр боллоо. Мариа, Магнус Алфонсын гэрт удирдлагын багийнхан маань бүх л шөнийг магтаж, залбирахаар цугларав. Эв нэгдэлтэйгээр Эзэнийг дуудан хашхирахад ямар нэг зүйл болов. Шөнийн гурван цагийн үед бид бүгд чангаар ямар нэг зүйл тасхийх мэт чимээ сонслоо. Өрөөнд байсан хүн бүр гэнэт бие бие рүүгээ зэрэг харав. Хүний чихэнд сонсогдохоор чимээ байсан гэж би хувьдаа бодохгүй байсан ч бүгд л мэдэрч байв. Энэ нь яг л нам гүм ойд жижигхэн мөчир хугарахтай адил чимээ байсан. Бид эргэн тойрноо харж, юу хийхээ мэдэхгүй суутал удирдлагын багийн уулзалтанд маань ирсэн нэгэн шинэ итгэгч "Энэ чимээ нь биднийг гэртээ харьж болно гэсний дохио юу?" хэмээн асуулаа. Түүний асуултанд бүгдээрээ шоолонгүй инээлдлээ. Магнус хамтдаа нэг дуугаар Эзэнийг магтаад тэгээд гэр гэртээ харьцгаая гэсэн санал гаргалаа. Түүний хэлсний дагуу хийлээ. Сүнслэг дайралтууд зогслоо. Бид тэр үед мэдэрсэнтэй адил дараа дараагийн долоо хоногуудад ч Эзэний амар тайван бидний дотор оршсоор байлаа. Мэдээж бидний өмнө сүнслэг тулаан хүлээж байсан ч өнгөрсөн саруудад тохиолдсон ширүүн дайралтууд эцэс болсон юм. Бидний авсан бүхий л цохилтууд, шархууд ирж байсан долоо хоногуудад эдгэрч хэвийн байдалдаа орж байлаа. Сонсголгүй охин болоод миний анхны хүүгийн маань үхэл бидний амссан хамгийн том хохирол байсан юм.

Луйс бид хоёрын хэн хэн нь Калифорни руугаа буцаж, эцэг эхтэйгээ гашуудлаа хуваалцан, охидыгоо эмээ, өвөөтэй нь дахин уулзуулахыг үнэхээр их хүсэж байлаа. Бидний хувьд Монголоос амралтаараа анх удаа буцахад хамгийн тохиромжтой бөгөөд зайлшгүй үе мэт санагдана.

Монголд байсан илгээлтийн эзэд дунд бид энд хамгийн урт хугацаанд гэртээ буцалгүй байсан рекордыг ч тогтоогоод байлаа. Илгээлтийн талбараас нутагтаа очоогүй хамгийн удаан үйлчилсэн гэр бүл болох гэж оролдолгүйгээр аяндаа л болчихсон байв. Бээжин рүү богино хугацаагаар явснаас өөрөөр бол өнгөрсөн хоёр жилийн хугацаанд Монголын хилийг давсангүй. Ихэнх илгээлтийн байгууллагууд Монголыг "хүнд нөхцөлтэй талбар" гэсэн ангилалд багтаан илгээлтийн эздээ гэртээ тогтмол очих боломжийг олгодог байв. Харин YWAM болон Mongolian Enterprises International (MEI) гэсэн бидний харьяалагдаж байсан байгууллагууд энэ тал дээр ямар нэг дүрэм журам байгаагүй учраас бид төлөвлөгөөгөө өөрсдийнхөөрөө гаргаж болохоор байлаа. Эрдэнэт рүү нүүхээс өмнө 1994 оны эхэнд бид гэр лүүгээ түр буцахаар төлөвлөсөн юм. Хэрвээ Калифорнид очиж чадахгүй байлаа гэхэд ямар нэг дулаан, тухтай газар очих тухай бодож байв. Олон илгээлтийн эзэн найз нөхдийн маань очиж байснаар Тайландад тийм ч үнэтэй биш газрын диваажин байгааг бид сонсов. Бид энэ хүсэлтээ MIE-ийн ажилчдын хурал дээр тавьсан бөгөөд хэдий амралттай холбоотой дүрэм журам тэр үедээ байгаагүй ч цоо шиниийг газар дээр нь санаачилж орхив. Тухайн соёлдоо илүү дасан зохицох шаардлагатай бөгөөд илгээгдсэн эхний 2 жилдээ энэ улсаас гадуурх аялал зөвшөөрөгдөхгүй хэмээн бидэнд хэллээ. Луйс нулимстайгаар уулзалтыг орхин явсан бол би удирдлагуудтайгаа таарамж муутай болж эхэллээ. Үүнээс хэдхэн өдрийн дараа гэхэд би өөрсдийгөө илгээлтээс бараг л суга татаад гаргачихсангүй. Бурхан эцсийн мөчид Луйсд юу болоод байгаа талаар харуулсан ба "эсэргүүцлийн сүнс" бидний хаалгыг өнгөрсөн жилүүдэд тогшиж байсан бөгөөд дахин үүдийг минь балбаж байж. Ариун Сүнс энэ бүхнийг бидэнд илчилсэн даруй үүнтэй нүүр тулахад илүү амархан болсон юм. Бид хамтдаа залбирсны дараа намайг халах гэж буй уулзалтанд очлоо. Би тэдэнд эхлээд Эзэн бидэнд юу харуулсаныг хуваалцахыг сонсож өгөхийг хүсэв. Бурхан надад хэлсэнтэй адил үгийг удирдлагуудад өгч, бид бие биенээ уучилсан юм. Рик Лэдэрвүүд сатанд ялалтыг өгөхгүй гэсэн хатуу ширүүн байр суурьтай байж, тэр дор нь биднийг Эрдэнэт рүү нүүх талаарх бүхий л ажлыг түргэвчиллээ. Бурхан ялалтаа байгууллаа. Гэхдээ бүхий л баяр, догдлол дунд бид гэртээ буцах амралт авч чадалгүй нүүцгээсэн юм. Энэ болсон бүхний төгсгөлд нэг зүйлийг хэлэхэд биднийг Эрдэнэтэд байхад MEI-ийн бүхий л ажилчид (Хоганы гэр бүлээс бусад) амралтаа авч энэ улсаас гадагш гарсан гэсэн мэдээг авсан юм. Рик гаргасан журмаа өөрчилсөн бөгөөд манайхан бүгдээрээ гадагшаа гарч амарснаар барахгүй, амралтаа хэтрүүлцгээсэн гэдгийг олж мэдсэн билээ.

Гэхдээ Эрдэнэтэд очсоноос хойш бидэнд хаашаа ч явах боломж гарсангүй. Магнус, Мариа хоёр Швед рүү зайлшгүй явах шаарлагатай болсон учраас 1994 оны зун бид ихэнх үйлчлэлүүдээ даан авч үлдсэн юм. Луис минь жирэмсэн байсан учраас бид намар аялахыг хүссэнгүй, удалгүй өвөлтэй золгоход бид шинэ хүүгээ өлгийдөн авсан юм.

Харин одоо Жедидаяг алдсаны дараа хэсэг амралтаа авах нь хамгийн ухаалаг бөгөөд логикийн хувьд ч байж болох сайн хувилбар шиг санагдаж байв. Бүгд л биднийг гашуудлаа тайлж, хуваалцахаар гэр лүүгээ явна байх хэмээн бодож байсан биз ээ. Бид ч гэсэн тэгж бодож байлаа. Аймшигтай үйл явдлаар дүүрэн Христмас баяр болоод түүний дараах үеүдэд Луис бид хоёр бүхий л сэтгэл зүрхээрээ эцэг, эх ,гэр бүлтэйгээ байхсан хэмээн үгээр хэлэхийн аргагүй их хүссэн. Үйлчлэл талаасаа ч хугацааны хувьд маш тохиромжтой цаг нь байлаа. Дагалдуулж байгаа хүмүүс маань бидэн дээр ирэхэд өөдөөс нь уйлаад, гашуудаад байх нь ч тийм зөв санагдаагүй юм.

Бидэнд шаардлагатай санхүү нь ч байлаа. Биднийг санхүүгээр дэмжиж байсан хүмүүс өгөөмрөөр өгсөн бөгөөд Улаанбаатар дахь Өмнөд Баптистын олон улсын ажилчид хандив өргөсөн байлаа. Тэдний чин сэтгэлийн бэлгээр бид ивээгдэж бас даруусаж байлаа. Бид онгоцны тийзээ хэрхэн худалдан авах талаар ярилцан төлөвлөгөө гаргаж байх үед гэнэтийн үг Бурханаас ирэв. Эрдэнэтээс энэ цаг мөчид явах ёсгүй гэсэн тэр сэтгэгдэл улам илүү томорч би ч анхаарлаа үүнд хандуулж эхэллээ. Жедийг алдсаны дараа эндээ үргэжлүүлэн байхыг Тэнгэрлэг Эцэг биднээс хүснэ гэдэг нь анхнаасаа л боломжгүй зүйл мэт санагдаж байлаа. Би Бурханд хандан бид гүнзгий гашуудал дунд байгаа бөгөөд энд Таныг баяр хөөртэйгөөр ч гэрчилж чадахгүй нь ээ гэдгийг ч Түүнд сануулан хэлсэн юм. Хэрвээ бид хэсэг хугацаанд л "гэртээ" харьчихвал энэ бүхнээс эдгэрч, Монгол дахь Түүний хаанчлалд илүү хүчтэйгээр эргэн ирэх болно гэдгээ ч амлав. Би үргэжлүүлэн амралтаа эрчтэйгээр төлөвлөн дотор болж байсан тэр мэтгэлцээндээ бараг л ялалт байгуулчихаад байв. Харин Бурханы нөөцөнд байсан өөр зэвсгийн талаар надад ямар ч ойлголт байсангүй. Нэгэн өглөөний кофены цагаар Луис надад юу гэж хэлсэн гээч. Бид Эрдэнэтэд үлдээд монгол итгэгчдийн өмнө гашуудал дотроо алхах ёстой гэсэн мэдрэмж төрж байна гэв. Би нам цохиулах шиг л болов. Бид Эрдэнэт рүү нүүхээс өмнө Монгол дахь амаргүй амьдралаас амсхийх тухайд Луис бараг амиа ч өгхөөс буцахгүй байсан сан. Тэр Бурханаас юу сонссон талаараа надтай өөрийн амаар хуваалцах тэр үеэс л би энэ нь гарцаагүй Бурханы хүсэл гэдгийг мэдэж байлаа. Луйсын махан биеийн хүслээс ийм үг гарна гэдэг бол ямар ч боломжгүй зүйл юм. Бид энэ талаар ярилцан, хамтдаа бие биенийхээ нулимсыг арчин "гэртээ" харихаас өмнө дахиад хэцүү хэдэн сарыг туулах нь гэдгээ мэдэж байлаа. Бид Эзэнээс сонссон зүйлээ Магнус, Мариа хоёртой хуваалцахад тэд ч ижил зүйлийг сонссон гэдгээ хэлсэн бөгөөд биднээс зүрхлэн ийм зүйл асууж чадахгүй байсан талаараа хэллээ. Бид өөрсдөө л Бурханаас сонсох учиртай байж.

Тийм ээ бид гашуудлынхаа хамгийн хүнд болоод эхэн үеийг Эрдэнэтэд өнгөрүүлэв. Бид айлчилсан, зочилсон хүмүүсийн урд ч, сүм дээрээ ч, гэртээ хүний нүднээс далд ч уйллаа. Монгол соёлыг харахад тэд сэтгэл хөдлөлөө царайн дээрээ ил гаргадаггүй мэт санагдсан учраас энэ нь бидэнд ичмээр бөгөөд тийм ч таатай байсангүй. Бурхан яагаад бидний энэ бүх зүйл дундуур заавал тэнд байхад алхуулсан юм бол хэмээн надад гайхах үеүд бишгүй л гарч байсан. Түүний ажилд тустай тэр гээд хэлэхээр зүйл ч байсангүй. Хэсэг хугацаанд би үүнийг ухаж ойлгож бараагүй юм.

Христмас баярын дараагийн өдөр хүлээж авсан факсууд, дуудлагын хариулт болгон бид дараах факсыг илгээсэн юм:

Бид хэр байна вэ гэж үү? Яг л Сиатл дахь нойргүйдэл (Sleepless in Seattle) кинон дээр эхнэрээ алдсан залуу ...'чи өглөө босоод, өөртөө амьсгаа авч, амьсгаагаа гаргахыг сануулна... гэж хэлдэг шиг. Бид бүгдээрээ л өөр өөр замаар, өөр өөр түвшинд гашуудаж байна. Алис маань үхлийн тухайд бүрэн ойлгохгүй ч Жедийг санасаар. Мелоди эхэр татан уйлж, энэ зүйл бидэнд тохиолдсоныг үгүйсгэн, тухайн үеэсээ хамааран сэтгэл санаа нь тогтвортой, тогтворгүй янз бүр. Моллигийн хувьд хамгийн хүнд цохилтыг авсан. Түүний мэгшин уйлахыг сонсох нь үнэхээр зүрх зүсэм. Саяхан дүүгээ тэвэрч байсан хоосон гар нь түүний гашуудал дээр гашуудлыг нэмнэ. Хүү минь төрснөөс хойш тэдний хооронд онцгой нандин холбоо үүссэн юм. Заримдаа хүүг уйлах үед Луйс саатуулж чадахгүй байхад Молли түүнийг тайвшруулдаг байлаа. Тэр мэдрэмжүүдээ доош нь дарж, гашуудлыг амаргүй аргаар давж явна. Луйс харин гэмшил, буруутгалаас өөрийгөө хол байлгаж байгаа ч гүн гүнзгий гашуудсаар. Сүүгээр дүүрч чинэрсэн хөх нь түүнд хүүгээ алдсаныг нь тогтмол сануулах шиг. Бид цээжийг нь ороож байлаа. Учир нь манай нутагт эхчүүд хүүхдээ хөхүүлэх боломжгүй болоход хөхийг нь цээжээр нь даавуугаар ороож сүүг нь ширгээдэг юм. Нулимс яг л давалгаа мэт асгарна. Заримдаа хэдхэн хормын төдийд энэ талаар мартаж орхино, тэгээд уйлахгүй байгаадаа гэмших сэтгэл ч төрөх шиг. Харин миний хувьд үргэлж тэврэхийг хүссэн тэр хүү, тоглож хэзээ ч чадаагүй томоогүй жаал, найз шиг хэзээ ч байж чадахааргүй тэр эр хүнийг алдсандаа харуусан, гашуудна. Өнгөрсөн шөнө бид бүгдээрээ Христмасын баярт очсон. Хотын маань хамгийн том танхимд 700 орчим монголчууд пиг дүүрэн цугласан байсан. Уламжлалт Христмасын жүжиг Луйс бид хоёрыг уйлуулж орхилоо. Ээж минь захидал бичихдээ Жедийг бяцхан Есүсийн дүрд тоглох болов уу гэж асуусан байсан. Гэтэл Есүс оронд нь хүүг минь тэврээд байж байдаг.

Үүнээс хэдэн долоо хоногийн дараа би найз нар болон дэмжлэгийн багтаа дараах захидлыг мөн бичсэн юм:

"Бид маш сайн байгаа. Бидний итгэл ганхашгүй бөгөөд бид Бурханы зөөлөн, энэрэл хайрыг амсаж мэдэрч явна. Тэр үргэлж хамгийн их хайрласан болоод хамгийн зөв зүйлийг бидэнд, бидний төлөө үйлддэг шүү дээ. 'Тэр намайг алах ч гэсэн, би Түүнд найдах л болно' (Иов 13:15)

Бид гашуудлын үе шатуудыг давж явна. Бурханы нигүүлсэл хүнд хэцүү үед ч, сайхан үед ч хэрэгтэй үед бидэнд өгөгдсөөр л байна.. Энэ бүхний эцэст гэр бүл минь улам илүү дотно болжээ. Хоёр зураглал бидэнд асар том урам зоригийг өгсөн. Эдгээр нь Магнусын харсан 5 настай Жед Есүстэй тоглож байгаа болоод Рик Лэдэрвүүд Жедийг амьдралынхаа ид үедээ яваа, эрүүл чийрэг, үнэхээр царайлаг, хүч чадалтай эр хүн болсон байгаагаар харсан нь байлаа.

'Чиний ялалт хаана байна вэ? Үхэл ээ, чиний хатгуур хаана байна вэ?" (1 Коринт 15:55)

XXV бүлэг

"Уйлж буй хүмүүстэй хамт уйл"

Бид 1995 оныг өнгөрсөн жилийнхтэй адилхан эхлүүлсэн ч бүх зүйл өөрчлөгдсөн мэт санагдана. Гал тогооны ширээгээ тойрон Лайнс Райнхартын хамт дахин нэг Шинэ жилийг угтлаа. Монголд байх хугацаандаа бид жил бүр ийнхүү уулздаг уламжлалтай болжээ. Шинэ жилийн өмнөх шөнө Лайнс ирдэг бөгөөд цагийн зүү 12-ыг заахад орос оргилуун дарсыг шохойдсон таазанд ором гартал буудуулна. Бидний угтсан жил бүрийн тэмдэг болгон таазанд буудуулсан шампаскны ул мөр нэмэгдэнэ. Яг л жилийн өмнө бид Эрдэнэт рүү нүүх төлөвлөгөөгөө ярилцан баяр хөөртэй сууж байснаа бодоход гунигтай бөгөөд нэг л хачин мэдрэмж төрнө. Тэр үед Луйс минь жирэмсэн ч болж амжаагүй байж, харин одоо бид эргэж цуглахдаа илүү мэргэн ухаантай бас илүү гунигтай болжээ. Бидний дуудлагатай хамт ирдэг үнэ төлөөсний тухай илүү тодорхой ойлолттой ч болж. Жилийн өмнөх тэр Браины байдал одоогийн гашуудсан аавтай харьцуулахад тэс ондоо хүн болсон мэт санагдана.

1, 2 дугаар сар үргэлжлэхэд бид гашуудал бол бидний огтхон ч төсөөлөөгүй ертөнц гэдгийг олж нээсэн бөгөөд бидний эргэн тойронд байгаа хүмүүст тус болохоор юуг ч хийж чадахгүй юм байна гэдгийг мэдэж авлаа. Хачин этгээд зүйлс ч тохиолдов. Луйс нэг зүйл анзаарсан нь түүний амтлах мэдрэмж муудаж, бүхий л хоол үртэс шиг санагдаж эхэлжээ. Сэтгэл санааг худагтай зүйрлэвэл бүхий л ус нь дуусаж, хатаж ширгэсэн мэт. Тэр минь гүнзгийгээр гунуглаж байсан ч уйлъя гээд ч уйлж чадахааргүй болсон байв. Түүний дотор ямар нэг зүйл ороод гацчихсан юм шиг мэдрэмж төрж, урам зоригтой, хүсэл тэмүүлэлтэй байх чадвараа алдаж байлаа. Миний гаргасан төлөвлөгөөнд өөрийн бодлоо огт нэмэхгүй байгааг нь би анзаарав. Энэ нь надад гэнэтийн цочрол өгөв. Луйс үргэлж "за" гэж хэлдэг төрлийн эмэгтэй хэзээ ч байгаагүй бөгөөд өөрийн бодлоо илэрхийлэхдээ ичдэггүй нэгэн. Энэ нь нэг талаараа надад амар юм шиг боловч санааг минь зовоож байлаа.

Би ч үргэлжлүүлэн гашуудсаар. Гэнэтхэн л нулимс голын ус мэт үе үе урсана. Энэ нь ямар нэгэн шарх шиг хэн нэгэн эмчилж, боож болохоор зүйл биш байв. Энэ бол дотоод дэх сэтгэлийн шарх ба өвдөлт юм. Би Жедийн тухай бодон түүнтэй хамт хэзээ ч хийж чадаагүй зүйлсдээ харамсан уйлна. Охид маань бүгд л өөрийнхөөрөө уй гашуутай нүүр тулж байлаа. Найзууд маань гашуудалтай холбоотой номуудыг бидэн рүү илгээсэн юм. Гэсэн ч хүн бүр өөр өөрөөр гашууддаг гэдгийг бид мэддэг бөгөөд чадахаараа л хүүхэд тус бүрт туслахыг хичээж байлаа. Молли надтай хамгийн адилхан байдлаар гашуудсан юм. Зарим үеүдэд уйлдаг ч үүнээсээ хурдан тайтгарч, цааш хийх зүйлээ үргэжлүүлнэ. Алист харин үхлийн тухай ойлголт байсангүй. Тэр үе үе сэтгэгдлээ илэрхийлнэ. Гэхдээ ихэвчлэн буцаад айлын бага нь болчихлоо гэдэг тухай ярина. Түүний хамгийн бага нь гэсэн байр суурь гэнэт л өөрчлөгдөн, хэн нэгэн байрыг нь эзэлсэнд тэр тийм ч таатай биш байсан ч бүх зүйл хурдан буцаад байрандаа орсонд тайтгарсан болов уу гэж бид заримдаа гайхна.

Мелодигийн сэтгэл санаа харин ойлгоход хамгийн хэцүү байсан. Түүний уй гашууг тэр гэж тодорхойлж хэлэхэд амаргүй байв. Болсон бүхнийг үгүйсгэн уйлж байснаа гэнэт л юу ч болоогүй мэт гэрээр гүйн эргэлдэнэ. Тэр мэдрэмжүүдтэйгээ нүүр тулалгүй байдаг чадлаараа өөрөөсөө түлхэн холдуулж байгаа мэт санагдан, үүнд нь бид санаа зовж байлаа. Энэ бүхий л үеүдэд Луйс бид хоёр сайн эцэг эх байхыг чадлынхаа хирээр хичээн, хүүхдүүддээ дүү нь бидний хамт үргэлж байхыг хүсдэг Нэгэнтэй хамт байгаа бөгөөд нэг л өдөр бид бүгд хамтдаа уулзах болно гэсэн итгэл найдвараа хуваалцана. Гэр бүлийн хувьд Бурхан биднийг анхааран хэрэгцээг маань хангаж байгаа талаар хуваалцахаа ч мартсангүй. Өмнө нь хэзээ ч мэдэрч байгаагүй арга замаар Түүний оршихуй болоод тусламжийг бид мэдэрч байлаа.

Эрдэнэт тухайн үедээ хязгаарлагдмал харилцаа холбоо ба факсын үйлчилгээтэй байсан бөгөөд е-мэйл огт боломжгүй зүйл байсан учраас гэр бүл болоод дэмжигч нартайгаа харилцахдаа Монгол шуудан холбооны газарт бид бүхий л итгэл найдвараа тавина. Үүнээс болж ивээлтэй хором мөчүүд байх ч үгийн муут хэлэх үеүд ч гарна. Тэр жилийн өвөл болоод хавар шуудангийн газар луу явах нь сэтгэл санааны хувьд тэсрэх бөмбөгтэй талбай руу алхаж орж байгаа мэт байж билээ. Христмасын орой бичсэн миний захидалд хариу болгон бичсэн хүмүүсийн үгсээр бид урамшигдан, тайтгарч байлаа. Дэлхийн нөгөө өнцөгт байгаа хүмүүст энэ нь хэрхэн хүрснийг сонсоход жирийн биш мэдрэмж төрнө. Хүмүүс өөрсдийн эмгэнэл болон сэтгэгдлээ илэрхийлэхэд бид тийм гэж хэлэхийн аргагүй урам авч байлаа. Нэг гэр бүл жолоо барьж явахдаа захидлыг маань задлан уншаад машинаа замын дэргэд зогсоогоод чангаар цурхиран гэр бүлээрээ уйлцгаажээ. Аймшигтай сонсогдож байсан ч тэдний бичсэн хариу захидлаар бид ероөгдөж байв. Бусад хүмүүст ч гэлээ бидэнтэй адил гүнзгий мэдрэмж байсныг мэдэхэд дотор минь байсан ямар нэг зүйл дүүрэх шиг. Болсон бүхэн үнэхээр л хашгирч, орилмоор, хачин жигтэй хариу үйлдэл үзүүлэхээр байсан шүү дээ. Оршуулгын дараа үхлийн тухай ярих нь монгол соёлд зөвшөөрөгдөөгүй учраас бүхий л монгол найз нар маань энэ талаар үг үл цухуйлгана. Гэтэл бидний дотор юун дундуур яваагаа бусадтай хуваалцах хэрэгцээ байлаа. Мэдэрч байсан бүхнээ цэгцлэхэд хилийн чанадад байгаа найз нарын маань бичсэн захидал, хуваалцсан сэтгэл нэг бүр нь үнэхээр туслав. "Уйлж байгаа хүмүүстэй хамт уйл" гэж Библи дээр бичигдсэн хүчирхэг үгийг тэгэхэд бид ойлгож билээ.

Үүний хажуугаар, олон илгээмжүүд ирснээр бидний аних гэж ядаж байсан шархыг сэдрээж байв. Дэлхийн хязгаар мэт алс холын нутагт амьдрах нь олон тооцоологүй зүйлтэй нүүр тулах шаарлагатай болдгийг тэгэхэд бид олж мэдэж билээ. Учир юу вэ гэвэл шуудангийн үйлчилгээ удаан бөгөөд найдваргүй учраас бид эмгэнэлээ илэрхийлсэн захидлуудыг, "шинэ хүүхэд"-тэй болсонд баяр хүргэсэн захидалтай болоод Жедэд зориулсан Шинэ жилийн бэлгүүдийн хамт бүгдийг нь нэг дор хүлээн авч байлаа. Миний төрсөн өдрийн бэлэг болоод захидлууд дээр "шинэ хүүтэй болсон аав"-д гэж хаяглан, баяр хүргэсэн байв.."

Өдөр бүр ирж байсан багц илгээмжүүдийг бид задлах бүрт сэтгэл санаа дээш доош, хаа сайгүй савлана. Хэрвээ бид гэртээ байсан бол Христмасын захидлууд болоод "баяр хүргэе, эцэст нь хүүтэй боллоо" мөн гашуудлаа илэрхийлсэн захидлуудыг нэг суудал дээрээ задлан уншихгүй байлаа. Заримдаа бид Мариаг ирэхийг хүлээн захидлаа задлалгүй, шуудангийн хаяг, маркаар нь ялган тавина. Юу нээж байгаагаа мэдэхгүй учраас энэ бүхэнтэй зөвхөн өөрсдөө нүүр тулна гэдэг амаргүй зүйл байлаа.

Чуулганы үйлчлэл болоод бусад хариуцлагуудаа түргэхэн бусдад шилжүүлж өгсөн нь сайн болжээ. Орос чуулганы үйлчлэлээ Руслан болон Светлана нарт даатган өгөв. Би өнгөрсөн жилийн 4-р сараас хойш англи, орос хэлний орчуулагч Ганаагийн тусламжтайгаар үүнийг удирдаж байсан юм. Надад хэсэг бүлэг хүмүүсийн зарим жижиг хэрэгцээг хангах чадвар байсангүй. Оросууд монголчуудаас тэс ондоо.

Монгол итгэгчид нээлттэй бөгөөд тэдэнд заасан бүхнийг уриалгахан хүлээн авч байхад оросууд дотроо бүх зүйлийг боловсруулна. Бүгдэд ойлгомжтой мэт Библи дээрх энгийн үнэн дээр хүртэл бултаараа маргах үеүд гарна. Би оросоор ярьдаггүй учраас тэдний маргаан мэтгэлцээнээс үргэлж хоцорно. Миний хэлсэн заасан зүйлтэй тэд санал нийлэхгүй үеүдэд Ганаа гонсойж, орос хэлээр түгдрэлгүй тэднийг няцааж орхино. Би тэнд чимээгүй суугаад дуу хоолой нь өндөрссөн тэднийг 5 эсвэл 10 минут орчим мэтгэлцэхийг сонсоно. Энэ бүхэн эцэст нь дуусахад Ганаа болон орос итгэгчид над руу нэг том хараад үргэлжлүүлээрэй хэмээн дохино. Би Ганаагаас "Бид ялсан уу?" гэж асуухад тэр инээмсэглээд "тэгэлгүй яахав" гэж хариулна. Тэгээд үргэжлүүлэн зааж гарна. Иймэрхүү зүйлс болж байсан ч соёлыг нь ойлгож чадснаар энэ жижиг чуулганыг илүү сайн удирдана гэж би итгэж байлаа. Тэдний хийсэн зүйлүүд нь шашинлаг, соёлын эсвэл Библитэй уялдаатай эсэхийг нь би хэлж чадахгүй үеүд гарна. Би огт ярьдаггүй хэлнийхээ цаадах соёлд нь мэдрэмтгий хандахыг хичээж байсан ч энэ нь миний хэрээс хэтэрсэн зүйл гэдгийг мэдэж байлаа.

Асуудалтай байсан зүйл дээр тоомжиргүй байдлыг нэмэхийг би хүсээгүй учраас Русланд тэднийг ямар нэг дамжлагагүйгээр шууд хариуцуулан өглөө. Жедийн үхлээс хэдхэн долоо хоногийн өмнө тэд ирсэн нь Есүсийн тогтоосон цаг хугацаа мэт. Энэ шилжилт яг л мөрөөдөл биелэх мэт болж өнгөрлөө. Руслан оросоор ярьдаг төдийгүй, мэдлэг, эрх мэдэл нь байсан учраас тэр дор нь миний орхигдуулсан хэд хэдэн жижиг зүйлийг зөв байранд оруулав. Руслан, Светлана хоёр итгэлээр санхүүгийн хангамжид ялалт байгуулах туршлага байсан түүгээрээ итгэгчдийг зоригжуулж байв. Руслан мөн магтаалын удирдагч байсан учраас миний өгч чадахаас хавь илүүг тэдэнд өгч байв.

Руслан Луйсаар англи хэл заалгахаар манай гэрт тогтмол ирнэ. Светланагийн хувьд боломжийн хэмжээнд англиар харилцана. Тэр мөн анхны хүүгээ угтан авахаар зэхэж долоон сартай жирэмсэн байв. Тэд гэрлээд дөнгөж долоон сар л болж байсан шинэхэн гэр бүл байлаа. Руслан болон Светлана нарын удирдлага дор орос чуулганы итгэгчдийн тоо гурав дахин өсөж хүүхдийн цуглаанд нь 20 орчим орос хөвгүүд хамрагдаж байсан нь Мелодигийн очих дуртай газар байв. Руслан ч "би хүүхдэд хайртай" гэж хэлэх дуртай.

Би найман сарын турш орос итгэгчдийг Есүсийн үндсэн тушаалыг дуулгавартай дагах тухай басхүү Түүнтэй хамт амьдралынхаа суурийг бат бөх босгон байгуулахыг нь зааж,суурь зарчмуудыг чанаржуулах гэж хичээсэн. Би мөн тэдэнд усан баталгаа хийсэн ба тэдгээр дагалдагчдын тэмүүлэл надад чуулганы амьдралд өөрчлөгдөшгүй эцгийн дүрийг өгсөн юм.

XXVI бүлэг

Уян хатан байдал ч дэндүү хөшүүн

Санаанд оромгүй өөр нэгэн гэнэтийн зүйл шуудангаар ирлээ. Олон улсын христитгэлт мэдээний сэтгүүл 1-р сарын дугаартаа Эрдэнэт дэх чуулганы маань тухай товч танилцуулгыг багтаажээ. Тус мэдээн дээр "Браин Хоган" гэсэн нэр "илгээлтийн эзэн" гэсэн үгтэй хамт бичигдсэн байв. Хэдий төр засгаас шашны эрх чөлөөг баталгаажуулж өгсөн ч, бид ийм зүйлд болгоомжтой байх хэрэгтэй байв. Эрдэнэтэд үйчилж буй багийг маань тэр чигт нь цаасан дээр буулгаж олон нийтэд цацсанаараа энэ нь биднийг нэг талаараа аюулд унагаж байлаа. Бидний цорын ганц хийж чадах зүйл гэвэл ард үлдсэн залбирлын багийн хүмүүстэйгээ холбогдон Бурханы хамгаалалт бидний үйлчлэл дээр байж, олон нийтэд цацагдсан зүйлсэд зарим хүмүүсийн нүдийг таглаж өгөхийн төлөө залбируулах байв.

"Монар архитектерийн компани"-тай хийсэн гэрээ дуусаж байсан бөгөөд захирал нь болох ноён Оргил гурав дахь жилдээ бидний визийг дуртайяа сунгах байлаа. Эрдэнэтэд англи хэлийг зааж байсан маань тус фирмд үр өгөөжтэй зүйл гэдэг нь илхэн байсан юм. Бид мөн хэд хэдэн жижиг гарааны бизнесийн талаар ч ярилцаж байлаа. Монголын Хөдөлмөрийн яам визний сунгалтыг маань цуцалсан нь санаанд оромгүй зүйл болсон бөгөөд бидний төлөвлөж байсан бүхэнд бэрхшээл тулгарсан юм. Тэд хэлэхдээ "Монар" Эрдэнэтэд гадны хүмүүсийг ажиллуулж байгаа ч тус орон нутагтаа ямар ч салбар нэгж, хянах ажилтангүй учраас бизнесийн хувьд боломжгүй гэсэн хариу өгөх нь тэр. Хөдөлмөрийн яам "Монар" компаний шинэ гэрээг цуцалсны дараа бидэнд визээ сэргээж авч үлдэх ердөө ганцхан сарын хугацаа үлдсэн юм. Өнөө сэтгүүл нийтэд ил болсон нь бидэнд ийм хөнөөлт нөхцөл байдлыг авчирсан гэж бид таамаглаж байв. Гэнэт л бид Монголд үлдэх ямар ч тодорхой арга зам, виз олгох эх үүсвэргүй болсноо мэдэв.

Баг дотор визний асуудалтай цорын ганц хүмүүс нь зөвхөн манай гэр бүл биш байлаа. Светлана болон Руслан нар ажиллах эрхээ баталгаажуулах хэрэгтэй байсан ч анхны хүүгээ удахгүй өлгийдөж авах гэж байсан учраас ажиллахад бэлэн эсэх дээр асуултын тэмдэгтэй байв. Бяцхан Рубим харин 3-р сарын 6 нд визний асуудал шийдэгдэхээс өмнө хорвоод мэндлэв. Магнус, Мариа хоёр Швед хүмүүс атлаа англи хэл заахаар өнгөрсөн жил Гадаад хэлний Институтаас виз авсан нь ёстой ид шид л гэмээр зүйл байв. Дахин виз олгох ямар ч боломжгүй бөгөөд үүний дараагаар Монголд үлдэх арга зам үгүй гэдгийг сүүлд виз олгохдоо тэдэнд мэдэгдэж байсан юм. Бид багийн уулзалтан дээрээ энэ тухай залбирсаар байсны эцэст, Бурхан боломжгүйг боломжтой болгон сургууль болон орон нутгийн цагдаа нарын бодсноос эсрэгээр Хөдөлмөрийн яам тэдний визийг олгосон юм. Монголд ирснээс хойш ажилласан компаниараа дамжуулан бүхий л боломжийг эрэлхийлсний эцэст би шинэ ажил олгогч олох цаг болсон гэдгийг ойлгож авлаа. Хэрвээ би шинэ гэрээ хийх арга замыг олж чадахгүй бол бидний амралт хүссэнээс маань хамаагүй урт болохоор байв. Бидний төлөө дэлхийн өнцөг булан бүрт хаа сайгүй олон хүмүүс залбирч байв. Монголд байх хугацаа маань долоо хоног ч хүрэхгүй үлдээд байх үед би Азид хамгийн том зэсийн баяжмал олборлодог "Эрдэнэтийн уулын баяжуулах үйлдвэр"-ийн өндөр албан тушаал бүхий менежертэй ажлын ярилцлаганд орохоор боллоо. Энэ үйлдвэр бол Эрдэнэт хот оршин байгаагийн шалтгаан байв. Менежер надад энэ бол Орос-Монголын хамтарсан үйлдвэр бөгөөд өөр үндэстэний хүн огт ажилдаггүй талаар тайлбарлан ярилцлагаа эхэллээ. "Хэрвээ танайд ажилд орвол анхны америк ажилтан болох нь" гэж би хариуллаа. Тэр надаас юу хийх чадамжтай талаар асуухад "Хэрэгтэй бүх зүйлийг тань" гэж би хариулав. Олон улсын чанартай гэрээг хянах, компьютеруудыг нь засах, түүн дээр нь ажиллах хүмүүсийг сургаж бэлтгэх, англи хэл заах гээд хэд хэдэн санааг түүнд хэллээ. Бид бүтэн цагаар (яг л тэдний бусад ажилчид шиг) эсвэл хагас цагаар ажиллах эсэх дээр нилээд ярилцлаа. Би хүүхдүүдээ гэрийн сургуулиар сургаж, хичээлийг нь заахын хажуугаар хотоор нэг хоол хүнсээ цуглуулан бүтэн цагаар ажиллах боломжгүй хэмээн түүнд учирлалаа. Нутгаасаа өөр газар амьдардаг хүний хувьд гэр бүл хамаатан садны тусламжгүйгээр энэ бүхнийг амжуулна гэдэг амьдрал дээр бодитой зүйл биш байв. Эцэст нь тэр намайг Худалдааны албанд менежерээр ажилд авсан юм. Ажил үүргийн тодорхойлолтын хувьд ямар ч ойлголт байсангүй, ямартай ч ажлын гэрээ урилгын хамт ирлээ. Бид визээ авах боломжтой болсон ба

Монголдоо дахин асуудалгүй нэвтрэх нь! Далайн замаг шиг уян хатан байхгүйгээр энэ газарт үлдэх өөр арга зам байхгүй гэдгийг бид тэгэхэд дахин харж билээ.

Ирээдүйгээ баталгаажуулах энэ бүхий л үйл явц догдлол дундуур би Эрдэнэт дэх Дагалдагч Бэлтгэх Сургуулийг удирдан чиглүүлж хичээл зааж байлаа. Анхны оюутнууд маань бидний бэлдсэн материал, хичээлүүдийг урам зоригтойгоор судалж, суралцаж байв. Би сургуулийн эхний хэдэн долоо хоногт Илгээлтийн Библилэг үндэс ба Дэлхийн христитгэлт хөдөлгөөний түүх хичээлийг заасан бөгөөд удаах долоо хоногуудад Улаанбаатар болон Шведээс зочин багш нар ирж заав. Тус сургуулийн сүүлийн долоо хоногт "Соёл, ёс заншилын тухай хичээл" оров. Оюутнууд маань лекцийн хугацаагаа дуусгаад удалгүй Монголыг хөндлөн туулах илгээлтийн аялалдаа явахдаа бэлдэн догдолцгооно. Тэд бол Монголын анхны богины илгээлтийн эзэд шүү дээ!

Эрдэнэт рүү нүүхээс өмнө Луйс бид хоёр Лайнс Райнхарттай дотно найзууд болсон байв. Лайнс бид нар хамтдаа Орегон дахь YWAM-ын Илгээлтийн сургуульд суралцсан ч өөр үндэстний соёлд дасах гэж хамтдаа будилж явахдаа нөхөрлөл маань тэгтлээ зузараагүй байсан юм.

Лайнс Райнхарт

Лайнсын англи хэл зааж байсан сургуулийн захирал ээж нь мэт нэгэн эмэгтэй түүнийг гэртээ байлгаж байв. Тэр эмэгтэйн хүү Лайнстай нас ойролцоо бөгөөд хамт амьдардаг байв. монгол хүмүүстэй нэг дээвэр дор байсных Лайнсын монгол хэл удалгүй бараг бүх гадаад хүмүүсийнхээс илүү сайжрав. Гэсэн ч тэрээр үе үе танил царай, танил хоол, жигнэмэг, газрын самар хайн гадаад айлуудаар зочилно.

Түүнийг зочлон ирэх бүрт бид их баярладаг байв. Хамтдаа тоглож, элдвийг ярилцан талх шарагчинд шарсан талх идэх нь дээд зэргийн тансаглал мэт байлаа. Лайнс ихэвчлэн түрхэн ороод гарах төдий хугацаагаар зочлохоор ирдэг ч, хэдэн цаг өнгөрсний дараа орой хоол идэхээр болно тэгээд эцэст нь 11 цагийн сүүлчийн автобуснаас хоцроход нь өглөөний цай хамт уухыг бид ятган үлдээдэг байсан юм. Түүнийг ирэх бүрт бид "Монгол ээж"-ийнх нь санааг зовоочихгүй гэсэндээ утсаар ярьж гэртээ тэр оройдоо очихгүй болохыг мэдэгддэг байсан билээ.

Харин Эрдэнэт рүү нүүсний дараа бид түүнийг Улаанбаатараас ойр ойрхон манайд зочлон ирэхийг ятгахаа мартсангүй. Магнус, Мариа хоёр ч удалгүй бид хэдий нь ажигласан түүний чадваруудыг олж харав. Тэр аливааг шийдмэг дуусгахаас гадна, тайзны ардаас бусдыг бэлтгэх, сургахын сацуу Монгол дахь хатуу ширүүн амьдралын нөхцөл байдлыг амархан арга замаар даван туулж байлаа. Бид дөрөв Лайнс бол манай чуулган тарилтын багт байх ёстой хүний нэг гэдгийг санал нэгтэйгээр зөвшөөрсөн юм. Харин Лайнсын хувьд тийм ч итгэлтэй биш байв. Бидний хэн нэгэн Лайнсаар ямар нэгэн зүйл хийлгэхийг хүсэх бүрт тэрээр цааргалдаг байлаа. Миний хувьд ятгах урлаг бол анхны бөгөөд хамгийн чадварлаг хийдэг зүйлсийн маань нэг байв. Бүтэн жилийн турш Лайнсыг Эрдэнэт рүү нүүхийг ятгаж, аргадаж, шалж гүйсны эцэст би бууж өгсөн юм.

Гэтэл үүнээс хоёр сарын дараа бидэнд Лайнс өөрөө манай багтай нэгдэх гэж байгаа баярт мэдээг дуулгасан юм. Энэ үнэхээр төгс тохиромжтой цаг байв. Бид амралтаараа нутаг буцах үед тэр манай байранд нүүж ирлээ.

Тэр миний зааж байсан англи хэлний хичээлүүд болоод бусад зүйлийг хариуцан, Гадаад хэлний Институтад ажилд орж, биднийг буцаж ирэх үед бүрэн тавилгатай хямдхан байр түрээслэхээр болсон байв. Уулын баяжуулах үйлдвэрийн удирдах албан тушаалтай эрхэм Колорадо руу сурахаар явахдаа өөрийнх нь чамин гэрийг баруунай хүн түр хараасай хэмээн хүссэн бөгөөд хотоос явж байх замдаа Лайнстай таарчээ. Лайнс нүүж ирснээс хойш Бурхан бүхий л арга замаар түүний хэрэгтэй бүхнийг хангаж байлаа.

Манай баг доторх ганц бие анхны хүн Лайнс болсноор Эрдэнэт дэх илгээлтийн эзний амьдралыг биднээс өөрөөр амсаж мэдэрч байлаа. Манайхаас нүүгээд удаагүй байхад нь нэгэн орой монгол хүний хаалганы тогшилт хэмээн мэдэгдэхүйц чимээ үүдний өрөөнд нь сонсогджээ. Хаалгаа нээтэл түүний англи хэл заадаг ангийн гурван оюутан охид инээмсэглэн зогсож байх нь тэр. Түүний Монгол "ээж" зочлох хүндлэх ёсыг сайн заасан болохоор Лайнс охидыг оруулан зочны өрөөнд урьж суулгаад, цай аягалж байх зуураа яах гэж ирсний нь гайхан боджээ. Цай уунгаа тэд эрүүл мэнд, мал сүрэг, хамаатан садан гээд амандаа орсон сэдвээр элдвийг ярилцсаны дараа тэдний манлайлагч бололтой нэг нь нөгөө хоёр охиндоо дохио өгөн хоолойгоо засаад, сууж буй сандал дээрээ цэхлэн суугаад халааснаасаа хэдэн өгүүлбэр бичсэн бяцхан цаас гарган иржээ. Тэрбээр Лайнсынд зочлон ирсэн шалтгаанаа англиар хэлэх санаатай удаанаар, түгдрэн байж уншихад нөгөө хоёр нь Лайнс руу гэрэлтсэн харцаар харжээ.

Лайнс хахаж цацан, ам дүүрэн цайгаа золтой л өрөөгөөр нэг тургичихсангүй, "Юу гэнээ?!" хэмээн асуухад, тэрээр "Өнө эрт цагаас л бид танайд ирж тантай ихэд дотно харилцаанд орохыг хүсэж байсан юм" ("From ancient times we have longed to come and be intimate with you.") гэж давтан хэлжээ.

Хэсэг хугацаанд балмагдан чимээгүй болсны дараа Лайнс тэдэнд санаагаа буруу ойлгуулсан бололтой хэмээн хэлэх сөхөөтэй болжээ. Харин тэд монголоор "үгүй бид санаагаа зөв ойлгуулсан" хэмээн мэтгэлзсэн бөгөөд тэд хамтдаа үг нэг бүрийг нь анхааралтайгаар англи-монгол толь бичгээс харсан болохоо хэлжээ. Үүний дараа Лайнс түүнээс англиар буруу утгатай болоод байгаа өгүүлбэрээ монголоор хэлэхийг хүсчээ.

"Бид хэдэн долоо хоногийн өмнөөс л тантай илүү сайн танилцахыг хүссэн юм, багшаа" хэмээн охин эх хэлээрээ хэлжээ.

Багш сая нэг тайвширсан ч гайхсан охидод англиар яг юу гэж хэлснийг нь тайлбарлахаа хэлж чадахгүй санаа нь зовжээ. Толь бичиг ашиглан буруу үг сонгож орчуулах оролдлого ямар нөхцөл байдалд хүргэж болохыг туршлагаараа олж мэдсэн тэрээр болсон явдлыг багийн уулзалт дээр хуваалцахад бид нулимсаа гартал инээлдэгцгээж билээ.

Лайнсын хувь нэмэр бол зөвхөн биднийг инээлгэх эсвэл сэргээх төдий биш харин Магнус бид хоёрын хийж байгаа олон зүйлс дээр итгэгчдийг бэлтгэн, тэдэнд даалган өгөх чадвар байв. Дагалдагч Бэлтгэх Сургууль бол тэдгээрийн нэг нь байсан юм.

Дагалдагч Бэлтгэх Сургуулийг явуулах тухай санаа 1994 оны 10-р сард надад төрсөн юм. Миний хувьд манай чуулганы хамгийн том асуудал бол тоогоор огцом нэмэгдсэн итгэгчдийн маань итгэлийн өсөлт бөгөөд энэ нь тэдний хувьд шинэ зүйл учраас амаргүй даваа байв. Энгийн итгэгчээс эрчимтэй шийдвэр гарган итгэлийн өөр түвшинд очиход Луйс бид хоёрт юу нөлөөлсөн тухай бодоход бидний анх уулзсан Вайняард Дагалдагч Бэлтгэх Сургууль бол өсөхөд тохиромжтой орчин байсан гэдгийг ойлгосон юм. Мэдээж тэнд амжилттай хэрэгжсэн сургалтын хөтөлбөрийг Эрдэнэтийн соёл, ёс заншил, нөхцөл байдалд тохируулан ашиглах боломжтой байлаа. Багийн уулзалтын үеэр би Магнуст хандан өөрийн бодлоо тодорхой илэрхийлсэн юм. Эзэний тухай илүү их таньж мэдэх хүсэлтэй хүмүүст итгэлийн гүнзгий мэдлэгийг зүгээр сонсохоос илүүтэй өөрсдөө хийгээд сурч мэдэж болохоор амьдралд ойр сургалтын стратеги бидэнд хэрэгтэй байв. Тиймээс оюутнууд маань чуулганд хамрагддаг бусад итгэгчдээс илүү энэ бүхэнд золиостой хандах шаардлагатай байлаа. Бурханы Үгийг хэрхэн заадгийг бид өөрсдөө үлгэрлэн харуулж, тэдэнтэй илүү ойр байснаараа оюутнууддаа энэ бүхнийг өвлүүлнэ гэсэн найдлага тээж байв. Оюутнуудын хоорондын харилцаа ч мөн эн тэргүүний маань зорилт байсан бөгөөд тэд хамтдаа өөрсдийн бэлэг авьяасаа хайр дотор хэрэглэж сурахаар бэлтгэгдэх нь чухал байлаа.

Энэ бүхний эхнээс нь л Бурхан биднийг чиглүүлж байгааг мэдэж байв. Тэр оройдоо Магнус бид хоёр шөнө дөл болтол төлөвлөгөө гарган суусан бөгөөд үүнээс хоёр долоо хоногийн дотор гэхэд 50 оюутны анкетыг гар дээрээ хүлээн авсан юм. Өргөдөл өгсөн оюутан нэг бүртэй ярилцлага хийж, 10-р сарын сүүл гэхэд бид 20 оюутантай сургуулиа эхлүүлсэн юм. Халловины баяраар тохиолддог бүхэн "муу сүнснээс" биш шүү дээ, сайн зүйл ч энэ үеэр эхэлж болно. Бид Улаанбаатар дахь илгээлтийн эзэдтэй холбогдон зургаан сар үргэлжлэх сургуульд маань долоо, долоо хоногоор ирж хичээл заахыг урив. Олонх нь зөрөгөөр хариулж басүү догдолж байлаа. Бидний хийхээр зэхэж байсан зүйл бол Монголын Христийн биед бүгдэд нь хэрэгтэй байсан юм.

Нийслэлд байсан Библийн Сургууль, сургалтуудын хувьд дутагдалтай талууд байсан юм. Тухайн нутаг орны соёл онцлогийн талаар мэдлэг мэдээлэлгүй зочин профессоруудыг урьдаг төдийгүй төгссөн оюутнуудад сурсан зүйлээ амьдрал үйлчлэлдээ хэрэгжүүлэх боломж өгдөггүй, цаашилбал чуулганы үйлчлэлээ хүртэл орхих тохиолдлууд байдаг байлаа. Оюутнууд нь тус сургуульд сурахдаа мөнгөн тэтгэлэг авдаг байсан нь олон хүнийг татсан ч тэднийг хөдөлгөх хүч нь юу вэ гэдэг тухайд том асуултын тэмдэг байлаа. Ийм "модноос" ямар "үр жимс" гардгийг бид өмнө нь харж байсан юм.

Бид сайн үр жимсийг хүсэж байсан бөгөөд санаатайгаар "Дагалдагч Бэлтгэх Сургууль"-аа "мэргэжилтэн" гэсэн ангиллаас тусдаа байлгахыг эрмэлзэв. Ямар ч оюутанд бид тэтгэлэг олгоогүй бөгөөд бүгд төлбөрөө өөрсдөө төлөх үүрэг хариуцлагатай байлаа. Барууны стандартын дагуу байгаагүй ч чуулганы маань итгэгчдийн хувьд золиос шаардахаар байв. Сургууль маань гадны санхүүгийн тусламж дээр бүү тулгуурлаасай гэсэн хүслээр бид эхнээс нь төлбөр авч, санхүүгийн орлогыг бий болгох зорилт тавьсан юм. Би мөн өрхийн тэргүүнүүд сураасай хэмээн хүсч байлаа. Ямар ч нийгэмд эдгээр хүмүүс нь ирээдүйн цуглааны сайн удирдагчид болох боломжтой хэмээн бид сурсан сургуульдаа заалгасан билээ. Харин асуудал гэвэл эдгээр хүмүүс тус бүртээ ажил хөдөлмөр эрхэлж байв. Бид хэнийг ч сургуульд сургахын тулд ажлаас нь гаргахыг хүсээгүй юм. Чуулган эхэлж байхад ажилгүй хүмүүс олон байсан юм. Бид хичээлийг Бурханы талаар сурахад хамгийн тохиромжгүй (хошигнол болно) өглөөний зургаан цагт хийхээр шийдсэн бөгөөд оюутнууд маань хичээлээ тараад ажилдаа явж болохоор байв. Тэсгим өвлийн хүйтэнд үүр цайхаас өмнө, одод алмаз шиг гялтганаж байхад оюутнууд маань хичээлдээ ирэхээр байв. Бүгдийнх нь хүсэх зүйл биш ч гэлээ томоохон зориулалт шийдвэр гаргах шаардагатай байлаа.

Өглөө 8 цагаас өмнө уулзалдана гэдэг бол өмнө нь монголчуудын хувьд огт сонсоогүй зүйл болохыг хэн мэдэхэв. Хичээлийн эхний өдөр харин энэ талаар олж мэдлээ. Түрээслэсэн "Эмэгтэйчүүдийн ордонд" (энэ нь зүгээр коммунизмын үеийн уулзалтын танхим бөгөөд сонсогдож байгаа шигээ тийм ч сайхан ордон байгаагүй) бүгд цуглахад тэнд тас харанхуй бас хаалгыг нь дангинатал түгжчихсэн байв. Оюутнууд маань хаалгыг балбан, орилолдож эцэст нь цуурай дээд давхарт хүрч, жижүүрийг сэрээлээ. Үүр цайхаас өмнө 45 минут жавар тачигнасан хүйтэнд хүлээсний эцэст нэгэн уцаартай эмэгтэй хаалгаа нээж бид бүгдийг толгой түрүүгүй загнаж гарав. Бидэн рүү хашгирч байхад бид түүний хажуугаар зөрөн хүлцэнгүй гэгч дотогшоо орлоо. Сая нэг анхны хичээл эхэллээ. Би сүүлд нь Одгэрэл өдөр нь буцаж очоод жижүүртэй уулзсаныг мэдсэн юм. Эгч тайвшраад зогсохгүй хонь шиг номхорч харин Одгэрэл түүнд бухимджээ. Тэр өмнөх өдөр нь очоод бүхнийг яриад тохирчихсон байхад жижүүр эгч яагаад өглөө эрт босож биднийг оруулаагүй талаар асуужээ. Харин тэр эмэгтэй түүнд танхим үүрийн зургаан цагт хэрэгтэй гэж хэлэхэд нь тоглож байна гэж бодсон юмсанж. Ямар ч монгол хүн ийм эрт босож ямар ч уулзалтанд очихгүй байв. Тэр өглөө 20-иод монголчууд гадаа хүлээж байсан гэдгийг жижүүр эгчид сануулжээ. Эмэгтэй гайхан түүнээс "Ямар монгол хүн ийм эрт нойрыг ялж босдог байна аа" гэж асууж гэнэ. Тэр түүнд "Үхлийг ялж дахин амилсан Есүст итгэдэг монголчууд" гэж хариулсан гэдэг.

Эрдэнэт дэх Дагалдагч Бэлтгэх Сургуулийн оюутнууд

Анхны Дагалдагч Бэлтгэх Сургууль бидний мөрөөдөл хүлээлтээс ч хавь илүү болсон юм. Сургууль дундаа орж байхад ихэнх оюутнууд маань чуулганы удирдлагын хэмжээнд өссөн байв. Манай багийн хувьд харин бэлтгэлээс эхлээд л амаргүй ажил байсан. Магнус бид хоёр ихэнхи хичээлүүдийг өөрсдөө зааж Луйс, Мариа хоёр зочин багш нартай хамт ангид очиж, бид бүгд л тэднийг заахаар ирэхэд нь гэртээ хүлээж авдаг байлаа. Зургаан сар чөмөг ташим хүйтэн өглөө босож, сүүлийн дадлага илгээлтээ хийсний дараа бүгд л баяр хөөр болон төгсөлтийн гэрчилгээгээ алга нижигнүүлсэн чуулганыхаа өмнө гардан авав. Бид зургаан сарын дараа дахин нэг сургалт явуулахад бэлэн болно гэж бодож байлаа.

Харин ахлагчаар бэлтгэгдэж байсан хүмүүс өөр бодолтой байв. Тэд биднээс дараагийн Дагалдагч Бэлтгэх Сургууль хэзээ болохыг асуув. Дараагийн сургуулийг хийх яаралтай төлөвлөгөө байхгүй талаараа тэдэнд хэлэхэд тэд бараг цочирдов. Дараагийн сургуульд сурахаар дараалласан олон оюутнууд хэдий нь хүлээж байж. Чуулган ч энэ сургуулиар ивээгдэж ерөөгдсөн бөгөөд угсруулан дараагийн сургуулийг явуулахыг догдлон хүлээж байв. Зүгээр л үүнийг сонсоход би унах дөхөж байв. Тэд үгүй гэсэн хариулт хүлээж авахаас татгалзсан учраас бид дараагийн сургуулийн тухай тэдэнтэй зөвшилцлөө. Хичээлийг өдөр явуулах талаар боломжтой гэж бид бодсон ч тэд хүлээж авсангүй. "Өглөө эртлэн босох нь жинхэнэ дагалдагчийг сул итгэлтнээс ялгадаг зүйл гэж бүгд боддог" учраас тэд эсэргүүцлээ. Дараалласан очер бүхий оюутнуудыг 9 сард сургахаа монгол удирдагч нартаа амлан, ойлголцсон юм даг. Бид энэ сургалтыг чуулганы тогтмол явуулдаг дагалдуулалтын программ болох бүрэн боломжтойг харж байсан ч чуулган таригчид энэ бүхнийг байнга хийх нь нөгөө талаараа боломжгүй ажил байв. Бид аль болох үүнийг хурдан дараагийн удирдагч нарт нь даатган өгөх хэрэгтэй байлаа.

Харин Лайнс бидний асуудлын хариулт байв. Тэр хоёр дахь Дагалдагч Бэлтгэх Сургуулийг удирдахаар болж, анхнаасаа л монгол туслах багш (staff) нартай байна гэдгээ мэдэж байв. Лайнсын сүнслэг бэлгүүд ч энэ сургуулийг удирдахад сайхан таарч байлаа. Тэр анхааралтайгаар туслах багш нараа өөрөө үлгэрлэн бэлтгэж, хоёр дахь сургуулийг эхнийхээс дутуугүй үр дүнтэйгээр дуусган бэлтгэсэн хүмүүстээ Эрдэнэт дахь Дагалдагч Бэлтгэх Сургуулийн удирдлагыг шилжүүлэн өгсөн юм. Удалгүй тэд дараагийн сургуулийг эхлүүлж, энэ нь зориулалттай шийдвэр гаргасан итгэгч, удирдагчдыг төрүүлсээр Эрдэнэт дэх YWAM-ын Дагалдагч Бэлтгэх Сургууль болон өргөжсөн юм.

Лайнсыг манай Эрдэнэт дэх чуулган тарилтын багийн үйлчлэлд орж эхэлж байхаас л бид хил хязгаараа тэлэхээр бэлтгэж байв. Швед нарийн боов болон талх баригч Матс Бербрес манай багт ч мөн нэгдэхээр визэн дээрээ ажиллаж байв. Тэр манай багтай нэгдэж, Руслан, Светлана нарын хүү Рубим төрснөөр манай баг гурван Швед, зургаан Америк, гурван Орос гэсэн 12 хүний бүрэлдэхүүнтэй боллоо. Манай монгол удирдагч нар ч үүнд тоологдох ёстой ч бид удирдлагын уулзалтаа тусад нь хийдэг байсан юм. Манай чуулган тарилтын багийн нэг зарчим бол нутгийн удирдагч нарыг элчийн багаас тусад нь байлгах явдал байв. Учир нь бид бол түр зуур орон нутагт нутгийн чуулган эхлүүлэх үйлчлэгчид бөгөөд хэзээ нэг өдөр үйлчлэл маань дуусахад энэхүү соёл ёс заншилд өөрийн дүр төрхөө олсон нутгийн чуулган төрсөн байх ёстой юм. Бид нийг явах үед монгол удирдагч нар үлдэх болно. Манай багийнхан чуулганы итгэгчдээ бидний соёлтой биш, өөрсдийн соёлыг тээсэн удирдагч нартайгаа нэгдмэл нэг болоосой гэж хүссэн юм. Тийм учраас чуулганыг удирдах хүмүүс маань чуулган тарилтын багтай биш харин өөрсдийн хүмүүстэйгээ нэгдэх нь чухал байв.

Бид илгээлтийн эзэд болохоор бэлтгэгдэж байх явцдаа өөр өөр соёл ба үндэстнүүдээс бүрдсэн баг нь нэг соёл ба үндэстний хүмүүсээс бүрдсэн багаас илүүтэй стресстэй байдаг тухай хичээл дээрээ суралцаж энэ талаар сэрэмжтэй байх тухай сурсан юм. Харин манай багийн дунд хурцадмал асуудал, зөрчилдөөн байгаагүй юм. Би үүнээс өмнө нь, үүний дараа ч, ижил хэл соёлтой америк хүмүүстэй багт ажиллаж байхдаа ч ийм нэгдмэл багийн нэг хэсэг байж үзээгүй юм. Бурхан илгээлтийн стратегийн номоос ч илүү ухаалаг, агуу гайхамшигтай биш гэж үү?

Зүүн талаасаа: Лайнс, Браин, Луйс, Руслан (Рубимыг тэврэн зогсож байгаа) Светлана, Матс,

Магнус Молли, Мариа, Мелоди, Алис)

XXVII бүлэг

Хүртэх ёстой амралт

Эрдэнэтийг гурван сар хагас орхиж явна гэдэг баяр, гуниг хосолсон явдал байв. Амилсаны баярын ням гарагийн орой бид галт тэрэгний буудал дээр цуглааны ахлагчид, элчийн багийнхан болон чуулганы найз нартаа "баяртай" гэж хэллээ. Бид магтаал, залбирал, тэврэлт нулимстайгаар бэлгүүд хүлээн авч, бие биедээ хайртай гэдгээ хэлцгээсэн бөөгнөрсөн олон хүмүүсийн дунд зогсоно. Галт тэргэнд сууж байсан монголчууд биднийг гайхан харцгаана. Тэр өдөр аялаж явсан хүмүүс урьд нь Ариун Сүнс дотор л нэгдэж болох ийм нөхөрлөлийг харж байгаагүй биз. Мелоди болон Молли нар эхэр татан "Би эндээс явмааргүй байна" хэмээн уйлцгааж билээ.

Биднийг үдэн гаргаж өгөхөөр ирсэн хүмүүсийг нэг нэгээр нь тэврэрсээр арай л гэж амжин галт тэргэндээ суув. Лайнс энэ үйл явдлыг миний видео камер дээр бичлэг болгон буулгаж байсан ч би камераа Эрдэнэтэд үлдээхээр болсон байв. Юутай ч бичлэгтэй хуурцагаа нутаг уруугаа авч явахаар төлөвлөж байсан юм. Гэнэт галт тэрэг урагш хөдөлж эхлэх үед Лайнс энэ бүгдийг харан сэтгэл догдлон зогсож байхдаа хуурцгийг надад өгөхөө мартсанаа ухаарсан бололтой. Бидэн рүү гараа сунган бөөн хүмүүст түлхэгдэн ойролцоох зүлэг бүхий хашаатай хэсэгт хүрчихэв. Би галт тэргэний онгорхой цонхоор байдгаараа гараа түүн рүү сунгасан ч бидний дунд метр хэртэй хашаа саад боллоо. Тэрээр шаламгай гэгч нь хашааг даваад хурдаа авч буй галт тэргийг даган гүйхдээ камераасаа хуурцгийг гаргахаар тэрхэн мөчид хичээж буйг харахад надад яг л киноны хэсгээс үзэж буй мэт санагдав. Харамсалтай нь Микеланжелогийн Системний таазан дээр зурсан Адамын бүтээл нэртэй зураг шиг бид бие бие рүүгээ байдаг хүчээрээ сунаж зүтгэсэн ч хуруугаа нийлүүлдэгийн даваан дээр гар хоосон хоцров. Галт тэрэг ч

хурдалж, түүнийг ард хоцроход чуулганы гишүүд урам нь хугарсан ч
сая нэг түгжсэн амьсгалаа авцгаасан байхаа...

Нисэх онгоцны буудал дээрх үдэлт: Хелен Ричардсон, Лаура болон Рик Лэдэрвүүд
хүүхдүүдтэйгээ: Жесика, Давид, Даниел, Жонатан

Маргааш өглөө нь Улаанбаатарт арай цөөхөн ч гэсэн хайраар дүүрэн
хүмүүс биднийг нисэх онгоцны буудлаас үдэн гаргалаа. Лэдэрвүүдийн
гэр бүл болон Хелен Ричардсан нар биднийг гаргаж өгөхөөр ирцгээсэн
юм. Удалгүй бид Бээжинд газардлаа. Нэг орой өндөр зэрэглэлийн
зочид буудалд ажилладаг найз маань биднийг өөрийнхөө нэрээр
хямдруулсан тансаг буудалд хонууллаа.

Бээжингээс Токио орох нислэг яг л галзуу хулганад суучихсан
юм шиг бидний сууж байсан хамгийн сэгсрэлт ихтэй нислэг байв.
Мелоди, Алис нар дотор нь муухайрч, бөөлжих шахна харин Молли
чихэвч зүүчихсэн онгоцны хоол хүрздэх мэт идэх зуураа "Би нисэх
дуртай гэж" эгч дүү хоёрынхоо янзыг үзнэ. Токио-Наритагийн онгоцны
буудал дээр цаг орчим сумо үзэж зогссоныхоо дараа бид Лос Анжелес
явах нислэгтээ суухаар дараалан зогсов (Онгоцонд дотор муухайрахаас
сэргийлэн эм авсан бөгөөд энэ нь ихэвчлэн мансууруулах бодисын
жагсаалтанд байдаг байв). Тухайн үедээ дөнгөж дөрвөн нас хүрч байсан
Алис маань онгоцоор биш харин автобусаар явж болох эсэхийг асуулаа.
Харин Мелоди "Усан завь ямар вэ дээ" гэж газрын зураг Алисаас илүү
мэддэг гэдгээ батлах шиг. Тэр нислэг илүү тогтуун байсан ч хөөрхий
Мелоди маань ялгаагүй дотор нь муухайрсаар газардаж билээ.

Манай ээж, аав хоёр болон Луйсын эгчийн гэр бүл Лос
Анжелесын олон улсын онгоцны нисэх буудал дээр бидэнтэй уулзахаар
ирцгээсэн байв. Баяр хөөр болон терминал дотор мэнд мэдэлцээд,

Луйсын эцэг эх хоёртой уулзахаар Сиатл руу үргэлжлүүлэн нислээ.

Үүний дараа бид баруун эргийн дагуу машинаар таавааараа ая тухтай гэгч нь явцгаасан юм. Биднийг илгээлтэд бэлтгэсэн YWAM-ын төв Орегон мужийн Салемд бид богинохон хугацаанд зочилж, дотны хүмүүстэйгээ уулзсан бөгөөд Бурханы хийж байгаа гайхамшигт ажлыг хуваалцах боломж олдсон юм. Нэгэн орой тэнд үйлчлэлийнхээ талаар хуваалцахад хүмүүсийн хариу үйлдэл нь Эрдэнэтэд бидний хийж байсан зүйлс ямар чухал болохыг харуулсан билээ. Эндээс цааш аян замаа үргэлжлүүлэн явахдаа бид гайхалтай улаан моддыг харж, амттан идэж, Алкатраз арал дээрх шоронг сонирхон, гайхалтай рестораны хоолуудыг амтархан идлээ. Америк юутай сайхан орон вэ!

Хүмүүс бионээс нутагтаа буцан ирэхэд өөрийн соёлдоо хэр зэрэг шоконд орж буй эсэхийг үргэлж асууж байв. Луйс үргэлж л "Үгүй. Бид чинь энд төрж, өссөн шүү дээ" хэмээн хариулна. Алисын хувьд Америк орныг огт санахгүй, ой тоонд нь буухгүй байв. Дуу чимээ, нүд алдам бүхэн түүнийг мэдүүлэх шиг. Мелодигийн хувьд ч гэнэтийн зүйлээр дүүрэн байв. Пасторын байшингийн арын талбайд зүлгээ усалдаг шлангыг хараад дүүгээ дуудан "хүүш, энэ яасан гоё юм бэ" гэж хэлж билээ. Вол-Март дэлгүүрээр орохдоо би материаллаг зүйлст сэтгэл татагдахгүй байгаагаа анзаарсан юм. Томоохон дэлгүүр ороод лангуу дүүрэн янз бүрийн зүйлсийг хараад бид бүгдээрээ сонголтоо хэрхэн хийхээ мэдэхгүй байсан нь гайхмаар. Гэхдээ л өөрийн соёлдоо эргээд төвөггүйхэн дассан юм даа.

Калифорнийн Централ Кост дахь гэртээ очих сайхан байсан ч бид ихэвчлэн олон зочидтой, их ядарч байлаа. Бид ням гараг бүр өөр чуулган дээр очиж үйлчлэлийн талаар хуваалцаж өдөр, оройн (заримдаа өглөөний цай) хоолыг өөр өөр айлуудад зочлон очиж иддэг байв. Энэ бүх зүйлсийн дундуур бид Аризона болон Лос Анжелес руу аялж, би ганцаараа Сөүлд болсон YWAM-ын Тэргүүн Шугамын Илгээлтийн Конференцэд оролцож, бүгд нүдээ эмчид үзүүлж, би хараагаа тэглүүлэх мэс засалд хүртэл орж амжив. Монгол дахь өвлийн хүйтэнд шил маань цантчихдаг учраас шил зүүхгүй байхыг би илүүд үзэж байв. Хүмүүс биднийг амралт авалд ирчихсэн байгаа нь ямар сайхан хэрэг вэ гэж хэлэхэд бид хэлээ хазаад өнгөрнө. Учир нь Эрдэнэтэд бид хамаагүй илүү амралттай байж дээ хэмээн бодогдов.

Хойд Калифорни дахь улаан ойг өнгөрч явахдаа би нэгэн онцгой эрхэмтэй уулзахаар цаг болзсон нь чуулган тарилтын тухайд санаа нэгтэй байсан YWAM-ын нэгэн удирдагч байлаа. Кевин болон Лаура Саттер нар бол Калифорни мужийн Аркатад Чуулган тарилтын дасгалжуулагч нэртэй YWAM-ын үйлчлэлийг удирдаж байв. Тэдний зорилго бол сайнмэдээ хүрээгүй байгаа үндэстнүүдэд үйлчилж буй YWAM-ын чуулган тарилтын багуудыг бэлтгэн, туслах байсан юм. Монголд байхдаа би Кевиний бичсэн нэгэн нийтлэлийг уншсан нь манай багийн хэрэгжүүлж байсан зарчимтай яг цав таа067 билээ. Би түүнд захиа бичсэн бөгөөд үнэндээ бидний хэн хэн нь Жорж Паттерсон багшийн шавь байлаа. Түүний амьдардаг хотыг дайран өнгөрөхдөө бид хамтдаа хооллон, бие биенийгээ илүү таньж мэдэн ирээдүйд хамтарч ажиллана хэмээн амлацгаав. Кевин мөн биднийг Солонгост удахгүй болох YWAM-ын Конференцэд оролцохыг урьсан юм. Илгээлтийн талбарт J.C.S Олон улсын байгууллагатай илүүтэй хамтарч байсан учраас бид YWAM-аас яагаад ч юм таслагдчихсан юм шиг сэтгэгдэл төрж байсан юм. Кевин биднийг нөхөрсгөөр уриад зогсохгүй Сөүл орчимд болох Тэргүүн Шугамын Конференцэд биднийг зайлшгүй байх ёстой хүмүүс гэж хэлсэн юм.

Солонгосын нийслэлтэй ойролцоо томоохон ойн захад болсон тус Конференцэд Луис явж чадаагүй ч би харин YWAM-ын чуулган тарилт дээр төвлөрөн үйлчилж байгаа хүмүүс, олон улсын удирдагч нартай долоо хоногийн турш нөхөрлөж, харилцаа холбоогоо батжуулж, стратеги болон бас бус зүйлсийг суралцлаа. Тэр газар Магнус, Мариа хоёроос гадна Монголд үйлчилж байсан бусад танилууд маань ч GCOWE Олон Улсын Илгээлтийн Конференцоос долоо хоногийн өмнө ирцгээсэн байв. Мөн Эрдэнэт дэх манай баг тус конференцийн турш анхаарлын төвд од мэт гялалзлаа.

YWAM-ын дээд түвшний удирдлагууд тэр дундаа шинээр олон улсын ерөнхийлөгч болоод байсан Жим Стаяртай ярилцах үеэр сэтгэл сэргэж, ихээхэн урамшигдлаа. Жим намайг сонсоход хангалттай цаг гарган J.C.S дэх статус маань юу ч байлаа гэсэн та нар YWAM-чууд хэвээрээ шүү гэдгийг дахин дахин сануулж билээ. Олон шинэ найз нартай болж, хуучин танилуудтайгаа сонин хачинаа хууч хөөрч, Монгол дахь ирээдүйн үйлчлэлийн тухай ярьж, YWAM-ын гэр бүлтэйгээ харилцаагаа улам батжууллаа. Олон улсын түвшинд бид YWAM-ыг төлөөлж, Монголдоо бол "Mongolian Enterprises International" байгууллагыг төлөөлөхөөр боллоо. Кимчи (Хоол бүхэнтэй хамт ирж байсан маш халуун дарсан байцаа) хазсан эхний хазалтаас ам маань сая нэг мэдээ орсныг эс тооцвол бүх зүйлс гайхалтай байсан шүү.

Луис ганцаараа явсан нэгэн аялалын үеэр дотоод эдгэрэл хүлээн авсан байв. Биднийг илгээсэн чуулгануудын нэг болох Твин-Ситис Вайняардаас Канадын Торонто дахь салбар чуулган дээр хэд хэдэн номлогч, бүтэн цагийн үйлчлэгч нарыг авч очжээ. Алс холын Монголоос ч тэр газар Бурханы гайхамшгууд болж байгааг бид сонсож байсан юм. Луис тэдэнд хуваалцахаар зүйлс байхгүй гэж хэлэхийг оролдсон ч тэд түүнийг багтаа нэгтгэжээ. Жедийг алдсан гашуудал түүнийг минь өөрчилж, амьдарлынх нь бүхий л амттай бүхнийг ав
аад одчихсон гэлтэй "Бүх зүйл одоо ч гэсэн үртэс шиг амтагдаж байна" гэж тэр минь нэг орой хэлж билээ. Өөрөө ийм байдалтай бусдын төлөө залбирч чадна гэдэгтээ ч тэр итгэлтэй биш байж. Үйлчлэлийн багийнхан харин үүнийг нь хүлээн авсангүй.

Тэр өөрөө ингэж ярьсан юм:

"Тэнд байсан хоёр дахь орой би олон хүний төлөө залбирсны дараа хамт үйлчилж байсан багийн маань нэгэн хамтрагч миний төлөө залбирсан юм. Ариун Сүнсний оршихуй маш хүчтэй байсан бөгөөд надад зогсоход хүртэл хүнд байв. Эзэн надтай ярьж, өнгөрсөн хоёр жилд миний урсгасан нулимс бүрийг тэр цуглуулсан бөгөөд тэднийг буцаагаад инээд болгон над дээр цутгана гэж хэлсэн юм. Би бүр дотроосоо инээж, хөхөрч эхэллээ. Жедийг оршуулах үед хацар дээр минь хөлдсөн нулимсны тухай бодож, үргэлжлүүлэн тас тас хөхөрч байлаа. "Тийм ч хөгжилтэй биш байна" гэж би өөртөө хэлээд үргэлжлүүлэн хөхөрч гарлаа. Дараагийн өдөр нь өөр нэг багийн хамтрагч маань миний төлөө залбирах үед Бурхан надад сатаны улаан нүүрэн дээр тохуурхан хөхрөн инээх бүхэл бүтэн армийг босгож байгааг харуулсан юм. Өнгөрсөн жил болсон бүхий л сүнслэг тулааны тухай би бодон бас л тас тас хийтэл инээлээ. Бурхан гашуудлыг минь бүжгээр сольж, өөрийнхөө баяр хөөрийг хүч чадал минь болгон сэлбэж өглөө. Сүүлийн орой би тэнд байсан хэдэн мянган хүний өмнө үг хуваалцах боломж гарч Бурханы миний төлөө хийсэн бүхнийг ярьлаа. Тэд Бурхан Монголыг хөдөлгөж байгаа тухай сонслоо. Би Монгол руу ерөөлөөр бялхсан зүрх сэтгэлтэйгээр эргээд очихыг тэсэн ядан хүлээж байна."

АНУ-д байсан хугацаандаа бид Эрдэнэт дэх багийн нөхдөө санаж байлаа. Бид зүү орох зайгүй дотно харилцаатай болжээ. Тэд үгээр хэлж боломжгүй тийм жинхэнэ гэр бүл минь болсон байв. Монгол руу буцаж байх үедээ ирээдүйд баяртай гэдэг үгнээс ирэх өвдөлтийг зах зухаас нь мэдэрч байлаа. Тэдэнтэй Солонгост уулзахад Мариа надад бид нийг явсны дараа юу юу болсон тухай бүхий л зүйлсийг ярьсан юм. Эрдэнэт дэх төв чуулганы "Магтан алдаршуулах цуглаан"-д маань 350 гаруй хүн хамрагдаж байгаа гэнэ. Эрдэнэтээс 60 км зайтай байрлах Булган аймгийн төвд салбар чуулган тарьсан гэнэ. Харин одоо Булганд тарьсан салбар чуулган маань салбарлаж, цааш олон чуулган үржиж байгаа гэнэ.

Бидний амралт бодсоноос хавьгүй илүү сайн байлаа. Тэнгэрлэг эцэг маань бидний зүрхний хүслийг гүйцэлдүүлээд зогсохгүй, өөрсдөө ч анзаарч мэдээгүй олон зүйлсээр биднийг дүүргэжээ. Мэдээж уулзахыг хүссэн бүх хүнтэйгээ уулзаж, хийхийг хүссэн бүх зүйлээ хийгээгүй ч бид хамгийн сайнаараа хичээсэн. Америкт байх хугацаагаа нэг сараар сунгаж, үүний дараа бид шинэ эрч хүчтэйгээр Эрдэнэт рүүгээ буцахад бэлэн болсон байлаа. Луйс бид хоёр ярилцан "Бурхан энэ жил юу хийх бол оо" хэмээн гайхна. Элчийн багийнхан маань монголчуудад чуулганыг нь гардуулаад тэндээс явах талаар ярилцан тодорхой цаг хүртэл хэдий нь төлөвлөчихсөн байв. Тэр хүртэл бидэнд жилийн хугацаа байв. Бидний зорилго бол бүрэн бэлтгэгдсэн монгол ахлагч нарт чуулганыг хариуцуулан өгөөд өөрсдөө чуулганы үйлчлэлээс холдох байлаа.

Бид Монголдоо 1995 оны 7 сарын 15-нд Токио болон Бээжин дэх гурван өдрийн аяллын дараагаар ирлээ. Бид бүгд Эрдэнэтэд очоод багийнхан болон чуулганыхаа итгэгчидтэй уулзахыг тэсэн ядан хүлээж байлаа. Эргээд очсоны дараа эхлэх Уулын баяжуулах үйлдвэрт ажиллах шинэ ажил сонирхлыг минь ч нилээд татна.

Хаана ч байсан гэр чинь тэнд бий.
Биднийг төрүүлж өсгөсөн аав ээж маань монгол эцэг эхтэй минь уулзсан нь

XXVIII бүлэг

Талын жижиг байшиндаа буцсан нь

Автобус ирэхгүй гэсэн мэдээтэй сэрлээ. Баасан гарагийн өглөө буюу чуулганы маань зуны хөтөлбөрийн сүүлчийн өдөр бид Эрдэнэт рүү үд дунд явахаар төлөвлөсөн ч санаснаар болохгүй гэдгийг би мэдэж байлаа.

Энэ муу мэдээнээс бусдаар бол долоо хоног Сэлэнгэ мөрөнгийн дэргэд (Эрдэнэтээс хойш 2 цагийн зайд) хийсэн манай чуулганы зуны хөтөлбөрийн сүүлчийн өдөр гайхалтай байв. Эрдэнэтдээ буцаж ирээд удалгүй "Гэр бүлийн зуны хөтөлбөр"-т явсан маань Монгол дахь амьдралдаа эргээд орох төгс зам байлаа. Зуны дэлгэр цагт нартай ч сэвэлзүүр салхитай, үе үе үүлэн сүүдэр дайрч, ялаа шумуул эргэлдэнэ. Тэр өглөөний уулзалт хамгийн сүнслэг хүчирхэг цаг байлаа. Хүмүүс сандал дээрээ хүртэл гарч зогсоод магтан дуулж, бүжиглэнэ. Руслан сайнмэдээний тухай гал цогтойгоор хуваалцаж, басхүү зарим хүмүүс эдгэрч байлаа. Тэр газар суга таягтай нэгэн настай эмэгтэй байсан юм. Бид түүний төлөө залбирахад тэрээр Ариун Сүнсээр дүүрээд харуулдан уналаа. Бурхан надад "Би түүнийг Өөрийнхөө алдрын төлөөх сав болгон ашиглана" гэж хэллээ. Бид түүнийг босгоход царайд нь инээд тодорч байсан ч эдгэсэн ямар нэг тэмдэг харагдсангүй. Би Бурханы надад өгсөн үгэнд эргэлзэхэд Тэр надад давтан хэллээ. Би Бурханы дамжуулсан үгийг Магнуст хэлээд үйлчлэлээ үргэлжлүүллээ. Дараа нь гэрчлэлийн цагийн үеэр өнөө эмэгтэй алхсаар, бүжиглэсээр гарч ирлээ. Бурхан үнэхээр түүний хөлийг эдгээжээ. Чуулган тэр чигтээ алмайран гайхацгаав. Магнус Бурханы надад хэлсэн үгийг түүнд хэлэхэд тэрээр баяр хөөртэйгөөр мэгшин уйлав. Тэрээр үнэндээ коммунизмын үед үндэстнийхээ шилдэг бүжигчдийн нэг байжээ. Хойд Солонгос, Монгол хоёр улсын соёлын солилцооны урлагийн наадамд уригдан Солонгост очиж тэдний бүжгийг сурахаар сонгогдож байсан удаатай юмсанж. Эрдэнэтийн "Уулын баяжуулах үйлдвэр" түүнийг Соёлын ордоны бүжигчнээр ажилд авч, гэр бүлийнхээ хамт энд шилжин ирж суурьшжээ. Гэтэл бэртэл гэмтэл түүний карьерийг үгүй хийгээд зогсохгүй орлогогүй, алхаж ч чадахгүй нэгэн болгожээ. Үр дүнд нь түүнийг ажилд авсан хүн нь орхиж, тэрээр ядуурал цөхрөлдөө живж, өвчиндөө шаналсан нэгэн болж хувиржээ. Тэр ердөө долоо хоногийн өмнө Есүсийн тухай сонссон бөгөөд одоо харин шинэ хөлтэй зогсож байна. Тэрээр одоо хаадын Хааныг магтах алдрын цоо шинэ сав болжээ.

Уулзалт дуусахад (хэн ч дуусгахыг хүсэхгүй байлаа) бид автобус ирээгүй байгааг мэдсэн юм. Бид дундаасаа нэгэн хүнийг автобус хэзээ ирэх тухай утсаар асуулгахаар явуулахад автобусны мөнгийг өгөх ёстой залуу үнэндээ мөнгийг нь төлөөгүй бөгөөд тэд төлбөр хийгдэх хүртэл автобус явуулахгүй хэмээн мэдэгджээ. Магадгүй маргааш болох юм гэж захирал нь хэлсэн аж.

Би хамгийн ойр байрлах тосгонд очиж хүүхдүүдтэйгээ ирсэн гэр бүлүүдэд машин олж ирэхээр шийдэв. Манай хүүхдүүд, Русланы бяцхан Рубим болоод хоёр хүүхэдтэй ирсэн ганц бие ээж байлаа. Таван км алхах аялалд Лайнс надтай нэгдлээ. Зуны халуун өдөр байсан бөгөөд бид биедээ юу ч авч явсангүй. Бид замдаа нэгэн айлаар орж зам асуухаар саатав. Магадгүй морийг нь гуйя, мөн тэд аяганы амсар зуулгана гэж найдлаа. Монголд зочныг дайлна гэдэг бол зүй ёсны хэрэг байлаа. Бид тараг ууж, ааруул, өрөм, ус уугаад хөдөллөө.

Ойлгомжгүй, хөгжилтэй ч гэмээр нэг зүйл биднийг алхаж явах замд тохиолдсон юм. Монгол дээлтэй нэгэн морьтон залуу бидэн дээр ирлээ. Би түүнээс монгол хэлээр Хялганат хэр хол болохыг асуусан юм. Харилцан яриа нэг иймэрхүү байдалтай өрнөлөө:

Браин: Сайн байна уу? Хялганат эндээс хэр зайтай вэ?

Морьтой эр: (Оросоор мэндлээд асуултад минь оросоор хариуллаа.)

Браин: Бид Орос хүмүүс биш ээ.

Морьтой эр: (анзааргагүй үргэлжлүүлэн оросоор ярьлаа)

Лайнс: Бид оросоор ярьдаггүй.

Браин: Бид монголоор ярьдаг.

Морьтой эр: (эцэст нь монголоор ярьж эхэллээ): Таны нэр хэн билээ?

Браин: Миний нэр Браин.

Лайнс: Намайг Лайнсе гэдэг. Хялганат эндээс хэр зайтай вэ?

Морьтой эр: Таван километр. Би будаг хайж яваа юм аа. Та хоёрт будаг байна уу?

Браин: (Англиар) Тэр сая өөрийгөө будагчин гэсэн үү?

Лайнс: (Англиар) Тэгсэн байхаа. (Монголоор)Юу гэсэн бэ?

Морьтой эр: Та хоёрт будаг байна уу?

Браин: Гүй ээ, ямар ч будаг байхгүй.

Лайнс бид хоёр бие бие рүүгээ гайхсан харцаар хараад-Бид хоёр хаанаа будаг нуух билээ гэж бодлоо.

Морьтой эр: Тэгвэл та хоёрт загас байна уу?

Лайнс: Үгүй ээ. Яг одоо бол үгүй.

Браин: Бидэнд машин эсвэл морь хэрэгтэй байна.

Морьтой эр: Надад байхгүй ээ

Браин: Ок. Баяртай

Морьтой эр (Шороо татуулан давхиж одлоо): Баяртай.

Браин: (Англиар) Сая яг юу болоод өнгөрвөө?

Лайнс: Ёстой бүү мэд. Бодвол энэ худалдааны зам юм байлгүй дээ.

Бид явсаар мод бэлтгэдэг жижиг тосгонд ирлээ. Эрдэнэтийн "Уулын баяжуулах үйлдвэр"-ийн нягтлан Хялганатад хорин жилийн ойгоор нь (ойн баяр тэр орой эхлэхээр байв) жолоочтойгоо ирсэн байсныг нь бид олж мэдлээ. Жилийн өмнө англи хэл зааж байсан банкинд тус жолооч эр шөнийн харуул хийдэг байсан юм. Нэгэн удаа англи хэл заахаар намайг ирэхэд тэрээр хамаг хувцас нь урагдчихсан банкны шалаар нэг цус болсон байв. Тэр банк дээрэмдэх санаатай ирсэн хоёр хулгайчтай ямар ч зэвсэггүйгээр зодолдсон нь тэр байж. Үнэхээр том биетэй эр байж билээ.

Банкны харуул ах

Талархмаар зүйл нь тэр үнэхээр сайн залуу байсан юм. Тэр бидэнтэй хамт зуслан уруу машинтайгаа очоод Эрдэнэт лүү буцах хэрэгтэй байгаа гэр бүлүүдийг авч явахаар болов. Эрдэнэт явах энэ "бөөн хүнтэй" таксинд суугаад явах замд бидний эсрэг чиглэлээс зуслан дээр хүлээж буй цуглааны 150 ахан дүүсийг очиж авахаар автобуснууд зусланг чиглэн зугуухан урагшилж байлаа. Бурханы ивээлээр тэд шөнө дунд гэхэд гэртээ харьцгаасан байж билээ.

Эргээд очсны дараа Магнус зуслан дээр байхад нимгэн хананы цаанаас сонссон харилцан яриаг бидэнд хуваалцсан юм. Молли (зургаатай), Алис (бараг л дөрөвтэй) хоёр хажуу өрөөнд нь маргалдаж байна гэнэ. Магнус Библийн хичээл бэлдэхээр төвлөрч байсан ч чих нь дараах харилцан яриаг олж сонсжээ.

Молли: "Чи тэгээд юу хийх гэж байна?"
Алис: "Би залбирлаа."
Хэсэг чимээгүй болж гэнэ. Магнус чихээ хананд наатал.
Молли(нам гүнийг эвдэн): "За Бурхан тэгээд юу гэж байх юм дээ?" гэж асуухад
Алис: "Бурхан чамайг "Амаа тат" гэж намайг дамжуулахыг хүссэн:" гэж хариулжээ.

Магнус хэдэн минут инээдээ барьж ядан тэнд сууснаа дараа нь

надад ярьсан юм.

"Есүс Фестивал" болохоос өмнөхөн бид Эрдэнэтэд буцаж ирсэн юм. Энэхүү арга хэмжээний санаачлага манай багаас биш гаднаас ирсэн юм. Германаас нэгэн илгээлтийн баг хотод маань ирж энэрлийн үйлчлэл, хүмүүнлэгийн ажлыг ядуусын дунд хийхээр төлөвлөж байсан бөгөөд манай чуулганыг томоохон авралын зарын уулзалт зохион байгуулахад туслахыг хүссэн юм. "Help" олон улсын байгууллагын захирал өөрөө тэр уулзалтан дээр үг хуваалцахаар Германаас нисэж ирэхээр төлөвлөж байв. Бид энэ багийн сайнмэдээ хуваалцах арга барил, туршлагыг нь хараад гайхширсан бөгөөд энэ бүхнийг баяртайгаар зохион байгуулахаар зөвшөөрлөө.

Энэ бүхний дундуур Эзэн манай баг болон "Америк хатагтай"нарын хооронд эвлэрүүллийг хийж байлаа. Тэд Америкийн Миннесота мужаас жил орчмын өмнө чуулган тарихаар ирсэн ч, бидний харилцаа тийм ч таатай эхлээгүй юм. Ирсэн цагаасаа л тэд биднийг өөрсдийн зорилгын тухайд мэхлэхийг оролдсон бөгөөд бидний дунд итгэлцэл байхгүй байв. Гэхдээ Бурхан ажлаа хийсээр л байлаа. Руслан, Светлана хоёр тэдэнтэй харилцаагаа сайжруулан батжуулсан байлаа. "Америк хатагтай нар" харилцаанд гарсан үл ойлголцлуудыг засахаар биднийг оройн хоолонд урьсан гэдийг Руслан, Светлана хоёр бидэнд дамжуулав. Тэд маш ихэд ганцаардсан бөгөөд маш том соёлын шоктой нүүр тулсан байж. Ид шид биш харин Ариун Сүнс Монголыг өөрийнхөө багаж зэвсэг болгон ашиглаж Бурханы хүмүүсийг эв нэгдэл дор хамтад нь авчирч байлаа. Руслан будилсан уу эсвэл энэ нь түүний ухаалаг арга байсан эсэхийг мэдэхгүй ч багийнхан маань бүгдээрээ тэдний байранд зочлоход тэд биднийг ирж байгаа эсэхийг ч мэдээгүй байв. Бид Руслан луу гайхсан харц чулуудаж байх хооронд тэд хоолоо бэлдчихлээ. Удалгүй хоол ч ширээн дээр, зүрх сэтгэл ч илхэн байж гэмшил, уучлалыг бид бие биедээ үзүүллээ. Хоёр илгээлтийн багийн харилцаа зузаараад ирэхэд, хоёр чуулган бие биенээ дэмжин өрсөлдөөнгүйгээр энэ хотод Бурханы хайрыг хуваалцах дээр санал нэгдлээ. Бид ярилцах үеэрээ Миннеаполис дахь тэдний пастор нь богины илгээлтийн баг аваад Германчуудын энд ирж үйлчлэх долоо хоногт давхцан ирж буйг олж мэдлээ. Эрдэнэт хоёрын хоёр баг ажиллах хангалттай том газар биш байсан юм. Эсвэл энэ нь…?

Хамтын хүчин чармайлтаар Түүний Нэр хамгаас илүү алдаршдаг гэдэг үнэнээр Бурхан биднийг алмайруулж байв. Хоёр өдрийн задгай талбайн фестивалыг бид төлөвлөлөө. Герман удирдагч нэг өдөр, америк эмэгтэй пастор дараа өдөр нь үг хуваалцахаар бид хуваарийг гаргалаа. Үүнээс өмнө болоод дараа гурван өдрийн турш танхимын сургалтуудыг ч мөн хийхээр төлөвлөв. Бид ярилцсан төлөвлөгөөгөө герман болоод америк багуудад мэдэгдсэн бөгөөд тэд ч зөвшөөрлөө. Монгол чуулганы удирдагчид маань харин феситваль зохион байгуулах шаардлагатай бүх зөвшөөрлийг зохих журмын дагуу хөөцөлдөж байв.

Энэ бол хамгийн хэцүү бэрх хэсэг нь байлаа. Задгай талбайг ашиглахын тулд хотын бараг бүхий л албан тушаалтнаас зөвшөөрөл авах хэрэгтэйн дээр тэдний 90% хувь нь христитгэлд нээлттэй бус гэдгээ илэрхийлж байсан юм. Бид маш их залбирч бас өдөр бүр хөөцөлдөж байсны үр дүнд наадмын талбайг түрээслэхээр боллоо. Энэ бол зуны наадам болдог соёлын хувьд бараг л ариун дагшин газар байсан юм. Стадионы захирал нь биднийг зүлгэнд огт хүрж болохгүй гэдгийг хэлэх хүртэл бид баярлан хөөрч байв. Тэр стадион тэр чигтээ зүлгээр хучигдсан байв. Бид дахиад л өөр газар олох эрэлд гарлаа.

Эцэст нь бид ногоон гэрлээр хөлбөмбөгийн талбайг ашиглах боломжтой болсон бөгөөд тэнд илүү олон суудалтайн дээр спортын ордон хотын төвд байрлаж байв. Фестивалаас нэг хоногийн өмнө "Уулын баяжуулах үйлдвэр" (миний ажил олгогч) энэ талбайг эзэмшдэг гэдгийг олж мэдлээ. Бид тэдний зөвшөөрлийг аваагүй байв. Тэд үүнийг зөвшөөрөх хүсэлгүй байлаа. Цагдаа нар ч, албаны хүмүүс ч зөвшөөрөл өгөхдөө энэ талаар огт юу ч дурдаагүй юм. Замд тээглэсэн энэ том чулууг бид хэцүү аргаар шийдвэрлэлээ. Фестиваль болох өглөө америк баг цагдаа нараас арга хэмжээн дээр очих зөвшөөрөл авалгүй хотод ирлээ. Магнус тэдэнд ийм зөвшөөрөл байхгүй бол гадаад хүн задгай талбайн арга хэмжээг удирдах боломжгүй гэдгийг хэллээ. Тэд үүгээрээ итгэгчдийг аюулд оруулах боломжтой бөгөөд хэдийнээ дурамжхан байгаа цагдаа нар манай чуулганыг эдгээр гадаадуудыг урьсан гэсэн асуудалд оруулах боломжтой байв.

Эмэгтэй пастор өнгөрсөн зун ирээд тэднийг таньдаг болсон учраас зөвшөөрөл төвөггүй авна хэмээн Магнуст хэлжээ. Тэрээр цагдаа дээр очтол тэдний багийг тухайн оройн галт тэргээр буцахыг албан ёсоор мэдэгджээ. Аяллын зөвшөөрлөө авсан цагтаа харин буцаад ирэхэд нээлттэй гэж мөн хэлжээ. Өнөө эмэгтэй хяналтаа алдан "Та нар намайг баривчилж болно гэхдээ Ариун Сүнс намайг Эрдэнэт рүү илгээсэн учраас би хаашаа ч явахгүй" хэмээн гэнэт тэсэрчээ. Харин цагдаа нар хариуд нь гурван цагийн дараа эхлэх фестивалыг даруй цуцлахаа мэдэгджээ.

Манай удирдагч нар цагдаагийн газар дахин очиж эдгээр америкуудыг манай чуулган уриагүйг мэдэгдээд тэд фестиваль дээр очихгүй бид л байна гэдгийг учирлажээ. Цагдаа эцэст нь дуртай дургуй фестиваль болохыг зөвшөөрсөн ч ямар ч гадаад хүмүүсийн оролцоо байх ёсгүй хэмээн мэдэгджээ.

Фестиваль эхлэхээс цагийн өмнө бүх зүйлс тэр байтугай ялангуяа Үгийг тунхаглах үйлчлэл манай монгол чуулганы нуруун дээр уналаа. Германчууд, америкууд ч энэ бүхэнд хуруугаа хүргэх эрхгүй боллоо. Цагдаа нар мөн ямар ч гадаад хүн тайзан дээр байх ёсгүйг цохон хэлжээ. Монгол итгэгчид маань сандарч байсан ч энэ бүхнийг хийхээр зориг шулуудлаа. Германы авралын зар тараагч Волтер Хайденрейх манай сайнмэдээнд хамгийн бэлэг авьяастай, Булганы салбар чуулганы маань удирдагч Зоригоогийн дээр гар тавиад өөрийнх нь тосолгоог Бурхан түүнд өгөхийг залбиран гуйлаа. Волтер мөн "Би монголчууд үйлчлэлд бэлтгэгдэн босохыг харах гэж л би энд ирэх учиртай байж" гэж тунхагласан юм. Тэр үнэхээр гайхалтай байсан шүү!

Цэрэннадмид эгч ба магтаалын багынхан

Магтаалын багийнхан маань бүгд анх удаа дээлтэй ирцгээлээ. Ариун Сүнс тэднийг энэ шийдвэрийг гаргахад ятгасанд бид баяртай байлаа. Бид тэдэнд үндэсний хувцсаа өмсөхийг анхны жилүүдэд л санал болгодог байсан ч "Дээл бол хөдөөнийхөнд зориулагдсан эд. Хэрвээ өмсвөл эмээ шиг харагдах болно!" гэж тэд хүчтэй эсэргүүцсэн юм. Харин өөрсдөө Бурханаас сонссоныхоо дараа тэд ээж, эмээ нараараа энэ арга хэмжээнд зориулан дээл оёулжээ. Үүгээрээ тэд өөрсдийн ахмадуудаа, соёл, ёс заншлаа хүндэтгэсэн бөгөөд хотын ямар ч залуучуудаас үүнээс өмнө нь ийм хандлага үзэгдэж байгаагүй юм. Магтаал гайхалтай байсан бөгөөд суудал нэг мэдэхэд л 1700 орчим монголчуудаар дүүрлээ. Энэ бол манай чуулганы магадгүй монгол чуулганы хамгийн том христитгэлт цугларалт байсан байх. Жүжгийн багийнхан жүжгээ толилууллаа. Дараа нь Зоригоо авралын зарыг тэдэнд номлоход талаас их хувь нь хариу үйлдэл үзүүлж, Есүс Христийг зүрх сэтгэлдээ хүлээн аван залбирсан юм.

Дараагийн өдөр мөн л үүнтэй адил 1500 орчим хүмүүс оролцлоо. Энэ бол Бурханы төлөвлөж байсан зүйл бүхэлдээ мөн юм. Хэрвээ богины илгээлтийн баг болоод номлогчид биднийг ятгаагүй бол бид ийм том арга хэмжээг төлөвлөж хийхгүй байв. Харин Бурхан өөрийн төгс хүч чадлаараа энэ уулзалтыг монгол итгэгчдийн гарт өгсөн бөгөөд үр дүн нь гайхалтай байлаа. Бурхан биднээр энэ бүхнийг зохион байгуулуулаад өөрийнхөө чуулганд өгөхөөр анхнаас нь төлөвлөжээ.

Монгол итгэгчид маань үнэхээр итгэлийн том алхам хийж, энэ арга хэмжээгээр дамжуулан өөрсөддөө итгэх итгэлийг амсаж мэдэрсэн юм. Баруунаас ирсэн багийнхан ч цагдаа нарын гаргасан шийдвэрийн үр дүнд юу болсоныг хараад баярлан бахдаж байлаа. Чуулган үсрэнгүйгээр урагшилсан бөгөөд гадны дэмжлэггүйгээр өөрсдөө оршин тогтноход бэлэн болсон байв. Цагдаа нар ч мөн соёл, ёс заншлынхаа хувьд энэ арга хэмжээ нь ямар зөв зүйтэй байсанд гайхширсан юм. Энэ үеэр цагдаа нарын хувьд бодож санаа зовж байсан үймээн самуун, эмх замбараагүй явдал гараагүй харин ч эсрэгээрээ баярлаж хөөрсөн, амар тайвныг мэдэрсэн хүмүүс их байснаар барахгүй цагдаа нар ч Есүсийн тухай сонсохыг сонирхож байлаа. Цагдаагийн том хурандаа манай нэг монгол удирдагчийг дуудаад түүнд христитгэлт хүмүүс сайхан сэтгэгдэл үлдээгээд зогсохгүй яагаад олон монголчууд "энэ зам руу эргэж" байгааг ойлгож харж байгаагаа хэлжээ. Тэрээр арга хэмжээний үеэр архидан согтуурсан хүмүүс олж хараагүй бөгөөд энэ нь Монголд бараг л боломжгүй зүйл гэдгийг дурджээ. Тэр үргэлжлүүлэн манай чуулган Эрдэнэт хотод хүссэн арга хэмжээ, хөтөлбөрөө зохион байгуулж болохыг батлан хэлсэн байна.

Энэ үеэр манай гэр бүл хэсэг хугацааны амралтаасаа эргэж ирээд дахин монгол соёлдоо дасан зохицох гэж байв. Чуулганд маань хийх хангалтай олон зүйлс байлаа. Америкаас биднийг эргэж ирсэн яг тэр өдөр идэвхтэйгээр үйлчилж байсан 17 удирдагчид Оросын Холбооны Улсын Сибирь дэх Библийн сургуульд суралцахаар явсан юм. Манай Дагалдагч Бэлтгэх Сургууль чуулганд тохирсон аргаар удирдагчдийг бэлтгэж байхад тэднийг Библийн сургуульд илгээсэн шийдвэр намайг балмагдуулсан юм. "Удирдагчдыг дотооддоо бэлтгэх" явдал бол Шинэ гэрээний чуулган тарилтын зарчмуудын нэг байв.

Одгэрэл, Хишигдорж, Болор-Эрдэнэ нар Абаканруу хөдөлж буй нь

Энэ нь Бурхан нутгийн чуулганд хийж байгаа ажилтай тэднийг холбоод зогсохгүй чуулган таригчаас удирдагч болох замыг загварчилдаг юм. Дагалдагч нар үйлчлэлийн чадамжуудыг нүдээрээ харж, дагалдуулагчаа даган дуурайж байхдаа хамгийн сайнаар суралцдаг. Харин эдгээр дагалдагчид Сибирь уруу явж байгаа нь тухайн үедээ тийм ч зөв санагдаагүй юм. Галт тэрэг хойд зүгийг чиглэн явж байхад Магнус надад Библийн Сургуультай болох боломжийн талаар Бурханаас тод сонссон гэдгийг хэлсэн юм. Удирдагчгүй үлдсэн үйлчлэлүүд дээр тэдний орон зайг нөхөж залгамжлах дараагийн хүмүүсийг бэлтгэх гээд маш олон хийх зүйлс харагдаж байв. Мөн бид хүүхдүүдийнхээ гэр сургуулийг дахин эхлүүллээ. Би Мелодид 4-р ангийн хичээлийг харин Луйс Моллид 2 дугаар ангийн хичээлийг зааж байв. Алист хэд хэдэн сургуулийн өмнөх боловсролын номууд ч энэ жил ирсэн байлаа. Америкаас авчирсан зүйлсээрээ гэр аргаар бид өөрсдөдөө бяслаг, борц зэргийг үйлдвэрлэж эхэллээ. Олон төрлийн эрүүл, хоолны дуршил төрүүлэм хоолууд Эрдэнэт дэх амьдралыг маань урагшлуулах шиг.

Бид буцаж ирээд дахиад л хүнд сурталтай хүмүүстэй нүүр тулах шаардлага гарсан юм. Бидэнд өш санасан Сүхбат гэгч улсын орон сууцны оршин суух эрхийг хариуцсан нөхөр үргэлж л хахууль авах нүх сүвээ малтан манай байрыг олзлоно. Манай байртай холбоотой бичиг баримтыг авсан тэрээр хэний ч хаана байгааг нь үл мэдэх малчин эзнээс нь өөр хэнд ч өгөхгүй гэнэ. Энэ тасралтгүй үргэлжлэх төвөгтэй асуудал биднийг сүнсний болон махан биеийн хувьд туйлдуулж байлаа. Шинэ виз маань Улаанбаатарт бэлэн болж гарахаар хүлээгдэж байсан тэр хэсэг хугацаанд бид "хууль бус харийнхан" болж хувирав. Шинэ ажил олгогч Эрдэнэтийн "Уулын баяжуулах үйлдвэр"-ийн ажлын виз удахгүй шийдэгдэнэ гэж тайвшруулсан ч энэ асуудал бидэнд хүндээр тусаж байлаа. Үнээс сарын өмнө "гайхамшиг"-аар Магнус, Мариа, Лайнс нар боломжгүй гэгдэж байсан визээ авсан нь бидэнд харин урам болж байсан юм.

XXIX бүлэг

Монголчууд хаадын
Хааныг дагасан нь

Зун дуусах дөхөж байх үед миний анхаарлаа хандуулах ёстой гол зүйл бол 9 сарын 25-нд эхлэх "Дагалдагч Бэлтгэх Сургууль"-ийн сургалтын хөтөлбөрийг боловсруулах ажил байв. Эхний удаад 22 оюутан төгссөн бөгөөд ням гарагийн баярын цуглаан дээр тэд сертифекатаа гардан авахдаа хүүхэд шиг л баярлаж билээ. Харин энэ удаад бидэнд 40 оюутан суралцахаар анкетаа өгсөн ч 30 оюутан элсүүлэх боломжтой байв. 9-р сарын 21 гэхэд бид долоо хоног бүрийн уулзалт дээр оюутнуудын төлөө залбирсаар байлаа. Үүний маргааш нь Мелодигийн 10 насны төрсөн өдрийг бид бүгд хамтдаа тэмдэглэсэн юм. Уулзалтын дараа хамтдаа хооллож, Дагалдагч Бэлтгэх Сургуульд суралцах оюутнуудын тухай ярилцаж байх хооронд хотыг цас нэвсийтэл дарж цагаан хөнжлөөр бүрхсэн мэт хучин авсан байв. Бүгд балмагдав. Өвөл эхлэхэд дэндүү эрт юм шиг санагдаж байлаа. Хотын дулааны төв станц бүрэн хүчин чадлаараа ажиллаж эхлээгүй байсан учраас бид цахилгаан халаагуураас хоёрыг худалдаж авлаа. Монгол найзууд маань тогны мөнгө их төлөгдөхийг анхааруулсан ч бид гэртээ дахин зургаан сарыг голдоо ортол даарч өнгөрүүлэхийг хүссэнгүй.

Бид Дагалдагч Бэлтгэх Сургуультай холбоотой бусад асуудлаар дахин уулзах ёстой байв. Эхний удаа сурсан оюутнуудын сэтгэгдэл биднийг зарим зүйлсийг өөрчлөх хэрэгтэйг харуулсан юм. Энэ удаа бид сургуулиа арай богино (зургаа биш гурван сар) хугацааны эрчимтэй байхаар долоо хоног бүрийн нэмэлт өглөөний ангитай төлөвлөлөө. Оюутнуудын ятгалгаар бид хичээлээ өглөө үүрээр явуулахаар болж дүрэм журам, төлбөр, ирц зэрэг дээр илүү хатуу байхаар шийдвэрлэлээ. Тиймээ, Дагалдагч Бэлтгэх Сургууль маань Есүсийн үнэнч дагалдагчдыг бэлтгэхэд бэлэн боллоо. Энэ удаад удирдлага Лайнсын чадварлаг гарт байсан бөгөөд Магнус бид хоёрын хувьд бусад зүйлдээ илүү анхаарах боломж гарлаа. Анхны төгсөгчдөөс хоёрыг нь Лайнс бэлтгэн, дараагийн сургуулийг тэдний удирдлагад шилжүүлэн өгөхөөр төлөвлөж байв.

Магнус бид хоёр сургалтын хөтөлбөртөө дараах хичээлүүдийг багтаалаа: Чимээгүй цаг ба Бурханыг сонсох, Шинэ болон Хуучин гэрээний судлал, Бусдыг дагалдуулах, Зуучлан залбирал ба Сүнслэг тулаан, Сүнслэг бэлэг авьяас*, Харилцаа ба уучлал, Тэмдэг ба гайхамшигууд, Дарлагдсан болон Ядууст үйлчлэх нь, Нэгтгэн дүгнэх аргаар Библи судлал хийх нь*, Библи дэх илгээлтийн үндэс*, Чуулганы түүх*, Гэр цуглааны аргачлал ба удирдлага. Манай баг болон Эрдэнэтийн чуулганы удирдагч нар долоо хоног бүр ээлжлэн зааж байлаа. Улаанбаатараас зарим зочин номлогч нар ирж зарим долоо хоногуудад заалаа. Би хувьдаа дөрвөн л долоо хоногт нь хичээл зааж байгаадаа баяртай байв. (*өөрийнхөө заасан хичээлүүдийг би одоор тэмдэглэв)

Яг энэ үед Эрдэнэт дэх итгэгчдэд хоёр тэс ондоо загвараар удирдагчид болон бэлтгэгдэх үүд хаалга нээгдлээ. Минниаполес хотоос ирсэн гурван хатагтай нарын эхлүүлэх Библийн Сургууль тун удахгүй үүд хаалгаа нээнэ хэмээн бидэнд мэдэгдсэн юм. Бидэнд мэдээж дургуйцэх зүйл байсангүй харин тэдний хичээл зүтгэлийг нь урамшууллаа. Эзэн биднийг эвлэрүүлсний дагуу аль аль баг нь Сүнс дотор хамтран ажиллаж байлаа. Библийн Сургуультай холбоотой асуудал дээр тэд бидний зөвлөгөөг асуусан юм. Бид харин тэднийг гомдоолгүй, зөвлөгөөг үнэн зөвөөр нь өгөхийг хичээцгээлээ.

Үүн дээр онцгойлон Эзэн Луйс бид хоёрыг сонгосон байв. Магнусын хувьд америк хатагтай нарын боловсруулсан сургалтын хөтөлбөр сайн гэж үнэлэгдсэн ч залуу монгол чуулганд хэлбэрийн хувьд хэт академик гэж дүгнэсэн юм. Тэр мөн суралцах гэж байгаа оюутнуудынхаа төлбөрийг төлөх нь Улаанбаатарт хэдий нь оролдож үзээд бүтэлгүйтсэн арга техник гэдгийг анхааруулав. Үүнээс үүдэн сайн дагалдагчдыг бэлтгэхийн оронд чухал биш зүйлс дээр маргаан гарч энэ нь даамжирч хагарал гарсан гэдгийг ч хэллээ.

Есүс Христийг дуулгавартай дагуулахаар хүмүүст төлбөр төлөхөөс зайлсхийх ёстой мянга мянган түүхийн, соёлын, логикийн болоод сүнслэг шалтгаанууд байлаа. Харин үүнийг маш олон илгээлтийн эзэд хөлс, цус, нулимсаа урсган бүтэлгүйтэн байж суралцсан гэдгийг хэлэх нь зүйтэй. Зарим талаараа хатагтай нар Магнусын анхааруулсныг Швед болоод Америк гэсэн соёлын ялгаанаас болсон уу нэг л ойшоосонгүй. Америкийн өмнөд хэсэгт өссөн над шиг хүмүүс ярих хэлэх гэснээ шулуухан хэлдэг байхад Швед хүмүүс хэлэх гэснээ дарж, илүүтэй дипломат маягаар шууд бус аргаар харилцах нь олонтаа. Ийм шалтгааны улмаас Швед хүмүүсийн хэлсэн зассан зүйлсийг Америк хүмүүс орхигдуулж, үл анзаарах талтай. Буруутгал, зэмлэлийг шулуухан хэлдэг Монгол занд заримдаа энэ нь хэт зөөлдөнө.

Магнус тэдэнтэй ярилцанаас хэдхэн хоногийн дараа хатагтай нар Библийн сургуулийн оюутнуудынх нь бүгдийнх нь төлбөр Америк дахь чуулганаас нь хангагдсан хэмээн догдлон ярих нь тэр. Харин Америк хүний хувьд Америк хүндээ өөрийн санаа зовнилуудаа хуваалцах ёстойг Эзэний Сүнс надад сануулж байв. Би тэдний багийн удирдагчийг нь ресторанд уриад, тэдний зам дээр ямар хавх байгааг тодорхой хэллээ. Би түүний эерэг хариу үйлдэлд гайхширч хоцров. Тэр чин сэтгэлээсээ миний хэлсэн зүйлд талархалтай байв. Тэр ийм туршлага дээр бүтэлгүйтсэн хүмүүсийн тухай илгээлтийн түүхийн номуудыг маань асуун, төлөвлөгөөнд өөрчлөлт орсон талаараа пастортаа мэдэгдэнэ гэлээ. Дараагийн өдөр гэхэд миний өгсөн илгээлтийн номуудыг тэд гурвуулаа уншиж гарлаа. Үүний дараа хоёр илгээлтийн багийнхан уулзахад тэд оюутнуудынхаа төлбөрийг төлөхөөргүй болсон гэдгээ бидэнд хэлсэн юм. Харин тэд ард үлдсэн эрх мэдэлтэй санхүүгээр тусалсан хүмүүст үүнийгээ ойлгуулах учиртай байв. Хүний зааврыг биш Бурханы хүслийг дагах нь чухал гэж тэд хэлцгээсэн юм. Бурханы сайн нь биднийг үргэжлүүлэн даруусгасаар байлаа.

Хангалттай бэлтгэгдээгүй америк илгээлтийн эздийг сургаж, бэлтгэсэн анхны маань тохиолдол энэ байсангүй. Илгээлтийн сургагч багшийг Бурхан хаа байсан Монгол руу илгээсэн өөр нэгэн шалтгааныг би тэгэхэд ойлгож эхэлсэн юм. Хийж болох бүхий л алдаа хэдий нь хоёр зууны тэртээ гарчихсан байсан бөгөөд миний илгээлтийн түүхийн тухай мэдлэгээр дамжуулан энэ бүхэн Монголд дахин гарахаас сэргийлсэнд би хувьдаа маш их баяртай байлаа.

Анхны итгэгчдийн нэг болох Баяраа Алфонсын гэр бүлтэй хамт Эрдэнэт рүү нүүж ирсэн бөгөөд чуулганы маань ирээдүйд томилогдох ахлагч байв. Тэр Гадаад Хэлний Институтад англи хэлний чиглэлээр суралцаж байлаа. Магнус, Мариа хоёртой хамт би тэнд нутаг уруугаа амралтаараа явах хүртлээ англи хэл зааж байсан юм. Намайг явсан хойгуур Лайнс миний оронд багшилж байв. Эргэж ирснээсээ хойш виз маань гараагүй байсан учраас би олон зүйлийг хийх боломжгүй байлаа. Уулын баяжуулах үйлдвэртэй шинэ гэрээ байгуулсны дараа

Хөдөлмөрийн яам сая нэг визийг минь олголоо. Сар гаруй хугацаанд "хууль бус цагаач" байсан гэсэн асуудлаар бидэнд торгууль ноогдуулсан юм. Энэ торгуулийг үйлдвэр төлж барагдуулах эсэх дээр шийдвэрлэх гэсээр дахин хоёр долоо хоног өнгөрлөө. Тэд торгуулийг төлөх хүртэл цагдаагаас бидний оршин суух болоод ажиллах зөвшөөрлийг олгохгүй гэсэн заалттай байв. Би байдаг чадлаараа оролдож байсан ч гэлээ Бурхан ажлаа хийсээр, цагийг аварсаар байсныг дурдалгүй өнгөрч болохгүй. Баяраа манай гэрт ангийнхаа болон дээд, доод курсынхээ хэдэн найзуудтайгаа буюу миний хуучин оюутнуудтай хамт ирээд нэгэн төлөвлөгөөг санал болголоо. Энэ бүх залуу хатагтай нар Баяраагаар дамжуулан итгэлийн амьдралыг сонгосон бөгөөд Эзэн дотор үргэлжлүүлэн өсөх хүсэлтэй байв. Баяраа 25 оюутныг Христ итгэл рүү дагуулсан байлаа. Түүний нэр "Баяр хөөртэй эрдэнэ" гэсэн утгатайд нь гайхах зүйл байсангүй. Гэвч толгой өндийлгөх завгүй их хичээл ном нь оюутнуудыг Есүсийн чуулган сүмийн гэр цуглаанд хамрагдах чөлөөг олгохгүй байв. Баяраа оюутнуудыг нэгтгэн гэр чуулган эхлүүлэх санаа гаргасан бөгөөд бүхэлдээ англи хэл дээр байлгахаар зорьж байв. Энэ арга замаар тэд дагалдагч байгаад зогсохгүй англи хэлээ сайжруулахаар байв. Өнгөрсөн хаврын семестерт нь би тэдэнд багшилж байсан учраас бид аль хэдийнээ танилууд болсон болохоор дотно нөхөрлөсөн билээ. Надад үнэхээр гайхалтай санагдсан учраас би тэр "клуб"-ыг удирдахыг зөвшөөрлөө. Бид уулзалтын нэрээ товчлон FACES (Fellowship and Christian English Study) буюу "Англи хэлний христитгэлт нөхөрлөл ба сургалт" хэмээн нэрлэлээ. Надад байсан "Христитгэлийн өсөлт гэсэн англи хэл дээрх дагалдуулалтын номыг хамтдаа бид судалж эхэллээ. Энэ залуу хатагтай нар шинэхэн итгэл дотроо өсөж бойжиж байгааг харах үнэхээр сэтгэл хөдөлгөм байсан шүү. Хожим олон жилийн дараа хэд хэдэн сүнслэг удирдагч нар манай FACES клубын гишүүн байсан гэдгээ хэлж билээ.

Зүүн гар талаас Болороо, Аня, Отгоо, Соёлмаа, Саруул, Баяраа, Бадмаа, Давхараа.

Яг энэ үед оршин суух зөвшөөрөл, визний асуудал, манай байртай холбоотой төвөгтэй байдлууд газар авч байсан ч гайхамшгаар бүгд шийдвэрлэгдсэн юм. Биднийг дэмжигчдийн маань залбирлаар л энэ гайхамшгууд болсон гэж би итгэдэг. Гол асуудал бол бид Эрдэнэтэд худалдаж авсан орон сууцныхаа жинхэнэ эзэд биш байсан юм. Бидний хамгийн сайнаар шийдвэрлэж чадах арга зам бол "түрээслэх эрхийг" худалдаж авах байв. Тухайн үед бүх барилга, байгууламж, орон сууцуудыг эзэмшигч нь төр засаг байсан юм. Бидний худалдаж авсан зүйл бол ердөө хүний аман байдлаар хэлсэн үг байсан бөгөөд бидэнд үүнийг зарсан настай малчинд төр засаг нь тус орон сууцыг хэрэглүүлэхээр өгсөн байж. Тэр бидэнд байраа зарсан шалтгаанаа мал сүрэг болоод 12 хүүхэдтэй учраас энэ байр тэдний гэр бүлд хэрэгцээгүй гэсэн юм. Тухайн үед түүнд бэлэн мөнгө өгсөн юм. Тэр настай малчин ах хүндэлмээр хүн байсан ч малаа дагаад маш хол нүүсэн нь биднийг эрсдэлд оруулсан байв. Аавынхаа эзгүйд түүний нэг хүү нь манай байрыг булаан авч, биднийг албадан нүүлгэх ажил эхлүүлсэн байв. Тэр Сүхбат гэх хээл хахуульд идэгдсэн Орон сууцуудыг хариуцсан эрх мэдэл бүхий нэгэнд мөнгө атгуулаад биднийг албадан нүүлгэх бичгийг гаргуулан авсан байлаа. Тэр эмэгтэй долоо хоногийн өмнө манай байрны баримт бичгийг үзчихээд өгье гэж хэлсэн ч эргүүлэн өгөөгүй юм. Хуучны өстөн дайсан маань ямар нэг олиггүй зүйл сэдэж байгаагаас зайлахгүй гэж бид сэжиглэж байв.

Намайг байхгүйд өнөө малчны хүү албан бичгээ үзүүлэн Луйс руу ихэд бухимдан орилж байгаад явсан байв. Намайг буцаж ирэхэд Луйс анх энэ байрыг худалдаж авахад тусалсан монгол найзуудаасаа зөвлөгөө авъя гэж хэлэв. Харин тэдний зөвлөгөө бол малчин өвөөгийн хүүгээс өнөө бичгийг нь авч гартаа оруулах хэрэгтэй хэмээн хэлсэн юм. Биднийг албадан нүүлгэх нь албан ёсны шийдвэр биш зүгээр л цаасан дээрх тамга байж. Тэр үүнийгээ өндөр хахууль төлж авснаас хойш амархан дахин нэгийг авч чадахгүй гэж тэд учирласан юм. Түүнийг эргээд ирэхэд нь би бэлэн байлаа. Би түүний яриад байгааг ойлгоогүй дүр үзүүлэн тэр цаасан дээр юу гэж байгааг гайхсан байдалтай харлаа. Албадан нүүлгэх бичгийг уншихаар аваад түүнийг хаалгаар орох гэхэд нь цааш түлхээд, хаалгаа чанга гэгч хааж орхив. Тэр үргэлжлүүлэн хэсэг манай төмөр хаалгыг нүдэж зогслоо. Харин би хаалганы цаанаас асуудал үнэхээр байгаа бол цагдаа дагуулаад ирээрэй гэж орилсон юм. Түүний сүүлчийн хийж чадах зүйл нь магадгүй өөр олон хүмүүст хахууль өгч энэ бүхэнд оролцуулах байв.

Энэ бол бидний хувьд үнэхээр урам хугарсан сэтгэл санаа тавгүйтүүлсэн өдрүүд байсан даа. Бидний төсөөлөлд хээл хахуульд идэгдсэн Сүхбат яг л орон сууц хариуцсан муу санаат "Цасан хатан" мэт буудаг байж билээ. Манай байрны бичиг баримт түүний ширээн дээр л байсан. Харин Сүхбат энэ байрыг худалдаж авах сонирхолтойгоор гарыг нь хүндрүүлэх өөр нэгийг л хүлээж байсан юм. Хамтдаа ярилцаж, багаараа залбирсны дараа бид хүчтэй зогсохоор шийдсэн бөгөөд энэ бүхэн биднийг өвтгөж дөнгөхөөргүй байв. Гайхалтай нь манай бичиг баримтыг ямар ч үг дуугүйгээр бидэнд буцаагаад өгсөн юм. Бид дахин Сүхбатаас юу ч сонсоогүйн дээр дахиж хэзээ ч түүнийг хараагүй юм даг.

Малчин өвөөгийн хүү үргэлжлүүлэн үе үе ирж биднийг дарамталсаар байв. Нэг удаа тэрээр эхнэртэйгээ ирсэн бөгөөд манай тавилга руу заан "Энэ бүхэн ч удалгүй биднийх болно" гэж монголоор ярихыг нь бид сонссон юм. Маш өндөр нэгэн монгол найз маань бидэн дээр зочилсон байх үед тэр ирсэн нь өөрийнх нь хувьд алдаа байсан биз. Манай найз эрх мэдэлтэй хүмүүсийн нэрийг барин түүнийг залилан хийхээр оролдож байгааг нь хэлээд үг хэлээрээ түүнийг тастчих шиг болов. Өнөө залуу хий нь гарсан бөмбөлөг шиг тэр дороо хулчийж орхив. 9 дүгээр сар дуусахад утгагүй хуйвалдаан төгсгөл болж, бид ч оршин суух зөвшөөрлөө баталгаажуулснаар эцэст нь нэг аюулгүй, санаа амар амьдрах болсон юм. Харин 10-р сарын эхний долоо хоногоос эхлэн би Уулын баяжуулах үйлдвэрт ажиллаж эхэллээ.

Хамгийн өндөр монголчуудын нэг манай дээд давхарт амьдардаг байв. Итгэгч Шарваа маань сагсанбөмбөг тоглоогүй үедээ Есүсийн чуулганд хамрагддаг байсан юм. Хожим тэр АНУ-д Харлем Глобетроттерс (Harlem Globetrotters) багт тоглосон билээ.

XXX бүлэг

Айсуй дөхөж буй барианы зурвас

Нэг л мэдэхэд 10-р сар өнгөрч, 11-р сарын 2 болоход Жэдидая хүүгийн маань төрсөн өдөр боллоо. Багийнхан маань хамтдаа цуглан жилийн өмнө өвдөлтийг дагуулсан баяр хөөртэй тэр үйл явдлыг дурсан саналаа. Сүнслэг дайралтууд биднийг цунами адил хүчтэй цохисноос хойш бүтэн нэг жил болжээ. Өнгөрсөн жилийн 11 болоод 12 дугаар сард манай чуулган энэ хүнд цохилтуудыг даван гарна гэхэд ч итгэмээргүй байсан бол үүнээс хойш чуулганы огцом өсөлт болоод эрүүл байдал тэмдэглүүштэй зүйлс байв. Христийн мэндэлсний баяр болоход биднийг дэмжигчидэд Луйс дараах захидлыг илгээсэн юм:

Христмас хэдий нь хаяанд иржээ. Би дахиад энэ баяр битгий болоосой гэж хүссэн ч цаг хугацааг ямар зогсоож болох биш дээ. Энэ Христмас баяр бидэнд баяр гунигтай олон дурсамжуудыг эргэн сануулах биз. Та бүхний мэдэж байгаачлан, бяцхан хүү Жедидая минь Есүстэй хамт байхаар мөнхийн улс уруу явсан. Хэрвээ одоо тэр бидэнтэй хамт байсан бол хэр том болсон байх бол гэж би их боддог. Тэр одоо 13 сар хүрч байх ёстой. Эгч нар нь энэ насан дээрээ алхаж байсан шиг тэр минь алхаж байх байсан болов уу? Хэдэн үг хэлж чаддаг, мэддэг байх байсан бол? Үс нь ямар өнгөтэй байх байсан бол? Энэ насан дээрээ Мелоди, Молли хоёр ямар ч үсгүй байсансан. Хүүгийн минь нүдний өнгө нь ямар байх байсан бол? Над шиг бор нүдтэй хүү байх байсан болов уу? Би Амлагдсан газарт очих хүртлээ энэ бүхний хариултыг мэдэхгүй нь.

Өнгөрсөн жил миний хувьд амархан бөгөөд үргэлж Бурханы хайраар дүүрэн гарыг мэдэрч, Түүний сайнд итгэсэн хэвээр байсан гэж хэлвэл худал ярьсан болох биз. Гашуудал гэдэг бол үнэхээр сонин зүйл. Бурханд уурлаж гомдсон өдрүүд байсан, хүүдээ бас энэ дэлхийд хүртэл уурласан мөчүүд байсан. Түүний оронд би байсан ч болоосой гэж хүсэх үе ч байсан. Шаналал, уй гашуудаа живэх шахсан өдрүүд ч байлаа. Мөн өмнө нь амьдралдаа Эзэний оршихуйг хэзээ ч мэдэрч байгаагүй хүчтэйгээр мэдэрсэн өдрүүд болоод Эзэнээр тайтгарч, Түүний миний амьдралд авчирсан тань шиг хүмүүсээр тайвширсан өдрүүд ч байсан.

Одоо ч хариултаа аваагүй олон асуултууд байна. Магадгүй амьдралынхаа хугацаанд би хариултыг нь авахгүй биз. Гэхдээ эргэлзэлгүй итгэдэг зүйл минь бол намайг Мөнхийн улсад очиход Жед хүү минь Есүсийн хамт намайг угтан авах болно. Эцэг эх хүний хувьд бүхнээс чухал зүйл бол хүүхэд минь Мөнхийн улсад, диваажинд очоосой гэсэн хүсэл, зорилго шүү дээ. Тэгэхээр нэг хүүхэд маань очлоо гэж үзвэл надад гурав үлджээ.

Христмас баяр гэхээр хүмүүс бодит үнэний талаар огт боддоггүй юм шиг санагддаг. Гэхдээ Есүс энэ дэлхийд Хүн болон ирсэн нь баярын шалтгаан биш гэж үү? Түүний үхлээр би амьтай болсон юм. Цорын ганц Хүүгээ өгөх тухайд би өмнө нь ойлгож байснаасаа хавь илүү зүйлийг ойлгож авлаа. Хүнд дурсамжаас болоод Христмас баяр үргэлж миний хувьд хэцүү цаг үе болох вий хэмээн эмээх юм. Бидний төлөө залбираарай. Бид хэдий Жедийг Есүстэй хамт байгааг мэдэж байгаа ч шаналсан хэвээр, түүний үхлээс үлдсэн шарх бүрэн аниагүй л байна. Бусад хүмүүст эвгүй сонсогдож болох ч бид Библи дээр гардаг уяман өвчтэй хүмүүстэй нэг талаараа адилхан болсон мэт. Бүтэн жил өнгөрч одоо энэ бүхэн дууссан гэж та бодож болох ч би энэ өчүүхэн жижиг шаналал, гунигаа Мөнхийн улсад хүүгээ дахин тэврэх хүртэл өөртөө хадгалсаар явах биз ээ.

Та нарт дуулгах сайхан мэдээ бол Бидний Аврагчийн төрсөн өдрийг Монгол даяар хүмүүс тэмдэглэж байна. Магадгүй Бүтээлээс хойш, мөн хэдхэн жилийн өмнөхийг хүртэл ур баяр энэ газар нутагт тэмдэглэгдээгүй биз. Гурван жилийн өмнө дуудлагаа даган энд ирсний минь хүсэл зориг шалтгаан энэ юм. Энэ бүхнийг бодоход бидний хүүгээ алдсан өвдөлт багасахгүй ч том зураглалаар харвал Христийг хүмүүс амьдралдаа олох нь хамгийн том өөрчлөлтийг тэдэнд авчирдаг шүү дээ.

Хоганы гэр бүлийн Христмас баяр өнгөрсөн жилийн Христмас баярын сүүдэрт цонхийн харагдана. Браин бид хоёр баяр хөөрөөр дүүрэн энэ үндэсний баяраа охидуудынхаа хүсэн хүлээсэн шиг бэлдэх гэж дотор сэтгэлийнхээ бүхий л нөөцөө шавхана. Бид хоёрын хувьд ямар нэг зүйл тэмдэглэж байгаа мэт ердөө ч санагдсангүй. Энэ тэмдэглэлт баяр ахиж бидний хувьд хэзээ ч өмнөх шигээ байхгүй биз. Гэхдээ завгүй байдал биднийг урагш түлхсээр. Христмас баяраас хэдхэн хоногийн өмнө манай чуулганы маш том Христмас баярын зоогийг бэлдэх үүргийг манай гэр бүл хүлээн авсан байв. Танхим дүүрэн маш олон багтаж ядсан хүмүүс ирцгээсэн байв. Хүмүүсийн амьсгаа хүйтэн цементэн хана болоод цонхыг цантуулж, цантсан ус нь шалан дээр бяцхан горхи шиг бөөгнөрсөн байж билээ. Монголчууд хоолтой үдэшлэгт үнэхээр дуртай шүү. Үүний дараа бид тааламжтай гэгч нь тэсгим хүйтэн ч гэсэн цэнгэг агаарт алхан гэртээ харив.

Багийнхан маань нурмагар баярыг минь өргөхөөр бэлдэцгээжээ. Хүмүүсийн хүсэн хүлээсэн өдөр ирэхэд бүгд ирцгээж, хамтдаа бэлгээ задлан, хооллож өнгөрүүллээ. Чуулганы маань Христмас баярын хөтөлбөр бидний хувьд хамгийн хүнд байсан. Жилийн өмнө Жед хүү маань бяцхан Есүсийн дүрд тоглохоор яригдаж байсан бол түүний оронд жижигхэн хүүхэлдэй тавьсан байгааг хараад Луйс маань тэсэлгүй уйлж билээ. Баярын дараа бид бүгдээрээ манайд ирцгээлээ. Лайнс болон Швед гэр бүл хамгийн сайхан олон үндэстний оройн зоогийг нугастай бас бялууьай, бүр бидний мэдэхгүй Швед маягийн амттанг хүртэл хийж бэлдсэн байв. Жансоны Уруу Татлага (Jansson's Temptation) нэртэй төмстэй оройн зоог, хар хайтан загасны хамт бэлэн болоход бид инээдээр эдгэрэх шиг болж, бэлэг солилцон, бидэнд хэдий нь дотно сайн найзууд минь болсон эдгээр хүмүүстэй хамт нөхөрлөн тоглоцгоолоо.

Шведийн уламжлалт Санта Лусиа Монголд ирсэн нь
(Алфонсийн гэр бүл ба Матс нар)

Лайнс Райнхарт, Луйс бид гурав хамтдаа 1996 оны Шинэ жилийг том ногоон орос оргилуун дарстай Зөвлөлтийн үеийн гал тогооны цагаан шохойн таазанд тэмдэг гарган буудуулан угтлаа. Бид Улаанбаатарт анх хамтдаа 1994 оны шинэ оныг угтаж байхдаа санаандгүй байдлаар энэ бүхнийг олж мэдсэн юм. Бид гурав хамтдаа "таазан дээр тэмдэг үлдээх" уламжлалыг бий болгожээ. Эрдэнэт дэх байрны маань гал тогоонд 1995 онд лонхны бөглөө буудуулан үлдээсэн тэмдэг одоо хоёр боллоо. Бид өнгөрсөн жил Жед нас барсны дараах тэр харанхуй өдрүүдэд Шинэ жилийг хамтдаа угтахад бяцхан оч асах шиг болж, сүнслэг дайралтууд, асуудал бэрхшээлүүдийг ярилцаж байж. Энэ жил харин өөр байв.

Бид өнгөрсөн жил гарсан өөрчлөлтүүд болон өсөлтийн талаар ярилцлаа. Лайнс манай багтай 3-р сард нэгдсэн ба түүний дагалдуулах бэлэг авьяас олон итгэгчдийг үйлчлэл гардан авах хэмжээнд хүргэсэн нь чухал зүйл байв. Лайнсын хүчин чармайлтаар манай Дагалдагч Бэлтгэх Сургууль ч мөн монголчуудын удирдлага дор явагдаж байв. Хүн бүрийн үр нөлөө, багт авчирсан үнэ цэнийг ярин хамтдаа догдлоно. Цөөн хэдэн сарын дараах төгсгөл тэр үед илүү тод харагдаж байлаа.

Жилийн эцсийн тайлангаа гаргадаг шиг тэр долоо хоногийн эхэнд багаараа ярилцан суухад Монголд өнгөрүүлэх өдөр хоног маань дуусаж байгааг бид ухаарсан юм. Багаараа бид үйлчлэлийн явцдаа үнэлэлт дүгнэлт өгөхийг урьтал болгодог байсан юм. Хэрвээ зорилгодоо хүртлээ төлөвлөн хийж байгаа бүхэндээ дүгнэлт хийхгүй бол бид хэзээ ч зорилгодоо хүрэхгүй шүү дээ.   Бид үйлчлэлийн явцдаа дүгнэлт хийж, зорилгынхоо яг хаана нь яваагаа үргэлж хэмжиж, ярилцдаг байв. Үүнээсээ болоод бид зарим маш сайн арга хэмжээ, боломжуудаас татгалзах шаардлага гардаг байв. Учир нь тэдгээр нь биднийг зорилго руу маань ойртуулахгүй шүү дээ. 12-р сарын сүүлийн долоо хоногийн багийн уулзалт дээр Эрдэнэтийн төрийн байгууллагуудын удирдагуудын хурал болоход манай чуулган сайн нөлөө үзүүлж байгаа тухай тааламжтай мэдээ сонслоо. Ялангуяа чуулган монгол хэв загварыг хадгалж байгаа нь тэдэнд таалагджээ. Нэг удирдагч бүр Христийн чуулганыг гадаадын импорт хэмээн эсэргүүцдэг байсан бол "Одоо би жинхэнэ монгол чуулганыг харж байна. Би Есүсийн чуулганыг Эрдэнэт хотод байгаад баяртай байна" гэж хэлжээ. Настай хүмүүс ч сайнмэдээнд хариу үйлдэл үзүүлж, чуулган тарих хөдөлгөөн маань энэ хотын хүмүүсийн нас хүйстэй нэг хэмнэлд алхаж байгааг цохон ярилцлаа.   Эхний жил хагасын хугацаанд дан охидоос бүрдсэн залуучуудын цуглаанаас энэ бол бүхэлдээ ондоо дүр зураг байлаа. Хамгийн сэтгэл догдлуулсан зүйл бол монгол чуулганы маань монгол удирдагч нар бараг бүх зүйлийг өөрсдөө гардан хийж байв.   Гадаад хүмүүсийн хийж байсан зүйл нь ердөө л Библи судлал, сургаал, сургалт болон, "ирээдүйд томилогдох ахлагчдыг" бэлтгэх байв.

Элчийн шууд үзүүлэх үүрэг бол хэмнэлийг хурдлуулах байсан юм. Бид магадгүй зун гэхэд Бурханы алдрыг хүртэх сүйт бүсгүй өөрөө байр сууриа олж зогсоход бэлэн болж бидний халаагаа өгөх ээлж ирэх нь хэмээн мөрөөдөж эхэллээ. Тэр жижигхэн гал тогоонд хамтдаа залбиран, мөрөөдөж, итгэлээ тавин суухдаа бид чуулганыг монголчуудад гардуулах цаг хаяанд тулан ирсэн байгааг ухаарсан юм. Гэхдээ бидний энэ итгэл найдвар, мөрөөдөл, залбирал хэзээ биеллээ олох талаар бидэнд яг цав тодорхой хугацаа байсангүй.

Луйс бид хоёр гэр бүлийн маань хувьд Бурхан биднийг хийгээсэй гэж хүсэж байгаа тэр бүхэнтэй дүйцэх өөр газар орон байгаа эсэхийг мэдэхээр дэлхий даяар тархсан YWAM-ын салбар нэгжүүдтэй холбоо тогтоож эхэлснээ Лайнст хэллээ. Бурхан бидэнд сайнмэдээ хүрээгүй үндэстнүүдийн дунд амсаж мэдэрсэн туршлагаар чуулганыг тарих ажилд бусдыг бэлтгэх хүслийг өгч байсан юм. Тэргүүн шугаманд ажиллах зуу зуун багуудад нөлөөлөх тухай бодоход л догдолж баярлаж байлаа.

Лайнс ч бидэнд нээлттэйгээр дотроо төлөвлөж байгаагаа хуваалцсан юм. Тэрээр Орегонд буцаж очоод коллежийн боловсролоо гүйцээх хүсэлтэй байгаа гэнэ. Бизнес болон эдийн засагтай холбоотой диплом түүний хувьд Монголд эсвэл хаа нэгтээ үүд хаалгуудыг нээнэ гэдгийг тэр харж байлаа. Мөн энэ нь түүний хувьд илгээлтийг бизнестэй хослуулан хийх нэгэн зэвсэг болохоор байв. Орегоны Салем дэх Илгээлтийн сургуулийн үеэр биднээс зан чанарын судалгаа авахад Лайнсыг гол хөдөлгөх хүчин (main motivation) зүйл бүхий бэлэг авьяас нь "мөнгө болон санхүү" байсныг санан инээлдлээ. Тэр судалгаа хожим санаанд оромгүй байдлаар бодитой гэдэг нь бидний амьдралаас харагдаж билээ. Луйсын хувьд түүнийг хамгийн том хөдөлгөх хүчин зүйл нь "Аливааг гүйцэлдүүлэх" байсан бол минийх "Гол цөм, түлхүүр байх" байсан. Эдгээрийн аль аль нь бидний багт үзүүлэх үүрэг нөлөөг илтгэж байв. Луйсын эндэх ажлаа гүйцээгээд Монголоос явах залбирал нь Бурханы ажлыг улам хурдлуулж байгаагаас зайлахгүй гэж бид хошигноно. Бурхан Луйсыг бүтээхдээ л аливааг дуусгалгүй орхидоггүй өөрийн үйлчлэгч болохыг нь мэдэж байсан гэлтэй.

Магнус, Мариа хоёр урьдчилан төлөвлөнө. Чуулганд бидний удирдлагын үйлчлэл хэрэггүй болсон ч монгол итгэгчдэд соёл дамжсан илгээлтийн эзэн бэлтгэх чадамж байхгүй гэдгийг тэд харж байв. Энэ бүхэн хэн нэгэн туршлагатай гадаад хүний зайлшгүй гардан хийх ажил байв. Эсвэл ямар нэгэн монгол хүн үүнийг өөрийн туршлагаараа амсаж мэдрээд илгээлтийн эзэн бэлтгэх ажлыг өөрсдөө хийх боломжтой. Алфонсын гэр бүл энэ үйлчлэлийг санаачлагаараа гардан авах монгол удирдагчийн төлөө залбирч байлаа. Чуулган маань илгээлтийн хүлэмжийн халуун хайранд урт хугацаанд байлаа шүү дээ.

Шведээс нарийн боов хийдэг, талхчин мэргэжилтэй Матс Бербрес маань ирсэн цагаасаа л монгол хүн мэт хувцаслаж, энэ үндэстэнд дурласнаас хойш Эрдэнэт хотдоо үргэлжлүүлэн амьдарч энд байгаа олон хөөрхөн охидоос өөрт тохирсон нутгийн итгэгчтэй сууна байхаа гэж бид таамаглалаа. Өнгөрсөн зун Матс ирээд тэр дороо л Монгол үндэсний баатар шиг хувцас өмсөж эхэлсэн. Тэрээр монголчуудаас илүү монгол хүн мэт харагдаж байсан бөгөөд түүний энэ хэв маягт монгол хатагтай нар нүдээ унагаж байв. Тэр тухайн үедээ зөвхөн музейд л байсан дээлний гадуурх хүрмийг өнгө өнгөөр нь оёдолчноор оёулан өмсөж эхэлснээр хуучин мартагдсан үндэсний хувцасны загварыг сэргээн тухайн үеийн трэнд болголоо. Гэнэт л Эрдэнэтийн 18-с 25 насны олон залуус цоо шинэ хүрэм өмсөж эхэлсэн юмдаг.

Матс Бербрес

Светлана, Руслан хоёр бяцхан хүүгээсээ гадна дахин нэг хүүтэй болов. Орост эдийн засгийн хямрал болж байхад Эрдэнэт дэх Орос чуулганд удирдлагын үйлчлэл хийж байсан энэ гэр бүлд Эрдэнэт дэх амьдрал Сибирь луу буцанаас илүү их үр жимстэй байв. Бид бүгд л тэдний гэр бүлийг дахин хэдэн жил үлдэж Эрдэнэт дэх оросуудад хүрч үйлчлэх байхаа хэмээн таамагласан юм. Магнус бид хоёр Руслан, Светлана хоёрыг илгээлтийн тал дээр илүүтэй бэлтгэхийг хичээж байсан ч хүссэн шигээ тийм их цагийг зориулж чадсангүй. Учир нь энэ сэдэв тэдний Библийн Сургуульд хөнгөхөн дурьдагдаад өнгөрсөн мэт санагдана.

Бид найз, хамтрагч Лайнстай хууч хөөрч суусаар Шинэ жил хамтдаа тэмдэглэж эхэлснээс хойш анх удаагаа ийнхүү оройтов. Биднийг дуусахад Лайнс гэрлүүгээ алхаж харихаар манайхаас гарлаа. Өмнө нь тэр үргэлж л автобуснаас хоцорч, эсвэл гэр нь Улаанбаатарын нөгөө захад гэсэн шалтгаануудаар манайд хонодог байсан бол анх удаа бид түүнгүй оны эхний өглөөний цай уух нь хэмээн хамтдаа инээлдлээ. Түүний дуртай шарсан талхаар өгөөш тавьсан ч бүтсэнгүй. Эцэст нь түүнийг багтаа нэгтгэх гайхалтай байсан бөгөөд хэдий хоёр жил болж байж тэрээр ирсэн ч Бурханы тогтоосон цаг нүдээ олсон байсан шүү.

Гурван долоо хоногийн дараа бид гурван жилийн ойгоо тэмдэглэлээ. Монгол заншлаар бол гурван нас хүрнэ гэдэг нь онцгой үйл явдал юм. Эрэгтэй хүүхдийн хувьд энэ өдөр даахь үргээх ёслол болдог бөгөөд тус найранд уригдсан хүн бүр хүүгийн үсийг хайчилна. Ихэвчлэн, бяцхан хүү өрөөнд байгаа хүн бүр дээр уутай хайч бариад очно. Хүн бүр түүний сэвлэгний үсийг хөндөж уутан дотор сэвлэгийг хийж, мөнгө бэлэглэдэг. Тэр бяцхан хүү ямар ч бизнес хийснээс илүү мөнгийг тэр өдөр олно гээч.

Бидний тэмдэглэж байсан төрсөн өдөр бол монгол хүүгийнх байсангүй. Харин бид гурван нас хүрч буй бяцхан монгол охины төрсөн өдрийг хүндэтгэн цугласан байв. Энэ залуу хатагтай бага залуу насандаа хэдий нь сүй тавьжээ. Эрдэнэт хот дэх Есүсийн чуулган, тэр одоо гурван настай Христийн сүйт бүсгүй болжээ. Түүний өсөлт, хөгжил хүн бүрийн төсөөлнөөс хурдан болж, Сүйт Залуугаа даган бие даан урагшлахад бараг л бэлэн болсон байв.

Чуулганы удирдагчид энэ төрсөн өдрийн үдэшлэгт зориулан нутгийн кино театрын танхимыг түрээслэлээ. Энэ нь энгийн зүйл байсангүй. Бидний энэхүү томоохон тэмдэглэлт баярт цугласан хүмүүсийг багтаах заал кино театр болон Эмэгтэйчүүдийн ордноос өөр газар байсангүй. Цөөхөн тохиолдолд Эрдэнэт үйлдвэр бидэнд "Горняк" уурхайчдын соёлын ордонг түрээслүүлэх боломжийг өгдөг байв. Энэ нь 750 хүний суудалтай хотдоо хамгийн том багтаамжтай танхим байсан юм. Тэр онцгой өдөр ирэхэд театрын танхимыг 350 монголчууд дүүргэсэн байв. Өөрсдийн нүдээрээ илт мэдэгдэхүйц энэ өсөлтийг хараад бид гайхаж билээ. Хотоор нэг тархсан гэр чуулган болоод, түүнээс давсан итгэгчид дундаа бид Христэд шинээр итгэж байгаа хүмүүсийн тоог гаргахад л амархан будилж орхихоор байв. Миний хувьд сэтгэл илүү хөдөлгөж байсан зүйл бол цугласан хүмүүсийг театрын гадаах энгийн бусдаас ялгах боломжгүй явдал юм. Бид "залуучуудын цуглаан" бүр "өсвөр насны охидын клуб" байдалтай урт хугацаанд явсан бол одоо цугларалтанд маань аль нэг нас хүйсийн давамгай байдал байсангүй. Тэр газар настай ах, эгч нар, зарим өвөө эмээ нар болоод бага насны хүүхдүүд, нялх нярай хүүхдүүд гээд ёстой л найман настай балчраас наян настай бууврай хүртэл байх юм. Тэр дунд охид хөвгүүд, тамирчид болоод хөгжлийн бэрхшээлтэй, дээл өмссөн хөдөөний ба хослол өмссөн хотын, баян уурхайн ажилчид болоод ядуу малчин гээд төрөл бүрийн хүмүүс багтана. Бүр Орос чуулганы Орос итгэгчид болоод дохионы хэлээр ярьдаг хэлгүй, сонсголгүй хүмүүсийн маань цуглаанаас ч хүмүүс иржээ. Есүс Эрдэнэт хотын нийгмийн давхарга бүрээс хүмүүсийг өөртөө дууджээ. Энэ бол маш олон хүмүүсийн залбирлын бодит, нүдэнд харагдахуйц хариулт байсан юм.

Чуулганд бидний оролцоо хумигдаж эхэлсэн цэг дээр ирэхэд Монгол дахь өдөр тутмын амьдралдаа анхааралаа хандуулах надад амархан байв. "Эрдэнэт үйлдвэр" дэх ажил маань амаргүй бөгөөд урам хугалсан зүйлс ч байлаа. Хятадын хилээр галт тэргээр гаргах маш том зэсийн хүдрийн худалдааг зохицуулах ажил нуруун дээр минь байв. Би ганц харилцагчтай (Caterpillar Inc.) хэлэлцээр хийх тэднийг хүдрийн судалгаа анализаар хангах, галт тэргээр тээвэр хийх компани, Хятад дахь хайлуулах үйлдвэр, хилийн шалган гээд олон зүйлийг хийх хэрэгтэй болов. Худалдааны явц заримдаа удаашран яст мэлхийн хурдаар урагшилна. Би харин тэр үед нь өөрийгөө аль болох тэр газар үр бүтээлтэй байлгахыг эрмэлзэн, компьютер засах, уурхайн удирдах тушаалтнуудад англи хэл заах зэргээр оролдож байсан ч ихэвчлэн уйдна. Эцэст нь үйлдвэрийн том босс нь ямар нэг гэрээнд намайг аюулгүй байлгах үүднээс оролцуулахгүй гэсэн үг чихэнд минь ирлээ. Тэр намайг Америкийн холбооны мөрдөх товчоонд ажилладаг гэж боджээ. Би үүнийг нь сонсоод элгээ хөштөл инээхэд миний нэг хамтран ажиллагч захирал үнэхээр л чамайг Америкийн тагнуулч мөн, биш эсэх дээр эргэлзэж байсан гэв. "Чи магадгүй Ватиканы төлөөлөгч биз" гэж хэлсэн нь тодорхой бус байсан хэд хэдэн зүйлийг надад ойлгомжтой болгож өгөв. Хагас цагаар ажиллаж байгаадаа би баяртай байлаа. Сул чөлөөтэй цагаараа Мормон болоод Библийн дагуух итгэлийн ялгаатай байдлын тухай товхимол бэлдэж байв. Мормончууд манай хотод дөрвөн залуу ажилчдаа илгээсэн бөгөөд тэд нийт зургуулаа боллоо.

Тэд хэдий нь итгэгч болсон хүмүүсийг урвуулахаар ажиллаж байсан учраас бид өөрийн хүмүүстээ Мормон нь Библиэс ямар талаараа гажууд буруу талаар заах хэрэгтэй байв. Тэд ихэвчлэн "Бид Браин болон Магнусын итгэдэг Бурханд итгэдэг, гэхдээ Бурхан бидэнд арай илүүг илчилсэн юм" гэж хэлнэ. Тэдниийг 1994 оны 11-р сард анх ирэхэд бид гаж буруу урсгалын талаар хичээлийг итгэгчиддээ зааж эхэлсэн бөгөөд толгой нь эргэсэн хэсэг хүмүүст энэ нь үнэхээр тустай байв. Бид энэ гаж урсгалд ямар ч итгэгчээ алдаагүй юм. Тэдний цуглуулсан хүмүүс нь ихэвчлэн Гадаад Хэлний Институтаас Америкийн Юта (Мормончуудын төвлөрсөн газар) муж руу явах итгэл тээсэн залуучууд байв.

Бидний тарьсан орос чуулганы хэсэг эмэгтэйчүүдэд Луйс англи хэл зааж эхэллээ. Тэр эмэгтэйчүүд хамтдаа үнэхээр хөгжилтэй байсан бөгөөд би хааяа бяцхан атаархана. Тэдэнд Луйс тааалагдаж байсан бөгөөд талархсан сэтгэлээ илэрхийлэн тэд нандин бэлгүүдийг барина. Луйс мөн ухаалаг нэгэн тэргэнцэртэй монгол охинд тусгайлан хичээл зааж байлаа. Баянаа чуулганы маань нэг хэсэг болсон бөгөөд англи хэл нь бидний мэдэх ихэнх монгол найзуудаас хавь илүү байсан ба энэ ухаалаг охинтой Луйс цаг өнгөрүүлэхдээ таатай байдаг байсан юм. Баянаагийн гэр бүл хүнд хэцүү байсан бөгөөд хүчирхийлэл дунд шархтай өссөн тэрээр Луйстай хамт залбирч цагийг өнгөрүүлнэ. Өөр бусдаар Луйсын хайрыг татсан найз нөхөд нь гэвэл Эрдэнэт дэх Пийс Корпусын (Peace Corps) сайн дурын гурван ажилтан болоод Булганд (60км зайд) байсан хоёр ажилтан байв. Бид Эрдэнэтэд байсан Карлин болоод Булганы Жерел нартай урт хугацааны турш ойр дотно найзалсан юм. Эрдэнэтэд ирэх бүртээ Жерел манайхаар зочлон бидэнтэй цагийг өнгөрүүлнэ. Харин Карлин Жедийг алдаад гашуудаж байсан Луйсын хамт уул толгодоор алхдаг байсан нь хожим Карлинд үлдсэн амьдралынхаа турш Есүстэй харилцах гүнзгий харилцааг барьж босгосон билээ. Эдгээр зүйлс болоод охидтойгоо хөгжилдөх нь Луйсын долоо хоногийн хамгийн сайхан хэсэг байсан юм. Учир нь Монголд гал тогоо хоол ундны ажил хийнэ гэдэг бол Америкаас тэс ондоо байв. Тэр нэгэн найздаа "Өөрсдөө мал төхөөрөлгүй, гулуузаараа мах урд чинь байна гэдэг ядаж тааламжтай юм даа" гэж бичиж билээ.

Луйс бид хоёр үргэлжлүүлэн хүүхдүүдийнхээ хичээлийг гэрээр заахдаа Sonlight сургалтын хөтөлбөрийг ашиглаж байв. Энэ хөтөлбөр сонирхолтой байсан учраас охид маань хичээлдээ дуртай байсан шиг бид ч заахдаа баяртай байв. Алис тэнд суугаад чангаар хичээлээ унших хэсгийг нь ойлгохоор анхааралтай ажиглана. Гадаах температур тэсгим хүйтэн учраас охид гэртээ төсөөллийн зүйлсээр тоглох нь олонтоо. Юутай ч Мелоди ихэвчлэн монгол найзуудынхаа гэрт очиж тоглох, тэднийгээ гэртээ авчирах дуртай байв. Таван настай Алистай хүртэл хэд хэдэн өхөөрдөм охид тоглохоор хаалга хааяа тогшино. Охид маань эрүүл, жаргалтай өсөж байсан бөгөөд бүгд л өөр өөрийнхөөрөө бидэнд аз жаргалыг авчирна. Охид маань өөр өөрсдийн онцгой зан чанартай байсан нь "Охин чуулган" буюу салбар цуглааны тухайд ч гэсэн өөр өөрийн өнгө төрхтэй байдгийг бидэнд ойлгуулж билээ.

Мелоди, Алис болон Молли нар Жедийн булшны ойролцоо

XXXI бүлэг

Цоо шинэ зүйл

Уугуул нутгийн (Indigenous): *Тухайн үндэстэнд уугуул төрөлхийн, хэн нэгний танилцуулсан бус, анхнаас байсан, гадны бус зүйл.*

Уугуул нутгийн чуулган (Indigenous Church): *"Тухайн нутгийн нийгмийн бүтэц, соёл, хэм хэмжээ дотор Бичвэр болоод Ариун Сүнсээр амьдралд нь өөрчлөлт гарсан хүмүүсийн бүлэглэл."*

"Уугуул нутгийн Чуулганы Соёлын Тусгал" Вилиам Смоли

Өнгөрсөн 17 зууны турш хүмүүсийн барьж босгосон "чуулган" гэх ойлголтоос соёлын ондоошил болоод мөн чанарын бус элементийг нь бид монгол чуулганд өвлүүлэхгүй юм сан хэмээн чармайсан маань үр дүнгээ өглөө. Бид шинэ соёлд чуулганы тухай ойлголт авчирч байгаа учраас чуулганыг аль болох энгийн байлгахыг чармайсан юм. Бурхан биднийг энэ нутагт илгээсэн нь цоо шинэ тухайн үндэстний хэв маягийг агуулсан чуулган бий болгохыг хүссэн болохоос Америк эсвэл Европ чуулганы хуулбарыг бий болгохыг хүсээгүй гэдэгт бид итгэж байлаа. Бид Есүсийн чуулганыг ажиглан харахдаа уугуул нутгийн хэв шинжийг агуулсан хөдөлгөөн мөн гэсэн хүчтэй нотолгоог харж байв.

Итгэгч бүрийн очдог үндсэн цугларалт бол 15 ба түүнээс доош тооны гэр цуглаан бөгөөд орон сууцны зочны өрөө, монгол гэр, армийн барак байр, хотын захад орших ганц өрөө байшингууд, хөдөө байдаг ганц гэр гээд энэ зорилго дор нэгдэж болох бүхий л газруудад бид уулзаж байв. Гэр цуглаанд тэд Бурханы үгээс судлан, бие биенийхээ төлөө залбиран, шинэ итгэгчдэд энгийн байдлаар сайнмэдээ тараан, бусадтай хоолоо хуваалцдаг шигээ амьдралынхаа тухай ч бас хуваалцдаг байв. Ариун Зоогийг тэд ундаа, цай, боорцог гээд бэлэн байгаа боломжтой зүйлээрээ л орлуулан барьж болно. Тэдний тоо нэмэгдэхэд цугларалтаа дахин хоёр хувааж нөхөрлөлөө улам бат барина. Гэр цуглааны удирдагчид шинээр мэндлэх дараагийн чуулганы ахлагчдаа зөвлөн чиглүүлнэ. Тэд өөр газарт зочлон, итгэгч байхгүй хэсгүүдэд шинэ гэр цуглааныг эхлүүлнэ. Тухайн газрынхаа хүн амын нягтаршлаас хамааран, нэг ба түүнээс дээш хэд хэдэн гэр цуглаан байж болдог байв. Эрдэнэтийн хойд хэсгийн зам дагуу алслагдмал газар нэгэн салбар чуулган ердөө гурван гэр бүлтэйгээр эхэлсэн юм. Эдгээр гэр бүлүүд Сэлэнгэ мөрнөөс хот руу болон Уулын баяжуулах үйлдвэр лүү "Усыг шахан дамуулах төв"-д гэр цуглаан байгуулан үйлчилж байв. Хэд хэдэн итгэгчид тэр газар нүүж очсоноор гэр чуулган тэнд эхэлсэн юм. Тэд чуулганаа "4 Подъём"(Усыг шахан дамжуулах 4-р төв) гэж нэрлэдэг байв.

Эрдэнэт дэх гэр цуглаанууд болоод Булганы салбар чуулганыхан маань үе үе "Магтан Алдаршуулах Цуглаан" хийж хамтдаа цугларцгаана. Зарим гишүүд нь алсаас гэр чуулганаа зорин ирнэ. Энэхүү нэгдсэн цугларалт ихэвчлэн ням гарагт болдог байсан бөгөөд бид зориудаар бусад илгээлтийн багуудаас өөрөөр явуулж байсан юм. Энэхүү уулзалтанд зориулан бид томоохон танхим болоод театрыг түрээслэн авч монгол магтаалын дуугаар магтаалын баг удирдан, шинэхэн итгэсэн эсвэл саяхан гайхамшгаар эдгэрсэн хүмүүсийн гэрчлэлтэйгээр, басхүү чуулганы жүжгийн багаас жүжиг толилуулан, үндэсний маягаар магтаал, хүндэтгэлийн бүжиг бүжин, анх удаа ирэгсдэд тараах материал тараан, чуулган тэр чигтээ шинэ магтаалыг суран, Бурханы үгнээс хуваалцан, Бурханы эдгэрэл бас хүрэлт хэрэгтэй байгаа нэгнийхээ төлөө залбирдаг байв. Үг хуваалцдаг сургаал номлогч нар, магтаал, бүжгийн багийнхан Монгол үндэсний дээлээ өмсдөг байв. Энэ нь тэр чигтээ тэдний санаа байсан бөгөөд бид өөрсдийн соёлыг тулгасангүй. Магтан алдаршуулах цууглааны маань онцгой хэсэг нь драм буюу жүжгийн цаг байлаа. Тус цугларалтын аль ч хэсгээс нь илүү драмын цаг хүмүүсийн зүрх сэтгэлд илүүтэй хүрч, хүмүүс хариу үйлдэл үзүүлнэ. Магтаалын хэв загвар болоод шинээр ирэгсдээ угтан авах зэрэг нь Монгол хэв маягийг агуулсан байв. Магтаалын дунууд зөвхөн чуулганы итгэгчдээр бичигдээд зогсохгүй тэд үндэсний морин хуур, ятга, хуучир хөгжмийг үе үе ашиглана. Энэ онцгой цугларалтын цаг нь бид хэдий хугацаанд танхимыг түрээслэснээр бус харин удирдагч нарын төлөвлөгөөний дагуу үргэлжилдэг байсан юм. Тодорхой дуусах цаггүй учраас заримдаа гадаад хүмүүсийн хувьд тухгүйтэх үеүд гарна. Заримдаа заалыг түрээслэх дараагийн хүмүүс нь ирчихээд үүдэнд хүлээн зогсдог ч, магтан дуу дуулж байгаа, хүлээж байгаа монголчууд учир начираа олоод л байх шиг санагдана. Бид удирдагчдыг одоо дуусгаарай хэмээн яаруулах үед, тэд үргэлж л ар араасаа цуварсан хөтөлбөрөөр хариулт өгдөгсөн. "Ганаа шинэ дуу заана, настан Батцог өнгөрсөн долоо хоногт хониндоо явж байхдаа гайхалтай үзэгдэл үзсэн гэрчлэлээ ярина" гээд л хөвөрч гарна. Бид бууж өгөөд гадаа танхимыг ашиглахаар хүлээж байгаа хүмүүсээс уучлалт гуйхаар очиход "Тэд дуусаагүй байгаа биздээ? Зүгээрээ, асуудалгүй. Бид нар хүлээж л байя" гэж хариулна. Монголд ямар нэг арга хэмжээ цагтаа эхэлж цагтаа дуусна гэсэн ойлголт үгүй.

Социологчдын хэлснээр монголчууд бол "арга хэмжээ төвтэй соёл"(event-oriented culture) бүхий ард түмэн бол чуулган тарьсан бид чинь жинхэнэ "цаг төвтэй соёл"-той (time oriented culture) улсын хүмүүс шүү дээ.

Би шинэ чуулган таригч нарыг бэлтгэн тэднийг Есүсийн тухай сонсоогүй үндэстэн ястан, газар орон руу явуулахдаа хэрвээ чуулган тарьсан та нар тэнд танил биш өөр зүйлийг мэдэрч, тав тухгүй байвал ажил чинь амжилттай болсон гэж ойлгоорой хэмээн хэлдэг байв. Чуулган өөрийн соёлд тохирсон уугуул дүр төрхөө олох үед элч нар тав тухтай бүсээсээ гарах хэрэгтэй болдог. Илгээлтийн эздийн соёлоос ондоо соёл бүхий чуулган нь тэдэнд хачирхалтай санагдах нь гарцаагүй. Есүсийн чуулган болоод манай салбар цуглаанууд энэ шалгалтыг бүгд давсан юм. Бид танил бус, тав тухгүй мэдрэмж дундаа баярлан хөөрч, бидний мэддэгээс тэс ондоо өөрийн гэсэн онцлог Монгол дүр төрхтэй уугуул чуулган төрөн гарч байгаад чин сэтгэлээсээ баярлана. Зөвхөн бидэнд биш энэ нь дэлхийд Христ өөрийнхөө амьд Бие болсон чуулганыг цоо шинэ өнгө төрхтэйгөөр төрүүллээ.

Есүсийн чуулганы жүжгийн баг задгай талбайд Сайнмэдээний үзүүлэр толилуулж буй нь.

XXXII бүлэг

Тэд өсөж, бид буурах ёстой

Баярын цуглаан

Эрдэнэт дэх чуулган маань Христ дотор өсөж биеэ даах чадвартай болж байгаа нь бидний нүдэн дээр илхэн байв. Манай багийн хувьд монгол удирдагч нараа бэлдэхээр тодорхой нөхцөл байдлуудад тэдний аливаад хэрхэн шийдвэр гаргаж байгаа талаар тогтмол асуудаг болсон бөгөөд тэд Бурханы чиглүүлгийг эрэлхийлсний дараа хариултгайгаа ирж байсан нь биднийг гайхшруулав. Бид өөрсдийгөө бага багаар үйлчлэлүүдээс чөлөөлж тэдэнд даатган өгөхийг чармайж байсан бөгөөд хэсэг үйлчлэлүүд бидний заримынх нь нуруун дээр байсаар байв. Бидний зорилго бол хариуцлагуудаа бага багаар монгол дагалдагч нартаа даатган өгөх байсан бөгөөд энэ бүхэн гэрлийн хурдаар болж өнгөрлөө. Хавар болж цас ханзран, мөс хайлж, зураасан зам татсан сайхан өдөр би эцэст нь нэг зузаан хүрэмнээсээ салж урин цагийн хувцсандаа орлоо. Багаараа цугласан уулзалт дээр өөрчлөлт гарсан нэгэн зүйлийг сонсоод сүнс минь сэргэх шиг болов.

Долоо хоног бүр багийнхнаасаа чуулгантай холбоотой юу хийсэн талаар асуух нь миний ажил байв. Энэ асуултынхаа араас би тэднээс энэ үүрэгт ажлыг нь ямар монгол удирдагч гардан авах чадвартай, боломжтой эсэхийг асууна. Тэгтэл 1996 оны 2-р сарын сүүл 3-р сарын эхэн үед миний асуултууд хариултгүй болсон байлаа. Магнус бид хоёрын Хуучин гэрээнээс түүх хуваалцахаас бусдаар манай чуулган тарилтын багийнхан тухайн долоо хоногт чуулгантай холбоотой өөр юу ч хийгээгүй байв. Бүх зүйлийг монголчуудад даатган өгсөн байлаа. Ухаарч амжихаас өмнө бид нэгэнт хуучирсан гэдгээ мэдэв. Монгол итгэгчид бүх зүйлээ бие даан хийж байсан бөгөөд бидэнд харин хийх үйлчлэл үлдсэнгүй. Үүнийг хэн ч анзаараагүй байв. Энэ нь яг л хүүхдэд дугуй унахыг заах үед тэд чиний гүйж чадахаас хурдан жийж, чи тавьж явуулах мэдрэмжтэй адил байсан гээч. Та араас нь таны ямар ч тусламжгүй дугуйгаа унахыг харан зогсох бөгөөд таныг гараа тавьчихсан гэдгийг тэд мэдээгүй яваатай ижил юм. Та ард нь хоцроод амьсгаадан байж өөрөө ч мэдэлгүй эрх чөлөөтэй урагшлах дүр зургийг харна. Та оролцогч байхаа больж гэнэт л баяр хөөртэй ажиглагч болон хувирах тэр мэдрэмж.

Бид удахгүй томилогдох ахлагч нартайгаа уулзалдан тэдэнд өөрсдийн олж мэдсэн зүйлээ хуваалцав. Бодож байсанчлан бид одоо ч тэдэнд хэрэгтэй гэж тэд эсэргүүцэв. Харин бид бүхий л нотолгоог дурдан тэдэнд учирлалаа. Харин тэд биднийг олон арга замаар чуулганд байх шаардлагатай хүмүүс гэж няцаасаар байв. Харин эвтэйхнээр одоо чуулганд бидний хийх чухал шаардлагатай зүйлсийг хэлж өгөхийг тэднээс хүслээ. Тэдэнд хариулт байсангүй. Биднийг хайрлана гэдэг нь бид хэрэгцээтэй гэдгээс ондоо ойлголт гэдгийг учирлаад чуулган сүнслэг байдал дотор өсөж, нас биед хүрээд тарьсан хүмүүс нь хэрэгцээгүй болно гэдэг урвасан явдал биш гэдгийг тайлбарлалаа. Бид монгол удирдагч нарын хүсэлтээр үргэлжлүүлэн хамтарч туслах болно гэдгээ ч хэллээ. Бид эдгээр зүйлсийг хуваалцаж байх үеэр тэд нулимс дуслуулан, сорилт байдлаар чуулганыг монголчуудад гардуулах ирэх хэдэн сарын үйл явцад маань туслаж эхлэхээр шийдлээ.

3 сарын 24 нд театрт болсон Магтан алдаршуулах цуглаан дээр бид "ирээдүйд томилогдох ахлагч" нарын хүсэлтээр гадаад илгээлтийн эздийн баг зөвлөгчийн байр сууринд очихоор болсон гэдгийг хэлэхээр шийдлээ. Энэ бүхэн чуулганы толгой нь Христ бөгөөд монголчууд өөрсдөө удахгүй хариуцан бид гарах хаалга руу хөлөө чиглүүлсэн гэсэн шинэ ойлголтыг илүү зөөлнөөр ойлгуулахад туслах байлаа. Бид ойрын хугацаанд монгол удирдагч нартаа эрх мэдлийг албан ёсоор шилжүүлэх ёслол хийхээр төлөвлөв. Тэд эрх мэдлээ үр дүнтэй ашиглах сургуулилт хийж, харин хэрэгтэй үед нь хамт байх хэсэг хугацааг бид

мөн хүсэж байлаа. Бид тэднийг зарц удирдагчийн жишгээр ямар сайн суралцсаныг харж, чимээгүй ажиглагчийн байр сууринд очлоо.

Энэ цаг ирэх үед зайлшгүй зөв аргаар үүнийг тайлбарлах ёстой. Үүнийгээ хуваалцахад чуулган догдолсон, эерэг байдлаар хариу үйлдэл үзүүлсэн бөгөөд хэдий зарим хүмүүс ирж биднийг ямар онцгой бас хэрэгцээтэй гэдгийг хэлсэн ч, хэн ч бидэнгүйгээр, Есүсийг дагахаа болино гэж хэлсэнгүй. Магадгүй зарим хүмүүсийн баяр хөөр тэр ням гарагт хэлсэн зарлалаас болж тэнд дүүрч бялхсан биз. Луйс бид хоёр Бурхан бидэнд дахин нэг хүүхдийг өгсөн бөгөөд 9-р сард Луйс төрөх болсныг мэдэгдлээ. Жедидаяг орлуулах боломжгүй ч Бурхан үүгээр дамжуулан сэргэлтийг авчирч байгааг хүн бүр мэдэрч байх шиг. Хоёр маш том онцгой төрөлт бидний догдлох, хүлээх мэдрэмжийг нэмэгдүүлнэ. Нэг нь бяцхан монгол чуулган бол нөгөөх нь Хоганы гэр бүлд мэндлэх бяцхан хүүхэд байв.

Үйлчлэлийн төгсгөлийн хэсгийг төлөвлөх нь хөгжилтэй байлаа. Уулын баяжуулах үйлдвэрийн төв оффист өдөрт дөрвөн цаг ажиллахаас бусдаар өөр хариуцлага үгүй бид Эрдэнэт дэх үлдсэн амьдралдаа үнэ цэнтэй дурсамж бүтээхэд зарцуулж байв. Бид олон цагийг монгол болоод гадны найзуудтайгаа хамт өнгөрүүлсэн юм. Урт үргэлжлэх өвөл улирлын хувьд ч, амьдралын хувьд ч дуусжээ. Гэхдээ л Монголд нүүр тулах төвөгтэй асуудлууд дуусаагүй л байв.

Бидний магнай тэнэгэр жаргалтай байв. Ийм байх үедээ таныг ойлгодог хүмүүстэйгээ уулзаж ярилцаж хуваалцахгүй бол баярласандаа тэсрэх мэт болдоггүй гэж үү? Тиймээс бид чуулганы удирдлагаа монголчуудад шилжүүлэн өгөх бэлтгэл ажилдаа орсон тухайгаа Улаанбаатар дахь илгээлтийн эзэд найз нөхөддөө хуваалцлаа. Нийслэл хотод энэ мэдээ тархсан даруй хүмүүсийн хариу үйлдлүүд тэр дороо бидэнд буцаад ирлээ.

"Та нар чинь солиорчихоо юу? Юу бодож байгаагаа мэдэж байна уу? Та нар тэнд ердөө гуравхан жил болсон. Ийм хугацаанд чуулган тарих ямар ч боломжгүй!"

"Туршлагагүй хэдэн YWAM-чууд анхнаасаа ийм алдаа гаргана гэж би мэдэж байсан юм. Бэлтгэгдээгүй сайн дурын хэдэн залуучуудаар чуулган тариулахаар илгээнэ гэдэг бол хариуцлагагүй асуудал. Зургаан сарын сургалт гэл үү? Айн!"

"Хэрвээ та нар Библийн Сургууль эсвэл семинарт суусан бол монголчууд удирдлагын байр сууринд одоогоор хүрэх ямар ч боломжгүй гэдгийг мэдэж байх ёстой байсан юм. Та нарыг яваад хэдхэн долоо хоногийн дараа л бүгд нуран унана. Энэ төлөвлөгөөгөө больсон чинь дээр байхаа."

"Танай Эрдэнэтэд байгаа удирдагч гээд байгаа нөхдүүд хэдийнээ тэр хотод үүрэлчхээд байгаа гаж урсалын хүмүүсийг аргалж дийлэхгүй. Бусад эмзэг итгэгч нар луу тэд өлсгөлөн чонын сүрэг мэт дайрах болно. Тэд гаж буруу сургаалд өлхөн олзлуулах болно. Тэднийг тэгээд хэн хамгаалах болж байна."

"Юутай ч, удирдагч нар чинь бэлэн болсон гэхэд итгэхгүй байна. Тэд хоорондоо зөрчилдөх, нурж унах үед бид нар очиж цэвэрлэгээний ажил хийх болж таарна. Энэ бол та нараас гарч байгаа хариуцлагагүй бөгөөд бодлогогүй алхам. Бид тус тусын үйлчлэлтэй ч энэ бүхнийгээ болиод та нарын дутуу орхисон ажлыг удалгүй гүйцээх хэрэгтэй болох нь."

"Чуулганд чинь гэм нүгэл одоог хүртэл байгааг мэднэ биздээ?"

Бид яг л эсэргүүцэл, зэвүүцлийн шуургатай нүүр тулж байгаа мэт санагдана. Хүмүүсийн бодож байсан бидний огт мэдээгүй зүйлсийг ч мэдэж авлаа. Маш олон танил илгээлтийн эзэд, найзууд, хамт үйлчилж байсан хүмүүс биднийг Бурханы хүслийг буруу мэдэрч, Эрдэнэт дэх өөрсдийн хариуцлагаас зугтаж байна хэмээн хамтдаа санал нэгдэнэ. Бид гайхаж орхилоо. Багаараа уулзалдан хүмүүсийн хариултуудын талаар ярилцан ямар хариу үйлдэл хийхээ мэдэхгүй байлаа. Хүлээж авсан эдгээр хариултуудаа нухацтай бодох ёстой гэдэг нь тодорхой байв. Хүнд хэцүү үеүдэд маань эдгээр итгэлийн ах, эгч нар маань нөхөрлөл болоод эелдэгээр бидэнд хандаж тусалж байсан шүү дээ. Цулбуураа залуу монгол чуулганд аттуулан явах гэж байгаа талаар тэд санаа зовсондоо бидний төлөө л эдгээр хатуу үгсийг шидээгүй гэж үү? Гэтэл бидэнд зорилгодоо хүрчихсэн гэсэн баталгаа тодорхой байдаг. Ийм зөрчилдөөн дунд бид юу хийхээ үнэхээр мэдэхгүй байв. Аль хэдийнээ энэ тухай чуулгандаа зарлачихаад хэлсэнээсээ буцна гэдэг бол бялуу хийчхээд идэлгүй буцаагаад шүүгээнд хийхтэй адил гэж би үг унагалаа. Хэдий чинийх байсан ч гэлээ даатган өгсөн үйлчлэлийг чинь чамаас хавьгүй дээр хийж буй нэгнээс хэрхэн буцааж авч болох билээ? Эдгээрийг эргэцүүлэн, ярилцаж байхдаа бидний ухаан санаа бараг л орон гаран болж байлаа. Бид дор бүрнээ нээрээ л биднийг явсны дараа хэн нэгэн нь чуулганыг минь олзлон авах вий гэсэн айдас төрж байлаа. Бидний зарим нь гэртээ харих нь Бурханы өмнө хариуцлага алдаж буй мэт мэдрэмжтэй болж, явсан хойно монгол чуулганд маань муу зүйлс болох вий гэхээс эмээнэ. Гэнэт л бидний шийдвэр ацан шалаанд ороод мухардчихсан мэт санагдав.

Энэ асуудлаас болж боссон хар үүл бүрхсэн шуурга мэт асуудал дор бид уулзан ярилцаж, уйлж, залбирч байсан бөгөөд зарим нэгэн оч тэр дунд бас асаж байв. Эзэн Магнус, Мариа хоёрт сануулсан зүйлээс энэ бүхэн эхэллээ. Магнус Эрдэнэтийн чуулганд одоо ч гэм нүгэл байгаа гэсэн буруутгалын тухай бодож байгаагаа хуваалцлаа.

"Гэм нүгэл байгаа нь үнэн, бид тэднээс илүү үүнийг мэднэ" гэж би хариулав. "Тийм ээ, үнэн. Гэхдээ биднийг илгээсэн Швед чуулганд одоо ч гэсэн гэм нүгэл байгааг Ариун Сүнс Мариа бид хоёрт сануулааа." гэж Магнус үргэлжлүүлэхэд "Өө, биднийг илгээсэн Калифорны Вайняард чуулганд ч ялгаагүй гэм нүгэл бий" гэж Луйс нэмлээ. "Өмнөд Орегоны Форскуэр чуулган маань ч гэсэн гэм нүглээс эрх чөлөөтэй биш" гэж Лайнс хэлэв.

Руслан болон Светлана ч энэ жагсаалтад тэдний Сибирь дэх чуулган хамаарна гэж хэлсний дараа бид бүгд ямар нэг зүйлийг ойлгох шиг болов. Чуулган тарилтын багийн хэн маань ч огт гэм нүгэлгүй Христийн биеийн нэг хэсэг байж үзээгүй байж. Чи хэзээ ч үзээгүй зүйлээрээ үр цацан чуулган тарьж болно гэж үү? Бид хэдий дахин 20 жил 120 жил боллоо ч гэм нүглээс эрх чөлөөт чуулганыг тарих боломжгүй юм. Энэ илчлэлт бидний нуруун дээр дарж байсан ямар нэг хүнд зүйлийг авч хаях шиг болов. Гэм нүгэл бол Есүс Христийн санаа тавих асуудал байв. Тэр Өөрийнхөө биеийн тэргүүн биш гэж үү? Түүний сүйт бүсгүйг төгөлдөржүүлэх ажлыг бид Түүний сорвитой гарт аюулгүй үлдээж болохоор байв.

Юутай ч, илгээлтийн эздийн гаргаж ирсэн асуудалд бэлэн бүх хариултууд бидэнд байсангүй. Би харин асуултынхаа хариултыг Үйлс номын 20-р бүлгээс олсон юм. Паул бидэнтэй адил итгэгчидтэйгээ салах ёс хийхээр ижил тайзан дээр зогсож байх үедээ Ефесийн чуулганд юу гэж хэлснийг харцгаая.

Азид хөл тавьсан анхны өдрөөсөө эхлэн та нартай бүхий л хугацааны турш ямар байсныг минь та нар мэднэ. Би Эзэнд даруу зан хийгээд нулимстайгаар, иудейчүүдийн далдуур хуйвалдааны улмаас надад тохиолдсон сорилт дунд үйлчилж байсан. Та нарт тустай гэсэн болгоныг би огоороогүй ба нийтэд чинь болон айлаас айлд сургаж, Бурханы өмнөх гэмшил, бидний Эзэн Есүс Христэд итгэх тухай иудейчүүд болон грекчүүдэд гэрчилсэн. Харин одоо үзэгтүн дунд чинь явж, хаанчлалыг тунхаглаж явсан миний царайг та бүгд дахин харахгүйг би мэднэ.

Тиймээс би бүх хүний цусны буруугүй гэдгээ та нарт энэ өдөр гэрчлэх байна. Учир нь би Бурханы бүхий л төлөвлөгөөг та нарт мэдүүлэхээс зайлсхийсэн нь үгүй билээ. Бурхан Өөрийн цусаар Өөртөө өмчилж авсан Бурханы чуулганыг хариулуулахаар Ариун Сүнс та нарыг харгалзагч болгосон бөгөөд та нар өөртөө болон бүх сүрэгт анхаарал тавь.

Намайг явсны дараагаар, сүргийг үл өршөөх хэрцгий чононууд та нарын дунд орно гэдгийг ч би мэдэж байна. Та нарын дундаас ч дагалдагчдыг өөрсдөдөө татах гажууд зүйлсийг заах хүмүүс гарч ирнэ. Иймээс гурван жилийн турш өдөр шөнөгүй хүн бүрийг нулимс унаган тасралтгүй сэнхрүүлж байсныг минь санан дурсаж сэрэмжтэй байгтун.

Эдүгээ та нарыг босгон, ариусгагдсан бүхний дунд өв өгөх чадалтай Бурханд ба Түүний нигүүлслийн үгэнд би та нарыг дааттаж байна.

Тэр үүнийг хэлээд тэдний хамт өвдөг сөгдөн залбирлаа. Бүгд чангаар уйлалдан, Паулыг хүзүүдэн дахин дахин үнсэцгээв.

Үйлс 20:18-37

Шинэ Гэрээн дээрх чуулган тарилтын тухай бидний ашигласан гарын авлага бүхий энэ түүх бол Магнус, Мариа нарт анхлан өгөгдсөн илчлэлтийн төгсгөл байлаа. Бурханы амьд Үг зүрхэнд минь хурсан байсан хүмүүсийн шүүлтээс биднийг чөлөөлсөн юм. Гэнэт л Монголоос явах тухай сонссон үг Бурханаас гэдэг нь тун илэрхий боллоо. Элч Паул ч мөн бидний суух гэж буй ижил завин дотор байжээ. Энэ залуу чуулгантай бид хамт байсан ч байгаагүй ч шуурга ирнэ гэдгийг бид мэдэж байлаа. Гэхдээ Паул өөрийг нь явахыг зөвшөөрсөн Бурханы чиглүүлгийг мэдэж байв. Тэд юуг хүлээн авсныг тэр мэдэж байлаа - уучлал, итгэл, Хаанчлал болоод Бурханы хайр. Эдгээр нь ирж буй бүхнийг сөрөн зогсоход хангалттай "Бурханы чамайг мэдээсэй гэсэн бүх зүйлс"юм. Тэр чуулган бол Бурханы Есүсийн цусаар худалдан авсан өөрийнх нь өмч гэдгийг мэдэж байсан. Бурхан Өөрийнхөө мутарт байгаа зүйлсээ хамгаалах чадалтай.

Паул мөн чуулганы ахлагч нар нь түүгээр сонгогдсөн бус харин Сүнс тэднийг дуудан байх ёстой газар нь байршуулсан гэдгийг мэдэж байв. Энэ ухаарал ойлголтуудыг ойлгоод бид сая нэг гүнзгий амьсгаа авцгаав. Бид маш их урам авцгаасан бөгөөд Паулын бичсэнийг уншихдаа түүний дотор болж байсан бүхнийг мэдрээд зогсохгүй, тэр Ефест гурван жилийн хугацаанд чуулган тарьсан гэдгийг уншаад чангаар инээлдэцгээж билээ. Мэдээж энэ нь саяхны болсон түүх биш ч элч нар ажлаа гүйцэлдүүлэхэд гурван жил хүрэлцээтэй байсан гэсэн Библи дээрх баримт бидэнд байв.

Бид өөрсдийгөө урамшуулан шийдвэр дээрээ баттай зогсон, хувь заяандаа итгэлтэйгээр урагшилж эхэллээ. Бидний ажил дуусч байгаа гэдгийг бид мэдэж байсан бөгөөд чуулган хөл дээрээ өөрөө босон зогсоход тунчиг бэлэн байсан юм.

XXXIII бүлэг

Буухиаг дамжуулсан нь

Тэртээ 1996 оны Амилсаны баярын ням гарагт Монголын хувьд болоод Христийн бие болсон чуулганы хувьд түүхэн үйл явдал тохиов.

Тэр өдрийн өглөө багийнхан маань цуглан сүүлийн удаа Магнусын амьдардаг орон сууцны байранд нь өглөөний цай уувгаалаа. Шведүүд үндэстнийхээ шарвинг (pancake) хийж өгсөн нь америкуудын хувьд зүрхнээс гарах хайрын үйлдэл байсан бол энэ нь Шведүүдийн хувьд оройн хоолны өмнөхөн иддэг энгийн л зүйл байв. Бид өмнөө байгаа сэтгэл хөдөлгөм төлөвлөгөөгөө ярилцана. Амилсаны баярын цуглаан дээр монгол чуулганд удирдлагыг гардуулан, манай гэр бүл нутаг уруугаа, харин багийн бусад хэд маань хэл зааж байсан гэрээгээ дуусгаад мөн л нутаг буцахаар төлөвлөж байв. Амилсаны баярт ирсэн хүмүүст удирдлагын эрх мэдлийн энэхүү шилжилтийг маш тодорхой, бүр нүдэнд харагдахуйц байдлаар хийх саналыг би дэвшүүлэв. Буухиа уралдааны дүрслэлээр удирдлагыг шилжүүлэх зураглал болгон илэрхийлэхээр шийдэв. Монголчуудад олимпын нэг төрөл буухиа уралдаан ичнээ танил байсан бөгөөд тухайн жил нь олимп болох гэж байсан учраас энэ нь хүн бүрийн дотор байлаа. Кардон болон тугалган цаас, лент ашиглан бид буухиа гүйлтэд дамжуулдаг модыг (батон) хийсэн нь бусдад үүнийгээ нүдэнд харагдахуйц байлгахыг зорьсных байв. Өглөөний цайны дараа аяга тавгаа угаагаад, багийнхан маань хамтдаа баяраа тэмдэглэхээр түрээслэсэн танхим руугаа алхцгаав.

Эрдэнэтийн Есүсийн чуулганы Амилсаны баяр босоо хүлээн авалт маягаар үргэлжлэв. Хотын хамгийн том танхимыг дүүргэн 800 гаруй хүн цуглажээ. Бид хожим нь тухайн танхимыг хариуцаж байсан хүн ар араасаа цувран хүмүүсийг хараад хаалгаа барьснаар, хүмүүс ирээд дотогш орж чадаагүй буцсан болохыг сонссон юм. Тэр өдөр

Есүсийг магтахаар цугласан хүмүүс, чуулган тарьсан элчийн багийнхан удирдлагын эрх мэдлээ нутгийн чуулганы ахлагч нарт гардуулах ёслолын гэрч нар болцгоосон юм. Бид үүнийгээ тайлбарлан, буухиа гүйлттэй жишин, болж байгаа үйл явдлыг үйлдлээрээ үзүүллээ. Чуулган таригч нарыг төлөөлөн Магнусын болон манай гэр бүл буухиаг монгол удирдагч нарт бүрэн эрх мэдэлтэйгээ хамт дамжуулсан юм. Энэ нь яг л бид энэхүү уралдаанд гараанаас гүйсээр тогтсон зурвас дээр тэдэнд буухиаг дамжуулан тэдний гүйх ээлж эхлэж байгааг илтгэв. Тэд бэлэн байлаа. Батоныг дамжууллаа. Түүхийн туршид анх удаа, монгол хэв маяг шингэсэн нутгийн чуулган монголчуудын гарт бүрэн очлоо. Тэднийг хадаасны сорви болсон Христийн гарт бид үлдээсэн юм. Хэдий салах ёс хийх амаргүй ч тэр ёслол тэр чигтээ баяр хөөрөөр дүүрэн байв. Чуулганд маань 450 усан баталгаа хийлгэсэн итгэгчид байсан бөгөөд танхимд цугласан бусад нь анх удаа ирсэн хүмүүс байв.

Буухайг дамжуулахыг өмнө.
Магнус батоны утга учрыг тайлбарлаж буй мөч.

Тэр өдрийн ёслол дуусахад би Русланы хамт Орос чуулган руу гүйлээ. Чуулганы хувьд тэд хоёр дахь удаагаа усан баптисм хийж байсан бөгөөд эхнийхийг нь би гардан хийж байсан бол энэ удаа тэд намайг тэнд байлцахыг хүссэн юм. Тэнд очиход харин Орос итгэгчид маань намайг бассейн руу ороод тэдэнд усан баталгаа заавал хийх ёстой хэмээн шаардав. Би бэлтгэлгүй, өмссөн хувцас маань ч үүнд тохиромжгүй хэмээн татгалзсан ч тэд хүлээж авсангүй. Би өмднийхөө оронд том алчуур ташаагаа тойруулан ороогоод шинэхэн 13 итгэгчдэд (тэдний дунд бүхэл бүтэн гэр бүл ч байв) усан баталгаа хийв. Үүний дараа би яаралтай явах ёстой болж буйдаа хүлцэл өчөөд гэр бүлийн маань ачааг аваад галт тэрэгний буудал явж байгаа машинаас хоцрохгүй гэсэндээ хар эрчээрээ гүйн тэндээс гарлаа. Би түргэхэн гэгч биеэ хатаагаад хувцсаа өмссөн ч нэвт норсон дотуур өмдөө өмсөлгүй гэр лүүгээ гүйсэн юм. Дотуур өмдөө гартаа бөөрөнхийлөн атгасаар зорьсон газраа очиход гарт маань бөмбөг шиг хөлдчихсөн байв. Бүх л өдрийн турш тэнгэрт тулам сүнслэг ажлуудад оролцож явснаа бодоход Бурхан буцаагаад газарт нь буулгах арга замыг үргэлж мэдэх юм даа хэмээн бодов.

Машинд бүх ачааг аччихсан байсан бөгөөд би амжиж очлоо. Машинд манай гэр бүл, бүх ачаа, бидэнтэй салах ёс хийхээр ирсэн олон найзуудын хамт шахцалдан галт тэрэгний буудал руу явав. Биднийг очиход, ачааг маань ядах зүйлгүй олон гар оролцон галт тэрэг дотор зөөж орууллаа. Маш олон хүмүүс тэнд бидэнтэй салах ёс хийхээр иржээ. Бид галт тэрэг хөдлөх хүртэл хамтдаа магтаж, залбирч, уйлж, бие биенээ тэврэв. Дотны найзууд болон багийнхантайгаа дахин хэзээ уулзахаа мэдэхгүй баяртай гэж хэлэхэд зүрх зүсэм байв.

Галт тэрэгний зорчигчийн тавцангаас салах ёс хийж буй мөч.

Охид маань бусад бүх газраас илүү удаан амьдарсан гэрээ орхиж байлаа. Алисын хувьд үүнээс өөр санаж байгаа гэр бараг байхгүй биз. Гэхдээ галт тэрэг бидний сэтгэл хөдлөл, салах ёсыг бодоод хэсэг саатах биш дээ, алгуулхнаар Эрдэнэт өртөөнөөс хөдлөхөд найзууд маань дагаж гүйлдэж, гараа даллана. Жедидая хүүгээ оршуулсан толгодыг цонхоор харахад Луйс бид хоёрын нулимс дөнгөж хатаж байлаа. Ардаа юу үлдээж байгаагаа бодоход нулимс дахин хацар даган бөмбөрлөө.

. . . галт тэрэг удаанаар урагшилж, бид алслан холдсоор . . .

Маргааш өглөө нь Улаанбаатарын галт тэрэгний өртөөн дээр ирэхэд Лэдэрвүүдийн гэр бүл биднийг тосож, үдэлтийн өглөөний цай уухаар Mongolian Enterprises-руу явлаа. Өглөөний цайны дараа Хелен, Ричардсон, Рик, Лаура болон тэдний хүүхдүүд сүүлийн удаа биднийг үдэн гаргахаар онгоцны буудал руу хөдлөв. Бараг л гурван жил гаруй хугацаанд гэр минь болсон үрчилж авсан энэ нутгаасаа бид ниссээр, алслан алслан холдлоо.

XXXIV бүлэг

Төгсөшгүй үргэлжлэх зам

"Чи зөгнөлийг биелүүлж ирсэн атлаа, зөгнөл, иш үзүүллэгт итгэдэггүй гэж үү? Энэ бүх адал явдлууд, амьд үлдсэн шалтгаан ердөө чиний тусын тулд зүгээр л аз таарсан хэрэг гэж чи бодоогүй биздээ? Та бол үнэхээр сайн хүн ноён Баггинс. Та надад таалагддаг. Гэхдээ үнэн гэвэл та энэ өргөн дэлхийд ердөө л өчүүхэн нэг хүн шүү дээ.

"Хоббит" Ж.Р.Р Толкин

Монголоос бид Денмарк улсын Копенгагенд очин, хоёр сарын турш Европ тивээр аялалаа. Луйс бид хоёр нийт 11 улсад очихдоо, хэд хэдэн YWAM-ын кампус болоод найзуудынхаа чуулган дээр Бурханы Эрдэнэтэд хийсэн гайхамшгийн талаар хуваалцсан юм. Охид маань сайн аялагч байсан ч соёлын хувьд ондоо байдал тэднийг минь төөрөгдүүлэх шиг. Парист Луврын музейд өнгөрүүлсэн бүтэн өдрийн дараа хамгийн өндөр сэтгэгдэл төрүүлсэн зүйлийг тэднээс асуухад хариулт нь Мона Лиза, Winged Victory (далавчит хөшөө) эсвэл Venus de Milo байсангүй. "Доод давхарт идсэн амттан" тэдний хамгийн сайхан дурсамж байв. Харин таван сартай жирэмсэн байсан Луйсын хувьд 15-р зуунд зурагдсан Паула Веронесегийн Кана дахь Хурим (The Wedding at Cana) уран зураг хамгийн таалагдсан гэж хэлсэн ч үнэндээ зурагны доор байсан тухтай сандал гол шалтгаан нь байсан гэдгийг хожим хүлээн зөвшөөрсөн юм. Музейгээс гараад Салзбүрг дахь "The Sound of Music" аяллыг хийхэд илүү таатай байлаа. Европ бидний хувьд ардаа үлдээж байгаа зүйлсээс сэтгэлээ амраах сайн зам байсан юм. Монголоос олон цагийн нислэгийн дараа Калифорнид шууд газардсан бол өөрийн нутагтаа эргээд очих соёлын шокыг нэмэгдүүлж, бид бүхэн баргар царайлах байсан биз.

Бид Калифорни мужийн Атаскадеро дахь ээжийнхээ гэрт

ирж, биднийг илгээсэн нутгийн хоёр чуулганы үйлчлэлдээ эргэн орж, эмээгийн гэрт шинэхэн үрээ өлгийдөн авахаар бэлтгэж эхэллээ. Бид Карибын арлуудад байрлах YWAM байгууллагын чуулган тарих илгээлтийн эздийг бэлтгэн, илгээх үйлчлэлд нэгдэхээр бэлдэж байсан ч эхлээд хүүхдээ мэндлэхийг хүлээж байв. Эцэг эх хоёр маань дуу чимээ ихтэй өнөр өтгөн гэр бүлийг маань зуны турш гэртээ байлган, хангаж байсан нь юутай талархууштай.

8 сарын 10-ны өдөр Петр Магнус маань Хоганы гэр бүлд мэндэллээ. Өөр нэгэн хүүг гэр бүлдээ өлгийдөн авсан тэр баяр хөөр хэмжээлшгүй их байв. Мэдээж шинэ хүү минь Жедидаяг орлохгүй ч Тэнгэрлэг Эцэг шинэ эхлэлд маань тайтгарал болгон түүнийг итгэмжтэйгээр бидэнд илгээсэн юм. Би магистрын диплом горилон "Норе" Олон Улсын Их Сургуульд бүтэн цагийн оюутан болж, "Соёл хоорондын судлагдахуун"-д анхаарлаа хандуулж эхэллээ. Сургууль маань Өмнөд Калифорнид байрлаж байсан ч би зайнаас суралцан, гэрээсээ өөрийн магистрын зэргээ хамгаалсан юм. Би Доктор Ралф Винтерийн хөгжүүлсэн Дэлхийн Христитгэлийн Үндэс Суурь хөтөлбөрөөр суралцсан анхны оюутнуудын нэг болов. Энэ бол миний суралцаж байсан хамгийн шандас шалгасан гайхалтай зүйлсийн нэг байсан юм.

Бид 1998 онд Калифорни мужийн хойд хэсэгт байрлах манан будан бүхий сэрүүхэн Хамболдт руу дахин нүүлээ. Хойд эргийн улаан модлог хэсэгт бид гурван жилийн өмнөөс л сонирхож байсан "Чуулган тарилтын дасгалжуулагчид" гэх үйлчлэлд нэгдсэн юм. Кевин болон Лаура Саттер нар YWAM-ын энэхүү олон улсын үйлчлэлийг хоёулахнаа гардан хийж байсан ба хүн хүч эцэст нь нэмэгдэж байгаад баяр хөөрөөр дүүрэн байв. 2013 онд Луис бид хоёр Арканзас мужийн Фаютевилид байшин худалдаж авсан бөгөөд хаягаа сольсон ч үйлчлэлдээ хэвээр үлдсэн юм. Озарк дахь өөрсдийн гэрээсээ бид 300 гаруй YWAM-ын чуулган тарилтын багуудыг дэлхийн өнцөг булан бүрээс бэлдсэн юм. Би YWAM-ын сургалтууд болоод Илгээлтийн Зөн Хараа хичээлийг заахаар ийш тийш нилээдгүй аялдаг бөгөөд чуулгануудад сайнмэдээ хүрээгүй үндэстнүүдийн дунд өсөн үржихийг харахаар сургалтын материал, нөөцүүдээ сайжруулсаар байна.

Монголоос явснаас хойших өнгөрсөн хугацаанд бид хэд хэдэн удаа эргэж очсон. Тэнд очихдоо хамт үйлчилж байсан Матс түүний эхнэр Чимгээ болоод бяцхан Швед-Монгол Лиза нарын зочломтой байдлыг хүлээн авсан юм. Чимгээ бол Эрдэнэтийн анхны итгэгчдийн нэг бөгөөд түүний дүү охин нь Жэдийг өнгөрдөг Христмас баяраар өөд болсон охин юм.

Хоёр удаа очихдоо би Эрдэнэт YWAM-аас жил бүр явуулдаг Илгээлтийн Сургуульд чуулган тарилтын талаар заасан билээ. Монгол гэр дотор суугаад Хаанчлалыг тэдний дунд тэлэхдээ цөөхөн хэдэн жилийн өмнө ашиглаж байсан Шинэ Гэрээний зарчмыг монгол илгээлтийн эздэд заана гэдэг ямар гайхалтай үйл явдал байсан гээч.

Эдгээр аяллуудын үеэр би эцэст нь хүүгийнхээ шарил дээр булшны чулууг нь байрлуулсан юм.

Жедийн булшин дээр очсон нь

Жедийн булш GPS-ын N49°07.471′   E104°09.808′ олицол дээр байдаг

Бид гэр бүлээрээ 2000 онд Монголд зочилж очсон. Энэ удаагийн аялал бидний хувьд маш тааламжтай чухал цаг байсан юм. Энэ удаа SOFM буюу Илгээлтийн Сургуульд би сүүлийн удаа хичээл зааж өөрийнхөө оронд хичээл заах хүнийг бэлтгэлээ. Баяраа маань өөрийн хүсэлтээр чуулган тарилтын сургагч багш болжээ. Айлчлалын төгсгөлд, Эрдэнэт дэх сүүлийн орой би мухар олгойн үрэвсэлээр өвдсөнөө мэдлээ. Биеийн байдал маань олон улсын нислэг үйлдэх боломжгүй байсан учраас би эцэст нь Эрдэнэт дэх Орос эмнэлгт хагалгаанд оров. Энэ түүх миний бичсэн "Амь өрссөн адал явдал А-Я" (An A to Z of Near-Death Adventures) номонд бичигдсэн болно. Үүнээс хойш таван жилийн дараа би Монголын хөрсөн дээр дахин хөл тавьсан юм.

2005 оны 11-р сард би Эрдэнэтэд жил бүр зохион байгуулдаг Илгээлтийн Чуулганд номлохоор ирлээ. Тэд намайг гол зочин номлогчоор урьсан юм. Тэртээ 1996 онд бидний удирдлагын тугаа шилжүүлэх уулзалт болж байсан танхим бүтэн долоо хоногийн турш хүчин чадлаасаа давсан олон хүнтэй байсныг хараад би алмайрч билээ. 700 хүнд зориулагдсан танхимд 1000 хүн шахцалдан орсон байв. Оролцож байгаа хүмүүсийн суудалгүй хоцорсон нь бүгдээрээ зогсож байсан бөгөөд хэдэн жилийн өмнөөс багтаамжаа дийлэлгүй тэд зөвхөн урилгатай хүмүүсийг л оруулдаг болжээ.

Нэгэн завсарлагааны үеэр сайхан хувцасласан дунд эргэм насны монгол эр надтай ирж мэндэллээ. Тэрээр өөрийгөө танилцуулаад намайг таньж байсан ч би өөрийг нь танихгүй байх гэж нэмж хэллээ. Тэр одоогийн Есүсийн чуулганы ахлагч нарын нэг юм. Надтай анх уулзсан тэр өдрийнхөө тухай ийн ярив.

"1996 оны хаврын нэгэн ням гарагийн өглөө би энэ танхимд болж байсан том цугларалтад найзынхаа хамт ирсэн юм. Хүмүүс баярлан хөөрөлдөж байсан ч намайг татах зүйл нь тэр байсангүй. Харин уулзалтын төгсгөлд би өмнө нь огт харж байгаагүй, бүр сонсож ч байгаагүй нэгэн үйл явдлын гэрч болсон юм. Та хэсэг нөхдийнхөө хамт тайзан дээр гараад хийсэн үйлдэл тань намайг гайхшруулсан юм. Та цуглааны удирдлагын эрх мэдлийг тэр үед бодитоор шилжүүлсэн. Та энэ асар олон хүмүүсийн удирдагч байсан атлаа эрх мэдлээ монголчуудад гардуулан өгөөд эндээс явсан. Хэн ч өмнө нь ийм зүйл хийж байгаагүй юм! Би юу болоод байгааг сайн ойлгоогүй ч, эргээд энэ газар ирэх ёстой гэдгээ мэдэж байсан. Үүнээс сарын дараа би Есүсийн дагалдагч болсон бөгөөд 10 жилийн дараа гэхэд чуулганы удирдагчдын нэг болжээ. Таны дагалдагч нар таны үлгэр жишээг даган Бурханы дуудаж байгаа шинэ зүйл рүү орохдоо эрх мэдлээ дараагийн хүндээ гардуулж сурчээ. Тиймээс би тантай дахин уулзахыг хүссэн юм.

Баярлалаа."

Тус конференц дээр би Баагий, Нараа хоёртой уулзаж өнгөрсөн хугацаанд юу болсон тухай хөөрөлдлөө. Энэ залуу хос бол Монголын шилдэг чуулган таригчдын нэг билээ. Баагий Есүсийн чуулганы анхны 14 дагалдагч охидын нэг нь юм. Харин түүний нөхөр Нараа биднийг Монголд байх үед шоронд хоригдож байжээ. Шоронгоос суллагдаад тэр Эрдэнэтэд ирж итгэлийн амьдралаар амьдарч, дагалдагч болжээ. Нараа, Баагий хоёр маань гэр бүл болж чуулган тарихаар илгээгджээ. Тэдний алсын хараа бол Монголын хоёр дахь том хот болох Дархан байсан юм. Хамгийн сүүлд тэдэнтэй уулзахад би Эрдэнэт явж байлаа. Шөнө дунд галт тэрэг Дарханд түр зогсолт хийх үед тэд миний сууж явсан тасалгаанд орж ирээд хэсэг хугацаанд ярилцан суусан сан. Тэд хэлэхдээ Дарханд жил болж байгаа бөгөөд аль хэдийн 110 хүнтэй чуулган тарьсан бөгөөд 3 салбар чуулгантай гэнэ. Би бүр догдолсондоо тэднийг явсны дараа ч буцаад унтаж чадаагүй юм.

Нараа, Баагий хоёртой галт тэргэнд

Үүнээс хэдэн сарын дараа би Баагийгаас Дархан дахь чуулганы бэлтгэсэн удирдагч нартаа удирдлагын тугаа шилжүүлж байгаа зургийг хүлээж авлаа. Бид эрх мэдлээ нүдэнд харагдахуйц байдлаар шилжүүлсэн тэр нь санаандгүй хөдөлгөөн болж ямар үр жимсийг гаргаж байгааг харах сэтгэлд өег байв.

Тэр конференц дээр Баагий, Нараа хоёртой уулзаад би явуулсан өнөө зурагных нь тухай асуулаа. Дарханд пасторууд хэвээрээ үлдээгүйд нь би хувьдаа гайхсан талаараа ч тэдэнд хэлсэн юм. Харин тэдний хариулт намайг жинхэнэ гайхшруулж орхив. "Гэхдээ Браин, бид чинь элч нар шүү дээ. Элч нар байрандаа үлддэггүй, харин явдаг" гэж билээ. Тэр л загварыг хүмүүс харж, ойлгож, олшруулж, даган дуурайж байсан юм.

Зүүн талаасаа: 1. Монгол чуулган таригч нар Хархорин дахь салбар чуулганаас Хятадын Гансу дахь Дангшиан руу илгээгдэж байна. 2. Соёл дамнасан чуулган таригч нарыг YWAM Эрдэнэтийн Тэргүүн Шугамын Илгээлтийн Сургуульд бэлтгэж буй нь. 3. Буриад ястны итгэгчдэд манай дагалдагчид хүрч, тэд илгээлтийн сургалтын хүсэлт өгч буй нь. 4. Зохиолч, Байкагийн хамт ("Итгэл дотроо гашуудах нь") 2011. 5. Зохиолч, хүү Петр Магнусын хамт Жедидяагийн нэрээр нэрлэсэн JU-2114 онгоц дээр зочилсон нь. 6. Дагалдагч нар маань Жедийн булшин дээр магтаалын дуу дуулж буй нь. 7. Төлөгдсөн төлөөсийн эрэгцүүлэхүй. Есүс бол алдарыг авах зохистой. 8. Баагий, Нараа хоёр чуулганы 2011 онд удирдаж буй нь. 9. Улаанбаатарын Зайсан дээрээс зохиолчийн хүү Казак үндэсний бүргэдтэй хамт. 10. Зохиолч Eagle TB-д "Монгол чуулганы 20 жил ой" шагналыг авахдаа ярилцлага өгч буй нь. Голд нь:

Тус шагнал Браин ба Луйс Хоган нар Монгол чуулганаас өгсөн болно.

Тайлал: Найдвар дор гашуудах нь

Тэртээ 1997 оны Талархалын баяраар Байка бид хоёр төгсгөл нь үл харагдах номхон далайн дээгүүр ширтэн зогсоход тэрээр намуухнаар "Хүүгийнхээ үхэлд гашуудсан тухай тань сонссон минь, амьдралдаа мэдэрч байсан хамгийн гайхамшигтай зүйл байсан шүү" гэж хэлж билээ.

Байка Пунцаг(Пунцаг овогтой Баярмагнай) бол Америк дахь анхны монгол чуулган болох Денверийн Гайхамшигт Нигүүлсэл цуглааны пастор бөгөөд бид талархалын баярыг санаанд оромгүй байдлаар хамт өнгөрүүлсэн юм. Улаанбаатар дахь Солонгос удирдлагатай чуулганы итгэмжит ажилчин байсан тэрээр аяллын визээр Калифорни мужийн Чико дахь YWAM төвд ирсэн байв.

Байка тэнд хэдэн долоо хоног байсан бөгөөд тэндхийн хүмүүст YWAM-тай хамтран Монголд үйлчилж байсан Хоганы гэр бүлтэй холбогдохыг үнэхээр их хүсч байгаагаа хэлээд бидниг Калифорнид амьдарч байгааг дурджээ. Чикогогийн ажилтнууд эрж хайсны эцэст бидний дугаарыг олсноор би хэзээ ч уулзаж байгаагүй Байка гэх хүнтэй харилцуурын цаанаас холбогдсон юм. Тэр 400 бээр буюу 644 км өмнө зүгт байрлах Лос Осос дахь манай гэрт талархлын баяраар хамт байхыг хүсэж байгаагаа хэллээ. Баярын үеэр хүн бүр гэр гэртээ харьж YWAM-ын кампус хүнгүй хоосон байх биз гэж би таамагласан юм. Түүнийг надтай ямар холбоотой эсэхийг гайхаж байсан ч, асуувал бүдүүлэг хэрэг гэж бодоод, манай гэр бүлийн хаалга түүнд нээлттэй гэдгийг мэдэгдлээ. Нэг нэмэлт зүйл хэлэх хэрэгтэй нь би түүнд хот хоорондын Грэйхаунд автобусны билет худалдаж авч өгөх хэрэгтэй болсон юм.

Лос Ососд ирсэн даруйдаа л Байка хэзээний манай гэр бүлийн гишүүн мэт санагдаж байж билээ. Луйс бид хоёрт төрсөн дүү шиг минь басхүү хүүхдүүдэд минь хөгжилтэй том ах шиг нь байв. Петр Магнус хүүгийн минь хэлсэн анхны үгүүдийнх нь нэг нь Байка байсан юм. Монгол улс далайд гарцгүйг мэдэх учраас далай урьд нь харж байгаагүй түүнийг бид Атаскадеро Стэйт далайн эрэг рүү аваачиж далай харуулна гэхээс тэсч ядаж байлаа.

Байка хязгааргүй уудам Номхон далайн сүр жавхлант байдлыг

гайхан бишрэн байгаа нь миний төсөөлсөн шиг сэтгэлд дүүрэн байв. Хамтдаа алхаж явахад тэр далайн сүр жавхланд сая нэг сэтгэл нь бахдаж дуусаад хясаа, дун зэргийг цуглуулан явахдаа өөрийн бодлыг хуваалцсан юм.

"Та намайг яагаад танай гэр бүлийг зорьж ирсэнд гайхаж байгаа байх." Түүний нүдэнд үсэрсэн оч нь магадгүй өдрийн дээр мандсан нар мэлмийд нь ойсных биз.

"Би асуухыг хүсээгүй юм. Гэхдээ сониучирхаж байна шүү. Тэгээд яагаад гэж?"

"Бид хэдийгээр та нартай Монголд уулзаж байгаагүй ч би танай гэр бүлийг мэддэг байсан." Надтай хэзээ ч уулзаагүй хэрнээ дүү шиг минь тэр залуу олон жилийн өмнөх өөртөө тохиолдсон түүхээ хуваалцсан юм. Энэ түүх түүний хувьд сэтгэлд нь гүн үлдсэн түүх байлаа:

Би Монголд Христийн сайнмэдээ орж ирж байсан тэр эхэн үед итгэлээрээ аврагдсан юм. Манай найз бид хоёр Есүсийг үнэхээр их хайрлан бүхий л цагаа Түүнийг магтан өнгөрүүлэхийг хүсдэг байлаа. Би Улаанбаатар дахь чуулганыхаа олон үйлчлэлд оролцож эхэлсэн. Бид бүгдээр завгүй байсан бөгөөд эргэн тойронд болж байгаа зүйлс аажмаар зүрх сэтгэлийг минь Есүсээс холдуулж байгааг ч анзаараагүй юм. Намайг дагаад Есүст итгэх байхаа гэсэн итгэл өөрлөн би нэгэн охинтой үерхэж эхэлсэн ч миний хүссэнээр болсонгүй. Тэр миний итгэлийг болоод чуулганы ажлыг минь шүүмжилж эхэлсэн. Тэр үеэр манай чуулганы пастор болох Солонгос илгээлтийн эзэн цуглааны удирдлагад байхын тулд Солонгост семинарт сурах ёстой гэж хэлсэн юм. Монгол чуулганыг удирдахын тулд Солонгос хэл сурах хэрэгтэй гэдгийг сонсоод би урам хугарав. Миний найдвар тасарч байлаа .

Эцэст нь би тэмцэлдээ бууж өгсөн юм. Миний баяр хөөр ч үгүй болж, би зүгээр л бүхнийг орхихыг хүсч байв. Би энэ бүхнийг хурдан шийдэхээр чуулганы үйлчлэлийн ахлагч нарын Шинэ жилийн өмнөх өдрийн уулзалтанд очлоо. Очоод би тэдэнд үйлчлэлээ өгөх талаар зарлах гэж байсан юм. Би үнэхээр пастортай нүүр тулахыг хүсээгүй ч, найзууд маань хов жив болгон сонссоноос миний амнаас энэ бүхнийг сонсох ёстой гэж бодлоо. Миний зүрх сэтгэл тэр үед их хүнд байсан. Би Есүсийн тухай ч дахин бодохоо больсон байв.

Би уулзалтанд орохдоо эхэнд нь хурдхан шиг хэлэх зүйлээ хэлээд тэндээс явахаар төлөвлөж байв. Намайг ярьж эхлэхээс өмнө нэг залуу хатагтай Эрдэнэт рүү Христмас баяраар очсон тухайгаа догдлон зогсоо зайгүй ярих нь тэр. Надад эхэндээ яршигтай санагдаж байв.

Тэр охин надаас удаан чуулганы үйлчлэлд байсан юм. Тэр Магнус, Мариа хоёртой хамт Эрдэнэтэд чуулган тарихаар явсан бидний эчнээ танил Баяраа дээр зочлохоор явсан байж. Христмас баярын үеэр болсон аймшигтай гэнэтийн үхлийн талаар ярив. Тэр мөн ажил явдлын дараа танайд очсоноо болоод дурсгал хүндэтгэлийн ёслолд очсоноо ч ярьлаа. Тэр бидэнд Луйс та хоёр энэ аймшигт явдалд ямар хариу үйлдэл үзүүлсэн тухай ярихад бид бүгд асгартлаа уйлсан юм.

"Энэ бүхнийг сонсох миний хувьд нэр төрийн хэрэг. Бид бүгд л тэр Христмас баяраар их л уйлсан даа," гэж би Байкад хариуллаа.

"Гэхдээ бидний уйлсан шалтгаан тэр байгаагүй юм. Бид таны гашуудлаас ухаарсан зүйлдээ уйлсан юм."

Би толгой эргэж гүйцэн, "Юу гэнээ…?" гэж гайхширахад.

"Хүүгийнхээ үхэлд найдвар дор гашуудсан тухай тань сонссон минь, амьдралдаа мэдэрч байсан хамгийн гайхамшигтай зүйл байсан шүү," гэж Байка хэлсэн юм.

Үүнийг сонсож байх зуур жил хагасын өмнө Эрдэнэтийн итгэгч нартай салах ёс гүйцэтгэж байхад тэдний хэлсэн маш ойролцоо үг толгойд минь зурсхийн орж ирлээ. Бидний гашуудал гайхамшигтай зүйл байсан гэж тэдний хэлснийг би хурдан мартаж орхижээ. Гэхдээ учрыг нь би тэр үед олоогүй юм. Миний нууж чадахгүй тэр уй гашуу Эзэний Хаанчлалыг муу дүртэй харагдуулж байгаад би тухайн үед санаа зовж байсансан. Бид Бурханаас Америкт гэр бүлтэйгээ ирээд олонд нулимсаа үзүүлэлгүй гашуудахыг зөвшөөрөөч гэж гуйж, шалж байсан ч Тэр эхнэр бид хоёрт хоёуланд нь хамгийн хүнд хэцүү энэ үедээ Эрдэнэтэд бай гэж маш тодорхой хэлсэн учрыг нь ололгүй гайхширлаа барж байсан юм. Би эмх замбараагүй, ундуй сундуй зүйлсээр дүүрэн өрөөгөө хүнд нээж өгч байгаа хүн шиг гайхан байж, "Надад чи илүү тодорхой тайлбарлаач, Байка? гэж түүнээс асуулаа.

"Браин, монголчуудын хувьд энэ нь юу болохыг та ойлгохгүй байх. Танай улсад бол хүн бүр л үхлийн дараах амьдралд итгэдэг бололтой. Харин монгол хүмүүст тийм итгэл найдвар байдаггүй. Хайртай хэн нэг нь үхсэн бол бидний хувьд үүрд үгүй болж байгаатай адилхан! Тэр хүмүүстэйгээ дахин уулзахгүй, дахин харахгүй шүү дээ. Хүүхдээ алдсан монгол эх хүн заримдаа ухаан санаа нь бүр самуурч орхидог. Гэхдээ танай гэр бүлийн хувьд огт өөр байсан. Та нар бол монголчуудын хамгийн анх өөрсдийн нүдээр харж, чихээр сонссон найдвар дор гашуудсан хүмүүс байсан юм. Жедийн дурсгал хүндэтгэлийн ёслол дээр хэлсэн итгэлийн тунхаг болоод ажил явдлын дараа та орон сууцандаа хүмүүст заасан тэр дуу гээд, хэдий хүү тан эргээд ирэхгүй ч, та хаашаа явж байгаа тухай мэдэж байсан нь санаанд бууж байна. Тэр үед болоод түүний дараа ч хүмүүс таныг ажиглаж л байсан шүү дээ. Танай гэр бүлийг *найдвар дор гашуудахыг* харсан нь монголчуудын дотор байсан тэр хоосон орон зайг дүүргэх шиг болсон юм. Танай гэр бүлийн уй гашуугийн тухай сонсохдоо миний сонссон бүх зүйл жинхэнэ юм байна гэдгийг би мэдсэн юм. Библи, Есүс, Мөнхийн улс гээд бүгд жинхэнэ. Тэр Шинэ жилээр бидний асгартлаа уйлсан шалтгаан нь бид итгэдэг зүйлээ үнэн гэдэг тэр баталгааг авсных байсан юм.

Би өөрийнхөө хийхээр бодож байсан зүйлээ итгэлийн ах эгч нарынхаа өмнө улайсан юм. Би үргэлжлүүлэн Есүсийг дагасан бөгөөд Монголдоо очин христитгэлт сонин бас радио станц эхлүүлэх гэж Америкт сэтгүүл зүйн чиглэлээр боловсрол эзэмшихээр ирсэн юм."

Бидэнд энэ бүхнийг ойлгуулахаар Бурхан Өөрийн арга замаар хэрхэн ажилласныг ухаарахдаа би үгээр хэлэмгүй баяр хөөрөөр дүүрч билээ. Энэ бүх зүйл үнэхээр төлөөсөө төлжээ. Бурхан бидний гүн гүнзгий шаналлыг ч алдар, магтаал болгон эргүүлжээ. Нулимс хацрыг минь даган урсахад толгойд байсан ганц зүйл "Есүс алдрыг авах зохистой нэгэн" гэсэн бодол байлаа.

Үүний дараа Эрдэнэтэд зочлохдоо Жедийн булшны чулуун дээр би энэ үгийг хожим сийлэн үлдээсэн юм.

Тэр өдрөөс хойш би Байкагийн хэлсэн түүхтэй адил зүйлийг Монгол болоод АНУ дахь хуучин танилуудаас, мөн огт мэдэхгүй хүмүүсээс сонсож билээ. Би тэдний ойлгосон тэр ойлголт шиг ухаарч, мэдэж чадахгүй ч бидний уй гашууг харсан, сонссон монголчуудын зүрх сэтгэлд ямар нэг зүйл болсон гэдэг нь илхэн байв. Бид хамгийн сул дорой бөгөөд Бурханы төлөвлөгөөнд хамгийн их эргэлзсэн тэр үед Тэнгэрлэг Эцэг минь Өөрийнхөө хамгийн агуу гайхамшгаа биднээр дамжуулан үйлдэж байжээ!

Төгсгөлийн үг:
Номын 10 жилийн ойн хавсралт

"Миний ванн доторх хонь" ном маань англи хэлнээ хэвлэлтээс гарснаас хойш 10 жил өнгөрч олон улсын аяллын жагсаалт маань 79 улс орон болж нэмэгдэж, мөн Эрдэнэт хотод зочлон очих гурван удаагийн боломж олдлоо. 2011 оны Хавар Луйс бид хоёр 14 настай Петр Магнус хүүгийнхээ хамт Танзанид байв. Бид тэнд зургаан сар байхаар төлөвлөсөн ба ер нь буцах дөхсөн үе байлаа. Луйсийг Эх баригчийн сургуулийн дадлагаа хийж байхад нь Петр бид хоёр түүнтэй хамт Австрали, Зүүн Африк болон Энэтхэгээр явах нэг жилийн урт аялалд гарсан байсан юм.

Уг нь бидний аяллын гол зорилго Луйсын дадлага буюу "хүүхэд эх барих" байсан ч замын турш олон удаа чуулган таригч нартай таарч, тэдэнд туршлага хуваалцах ба сургах боломжуудыг барьж авч байлаа. Би 2-р сарын 1-нд Килиманжаро уулын ойролцоо амьдардаг Маасай хүмүүст хичээл зааж байхдаа түр завсарлагааны үеэр е-мэйлээ шалгасан нь ихэд буруудсан юм. 1-р сарын 31-нд Missionary Aviation Fellowship in Mongolia гэдэг байгууллагын үл таних нэгэн хүнээс е-мэйл иржээ. Тэр манай хүү Жедидаягийн төрсөн он сар өдрийг Монголд хэрэглэгдэх шинэ онгоцны бүртгэлийн дугаар болгох зөвшөөрөл асуусан байлаа.

Жед маань богино хугацаанд амьдраад нас барсан ч түүний амьдрал монгол чуулганд хэрхэн нөлөөлснийг тэд олж харсан ба түүнийг дурсган үлдээхийг хүсчээ. Сурагчид маань завсарлаж дуусаад буцаж ирэхдээ индэрийн дэргэд зогсож буй багш нь жаахан хүүхэд адил цурхиран уйлж байгааг хараад гайхсан бизээ. Луйс бид хоёрын хувьд үнэхээр нэр төрийн хэрэг байсан тул зөршөөрөл өгч онгоц JU-2114 /Jedidiah Unforgotten - 2 Nov. 94/ гэж нэрлэгдсэн юм. Петр бид хоёр тун удахгүй буюу гуравхан сарын дараа Монгол явахаар төлөвлөж байсан тул очоод Жедийн онгоцыг харна гэхээс үнэхээр их сэтгэл хөдөлж, тэсэн ядан хүлээж байв. Тэр үед монгол чуулган даяар Монголд сайнмэдээ дэлгэрээд 20 жилийн ойн баярыг тэмдэглэхээр төлөвлөж, анх сайнмэдээ тараах үйлчлэл хийж байсан илгээлтийн эздийг урин монгол чуулган хэрхэн эхэлсэн тухай түүхийг яриулахаар урьсан юм. Гэвч Луйсын Энэтхэг дэх сургалт дуусах болоогүй байсан учир бидний хэн нэг нь явах хэрэгтэй гэж ярилцсан юм. Маасай удирдагчдад хичээл заанаас хэдхэн өдрийн дараа миний охин над руу утсаар ярьж ээжийн маань бие хорт хавдраас болж их хүндэрсэн учир яаралтай АНУ-руу ирэх хэрэгтэй гэдэг мэдээ дуулгалаа. Би яаралтай онгоцны тасалбар захиалж Луйс, Петр хоёртой нулимс дүүрэн салах ёс гүйцэтгээд Африкаас би Калифорни руу, нөгөө хоёр маань Хайдерабадыг зорив. Ээж минь ихэвчлэн эмнэлэгт эмчилгээ хийлгэж, 76 насны төрсөн өдрөөсөө 7 хоногийн дараа буюу 7-р сарын 15 хүртэл бидэнтэй хамт байсан юм. Луйсын Эх баригчийн сургуулийн хичээл дуусаж "Дэлхийн хамгийн шилдэг хадам ээж" гэж үздэг хайртай ээждээ баяртай гэж хэлэх боломж олдож, яг амжиж ирсэнд нь сэтгэл тайвширч байв. Бид Монголд дахин очихоор төлөвлөж байсан үеэр ингэж их асуудал, бэрхшээл тулгарч байлаа.

Петр бид хоёр Монголд яг "Монгол чуулганы 20 жил"-ийн ойн баярт амжиж ирлээ. Улаанбаатар хотын нэгэн том байгууламжинд танхим дүүрэн Монгол даяарх бүх чуулганы итгэгчид хүрэлцэн ирж, хамтдаа нэгдмэлээр магтаал өргөж, мөн бидэнд хүндэтгэл үзүүлж байгааг харах үнэхээр гайхамшигтай байлаа. Бидэнтэй хамт Рик ба Лаура Лэдэрвүүд хийгээд цаг заваа зохицуулж амжсан бусад анхан үеийн илгээлтийн эзэд ирсэн байлаа. Тухайн үйл ажиллагааг зохион байгуулахад хувь нэмэр оруулсан чуулгануудыг нэр цохон дурьдахад "Эрдэнэт хотын Есүсийн Чуулган" маань томоохон үүрэг гүйцэтгэснийг сонсоход таатай байлаа.

Гурван өдрийн үйл ажиллагааны хамгийн тодотгох хэсэг биднийг гайхшруулж, хэлэх ч үггүй болгосон юм. Үйл ажиллагаа бүгд дууссан гэж бодтол сүүлийн өдрийн өглөө анхан үеийн илгээлтийн эздийг дуудан "Телевизийн ярилцлагын тавцан" руу авч явав. Бид ч гайхаж байтал ярилцлага авах далимдаа монгол чуулган бидэнд бэлэг бэлдсэн ажээ. Би ч ийм зүйл болно гэж төсөөлөөгүй тул монгол хаад, хатдын үндэсний тансаг хувцас өмссөн охид хөвгүүд гарч ирээд "Браин болон Луйс Хоган нарт Есүс Христийн сайнмэдээг Монголд анх оруулж ирсэнд талархаж байна. Иохан 4:36. Монгол Чуулган 2011.05.19" гэсэн шагналыг томоо баглаа цэцгийн хамт гардуулахад шууд л цурхиран уйлж билээ.

Энэ шагнал маань надад дэлхий дээр авч болох бүх шагналаас илүү нандин, үнэ цэнэтэй санагддаг. Харин зүрх сэтгэлд минь үүнээс илүү урам болох цор ганц зүйл бол Есүсийн "Сайн байлаа" гэж хэлэх үгс билээ.

Дараагийн өдөр нь Петр бид хоёр MAF-Blue Sky Aviation байгууллагын нисэх онгоцны талбай руу Жедийн нэрээр нэрлэсэн онгоцыг үзэхээр очлоо. Харамсалтай нь тухайн үед онгоцны эд анги дутуу гэсэн шалтгаанаар нисэх боломжгүй байсан юм. Тэгээд бид аяллынхаа үлдсэн өдрүүдийг Эрдэнэт хотод өнгөрөөлөө. Петрийн хувьд багаас сонсож өссөн түүхүүд хаана, яаж бий болсныг харах гайхалтай боломж биш гэж үү. Бид зарим монгол дагалдагчидтай уулзан Петрийн ахын булшин дээр зочлон очиж, эргэн дурсахуйн сайхан цаг гаргалаа. Петрт бидний амьдарч байсан гэрээ үзүүлэхээр очтол байр маань зоогийн газар болжээ. Зоогийн газарт ороод бид хоёрын зогсож байгаа энэ хоолны өрөөнд чамайг олсон юм гэдгийг хэлээд их инээлдэж билээ. Би ч чанга дуугаар зарлаж хэлсэн болохоор өсвөр насны хүү маань ичсэн бололтой харагдсан ч хоолны өрөөнд байсан бусад хүмүүс миний англи хэлийг ойлгоогүй л болов уу.

Хамгийн сүүлд зургаан жилийн өмнө Монголд хөл тавьж байжээ. Хүүхдүүд маань том болсон тул Луйс бид хоёр Арканасасын баруун хойшоо нүүлээ. Луйс маань Африк үндэстний тосгонуудад амьдардаг эх баригчдад хичээл зааж, харин би чуулган тарич илгээлтийн эздэд "Илгээлтийн Зөн Хараа" хичээл заасанаар илгээлтийг идэвхижүүлэх (жилд дунджаар 65-70 анги) үйлчлэл хийж байлаа. 2017 онд энэ номын анхны хэвлэлтээс хойш 10 жилийн дараа шинэ уншигчдадаа зориулан засварлаж, дахин гаргах цаг ирсэн байна гэж шийдсэн юм. Тухайн үед би Хятадын Нанжин хотод сургалт хийхээр уригдсан тул тэр газраас цааш Монгол руу хоёр долоо хоногийн аялал хийх хүслээ барьж дийлэлгүй шинээр засварлаж байгаа номондоо сүүлийн үеийн шинэ мэдээлэл хавсаргахаар зориг шулуудлаа. Яг одоо ч гэсэн энэ хэсгийг бичиж суухад гайхалтай аяллын дараах цагийн зөрүү гараагүй л байна. 2017 оны 9-р сарын эхний хагас хэсгийг би Монголд буюу ихэнхдээ Эрдэнэт хотод өнгөрүүллээ.

Эрдэнэтийн Үүрэгтэй Залуус буюу YWAM-ММС Эрдэнэт байгууллагат хичээл зааж, тэд Луйс бид хоёрыг дараа жил болох 20 жилийн ойн баяраараа ирэхийг урилаа. Монгол чуулган тарicчид, илгээлтийн эзэд маань Монгол дотроо жижиг үндэстэн ястнуудад хүрч тэр ч бүү хэл бусад улс үндэстэн рүү илгээгдэж (Орос, Хятад, Төвд, Афганистан гэх мэт), тоо томшгүй их үр жимс гаргаж байгааг сонсох ямар их сэтгэл хөдлөм, гайхалтай байсан гээч. Тэд сайнмэдээ хүрээгүй хүмүүсийн дунд хөдөлгөөн өрнүүлж, галт бамбарыг дамжуулан, үйлчлэх газраа өөрчлөхөөр гэртээ эргэн ирж байгааг хараад цаанаасаа бие чичирч, нүдний нулимс цийлэгнэж байлаа. Эрдэнэт чуулганаараа орж мөн хуучны найзуудтайгаа уулзан айлаас айлд зочлож байхдаа анхан үеийн итгэгчид, тэдний дагалдуулсан дагалдагчидтай уулзлаа.

Манай хөдөлгөөний маань эх үүсвэр болох Эрдэнэт чуулганыханд Бурхантай харилцах харилцаа ба сүнслэг байдлын талаар хичээл зааж, тэдэнтэй хамт хоол идэх гайхалтай цагууд надад их урам өгч байв.

Тэдний итгэмжтэй хийгээд дуулгавартай байдлыг хараад үнэхээр бахдаж баярлахын сацуу хөдөлгөөн маань өргөжиж бусад үндэстнүүдийг дагалдуулж байгааг сонсоод бидний гаргасан золиос үнэхээр үр ашигаа өгсөн мэт. Есүс бол бүх алдар хүндэтгэл авах зохистой билээ!

Мөн монгол аав ээж Рагчаа болон Оюун хоёртойгоо (тэд одоо 80, 79 насыг зооглож байгаа. 51-р хуудас дээрээс 26 жилийн өмнөх зураг) уулзаж амжлаа. Тэд маргааш өглөө нь Говь-Алтай аймаг руу өөрсдийн төрсөн нутагтаа тэдний хүүхдүүдийн тарьсан гэр чуулганыг эргэхээр илгээлтийн аялалд явахаар бэлдэж байлаа. Миний баатруд! Харамсалтай нь чуулганы анхны гурван ахлагчдын нэг, одоо бол 20 гаруй жил үйлчилж байгаа Одгэрэл пастортай уулзаж амжилгүй, яг зөрчихжээ. Тэрээр гэр бүлээрээ зүүн зүгт байрлах маш том үндэстэнд үйлчлэхээр урт хугацааны илгээлтэнд явсан аж.

Эрдэнэт хотод очоод 3 дахь өдөр найз нар маань намайг Жедийн булшин дээр аваачлаа. Тэр газар би нарс модоор хийсэн жижиг хайрцагтай ээжийнхээ чандарыг Тэнгэрийн улсад уулзах ач хүүгийнх нь булшинд хамт нутаглуулсан юм. Маш жижигхэн ч гэсэн энэ дэлхий дээр хамгийн үнэ цэнэтэйд тооцогдох тэр газрыг бид тойрч зогсоод хүчтэй залбирал, тунхаглал хийлээ. "Улаан буудайн үр" болсон түүний булшийг тойрон зогсож байгаа хүмүүсийг харахдаа би Бурханы Хаанчлалын төлөө явсан минь төлөөсөө үнэхээр төлсөн юм шүү гэж тунхаглаж билээ.

Дараа орой нь би хуучин багийн гишүүд болох Руслан болон Светлана хоёртой уулзаж бас нэг сэтгэл сэргэм үдшийг өнгөрөөлөө. Тэдний таван хүүхдийн хоёр багатай нь анх удаа уулзсан нь тэр байлаа. Тэр хоёр маань бараг 20 гаруй жил Эрдэнэт хотын бас нэг чуулганыг удирдаж байгаа билээ.

Одоо бол Эрдэнэт маань маш олон чуулгантай болжээ. Тэдгээр чуулганууд буюу Христийн биед нэгдмэл байдал, хайр байгааг хараад би үнэхээр их бахархаж мөн өөрийн гэсэн байргүй ганцхан чуулган болох Есүсийн чуулганаас бусад нь үлгэр дуурайлал авч, амжилттай явааг харах сайхан байв.

Барууны стандарт хэв маягтай чуулганууд элбэг болсон тул чуулганыхан маань "Цогц барилга байгууламж" хэрэгтэй эсэх дээр эргэлзэж эхэлжээ. Гэвч намайг тайлбарлах үед тэд өөрсдийн сул тал гэж хараад байгаа гэрээр цуглах жижиг бүлгийн уулзалтууд маань үнэн хэрэгтээ давуу тал юм шүү гэдгийг дахин ойлгож байлаа. АНУ, Швед болон Оросоос ирсэн сул дорой, туршлагагүй, залуухан биднээр эхлүүлсэн Дагалдагч Бэлтгэх Хөдөлгөөн маань бусад хүмүүсийн хүлээлт, төсөөллийг үл харгалзан (зөвхөн Бурханы хүлээлтийг гүйцэлдүүлж) энэ үндэстнээс ургац хураасаар байлаа.

Аяллын маань сүүлийн гурван өдөр гэнэтийн бэлгээр дүүрэн байв. Хөдөө орон нутаг руу Жедийн онгоцоор нисэх гэж байгаа анчид, аянчдын тусгай нислэгт илүү суудал байна хэмээн урилга ирлээ. Эдгээр нислэгүүд MAF-ийн эмнэлэг ба хүмүүнлэгийн сайнмэдээний үйлчлэлийг санхүүгээр дэмжих зорилготой аж. Нислэг 9 зорчигчтой жижиг онгоцоор нисдэг гэнэ.

Онгоцны аялал маань Монголын өргөн уудам газар нутаг даяарх 3 өдөр, 2 шөнийн аялал болж хувирав. Гурван жил энэ оронд амьдарсан ч маш багыг харж, үзжээ. Бид Монголын зүүн хэсгийн цөл газрын жижиг нисэх зурвас дээр хэдэн зорчигчдоо буулгаад тэндээсээ баруун зүг Ховд аймгийн төв хүртэл хөндлөн нисэж, тэр хотод шөнийг өнгөрөөв. Нисгэгчид маань өглөө эрт Алтайн нуруудыг даван гарч, тэнд ан хийж байгаа үйлчлүүлэгчдээ тосож авах зорилготой байсан ч хүчтэй салхи биднийг үд дунд хүртэл хорьсон тул Казак нутгаар буюу баруун хэсгээр байгаа анчидаа арай гэж л цагтаа багтан авч тэднийг Өмнө ба Зүүн зүгт говь цөлд буулгахаар нислээ.

Маргааш өглөө нь Улаанбаатар луу нисэхийн тулд Өвөрхангай аймгийн Арвайхээрт газардаж, тэндээ зочид буудалд дахин нэг хоног өнгөрүүлэх шаардлагатай боллоо. Ямар гайхалтай аялал вэ! Хүүгийнхээ нэрээр нэрлэгдсэн онгоцоор аялаж, үзэсгэлэнтэй зэрлэг байгалийг нүдээр харсан тэр гайхалтай дурсамжийг үгээр буулгаж хэлж ч чадахгүй нь. Хэний ч гар хүрээгүй, онгон дагшин газрын зураглал насан туршид минь миний сэтгэлд үлдэнэ. Ямар гоё бэлэг байв аа!

2018 оны 11-р сард Луйс бид хоёр "Монголын Илгээлтийн Төв"-н 20 жилийн ойн баярыг тэмдэглэхээр Монголд очлоо. Илгээлтийн эзэд жил бүр Эрдэнэт хотод цуглаж энэ үйл ажиллагааг зохион байгуулдаг ч Луйс тэр үед 18 жилийн дараа Монголд хөл тавьсан юм. Улаанбаатар хотын танил, хуучны газруудаар очиж маш олон зүйл өөрчлөгдөж, хөгжсөн байгааг хараад (бас замын түгжрэл) бид алмайрав. Бид Охио, Эрдэнэбаяр болон тэдний хүү Исаактай (Брайны загалмайлсан хүү) хамт байрлаж Бурханы Хаанчлалын төлөө хамтран үйлчилсэн, харж гэрчилсэн баяр хөөртэй дурсамж сэдрээсэн зугаатай цагийг өнгөрөөлөө. Тэгээд Эрдэнэт хот руу машинаар (олон жил шөнийн гал тэргээр явдаг байсан бол энэ удаад шинийг туршив) явж замдаа хөдөө талын уудам газар нар тусахыг харлаа.

Баяр ёслол маань бидний мөрөөдөж байснаас хавь илүү, сайхан болж өндөрлөлөө. 22 жилийн өмнө бидний цуглаж байсан Эрдэнэтийн хамгийн том танхимд 80 гаруй чуулган, 25-н илгээлтийн байгууллагаас хүмүүс цугларчээ. Энэ эрхэм хүндэт баяр ёслолыг зохион байгуулахад том үүрэг хариуцлага хүлээж, чухал оролцоотой байсан чуулган байгууллагуудыг зарлаж, талархал илэрхийлж байсан цаг миний хувьд үнэхээр сэтгэл хөдөлгөм байсан ба их урт удаан байсанд сүүлдээ дахин дахин алга ташснаас гарын алга хорсон өвдөж эхэллээ. Төгсгөл хэсэгт Хойд Америкийн YWAM байгууллагыг дуудав. Луйс бид хоёр хамгийн урд эгнээнд байсан тул манай байгууллагаас хэн ирсэн юм бол доо хэмээн эргэн тойрноо ажиглаж, нааш цааш харж суулаа. Гэтэл Болортуяа миний хажуу талаас нудраад "Босоорой. Та хоёрыг дуудаж байна шүү дээ." гэх нь тэр. Биднийг босч зогсоход танхим тэр чигтээ босож, маш чанга дуугаар алга нижигнүүлэн ташлаа. Гэвч би яагаад биднийг ингэж их хүндэлж, алга ташиж байгааг ер ойлгосонгүй. Бид яг хэн билээ? Өнөөдөр ойн баяраа хийж байгаа Монголын Илгээлтийн Төвийг үүсгэн байгуулаагүй шүү дээ. Магнус, Мариа хоёр анх үүсгэн байгуулсан. Энэ хүмүүс ер нь яаж бид хоёрыг таниад, мэдээд байгаа юм бол? Мэдээж хүмүүс биднийг таньж мөн бидэнд талархаж байгааг мэдэх гайхалтай байсан. Тэр газар алдар нь Бурханд байлаа. Суудалдаа эргээд суухад бид хоёрын хацар даган нулимс урсаж байв. 11-р сарын 2-ны өдрийн конференц дундуур хүмүүст мэдэгдэхгүй түр явчихаад ирж болох уу гэж Луйс надаас асуулаа. Яагаад гэвэл тэр өдөр Жедидаягийн 24 насны төрсөн өдөр байсан учраас Луйс түүний булшин дээр хамт очихыг хүссэн юм. Бид жолооч болон машин асууж сураглахад Нэргүй болон МИТ-ийн зохион байгуулагчдын баг ямар ч асуудалгүй олж өгөхөө амлав. Товлосон өдөр ирэхэд Нэргүй биднийг өдрийн хоолоо бэлдэж, танхимын урд хаалган дээр очоорой хэмээн зааварчлав. Бэлдэж дуусаад гадаа гартал өвлийн хурц гэрэл, хүмүүсээр дүүрсэн гурван том машин угтлаа. Хэлэх ч үг олдохгүй нь ээ. Үнэхээр гайхалтай. Яагаад энэ олон монголчууд бидний гашуудлыг хуваалцахын тулд Ойн баярын энэ хэсэгт оролцолгүй, эзгүй хээр газар бидэнтэй хамт явах гэж байгаа билээ? Нэг машиных нь урд талын суудлыг аль хэдийн бид хоёрт захиалжээ. Бид машиндаа сууж цуваа маань Эрдэнэт хотын зүүн зүг толгодыг чиглэн хөдөллөө. Яван явсаар замаас гарч, уулын бэл рүү эргэхэд булш байх ёстой гэж тооцоолж байсан газарт алтан шаргал туг юм уу гэмээр нэг тэмдэглэгээ харагдаж байна. Өмнө нь ямар ч тэмдэг, тэмдэглэгээ үгүй хавтгай газарт хийсэн хүүгийнхээ булшийг хайж олохын тулд нэлээд л юм болдог байлаа. Тэгээд би "Хэн нэгэн биднээс эрт ирээд булшийг тэмдэглэсэн бололтой. Их ухаантай санаа байна шүү. Их цаг хэмнэх нь дээ" гэв. Манай жолооч (жолооч хийсэн найз маань тухайн үед биднийг гэртээ байрлуулсан юм) над руу эргэж хараад инээмсэглэлээ. Ойрхон дөхөж ирээд хартал туг биш байна. Хүүгийн минь булшин дээр том гантиг чулуу босгож, түүн дээрээ нүд гялбам хүрэл хавтангаар дурсгалын үг бичжээ. Луйс бид хоёр машин зогсохоос ч өмнө цурхиран уйлж эхлэв. Тэд "Есүсийн чуулган", Монголын Илгээлтийн Төв", зарим хувь хүмүүс нийлж хандив цуглуулж дурсгалын хэсгийг босгосон гэж хэлэхэд нь бүр ч их уйллаа.

Жед Хоган
1994.11.2 Төрөв
1994.12.23 Нас барав

ЕСҮС БОЛ ЗОХИСТОЙ
Бид чамайг дурсан санадаг.
2018.11.2

Зогсож чадахгүй уйлаад л байв. Монгол гэр бүлийн маань урьд өмнө нь хийсэн үйлдлээс үл хамааран бидний дотор нэгэн худал хуурмаг бодол үргэлж эргэлддэг байж. Хүү дээр маань зөвхөн бид хоёр л очиж, түүнийг дурсан санахыг хүсдэг мөн бусад хүмүүс түүнийг мартаж, бид л энэ үнэ цэнийг санан дурсдаг мэт бодож явжээ. Аль хэдийн мартагдсан, хээр тал хол газар хамт яваач гэж тусламж хүсч, бусдыг залхааж, амиа бодсон үйлдэл гаргаж байгаа юм шиг санагддаг байсан. Харин энэ үзэсгэлэнтэй дурсгал, дээр нь сийлсэн үг, тэр өдөр бидэнтэй хуваалцсан гэрчлэлийг нь сонсоод бидний доторх дайсны худал хуурмаг үгс нуран унасан юм. Хавтан дээр миний 13 жилийн өмнө сийлж байсан үгс, дээр нь "Бид чамайг дурсан санадаг 2018.11.2" гэж нэмжээ. Үүнийг уншаад нулимс минь далай мэт урсаад л байв.

Жедийн булшны шинэ чулууны дэргэд.
Брайи, Луйс, Лхагва, Магнус болон Мариа.

Тэгээд тэд Есүсийн чуулганы пастор Окогоос эхлүүлээд Жедидая нас барснаас улбаалан ямар илчлэлт авсан, итгэлийн амьдрал нь хэрхэн өөрчлөгдсөн гээд гэрчлэл хуваалцах цаг гаргалаа. Яг л энэ зүйлийг өөрийн чихээр сонсохын тулд Луйс Бурханаас нууцхан гүйн залбирдаг байсан юм. Уг нь бусдаас сонссон төстэй гэрчлэлүүдээ Луйсд дамжуулан хэлдэг байсан ч яагаад ч юм итгэж өгдөггүй байв. Бурхан бидэнд үнэхээр хайртай юм аа!

Бид хүүтэйгээ хамт байх хувийн цаг гаргаж, бусад нь баярын ёслол руу түрүүлээд явлаа. Өмнө нь хэзээ ч гаргаж байгаагүй маш үнэ цэнэтэй цаг байлаа. Дуусаад баяр ёслол дээр эргэн очтол Улаанбаатар орох машины зам цасаар хучигдаж, машин явах боломжгүй болсон тул төлөвлөсөн хугацаанаасаа нэг өдрийн өмнө галт тэргээр хөдлөх шаардлагатай болсноо мэдэв. Хэрэв маргааш явбал шөнийн галт тэргээр нэг хонож очоод онгоцноосоо хоцрох юм байна. Тэгээд бид тэр оройдоо хөдөлж, Улаанбаатар хотод нэг шөнө хоноод үүрийн онгоцоор гэрийн зүг хөдлөхөөр боллоо. Эхлээд энэ мэдээг сонсоход дурамжхан байсан ч дараа нь яг л төгс төлөвлөгдсөн мэт болж өнгөрлөө. Конференц дээр манай гэр бүлийг үдэх цаг гаргалаа. Нийт 800 гаруй хүмүүс цугласан том танхимын тайзан дээр биднийг урьж гаргахад сүүлийн хэдэн арван жил Бурхан бидний амьдралд юу хийсэн, мөн дөнгөж сая хээр талд ямар гайхалтай зүйл болсон талаар зүрх сэтгэлээ нээн хуваалцсанаа санаж байна. Хуваалцаж дууссаны дараа бүх пасторуудыг тайзан дээр гарч ирж, бидний төлөө залбирч өгөхийг уриаллаа. Око пастор Жедийн талаарх өөрийн гэрчлэлийг дахин хуваалцаж, маш олон пасторууд өвдөг сөгдөн, бидний хөл дээр гараа тавин залбирч өгсөн юм. Энэ бидний хувьд их даруусгагдсан цаг байлаа. Өглөө нь тэгж их уйлсны дараа ч нулимс гарсаар байгаад гайхаж байв. Улаанбаатар руу галт тэргээр явах үнэхээр гайхалтай байлаа. Учир нь галт тэргээр ирж буцдаг байсан олон дурсамжууд минь эргэн ирсэн юм. Галт тэргэнд Эрдэнэбаярын (Баяраа) гэр бүлтэй дахин нэг өдөр өнгөрөөсөн нь хүртэл Бурханы төлөвлөгөө байсан байх. Жилийн дараа Баяраа хүүтэйгээ хамт Аркансасд манайд ирсэн юм. Бидний зүрх сэтгэлийг бүрэн эзэмдсэн энэ сайхан газарт тун удахгүй дахин ирнэ дээ гэдгээ мэдэж байна. Намайг Монголоос явуулж болох ч миний зүрх сэтгэлээс Монголыг хэн ч явуулж чадахгүй ээ.

Хавсралт: Хоёр саад бэрхшээл

Би дэлхий даяар чуулган таригчдыг дасгалжуулах, тэдэн зааж сургахдаа энэ хүнд үүргийг гүйцэлдүүлэхийн тулд янз бүрийн арга зам хэрэглэх шаардлагатай болдог. Харин Бурхан надад хоёр зүйлийг эргэж буцалтгүйгээр сануулсан. Энэ нь дэлхий даяар чуулган тарихад тулгардаг хоёр саад бэрхшээлийн тухай байв.

Нэг: Бидний хийж буй зүйл хэтэрхий ярвигтай. Бид илгээлтийн эздэд хичээл заахдаа, сайнмэдээ огт хүрээгүй үндэстэн ястан, бүлэг хүмүүс рүү очихдоо Шинэ гэрээн дээр заагдсан чуулганы нэн чухал бүрэлдэхүүнийг алдахгүйн тулд "Бидний мэддэг чуулган" гэсэн хэв маягаас үүдсэн "хүнд ачаа"-гаа аль болох багасга хэмээн заадаг ч гэсэн ихэнх чуулган таригчид уламжлалт арга барилаа хаяж чадахгүй тэмцсээр байна. Тэдгээр уламжлалт арга барил нь шинэ соёл, ёс заншилд чуулганы өсөлтийг зогсоох эсвэл удаашруулах сөрөг нөлөөтэй. Тухайлбал, чуулганы итгэгч бүрт идэвхитэй үйлчлэх хэв загварыг үлгэрлэн харуулахаас илүү ням гараг бүр сүм дээрээ цуглах нь илүү амар байж болох юм. Ихэнх чуулган таригчид өөрсдөө л бүх үйлчлэл, бүх ажлаа хийдэг болохоор шинэ чуулган эхлүүлээд үйлчлэл бүрийг бүтэн цагийн мэргэжлийн үйлчлэгч хийх ёстой юм шиг боддог. "Мэргэжлийн удирдагч" хэзээ ч өөртэйгөө адил чадвар, чадамжтай мэргэжлийн хүнийг богино хугацаанд бэлдэж чадахгүй. Тийм учраас бидэнд юу хэрэгтэй вэ гэвэл илүү энгийн байж, Библийн дагуу "чуулган" гэж яг юуг хэлээд байгааг ойлгож, түүн дээр төвлөрөх юм. Энэ номон дээрээ "чуулган" гэж хэлэх бүртээ би Есүсийн биеийг бүрэлдүүлж байгаа амьд бие махбодыг, энэ хорвоо ертөнц дээрх Түүний сүйт бүсгүй болсон түүний хүүхдүүд, нэгдлийг хэлж байгаа болохоос шашинлаг байгууллагын талаар огт дурдсангүй. Үүнийг илүү практик байдлаар тайлбарлавал: Хэдэн ч хүнээс бүрдсэн хамаагүй, нэг нэгэндээ хийгээд бидний Эзэн Есүс Христийн тушаалыг сахин биелүүлэхээр зориулалт гаргадаг хүмүүсийн цугларалт гэж хэлж болно. Бид Библийн дагуу бус харин ч бүр хэтэрхий төвөгтэй, чухал бус олон давхаргаас бүрэлдсэн "чуулган" гэдэг тодорхойлолт, ойлголтыг олон жил дагаж мөрдсөөр байна. Харин одоо чуулганы энгийн хийгээд үндсэн ойлголтыг баримтлах хэрэгтэй.

Хоёр: Бид итгэлийн амьдралдаа Ариун Сүнсэнд итгэдэггүй. Нутгийн сүм цуглаанууд яагаад гадаад хүмүүсийн удирдлага, чиглүүлэг дор байсаар байдаг вэ? Эсвэл бид яагаад шинэ чуулгануудад өөрсдийн хэв маягийг бий болгохыг нь зөвшөөрдөггүй вэ? Яагаад гэвэл зарим хүмүүс Бурхан бусад хүмүүсээр дамжуулан хүслээ гүйцэлдүүлнэ гэж Түүний чадварт зүрхнийхээ гүн гүнээс итгэдэггүй. Бид дагалдагчдаа жинхэнэ хариуцлага, манлайлал, удирдлага руу чөлөөлөн гаргахыг хүсэхгүй байгаа нь үүнтэй холбоотой. Бурхан биднээр дамжуулан ажиллана гэж итгэдэг ч Бурхан бусад хүмүүсээр дамжуулан ажиллана гэж итгэдэггүй. Бусад хүмүүс чадахгүй, алдах юм шиг санагддаг. Гэвч бид үүн дээр Библи рүү эргэж, Ариун Сүнс юу хийж чаддагийг ухааран (гэм нүглийн шийтгэл ба Үгийг сануулдаг, биднийг чиглүүлдэг гэх мэт), Бурханы ажлыг Бурханы өмнөөс хийхийг оролдохоо болих хэрэгтэй байна. Бүгдээрээ Паулын үлгэр дуурайллыг дахин санацгаая. Паул дөнгөж таригдсан чуулганд ахлагч (Есүс Христээс өөр ахлагч) томилохоосоо өмнө хэд хэдэн сар, бүр хэдэн жил ч орхиод явчихдаг байсан. Тэр Үйлс номын 20-р бүлэг дээр Ефес хотынхонтой салах ёс гүйцэтгэхдээ та нарын дотроос болон гаднаас дайралт ирэхийг мэдэж байгаа ч би та нарыг Бурханд даатгаж, Түүнд итгэж байна хэмээн хэлжээ. Тэр Ариун Сүнс ажлаа хийж, Ефес хотын чуулганыг ариун хийгээд өө сэвгүй байлгана гэдэгт итгэж байжээ. Бидний хамтран зүтгэгч, итгэгч найзуудын маань дотрох Бурханы Сүнсэнд итгэх хэрэгтэй.

Дэлхий даяар хийдэг чуулган тарилтын сургалтандаа бид эдгээр хоёр саад бэрхшээлийг хэрхэн даван туулахыг заан сургаж, ургацын ажилчдыг бэлтгэж байна. Бурханы нигүүслээр би Бурхан Өөрийн Хаанчлалыг тэлж, чуулган өсөн үржихийн тулд юу хүсдэг талаар өдөр бүр илүү ихийг суралцсаар байна. Бурханы Сүнсэнд итгэх итгэл хийгээд Библийн дагуух илүү энгийн байдлаар дамжуулан Монгол улсад Бурханы Хаанчлалын хаалга нээгдсэн билээ.

Хөвсгөл Нуурын эрэг дээр

Зохиолчийн тухайд

Браин Хоган "Норе" Олон Улсын Их Сургуульд магистрын зэргээ "Дэлхийн христитгэлийн үндэс" сэдвээр хамгаалсан. Тэрээр лектор, сургагч багш, амьдралын дасгалжуулагч бөгөөд YWAM-ын олон улсын Чуулган тарилтын дасгалжуулагч үйлчлэлд бүтэн цагаар ажиллаж байна. Браин мөн "Дагалдагч бэлтгэгч менторүүд" (Disciple Making Mentors) байгууллагын захирал юм. Тэрээр ном унших, аялах, бусадтай нөхөрлөн цагийг өнгөрүүлж, шинийг эхлүүлэх өөрчлөлтийг авчрах сонирхолтой нэгэн юм.

Браин АНУ, Малта болон Монгол дахь Христийн биед чуулган тарилт болон удирдлагын түвшинд хамтран ажиллаж байсан. Тэрээр дэлхийн таван тивийн улс орнуудад ялангуяа сүм, чуулган таригдаагүй газруудад илгээлтийн эздийг бэлтгэх, дасгалжуулах зэрэгт анхааран ажиллаж байна.

Тэр мөн "Амь өрссөн адал явдлууд А-Я" (An A to Z of Near-Death Adventures), "Зуутын дарга хөвгүүн" (Boy Centurions) болоод Илгээлтийн Зөн Хараа уншигчийн номын (*Perspectives on the World Christian Movement: a Reader*) "Алсын аянга: Монголчууд хаадын Хааныг дагасан нь" нийтлэлийг бичсэн юм. Браины бэлдсэн Чуулган тарилтын хөдөлгөөний түлхүүр хичээл болоод бусад ном, бичлэг, хуурцаг зэрэг нь https://www.4dmm.org/shop/ веб сайт дээр нээлттэй байгаа болно.

Браин болон түүний эхнэр Луйс нар Арканзас мужийн Озарк дахь гэртээ тахиагаа тэжээн, Браин хичээл заахаар, Луйс харин хөгжиж буй орнуудад эх баригчийн сургалт явуулахаар дэлхийг тойрон аялсаар байна.

Браин, Луйс нартай ном болон бусад шаардлагаар холбогдохыг хүсвэл www.4dmm.org веб сайт, Дагалдагч бэлтгэгч ментор байгууллагад шууд хандана уу!

Үүрэгтэй /Илгээлттэй/ Залуус байгууллага нь 1960 онд байгуулагдсан бөгөөд өдгөө дэлхийн 180 гаруй оронд үйл ажиллагаагаа явуулж байна. Монгол оронд минь Авралын зар давалгаалан орж ирэхэд Үүрэгтэн залуус Сайнмэдээний бамбарыг барилцан ирж, чуулган тариалж, дагалдагчдыг бэлтгэж, Монгол дахь Христийн биед бодит хувь нэмрээ оруулсан үнэт түүхийг та энэхүү номоос амтархан уншсан гэдэгт итгэлтэй байна.

YWAM багууллага Монголд өрхөө татсаны 30 жилийн ой ирэх 2022 онд тохиож байгаа бөгөөд өдгөө Улаанбаатар, Баянхонгор, Эрдэнэт, Дархан хотуудад бие даасан салбартай болжээ. Байрлаж байгаа хот, орон нутгийн онцлогт тохирсон үйлчлэл, сургалтууд, Библи тараалт ба Сайнмэдээны хөтөлбөрүүдийг бид хэрэгжүүлж байна.

Таны суралцах боломжтой сургалтууд:

YWAM Улаанбаатар (www.ywamubmongolia.org)

- Оюутны Дагалдагч Бэлтгэх Сургууль /UDTS/
- Өсвөрийн ДБС /TDTC/
- Библи Судлалын Сургууль /SBS/
- Езра сургалт
- Word by Heart /Түн удахгүй/

YWAM Эрдэнэт (FBg: Mongolia Mission Center)

- Илгээлтийн ДБС /Mission DTS/
- Библи Судлалын Сургууль /SBS/
- Тэргүүн Шугамын Илгээлтийн Сургууль /SOFM/
- Зөвлөхүйн Үндэс Сургууль /FCM/
- Гишүүний Халамжийн Сургууль /MCC/

YWAM Дархан (FB: <u>YWAM Darkhan Mongolia</u>)

- Нүүдэлчин ДБС /Nomads DTS/
- Калеб & Жошуа ДБС /Caleb & Joshua DTS/
- Магтаал Хүндэтгэлийн Сургууль /SOW/
- Гэр Бүлийн Үйлчлэлийн Сургууль /FMS/

YWAM Баянхонгор (FBg: YWAM Bayankhongor)

- Сэргэлтийн ДБС /Awaken DTS/

Улаанбаатар YWAM хэвлэлийн үйлчлэлээс эрхлэн гаргасан номууд

Бурхан, Үнэхээр Та Мөн үү?

Энгийн нэгэн залуу Бурханы дуу хоолойг сонсож, Түүнд дуулгавартай амьдарснаар олон улсын Христитгэлт залуучуудын томоохон байгууллагыг үүсгэн байгуулсан тухай гарна.

Лорен Коннингхэм нэгэн зүүд зүүдэлснээр бүх зүйл эхэлжээ. Залуучуудаас бүрдсэн маш том далайн давалгаа Есүс Христийн Сайнмэдээг тунхагласаар бүх тивийг бүрхэж байв. Олон арван жилийн дараа Лорены уг үзэгдэл энэ үеийнхэнд сайн мэдээг тараахаар өөрсдийгөө зориулсан олон улсын, урсгал харгалзахгүй, Христитгэлт залуучуудын хөдөлгөөн болсон билээ.

Бурхан Лорены зүүдийг хэрхэн бодит болгосон бэ? Тэр Лорен болон түүний эхнэр Дарленийг хүнд хэцүү нөхцөл байдалд удирдаж, сургасаар байв. YWAM байгууллага үүсгэн байгуулагдсан түүх нь бид Бурханд хэрэглэгдэхийн төлөө Түүнийг эрэн хайх үед Бурханы дуу хоолойг хэрхэн сонсох талаар маш гайхалтай хичээлийг заах болно.

Шаахайгаа тайл: Есүсийг Эзэнээ болгох нь- Эрхээсээ татгалзахын агуу хүч

Эрхээсээ татгалзах гэдэг нь бидний хувьд гадны юм шиг ойлголт. Яг үнэндээ энэ нь хүн төрөлхтөний төрөлх мөн чанарт үл оршигч, гадны зүйл юм. Өнөө үед бид хүний эрхийг хамгаалах, өргөмжлөх гэсэн сэдвийг чухалчлан авч үздэг дэлхийд амьдарч байгаа билээ. Мэдээж Христитгэлт бидний хувьд хүний эрхийг чухалчлан, үнэ цэнэтэй хэмээн үздэг. Гэвч бидний төлөө агуу үйлийг үйлдсэн Есүсийн хөлд бүх эрхээсээ өөрийн хүслээр татгалзахаас илүү итгэлийн үйлдэл ба Түүнийг магтах магтаал гэж үгүй билээ. Лорен Коннингхэмийн бичсэн баяр хөөртэй, Бурхантай дотно харилцаатай байх амьдралд хүрэх нарийвчилсан алхамд та суралцаарай.

Бурханы Хайж Байгаа Хүн: Сүнслэг тулаан, Магтаал хүндэтгэл, Зуучлан залбирал

Уг ном нь хэрхэн Бурханы хайж байгаа хүн болох талаар гарах бөгөөд Сүнслэг тулаан, Магтаал хүндэтгэл хийгээд Зуучлан залбирал бидний амьдралд ямар үр нөлөөтэй болох өргөн мэдлэгийг өгөх болно.

Тахиан Ферм ба бусад ариун газрууд: ЭГЭЛ ЖИРИЙНЭЭР ЭЗЭНД ҮЙЛЧЛЭХИЙН БАЯР ХӨӨР

Энэхүү ном нь хэрхэн эсвэл яаж үйлчлэх тухай биш, харин яагаад бид үйлчилдэг вэ? гэдэг үндэс суурийн тухай бөгөөд бидний эгэл жирийн амьдралын даруухан туршлагыг ашиглаж хэзээ ч танхимаас суралцах боломжгүй зүйлсийн талаар Бурхан Өөрөө бидэнд хэрхэн хувьчлан заада гухай харуулна.

Энэ ном бол зөвхөн тод өнгийн шувуудын биш жирийн бор шувуудыг ч алдалгүй хардаг энгүй Бурханд үйлчилдэг эгэл хүмүүст зориулагдсан болно. Бидний тархины мэдлэг зүрхний мэдлэгийн хоорондох алд дэлмийн зөрөөнд тахиан ферм, гал тогоо, гангийн үйлдвэр хэрхэн ариун газар байж болохыг та харна.

Дөрөв Дэх Давалгаа: Илгээлтийн Шинэ Эрин Дэх Таны Орон Зай
Энэ дэлхийг сүнслэг цунами нөмөрч байна.

Бид илгээлтийн шинэ эрин үед амьдарч байгаа билээ. Бурхан түүхийн эхэн үеэс өнөөдрийг хүртэл Есүс Христийн сайн мэдээг дэлхий даяар дэлгэрүүлэхээр ажилласаар байгаа ба оргил хэсэгтээ ойртож байна.

Уг талбарт 40 гаруй жил ажиллаж, судалгаа хийсэн Рон Бэйми нь уг түүхэн үеийн илгээлтийн давалгааны бүдүүвч зургийн бэлтгэсэн хийгээд дөрөв дэх давалгаа ямар байх, энэ дэлхийн урьд өмнө нь хэзээ ч харж байгаагүй зүйл ирэх гэж буйг илчлэн бичсэн юм. Та хэн ч байсан, ямар ч ажил хийдэг байсан хамаагүй чуулганы шинэ илгээлтийн эрин үед өөрийн байр суурийг эзлэх цаг болжээ.

Түүний Ариун Оршихуй Vol.01
Түүний Ариун Оршихуй магтаалын ном нь 450 гаруй магтаалын дууны төгөлдөр хуурын нот болон гитарын кодыг багтаасан.

Түүний Ариун Оршихуй Vol.02
Түүний Ариун оршихуй магтаалын номын хоёрдугаар хэвлэл. 2019 онд хэвлэлтэнд гарсан уг ном нь 400 гаруй магтаалын дууны гитарын кодыг багтаасан бөгөөд шинээр орчуулагдсан, шинээр зохиогдсон дууг нэмж эмхэтгэсэн болно. Мөн бүх дууг багтаасан CD -тэй бөгөөд сонсоод суралцах боломжтой.

Шинэ Дуу 01
10 гаруй магтаалын дуу багтаасан CD-тэй ном.